国家卫生和计划生育委员会“十三五”规划教材
全国高等中医药教育教材

供针灸推拿学等专业用

神经病学

第2版

主　编　孙忠人　杨文明

副主编　侯　群　张云云　时　晶　王东岩

编　委（按姓氏笔画为序）

王东岩（黑龙江中医药大学附属第二医院）
刘玉丽（辽宁中医药大学）
刘未艾（湖南中医药大学第二附属医院）
孙忠人（黑龙江中医药大学）
杜艳军（湖北中医药大学）
李巧莹（长春中医药大学附属医院）
杨文明（安徽中医药大学）
杨春晓（哈尔滨医科大学附属第二医院）
时　晶（北京中医药大学东直门医院）
张云云（上海中医药大学）
张风霞（山东中医药大学附属医院）
陈　理（南京中医药大学附属医院）
陈　蕾（四川大学华西医院）
陈洪沛（成都中医药大学）
林国华（广州中医药大学）
孟向文（天津中医药大学）
胡　斌（河南中医药大学）
侯　群（浙江中医药大学）

秘　书　王东岩（兼）

人民卫生出版社

图书在版编目（CIP）数据

神经病学/孙忠人，杨文明主编. —2 版.—北京：
人民卫生出版社，2016
ISBN 978-7-117-22486-4

Ⅰ. ①神… Ⅱ. ①孙…②杨… Ⅲ. ①神经病学-医
学院校-教材 Ⅳ. ①R741

中国版本图书馆 CIP 数据核字（2016）第 094521 号

神经病学

第 2 版

主　　编：孙忠人　杨文明
出版发行：人民卫生出版社（中继线 010-59780011）
地　　址：北京市朝阳区潘家园南里 19 号
邮　　编：100021
E - mail：pmph @ pmph. com
购书热线：010-59787592　010-59787584　010-65264830
印　　刷：人卫印务（北京）有限公司
经　　销：新华书店
开　　本：787×1092　1/16　　**印张**：19
字　　数：438 千字
版　　次：2012 年 6 月第 1 版　　2016 年 6 月第 2 版
2020 年 11 月第 2 版第 6 次印刷（总第 8 次印刷）
标准书号：ISBN 978-7-117-22486-4/R · 22487
定　　价：45. 00 元

《神经病学》网络增值服务编委会

主　编　孙忠人　杨文明

副主编　侯群　张云云　时晶　王东岩

编　委（按姓氏笔画为序）

王东岩（黑龙江中医药大学附属第二医院）
刘玉丽（辽宁中医药大学）
刘未艾（湖南中医药大学第二附属医院）
闫朝升（黑龙江中医药大学）
孙忠人（黑龙江中医药大学）
杜艳军（湖北中医药大学）
李　丹（黑龙江中医药大学）
李巧莹（长春中医药大学附属医院）
杨文明（安徽中医药大学）
杨春晓（哈尔滨医科大学附属第二医院）
杨添淞（黑龙江中医药大学）
时　晶（北京中医药大学东直门医院）
张云云（上海中医药大学）
张风霞（山东中医药大学附属医院）
陈　理（南京中医药大学附属医院）
陈　蕾（四川大学华西医院）
陈洪沛（成都中医药大学）
林国华（广州中医药大学）
孟向文（天津中医药大学）
胡　斌（河南中医药大学）
侯　群（浙江中医药大学）

秘　书　王东岩（兼）　杨添淞（兼）

修订说明

为了更好地贯彻落实《国家中长期教育改革和发展规划纲要(2010-2020)》《医药卫生中长期人才发展规划(2011-2020)》《中医药发展战略规划纲要(2016-2030年)》和《国务院办公厅关于深化高等学校创新创业教育改革的实施意见》精神,做好新一轮全国高等中医药教育教材建设工作,全国高等医药教材建设研究会、人民卫生出版社在教育部、国家卫生和计划生育委员会、国家中医药管理局的领导下,在上一轮教材建设的基础上,组织和规划了全国高等中医药教育本科国家卫生和计划生育委员会"十三五"规划教材的编写和修订工作。

本轮教材修订之时,正值我国高等中医药教育制度迎来60周年之际,为做好新一轮教材的出版工作,全国高等医药教材建设研究会、人民卫生出版社在教育部高等中医学本科教学指导委员会和第二届全国高等中医药教育教材建设指导委员会的大力支持下,先后成立了第三届全国高等中医药教育教材建设指导委员会、首届全国高等中医药教育数字教材建设指导委员会和相应的教材评审委员会,以指导和组织教材的遴选、评审和修订工作,确保教材编写质量。

根据"十三五"期间高等中医药教育教学改革和高等中医药人才培养目标,在上述工作的基础上,全国高等医药教材建设研究会和人民卫生出版社规划、确定了首批中医学(含骨伤方向)、针灸推拿学、中药学、护理学4个专业(方向)89种国家卫生和计划生育委员会"十三五"规划教材。教材主编、副主编和编委的遴选按照公开、公平、公正的原则,在全国50所高等院校2400余位专家和学者申报的基础上,2200位申报者经教材建设指导委员会、教材评审委员会审定和全国高等医药教材建设研究会批准,聘任为主审、主编、副主编、编委。

本套教材主要特色包括以下九个方面:

1. 定位准确,面向实际　教材的深度和广度符合各专业教学大纲的要求和特定学制、特定对象、特定层次的培养目标,紧扣教学活动和知识结构,以解决目前各院校教材使用中的突出问题为出发点和落脚点,对人才培养体系、课程体系、教材体系进行充分调研和论证,使之更加符合教改实际、适应中医药人才培养要求和市场需求。

2. 夯实基础,整体优化　以培养高素质、复合型、创新型中医药人才为宗旨,以体现中医药基本理论、基本知识、基本思维、基本技能为指导,对课程体系进行充分调研和认真分析,以科学严谨的治学态度,对教材体系进行科学设计、整体优化,教材编写综合考虑学科的分化、交叉,既要充分体现不同学科自身特点,又应当注意各学科之间有机衔接;确保理论体系完善,知识点结合完备,内容精练、完整,概念准确,切合教学实际。

3. 注重衔接,详略得当　严格界定本科教材与职业教育教材、研究生教材、毕业后教育教材的知识范畴,认真总结、详细讨论现阶段中医药本科各课程的知识和理论框架,使其在教材中得以凸显,既要相互联系,又要在编写思路、框架设计、内容取舍等方面有一定的区分度。

4. 注重传承，突出特色 本套教材是培养复合型、创新型中医药人才的重要工具，是中医药文明传承的重要载体，传统的中医药文化是国家软实力的重要体现。因此，教材既要反映原汁原味的中医药知识，培养学生的中医思维，又要使学生中西医学融会贯通，既要传承经典，又要创新发挥，体现本版教材"重传承、厚基础、强人文、宽应用"的特点。

5. 纸质数字，融合发展 教材编写充分体现与时代融合、与现代科技融合、与现代医学融合的特色和理念，适度增加新进展、新技术、新方法，充分培养学生的探索精神、创新精神；同时，将移动互联、网络增值、慕课、翻转课堂等新的教学理念和教学技术、学习方式融入教材建设之中，开发多媒体教材、数字教材等新媒体形式教材。

6. 创新形式，提高效用 教材仍将传承上版模块化编写的设计思路，同时图文并茂、版式精美；内容方面注重提高效用，将大量应用问题导入、案例教学、探究教学等教材编写理念，以提高学生的学习兴趣和学习效果。

7. 突出实用，注重技能 增设技能教材、实验实训内容及相关栏目，适当增加实践教学学时数，增强学生综合运用所学知识的能力和动手能力，体现医学生早临床、多临床、反复临床的特点，使教师好教、学生好学、临床好用。

8. 立足精品，树立标准 始终坚持中国特色的教材建设的机制和模式；编委会精心编写，出版社精心审校，全程全员坚持质量控制体系，把打造精品教材作为崇高的历史使命，严把各个环节质量关，力保教材的精品属性，通过教材建设推动和深化高等中医药教育教学改革，力争打造国内外高等中医药教育标准化教材。

9. 三点兼顾，有机结合 以基本知识点作为主体内容，适度增加新进展、新技术、新方法，并与劳动部门颁发的职业资格证书或技能鉴定标准和国家医师资格考试有效衔接，使知识点、创新点、执业点三点结合；紧密联系临床和科研实际情况，避免理论与实践脱节、教学与临床脱节。

本轮教材的修订编写，教育部、国家卫生和计划生育委员会、国家中医药管理局有关领导和教育部全国高等学校本科中医学教学指导委员会、中药学教学指导委员会等相关专家给予了大力支持和指导，得到了全国50所院校和部分医院、科研机构领导、专家和教师的积极支持和参与，在此，对有关单位和个人表示衷心的感谢！希望各院校在教学使用中以及在探索课程体系、课程标准和教材建设与改革的进程中，及时提出宝贵意见或建议，以便不断修订和完善，为下一轮教材的修订工作奠定坚实的基础。

全国高等医药教材建设研究会

人民卫生出版社有限公司

2016年3月

全国高等中医药教育本科
国家卫生和计划生育委员会“十三五”规划教材
教材目录

1	中国医学史(第2版)	主编　梁永宣
2	中医各家学说(第2版)	主编　刘桂荣
3	*中医基础理论(第3版)	主编　高思华　王　键
4	中医诊断学(第3版)	主编　陈家旭　邹小娟
5	中药学(第3版)	主编　唐德才　吴庆光
6	方剂学(第3版)	主编　谢　鸣
7	*内经讲义(第3版)	主编　贺　娟　苏　颖
8	*伤寒论讲义(第3版)	主编　李赛美　李宇航
9	金匮要略讲义(第3版)	主编　张　琦　林昌松
10	温病学(第3版)	主编　谷晓红　冯全生
11	*针灸学(第3版)	主编　赵吉平　李　瑛
12	*推拿学(第2版)	主编　刘明军　孙武权
13	*中医内科学(第3版)	主编　薛博瑜　吴　伟
14	*中医外科学(第3版)	主编　何清湖　秦国政
15	*中医妇科学(第3版)	主编　罗颂平　刘雁峰
16	*中医儿科学(第3版)	主编　韩新民　熊　磊
17	*中医眼科学(第2版)	主编　段俊国
18	中医骨伤科学(第2版)	主编　詹红生　何　伟
19	中医耳鼻咽喉科学(第2版)	主编　阮　岩
20	中医养生康复学(第2版)	主编　章文春　郭海英
21	中医英语	主编　吴　青
22	医学统计学(第2版)	主编　史周华
23	医学生物学(第2版)	主编　高碧珍
24	生物化学(第3版)	主编　郑晓珂
25	正常人体解剖学(第2版)	主编　申国明

序号	教材	主编
26	生理学(第3版)	主编 郭健 杜联
27	病理学(第2版)	主编 马跃荣 苏宁
28	组织学与胚胎学(第3版)	主编 刘黎青
29	免疫学基础与病原生物学(第2版)	主编 罗晶 郝钰
30	药理学(第3版)	主编 廖端芳 周玖瑶
31	医学伦理学(第2版)	主编 刘东梅
32	医学心理学(第2版)	主编 孔军辉
33	诊断学基础(第2版)	主编 成战鹰 王肖龙
34	影像学(第2版)	主编 王芳军
35	西医内科学(第2版)	主编 钟森 倪伟
36	西医外科学(第2版)	主编 王广
37	医学文献检索(第2版)	主编 高巧林 章新友
38	解剖生理学(第2版)	主编 邵水金 朱大诚
39	中医学基础(第2版)	主编 何建成
40	无机化学(第2版)	主编 刘幸平 吴巧凤
41	分析化学(第2版)	主编 张梅
42	仪器分析(第2版)	主编 尹华 王新宏
43	有机化学(第2版)	主编 赵骏 康威
44	*药用植物学(第2版)	主编 熊耀康 严铸云
45	中药药理学(第2版)	主编 陆茵 马越鸣
46	中药化学(第2版)	主编 石任兵 邱峰
47	中药药剂学(第2版)	主编 李范珠 李永吉
48	中药炮制学(第2版)	主编 吴皓 李飞
49	中药鉴定学(第2版)	主编 王喜军
50	医药国际贸易实务	主编 徐爱军
51	药事管理与法规(第2版)	主编 谢明 田侃
52	中成药学(第2版)	主编 杜守颖 崔瑛
53	中药商品学(第3版)	主编 张贵君
54	临床中药学(第2版)	主编 王建 张冰
55	中西药物配伍与合理应用	主编 王伟 朱全刚
56	中药资源学	主编 裴瑾
57	保健食品研发与应用	主编 张艺 贡济宇
58	*针灸医籍选读(第2版)	主编 高希言
59	经络腧穴学(第2版)	主编 许能贵 胡玲
60	神经病学(第2版)	主编 孙忠人 杨文明

61	实验针灸学(第2版)	主编	余曙光　徐　斌
62	推拿手法学(第3版)	主编	王之虹
63	*刺法灸法学(第2版)	主编	方剑乔　吴焕淦
64	推拿功法学(第2版)	主编	吕　明　顾一煌
65	针灸治疗学(第2版)	主编	杜元灏　董　勤
66	*推拿治疗学(第3版)	主编	宋柏林　于天源
67	小儿推拿学(第2版)	主编	廖品东
68	正常人体学(第2版)	主编	孙红梅　包怡敏
69	医用化学与生物化学(第2版)	主编	柯尊记
70	疾病学基础(第2版)	主编	王　易
71	护理学导论(第2版)	主编	杨巧菊
72	护理学基础(第2版)	主编	马小琴
73	健康评估(第2版)	主编	张雅丽
74	护理人文修养与沟通技术(第2版)	主编	张翠娣
75	护理心理学(第2版)	主编	李丽萍
76	中医护理学基础	主编	孙秋华　陈莉军
77	中医临床护理学	主编	胡　慧
78	内科护理学(第2版)	主编	沈翠珍　高　静
79	外科护理学(第2版)	主编	彭晓玲
80	妇产科护理学(第2版)	主编	单伟颖
81	儿科护理学(第2版)	主编	段红梅
82	*急救护理学(第2版)	主编	许　虹
83	传染病护理学(第2版)	主编	陈　璇
84	精神科护理学(第2版)	主编	余雨枫
85	护理管理学(第2版)	主编	胡艳宁
86	社区护理学(第2版)	主编	张先庚
87	康复护理学(第2版)	主编	陈锦秀
88	老年护理学	主编	徐桂华
89	护理综合技能	主编	陈　燕

注:①本套教材均配网络增值服务;②教材名称左上角标有"*"者为"十二五"普通高等教育本科国家级规划教材。

第三届全国高等中医药教育教材建设指导委员会名单

顾　　问　王永炎　陈可冀　石学敏　沈自尹　陈凯先　石鹏建　王启明
　　　　　秦怀金　王志勇　卢国慧　邓铁涛　张灿玾　张学文　张　琪
　　　　　周仲瑛　路志正　颜德馨　颜正华　严世芸　李今庸　施　杞
　　　　　晁恩祥　张炳厚　栗德林　高学敏　鲁兆麟　王　琦　孙树椿
　　　　　王和鸣　韩丽沙

主任委员　张伯礼

副主任委员　徐安龙　徐建光　胡　刚　王省良　梁繁荣　匡海学　武继彪
　　　　　王　键

常务委员（按姓氏笔画为序）
　　　　　马存根　方剑乔　孔祥骊　吕文亮　刘旭光　许能贵　孙秋华
　　　　　李金田　杨　柱　杨关林　谷晓红　宋柏林　陈立典　陈明人
　　　　　周永学　周桂桐　郑玉玲　胡鸿毅　高树中　郭　娇　唐　农
　　　　　黄桂成　廖端芳　熊　磊

委　　员（按姓氏笔画为序）
　　　　　王彦晖　车念聪　牛　阳　文绍敦　孔令义　田宜春　吕志平
　　　　　安冬青　李永民　杨世忠　杨光华　杨思进　吴范武　陈利国
　　　　　陈锦秀　徐桂华　殷　军　曹文富　董秋红

秘 书 长　周桂桐（兼）　王　飞

秘　　书　唐德才　梁沛华　闫永红　何文忠　储全根

全国高等中医药教育本科
针灸推拿学专业教材评审委员会名单

顾　　问　石学敏　严隽陶　罗才贵

主任委员　王之虹　梁繁荣

副主任委员　王　华　许能贵　方剑乔　宋柏林

委　　员（按姓氏笔画为序）

马铁明　王金贵　文绍敦　吴富东　沈雪勇　周桂桐　房　敏

赵百孝　胡　玲　徐　斌　唐纯志

秘　　书　刘明军

前言

本教材第1版自2012年出版至今已历时4年，在实际教学和临床应用中都有较好的反响，并得到了多所高等医学院校的认可。随着神经病学临床和基础研究的飞速发展，医学教材的定期修订已经成为时代的需要。

第2版《神经病学》延续第1版教材的编写思路，既秉承了国内部分高等中医药院校教材编写的传统，又借鉴了西医院校教材编写的体例，坚持以传授基本理论、基本知识、基本技能为宗旨，将"教师好教、学生好学"的编写理念贯穿于全书。同时，在第1版教材基础上，关注学科进展，对部分章节的内容进行了适当的调整和更新，进一步增加教材的知识性、科学性、先进性和实用性。

第2版《神经病学》教材的修订，根据上版教材使用过程中收集到的意见、建议及神经病学领域的最新进展，主要做了如下再版修订：

1. 在内容范围上，每个章节均增加了近年来神经病学发展取得的新成果、新动态和新疗法，并有针对性地纳入了最新临床指南的精神。在编写过程中遵循着理论与实践相结合的原则。

2. 在写作风格上，力求做到内容丰富、阐述准确、重点突出、语言流畅，并且进一步完善图表，便于教师授课和学生理解。

3. 在配套教材方面，本次修订同步编写了与主干教材配套的多媒体课件、数字化教材以及习题集等，目的在于方便教学和容易自学。

本教材再版增补了湖南中医药大学、山东中医药大学、河南中医药大学、辽宁中医药大学、湖北中医药大学、哈尔滨医科大学等6所院校的10位编委。本书的第一、二、十七章由孙忠人编写，第三章由杨春晓编写，第四章由林国华编写，第五章由王东岩编写，第六、十一章由侯群编写，第七章、附篇第一章由杨文明编写，第八、十五章由陈蕾编写，第九章由陈洪沛编写，第十、十六章由时晶编写，第十二章由张云云编写，第十三章由孟向文编写，第十四、十八章由陈理编写，附篇第二章由杜艳军和张风霞编写，附篇第三章由刘玉丽和李巧莹编写，附篇第四章由刘未艾和胡斌编写。

本教材的顺利修订系全体编委认真负责、精心编撰、倾力合作与集体智慧的结晶。在此，对所有参与本书编写、整理的老师表示诚挚的谢意！

对于本书的不妥和疏漏之处，恳请使用本教材的教师和同学们批评指正，以便再版时修订和完善。

编者

2016年3月

目　录

附 篇

第一章

绪 论

学习目的

通过学习神经病学发展简史及神经系统疾病的种类、受损症状类型、临床疗效、辅助检查,为神经病学课程的学习奠定基础。

学习要点

神经系统疾病的种类、受损症状的类型、疗效及相关辅助检查。

神经病学(Neurology)是研究中枢神经系统、周围神经系统及骨骼肌疾病的病因及发病机制、病理、临床表现、诊断、治疗及预防的一门临床医学学科。

一、神经病学发展简史

神经病学是内科学的派生学科,几乎伴随医学的产生而产生,早在公元前17世纪就有医学文献对颅骨结构、脑膜、脑的外表面、脑脊液以及颅内压的波动情况进行描述。现代神经病学发展开始于16世纪,神经病学(neurology)这个名词首次见于Thomas Willis的文献中,由于他对脑底动脉环的描述使该环以他的名字命名至今。20世纪产生一系列对神经病学具有重大影响的事件使得神经病学在这一时期迅速发展,其中最重要的有:①计算机断层扫描(CT)检查技术的发明,使神经病学家第一次得以观察到活体脑内不同部位的正常和异常形态结构,这是神经病学检查技术的里程碑;②磁共振成像(MRI)技术的广泛应用,使神经病学家能观察到CT技术观察不到的脊髓结构与其病变,这种比CT技术更准确、更清楚的检查方式能比CT技术更早期地发现脑、脊髓病灶,尤其是缺血早期的病灶;③瑞典药理学家Arvid Carlsson发现多巴胺的信号转导功能及大脑特定部位多巴胺缺乏可引起帕金森病,使全球数以千万计的帕金森病患者重新获得了正常人的生活,从而促进了有效治疗药物左旋多巴的开发。在21世纪,神经科学必将成为最活跃的研究领域,多学科的发展促进着神经病学的发展:神经免疫、神经病理、神经病毒、基因及蛋白质组学领域取得的科技成果,使得人们能够从多层面认识神经系统疾病的病因病理;介入技术及神经影像的广泛应用,更有利于疾病的诊治;基因和蛋白分子水平的研究,促进了神经药物及药理的研发;干细胞技术及对神经网络及功能重建的研究,更为神经系统疾病的治疗提供了新的希望。

笔记

二、神经系统疾病的种类

常见的神经系统疾病有:周围神经疾病、脊髓疾病、脑血管疾病、中枢神经系统脱髓鞘疾病、运动障碍疾病、癫痫、头痛、痴呆、神经肌肉接头疾病、肌肉疾病、自主神经系统疾病、睡眠障碍、中枢神经系统感染、神经系统变性疾病、神经系统发育异常性疾病、神经系统遗传性疾病。疾病的种类包括感染性疾病、血管性疾病、肿瘤、遗传性疾病、营养与代谢障碍、外伤、中毒、系统性疾病伴发的神经损害、神经变性病、脱髓鞘性疾病、免疫损伤及畸形等。

三、神经系统受损的症状

1. 缺损症状　即正常神经功能减弱或缺失,一般由神经组织受损导致。临床常见的有病灶对侧肢体偏瘫、偏身感觉障碍和失语(主侧半球脑梗死导致)、病灶同侧面肌瘫痪(面神经炎引起)等。

2. 刺激症状　即神经功能过度兴奋的表现,一般由神经结构受激惹后产生。临床常见的有部分性运动性发作(大脑皮质运动区刺激性病变引起)、坐骨神经痛(腰椎间盘突出引起)等。

3. 释放症状　即中枢神经系统对低级中枢的控制功能减弱,而使低级中枢的功能表现出来,一般由中枢神经系统受损导致。临床常见的有锥体束征(上运动神经元损害导致,表现为肌张力增高、腱反射亢进和病理征阳性)。

4. 休克症状　即与中枢神经系统功能相关的远隔部位的神经功能短暂缺失,一般由中枢神经系统急性局部性严重病变导致,在休克期过后,机体逐渐出现神经缺损症状及释放症状。临床常见的有脑休克(较大量脑出血急性期,偏瘫肢体呈现肌张力减低、腱反射消失和病理征阴性)、脊髓休克(急性脊髓横贯性病变时,受损平面以下同样表现为弛缓性瘫痪)等。

四、神经系统疾病的疗效

1. 痊愈　大多数较常见的疾病经及时确诊并采取特效或有效的治疗,是可以痊愈的。临床常见的有:大多数脑膜炎、脑炎、营养缺乏性疾病、良性肿瘤、特发性面神经麻痹、吉兰-巴雷综合征、轻症脑出血及脑梗死、轻症脑囊虫病、早期脊髓亚急性联合变性等。

2. 疗效良好　部分神经系统疾病不能根治,但通过有效的药物及其他措施治疗后,可控制疾病的进展,使患者的症状或病情完全得到控制或缓解。临床常见的有:癫痫、帕金森病、三叉神经痛、多发性硬化、重症肌无力、偏头痛和周期性瘫痪等。

3. 疗效差　部分神经系统疾病目前尚无有效的治疗方法,仅能给予对症及支持疗法。包括由恶性肿瘤、神经系统遗传性疾病(Friedreich 共济失调、脊髓小脑性共济失调、腓骨肌萎缩症)、神经变性病(Alzheimer 病、运动神经元病、脊髓空洞症等)及朊蛋白病和艾滋病毒导致的神经系统障碍等。

五、神经系统疾病的辅助检查

神经系统疾病的诊断要求医师熟练掌握神经系统的解剖及生理知识,还需要相关

笔记

的辅助检查作为依据。辅助检查在神经系统疾病诊断中至关重要,其主要有以下几类:

1. 神经系统影像学检查 包括 X 线检查、计算机断层摄影(CT)诊断、磁共振成像(MRI)诊断与数字减影血管造影(DSA)诊断。

2. 神经电生理检查 包括脑电图(EEG)检查、脑电地形图(BEBM)检查、肌电图(EMG)检查、周围神经传导速度检查、重复神经刺激(RNS)、诱发电位(EP,包括 VEP、BAEP、SEP、MEP、ERP)等。

3. 头颈部血管超声检查 包括颈动脉超声检查与经颅多普勒超声检查。

4. 脑脊液检查 即腰椎穿刺检查。

5. 其他 神经的活组织检查、等电聚焦技术检测脑脊液寡克隆带(OB)、脑脊液细胞学及检测特异性抗体及细胞因子、基因诊断技术(基因突变检测、基因连锁分析、mRNA 检测、核酸分子杂交技术、聚合酶链反应、DNA 测序)等。

学习小结

1. 学习内容

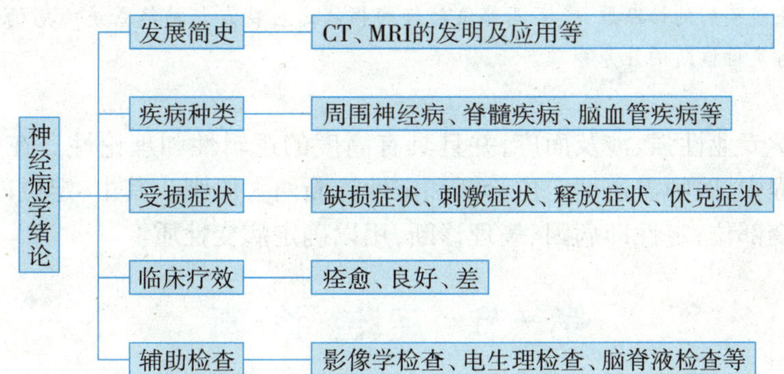

2. 学习方法

复习神经病学发展简史,采取归纳方法,寻找神经系统疾病的种类。通过分析和比较方法,领会受损症状类型、临床疗效以及辅助检查。

(孙忠人)

复习思考题

1. 神经系统受损的症状有哪些?
2. 神经系统疾病分为几大类?列举出几种常见的神经系统疾病。
3. 神经系统疾病的相关辅助检查主要包括哪些?

笔记

第二章

神经系统疾病的诊断原则

学习目的

通过学习神经系统疾病的诊断原则，掌握不同部位神经病损的定位特点与神经系统疾病的分类，为临床上神经系统疾病的诊断及治疗提供思路。

学习要点

神经系统疾病的诊断原则、不同部位神经病损的定位特点与神经系统疾病的分类以及定位诊断与定性诊断的注意事项。

神经病学专业性强、涉及面广，并且具有高度的逻辑性和理论性。在神经系统疾病的诊断过程中，医师需遵循定位诊断和定性诊断两大原则。其中，定位即解剖诊断，用以确定病变部位；定性即病因、病理诊断，用以确定病变性质。

第一节 定位诊断

定位诊断（topical diagnosis）即依据神经解剖学及生理病理学等基础理论知识对患者的临床及有关辅助检查资料进行分析与解释，初步确定病变的解剖部位。

定位诊断要遵循以下步骤：首先，要确定病变的损害水平，确定病损是在中枢（脑、脊髓）还是在周围（周围神经、肌肉）。然后，明确病变的具体空间分布：若中枢或周围神经系统某一局限部位发生损害，则为局灶性病变，桡神经麻痹、特发性面神经麻痹、横贯性脊髓炎、脑梗死、脑肿瘤等属于此类；若病变分布于神经系统的两个或两个以上部位，则为多灶性病变（常具有不对称性的特点），多发性硬化、麻风、视神经脊髓炎、多发性脑梗死等属于此类；若病变侵犯脑、周围神经或肌肉等两侧对称的结构，则为弥漫性病变，中毒性或代谢性脑病、多发性神经病、周期性瘫痪等属于此类；若病变选择性地损害某些功能系统或传导束，则为系统性病变，运动神经元病、亚急性联合变性等属于此类。

首发症状常常可提示病变的主要部分或性质，对定位诊断有重要意义，医师必须对此加以重视，如散发性脑炎往往以精神症状为首发症状，脑出血以头痛为首发症状，吉兰-巴雷综合征以脑神经麻痹为首发症状等。在定位诊断过程中，医师应尽量用一个局限性的病灶来解释患者的全部临床表现，只有在单个局限病灶无法解释或解释不合理的情况下，才考虑多灶性或弥漫性病变的可能，即遵循一元论的原则。

一、不同部位神经病损的定位特点

（一）中枢神经病变

1. 大脑半球病变　包括刺激性病损与破坏性病损，前者可出现痫性发作，后者则易出现缺损性神经症状和体征。若额叶病变，可出现精神症状、运动性失语、失写、强握反射和痫性发作等症状；若顶叶病变，可出现中枢性感觉障碍、失读、失用等症状；若颞叶病变，可出现象限性盲、感觉性失语和钩回发作等症状；若枕叶病变，可出现视野缺损、皮质盲及痫性发作（有视觉先兆）等症状；若大脑半球一侧病变，可出现病灶对侧偏瘫（包括中枢性面、舌瘫及肢体瘫）及偏身感觉障碍等症状；若大脑半球弥散性损害，可出现意识障碍、精神症状、肢体瘫痪和感觉障碍等症状。

2. 基底节损害　基底节位于大脑半球深部，该部位损害主要表现为肌张力改变（增高或减低）、运动异常（增多或减少）和震颤等。若苍白球（旧纹状体）病变，可出现肌张力增高、运动减少和静止性震颤等症状；若壳核与尾状核（新纹状体）病变，可出现肌张力减低、运动增多综合征，临床表现为舞蹈症、手足徐动症和扭转痉挛症等。

3. 小脑病变　该部位发生损害，患者常出现共济失调、眼球震颤、构音障碍和肌张力减低等症状。临床上常可根据共济失调发生的不同部位来确定小脑病变部位，躯干的共济失调主要由小脑蚓部病变引起，病灶同侧肢体的共济失调则由小脑半球病变引起。此外，由于代偿机制的发挥，慢性小脑病变的症状不如急性病变明显，由此可以将小脑的血管性及炎性病变（急性病变）与小脑的变性病及肿瘤（慢性病变）区别开来。

4. 脑干病变　若一侧脑干损害，可导致病灶的同侧出现周围性脑神经受损症状，而病灶对侧出现肢体中枢性瘫痪或感觉障碍（交叉性运动-感觉障碍）；若双侧脑干损害，则表现为意识障碍、四肢瘫、两侧脑神经、锥体束和感觉传导束受损的症状。

5. 脊髓病变　若脊髓一侧损害，可导致 Brown-Sequard 综合征，出现受损部位以下的对侧痛、温觉消失，病侧受损平面以下的中枢性瘫痪及深部感觉障碍和同侧脊髓后根症状（末梢性麻痹、与病变脊髓节段相应的皮肤区域知觉消失）；若脊髓发生横贯性损害，可出现受损平面以下运动、感觉及自主神经功能障碍，表现为完全或不完全性截瘫或四肢瘫、传导束型感觉障碍和大小便功能障碍；若脊髓发生选择性损害，可仅有锥体束和（或）前角受损的症状和体征，表现为肌萎缩性侧索硬化或原发性侧索硬化。根据感觉障碍的最高平面、运动障碍、深浅反射改变和自主神经功能障碍可以大致确定脊髓损害平面。此外，某些疾病具有特殊病变部位，如脊髓亚急性联合变性的病损常位于锥体束和后索，脊髓空洞症的病损常位于后角或前连合等。

（二）周围神经病变

该部位受损可出现相应支配区下运动神经元瘫痪（腱反射减退或消失，肌张力减退以及肌萎缩等）、感觉障碍及自主神经功能障碍等症状。由于周围神经多为混合神经，不同部位的周围神经受损，其出现的症状和体征不尽相同，或以运动症状为主（如桡神经麻痹），或以感觉症状为主（如股外侧皮神经炎），或者感觉、运动和自主神经功能障碍同时出现（如多发性神经病）。

（三）肌肉病变

肌肉病变可出现在肌肉或神经肌肉接头处，其腱反射改变不明显，常无感觉障碍。

笔记

主要表现为肌无力、肌萎缩、肌痛、假性肥大和肌强直等。

二、定位诊断的注意事项

1. 并非所有体征均具有定位意义 典型的有结核性脑膜炎所致的动眼神经、展神经麻痹，这是由于颅内压增高引起的假性定位症状，不具有定位意义。

2. 病情进展过程中变化的体征不一定能反映真实的病损部位 典型例子为脊髓颈段压迫性病变，其病程之初可先出现胸段脊髓受损的症状和体征，实际上感觉障碍平面可能还没有达到病灶的水平。

3. 注意排除先天性异常的体征 某些患者具有先天性异常的体征，如果医师不仔细询问排除，则可能干扰诊断结果。

4. 不要忽略那些无症状的病损 由于个体体质不同，不同的病损在不同的人体上表现也不一样。有时候辅助检查可以明显确定病灶的病损，由于患者不出现相应的症状和体征而被临床医师所忽略，常见于无症状性脑梗死或脑出血。

第二节 定性诊断

定性诊断（etiologic diagnosis），即结合临床检查资料与起病方式、疾病进展演变过程、个人史及家族史，经过分析筛选出可能的病因，以做出病因诊断。

一、神经系统疾病的分类

（一）病因学分类

按病因学分类，可分为感染性疾病、血管性疾病、肿瘤、遗传性疾病、营养与代谢障碍、外伤、中毒及系统性疾病伴发的神经损害。

1. 感染性疾病 大多有感染史，呈急性或亚急性起病，发病后数日至数周内达到病情高峰。患者神经系统症状较弥散，可同时出现脑、脑膜或脊髓损害，常有发热、畏寒、外周血白细胞增加或血沉增快等全身感染的症状和体征，血液和脑脊液检查可找到病原学证据。此类疾病经有效治疗后较快好转，部分可留有后遗症，临床常见的有脑炎、脑膜炎、脑脓肿、脑寄生虫病、脊髓灰质炎等。

2. 血管性疾病 发生在脑和脊髓则起病急剧，神经缺损症状在发病后数分钟至数天即达到高峰。该类患者多有卒中危险因素（高血压、糖尿病、心脏病、动脉炎、高脂血症和吸烟等），发病一般伴有头痛、呕吐、意识障碍、肢体瘫痪和失语等症状和体征，辅助检查 CT、MRI 或 DSA 有助于确定诊断。临床常见的有脑出血、蛛网膜下腔出血、脑血栓形成、脑栓塞和其他闭塞性脑血管病（钩体病）等。

3. 肿瘤 大多起病缓慢，病情逐渐加重，常有颅内压增高症状（头痛、呕吐、视神经乳头水肿等）与局灶性定位症状和体征（癫痫发作、肢体麻木和瘫痪）。脑脊液检查可有蛋白含量增加，并可发现肿瘤细胞。该类疾病以瘤卒中起病者易误诊为脑卒中，头颅影像检查极有价值。肺癌、乳腺癌、淋巴瘤、白血病常有颅内转移，可通过脑脊液细胞学检查来确定转移瘤的来源。

4. 遗传性疾病 有家族遗传史，除了部分病例可在成年期起病外，多在儿童和青春期起病，病情呈缓慢进行性发展。该病遗传方式多样，常染色体显性遗传病（神经

笔记

纤维瘤病、脑-面血管瘤病等）较易诊断，隐性遗传病（肝豆状核变性）或散发病则不易诊断，未发病的携带者或症状轻微者一般难以发现，通过基因分析有助于诊断。

5. 营养与代谢障碍　通常发病缓慢，但病程较长，出现较固定的神经系统损害症状，常有其他脏器（肝、脾、视网膜、血液和皮肤等）受损的证据。患者有引起营养及代谢障碍的病因，常见的有多发性神经病（维生素 B_1 缺乏）、亚急性联合变性（维生素 B_{12} 缺乏）、肝豆状核变性（铜代谢障碍）等。

6. 外伤　大部分有明显外伤史，起病急，神经系统症状和体征的出现与外伤有密切关系，影像学检查可发现颅骨骨折、脊柱损伤或内脏损伤的证据。少部分患者，尤其是酗酒者和老年人外伤史不明显，较长时间才出现神经症状（外伤性癫痫、慢性硬膜下血肿等），遇见此类患者注意不要误诊。

7. 中毒　患者有杀虫剂、灭鼠药、重金属等毒性化学物质接触史，或有药物滥用或长期大量服用药物史，进行毒物或药物分析有助诊断。

8. 系统性疾病伴发的神经损害　神经系统分布广泛，系统性疾病常伴发神经损害，呈急性、亚急性或慢性起病，常见于内分泌疾病（甲状腺功能亢进或低下、糖尿病）、血液系统疾病（缺铁性贫血）、心血管系统疾病（脑卒中）、呼吸系统疾病（肺性脑病）、肝脏和肾脏疾病（肝性脑病、肾性脑病）、结缔组织疾病、恶性肿瘤和外科损伤等。

（二）病理学分类

典型的有神经变性病、脱髓鞘性疾病、免疫损伤与畸形。

1. 神经变性病　起病及进展缓慢，症状逐渐加重，一般重复侵犯某一神经组织，临床上常见的有肌萎缩侧索硬化症（主要累及上下运动神经元）、Alzheimer 病（侵犯全脑大脑皮质）、Pick 病（主要侵犯额叶处大脑皮质）及 Lewy 体痴呆（主要累及 Lewy 体）等。

2. 脱髓鞘性疾病　呈急性或亚急性起病，病程常表现为复发和缓解交替，病灶分布较弥散。部分病例起病缓慢，呈进行性加重（原发进展型多发性硬化）。

3. 免疫损伤　常见于自身免疫病（风湿热、系统性红斑狼疮、结节性多动脉炎等）、抗原引起的变态反应（预防接种后脑炎）、周围神经的变态反应性疾病（感染后展神经麻痹、感染性多发性神经根神经炎、感染后舌咽神经麻痹等），中枢神经系统脱髓鞘疾病也与自身免疫病有关，如多发性硬化、弥漫性硬化、急性播散性脑脊髓炎等。

4. 畸形　常见于先天性神经疾病。围生期颅内出血、缺血及缺氧性脑病等导致的畸形，患儿出生后即表现嗜睡、激惹、呼吸困难、心律失常、抽搐、姿势异常、角弓反张、瞳孔固定和无反应状态等（中-重度病例），部分也可无症状（轻度病例）。先天性神经疾病在患儿的胎儿期已发生，幼童期出现神经症状，可逐渐加重，也可停止发展，临床常见的有先天性脑瘫、婴儿型脊肌萎缩症、先天性强直性肌营养不良症、先天性或代谢性肌病和脑病等。

二、定性诊断的注意事项

1. 注意疾病的演变过程　病程是处于不断的发展变化当中的，例如脑梗死可转化为出血性脑卒中，脑脓肿也可出现在化脓性脑膜炎的病程后期等。医师需要在疾病不同的演变过程中抓住其最根本的表现来做出定性诊断，并随时根据病情调整诊疗方案。

笔记

2. 合理运用辅助检查 辅助检查有时是提供最主要的临床诊断证据的“金标准”，有时候却不用它作为最主要的临床诊断证据而只作为参考使用。临床医师应全面地收集临床资料，包括采集详尽的病史、仔细进行体格检查，重点是神经系统检查，然后根据病人的具体情况进行必要的实验室及其他辅助检查，而不能过分依靠辅助检查。

3. 基础疾病也有助于疾病的定性诊断 基础疾病主要指基础代谢障碍（内分泌失调、糖尿病）、免疫功能低下（艾滋病）和有重大的慢性消耗性疾病（肿瘤）等。在分析患者起病状态和疾病进展过程的同时，关注基础疾病将有助于神经系统疾病的定性诊断。

学习小结

1. 学习内容

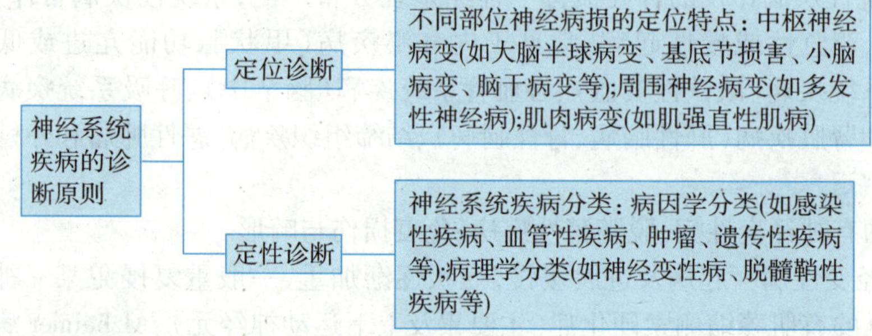

2. 学习方法

复习神经系统疾病的诊断原则，采取归纳方法，寻找不同部位神经病损的定位特点与神经系统疾病的分类。通过分析和比较方法，领会定位诊断与定性诊断的区别与联系以及二者的注意事项。

（孙忠人）

复习思考题

1. 神经系统疾病定位诊断与定性诊断的区别与联系分别是什么？
2. 神经系统疾病定位诊断的注意事项是什么？
3. 神经系统疾病定性诊断的注意事项是什么？

第三章

周围神经疾病

学习目的

通过学习周围神经疾病的发病机制、分类、常见病因、临床表现、诊断要点和治疗原则，理解神经损伤和神经痛，为提高周围神经疾病的临床诊治水平奠定理论基础。

学习要点

周围神经疾病的分类、治疗原则；神经损伤、神经痛、多发性神经病、急性炎症性脱髓鞘性多发性神经根神经病的临床表现、诊断及治疗。

第一节　概　　述

周围神经(peripheral nerve)是指除嗅、视神经以外的脑神经和脊神经及自主神经。周围神经疾病是指各种原因导致周围神经系统结构或功能损害的疾病。

【解剖及生理】

1. 解剖　周围神经中的10对脑神经主要分布于头面部。脊神经共31对，每一对脊神经都由前根和后根在椎间孔处汇合而成。脊神经包括脊神经根、脊神经节、神经干和神经末梢。自主神经分为交感和副交感神经，分布于内脏、心血管和腺体，主要功能是支配平滑肌、心肌的运动和腺体分泌。

2. 生理　运动神经元、感觉神经元或自主神经元都是由神经细胞组成，而神经细胞是由胞体与突起(树突和轴突)两部分组成，运动神经细胞的胞体位于脑干运动神经核和脊髓灰质前角，感觉神经细胞的胞体位于脑神经的感觉神经节和脊神经后根神经节，自主神经细胞的胞体在自主神经节，三种神经细胞的突起构成周围神经纤维。

周围神经纤维可分为有髓鞘和无髓鞘两种。有髓神经纤维轴索外包绕的髓鞘是由施万细胞(Schwann cell)及其细胞膜构成，每个细胞构成髓鞘形成的节段性结构称为郎飞结(Ranvier node)，不同类型神经Ranvier结的长度不等(250～1000pm)。髓鞘起保护轴突及绝缘的作用，神经冲动在Ranvier结呈跳跃性传布，有利于神经冲动的快速传导；无髓纤维则是数个轴突包裹在一个Schwann细胞内，没有髓鞘环绕，神经冲动则沿着神经纤维表面依次传导，因此传导速度较慢。在周围神经系统中，有髓神经纤维多为脑神经和脊神经的运动和深感觉纤维，而痛温觉和自主神经多为无髓神经纤维。

神经纤维是周围神经结构的基本组成单位，众多神经纤维集合为神经束，若干神经束组成神经干。神经干外有结缔组织膜称为神经外膜（epineurium）：包围神经纤维束的结缔组织称为神经束膜（perineurium）。神经束膜进入神经束内的各神经纤维之间成为神经内膜（endoneurium），它包括胶原纤维、成纤维细胞及基质。周围神经有神经束膜和神经外膜保护，该膜均有滋养动脉发出丰富的交通支，在神经内膜中为毛细血管丛供给营养，由于内皮的紧密连接，使血管中大分子物质不能渗出毛细血管，构成血-神经屏障；但此屏障在神经根和神经节处并不存在，故使得这些部位易受某些免疫性或中毒性疾病的侵犯。

【病理】

周围神经病理变化可分为以下四种（图 3-1）。

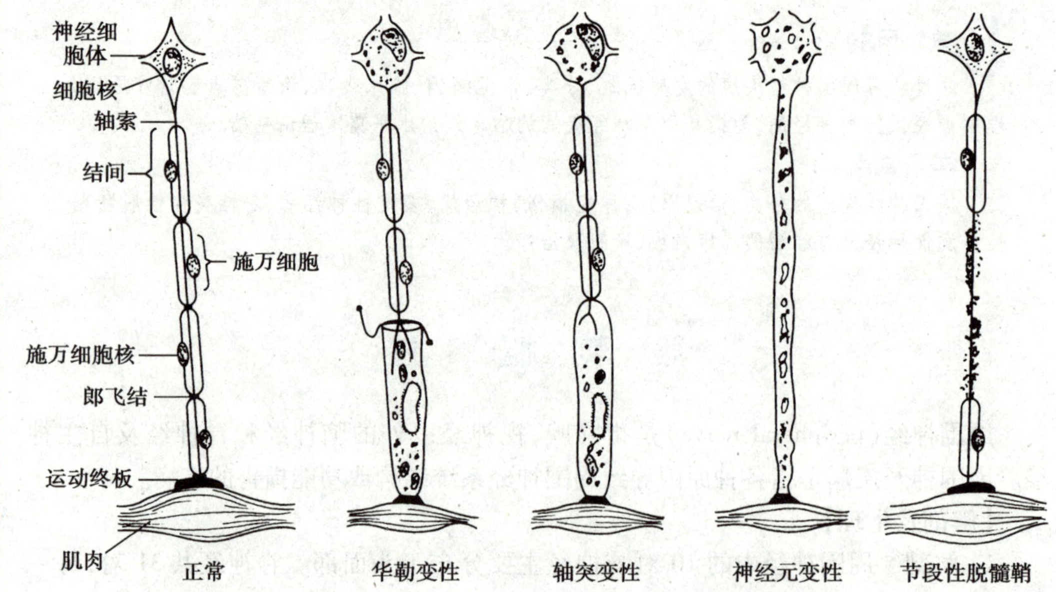

图 3-1 周围神经病的病理变化形式示意图

1. 华勒变性（Wallerian degeneration） 是指因各种外伤使轴突断裂后，远端神经纤维发生了一系列变化。不再有轴浆运输提供胞体合成和维持及更新轴突所必要的成分，阻断了对其的营养保护，使神经断端远侧轴突和髓鞘发生变性、解体，其中解体的轴突和髓鞘由 Schwann 细胞和巨噬细胞吞噬，并使断端近侧的轴突和髓鞘可有同样的变化，但一般只到最近的 1 ~2 个 Ranvier 结而不再继续，接近胞体的轴突断伤则可使胞体坏死。

2. 轴突变性（axonal degeneration） 是中毒代谢性神经病中最常见的病理改变之一。中毒、感染、维生素缺乏或营养障碍，引起胞体蛋白质合成障碍或轴浆运输阻滞，使远端轴突不能得到必需的营养，出现轴突变性和继发性脱髓鞘，因其变性通常是由远端向近端发展，故称“逆死性（dying back）神经病”。轴突变性后，若向远端蔓延则可导致运动终板变性，而出现支配的肌纤维萎缩。当病因一旦去除或得到改正，轴突即可再生。

3. 神经元变性（neuronal degeneration） 其病变类似于轴突变性，是神经元胞体损害、坏死后，继发轴突丧失及髓鞘破坏。但神经元一旦坏死，可使轴突全长在短时间内变性、解体。临床上将这类疾病称为神经元病（neuronopathy）。

4. 节段性脱髓鞘（segmental demyelination） 是髓鞘破坏而轴突保持相对完整的病变。病理表现为神经纤维近端和远端有不规则的长短不等的节段性脱髓鞘，Schwann 细胞增殖及吞噬髓鞘碎片。在脱髓鞘性神经病时，病变可不规则分布，但长纤维比短纤维更易于发生传导障碍，所以临床上运动和感觉障碍表现四肢远端受累明显。

周围神经系统与中枢神经系统相比一个主要的不同是周围神经有比较强的再生能力。不论哪种原因引起的周围神经损伤，只要细胞体是完好的，其神经纤维就能再生。神经元病时神经细胞坏死，不能再生。急性脱髓鞘性神经病髓鞘再生快且较完全。

【病因及发病机制】

1. 病因 ①脱髓鞘性：为急性或慢性炎症性脱髓鞘性多发性神经病，也可能是自身免疫性；②营养及代谢性：营养缺乏（慢性酒精中毒、慢性胃肠道疾病及大手术后等），代谢障碍（糖尿病、尿毒症等）及维生素缺乏和恶病质等；③药物及中毒：药物（甲硝唑、呋喃类、异烟肼等）、酒精、有机磷农药和有机氯杀虫剂、化学品及重金属和白喉毒素等；④血管炎性：结节性多动脉炎、系统性红斑狼疮、类风湿关节炎等；⑤遗传性：如各种遗传性运动感觉性神经病、血卟啉病等；⑥嵌压性：腕管综合征。

2. 发病机制 周围神经疾病的发病机制有：①前角细胞和运动神经根受损，可导致运动轴索华勒变性，如出现后根破坏则可致脊髓后索而不是周围神经的华勒变性；②结缔组织病变也可压迫周围神经或神经滋养血管而导致周围神经受损；③自身免疫性周围神经病可造成周围小静脉炎性细胞浸润及神经损伤；④中毒性和营养缺乏性病变可选择性损害神经轴索或髓鞘，未受损部分仍可保持完整；⑤遗传性代谢性疾病可因酶系统障碍，使构成髓鞘或轴索的必需成分缺乏，变性疾病使轴索代谢发生障碍而影响周围神经。近年来，轴索运输系统在周围神经疾病发病机制中的重要意义被逐渐认识。

【临床分类】

由于周围神经疾病的病因、受累范围及病程不同，其分类标准尚未统一，单一分类方法很难涵盖所有病种。故根据病程、病因、症状分布等，简单将其概括以下几种：

1. 急性运动麻痹综合征伴各种感觉及自主神经功能障碍（syndrome of acute motor paralysis with variable disturbance of sensory and autonomic function）。

2. 亚急性感觉运动性麻痹综合征（syndrome of subacute sensorimotor paralysis）。

3. 慢性感觉运动性多发性神经病综合征（syndrome of chronic sensorimotor polyneuropathy）。

4. 线粒体病伴发神经病（neuropathy associated with mitochondrial disease）。

5. 再发性或复发性多发性神经病综合征（syndrome of recurrent or relapsing polyneuropathy）。

6. 单神经病或神经丛病综合征（syndrome of mononeuropathy or plexopathy）。

【临床表现】

主要是受损神经支配范围内的运动、感觉、反射和自主神经功能异常。其受损部

笔记

位和范围随受损神经的分布不同而异，但尚有一些共同的特性。

1. 运动障碍　分为刺激性和麻痹性两类症状。

（1）刺激症状：①肌束震颤（fasciculation）是静息时由一个或多个神经运动单位自发性放电导致肌肉收缩，呈短暂的单一收缩。可见于正常人；当伴有肌肉萎缩时则为异常，多见于运动神经元病或神经根受压的下运动神经元疾病；②肌痉挛（myospasm）是一个或多个运动单位短暂自发的痉挛性收缩，常与邻近运动单位呈交替性间断收缩。可为神经干的刺激性症状，多见于面神经；③痛性痉挛（cramp）是肌肉或肌群短暂的痛性收缩，腓肠肌多见，多为生理性。

（2）麻痹症状：①肌力减退或丧失，如多发性神经病出现肢体远端肌无力；吉兰-巴雷综合征（GBS）出现四肢瘫痪，近端较重可伴呼吸肌麻痹；②肌萎缩（amyotrophy）是由于轴索变性或神经断伤后，使肌肉失去神经营养作用而出现肌肉萎缩。如一年内能建立神经再支配，则有可能完全恢复。脱髓鞘性神经病虽有肌肉瘫痪，一般无轴索变性，故肌萎缩不明显。

2. 感觉障碍

（1）感觉缺失（anesthesia）：痛觉和温度觉的早期丧失提示小纤维受损，而大的髓鞘纤维损害则出现深感觉丧失和感觉性共济失调。

（2）感觉异常（paraesthesia）：多发性神经病可出现针刺、麻木、触电和束带感等，由于病变部位不同还可出现痛觉过度、灼性神经痛等症状。

（3）疼痛（pain）：单神经可有局部疼痛、压痛及放射痛。以疼痛为主要临床表现的单神经病，称之神经痛（neuralgia），疼痛如刀割样、挤压样或闪电样。

3. 腱反射减弱或消失　急性多发性神经病早期腱反射可正常，随着病情进展逐渐减低甚至消失；但在小纤维受累的神经病，如酒精中毒性多发性神经病即使痛、温觉严重丧失时，腱反射仍可存在至后期才消失。

4. 自主神经障碍　多种周围神经病均可造成无汗、竖毛障碍、体位性低血压，还可有无泪、无涎、阳痿、膀胱和直肠功能障碍等。

【辅助检查】

1. 神经电生理检查　神经传导速度（NCV）测定结合肌电图检查对周围神经病的诊断有很大意义：①NCV 测定可协助病变的定位，主要测定运动神经传导速度（MCV）和感觉神经传导速度（SCV）。②发现亚临床型神经病，在出现感觉缺失之前若感觉纤维丧失 30% ~40% 时，NCV 测定即可异常。③对鉴别轴突变性及脱髓鞘性神经病亦有很大帮助。NCV 减低至正常的 70% 以下，而肌电图无失神经电位，可能是以脱髓鞘为主的神经病。以轴突变性为主的神经病则 NCV 可正常或稍变慢，肌电图可有失神经性改变。④鉴别运动神经病与肌病的肌萎缩。⑤对神经病的预后和治疗原则的确定提供依据。

2. 周围神经组织活检　为侵入性检查，因此应该严格掌握临床指征。一般适用于其他实验室检查仍不能明确病因的多数性单神经病，其亦是神经系统疾病诊断的重要方法之一。

【诊断要点】

1. 确定是否为周围神经病，通过病史和体征与其他相应的疾病进行鉴别。

2. 根据受损神经的分布，确定是单神经病、多数性单神经病还是多发性神经病。

3. 利用病史、体检及辅助检查等各种诊断手段，寻找病因，明确诊断。

【治疗原则】

首先是针对病因治疗；其次对症支持，如给予止痛药物及B族维生素等。中医药治疗、理疗也是重要措施之一，有助于预防肌肉挛缩和关节变形。

第二节　脑神经疾病

一、三叉神经痛

原发性三叉神经痛，简称为三叉神经痛（trigeminal neuralgia），表现为三叉神经分布区内短暂的、反复发作性剧烈疼痛。三叉神经痛其人群患病率为182/10万，年发病率为3～5/10万。按病因分为原发性三叉神经痛和继发性三叉神经痛，按疼痛的症状特点可分为典型三叉神经痛和非典型三叉神经痛。

【病因及发病机制】

原发性三叉神经痛病因尚未完全明确，目前有两种认识：①周围学说认为病变位于半月神经节到脑桥间的后根部分，由于多种原因压迫引起局部脱髓鞘而导致疼痛发作；②中枢学说认为三叉神经痛是一种感觉性癫痫样发作、异常放电，部位可能在三叉神经脊束核或脑干。

发病机制可能由于多种致病因素，使半月神经节的感觉根和运动支发生脱髓鞘改变，脱失髓鞘的轴突与相邻轴索纤维间发生短路。因此轻微的痛觉刺激即可通过短路传入中枢，而中枢的传出冲动也可通过短路成为传入冲动，达到一定的总和而造成三叉神经痛发作。

【病理】

三叉神经感觉根切断术活检可见神经节细胞消失、炎症细胞浸润及多数纤维节段性脱髓鞘，神经鞘膜不规则增厚、扭曲、变形或消失。电镜下可见Ranvier结附近轴突内集结大量线粒体，提示可能与神经组织受机械性压迫有关。

【临床表现】

本病发病年龄在28～89岁，70%～80%在40岁以上，女性略多于男性，大多局限于三叉神经一支或两支分布区，以下颌支最多见，其次为上颌支，多为单侧（图3-2）。

1. 发作性疼痛　疼痛发作前无预兆，为三叉神经分布区内突然发生闪电样、短暂而剧烈的疼痛，持续数秒或1～2分钟。突发突止，间歇期如常人，少数仍有烧灼感，昼重夜轻。发作早期，发作次数较少，可数日发作1次，大多病情可逐渐加重，疼痛次数增多，由1日数次至1分钟多次，以致终日不止。发作呈周期性，持续数周、数月或更长，缓解期也可数天至数年不等，随着病情加重少有自愈。因恐惧疼痛而不敢洗脸、剃须、刷

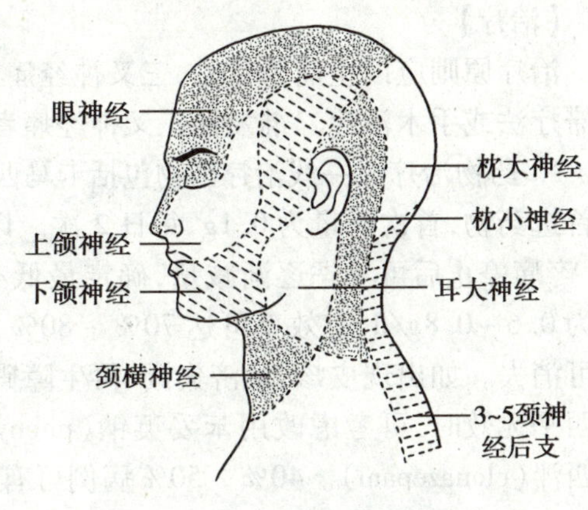

图3-2　三叉神经头面部皮肤分布

笔记

牙、进食，故面部及口腔卫生差，由疼痛而出现面色憔悴、情绪低落甚至精神抑郁。有些患者因营养性障碍而出现面部局部皮肤粗糙、眉毛脱落、角膜水肿甚至咀嚼肌萎缩等。

2. 扳机点及诱发　在病侧三叉神经分布区内，如患者口角、鼻翼、颊部或舌部为敏感区，轻触可诱发疼痛，称为扳机点或触发点。有的在发作时不敢做咀嚼动作，严重病例可因疼痛出现面肌反射性抽搐，口角牵向患侧，并伴有面红、流泪及流涎，称"痛性抽搐(tic douloureux)"。

3. 体征　神经系统检查一般无阳性体征。

【诊断及鉴别诊断】

1. 诊断要点　典型的原发性三叉神经痛根据疼痛发作部位、性质及面部扳机点，神经系统无阳性体征，一般不难诊断。

2. 鉴别诊断

(1) 牙痛：三叉神经痛易误诊为牙痛，故患者常有拔牙史。牙痛为持续性钝痛，大多数局限于牙龈部，因进冷、热食物加剧。X 线检查可发现牙病、肿瘤等有助鉴别。

(2) 继发性三叉神经痛：表现为颜面持续性疼痛伴感觉减退、角膜反射迟钝、且伴有三叉神经麻痹，或合并其他脑神经麻痹。如多发性硬化、延髓空洞症、原发性或转移性颅底肿瘤等。

(3) 舌咽神经痛：较少见，多见于年轻女性。局限于扁桃体、舌根、咽及耳道深部等部位即舌咽神经分布区的发作性剧烈疼痛，性质类似三叉神经痛。可因吞咽、讲话、咳嗽、呵欠等诱发。在咽喉、舌根、扁桃体窝处可有触发点。用 4% 可卡因或 1% 丁卡因喷涂于局部可阻止发作。

(4) 蝶腭神经痛：主要表现为颜面深部持续性疼痛，疼痛可放射至鼻根、颧骨、眼眶深部、耳、乳突及枕部等，疼痛呈烧灼样、持续性、无明显规律性，封闭蝶腭神经节有效。

3. 区别原发性三叉神经痛和继发性三叉神经痛建议参考以下几点：

(1) 三叉神经反射性电生理学检测可能有助于诊断原发性三叉神经痛。

(2) 存在三叉神经感觉减退或双侧同时起病可能为继发性三叉神经痛，但是因其特异性较差，不存在上述特征的患者也不能排除继发性三叉神经痛。

(3) 影像学检查(MRI、CT 等)有助于确诊继发性三叉神经痛。

【治疗】

治疗原则应以止痛为目的，三叉神经痛首选药物治疗，无效或失效时，可以用神经阻滞疗法或手术治疗。继发性三叉神经痛者应针对病因治疗。

1. 药物治疗　一线治疗药物包括卡马西平和奥卡西平。卡马西平(carbamazepine)是首选药物，首次剂量为 0.1g，每日 2 次。以后每日增加 0.1g，最大剂量不超过 1.0g/d。疼痛停止后可考虑逐渐减量，确定最低有效量作为维持剂量服用，有效维持量一般为 0.6～0.8g/d，有效率可达 70%～80%。不良反应有眩晕、嗜睡、恶心等，停药后多可消失。如出现皮疹、共济失调、再生障碍性贫血、昏迷等症状时要立即停药。当卡马西平无效时，可考虑改用苯妥英钠(phenytoin sodium)。上述两药无效时可试用氯硝西泮(clonazepam)。40%～50% 病例可有效控制，25% 疼痛明显减轻。不良反应有嗜睡和步态不稳，老年患者偶见短暂性精神错乱，停药后消失。可同时辅用大剂量

笔记

维生素 B_{12}。奥卡西平治疗原发性三叉神经痛可能有效。加巴喷丁、拉莫三嗪、匹莫齐特可以用于原发性三叉神经痛的辅助治疗。

2. 封闭治疗　服药无效者或有明显副作用、拒绝手术或不适于手术治疗者，可试行无水乙醇或甘油加入维生素 B_{12} 等直接注入三叉神经分支或半月神经节内封闭，使之发生凝固性坏死，阻断神经传导。阻滞疗法简易安全，但疗效不持久。

3. 经皮半月神经节射频电凝疗法　在 X 线监视下或 CT 引导下将射频电极针经皮肤刺入三叉神经节。这样可选择性地破坏三叉神经半月神经节后无髓鞘纤维，疗效达 90% 以上。适用于年老体弱，有系统性疾病、不能耐受手术者。

4. 外科治疗　适用于药物和神经阻滞治疗无效者。主要手术方法有：①微血管减压术；②颅内、外三叉神经周围支切断术；③三叉神经感觉根部分切断术；④三叉神经脊髓束切断术；⑤伽马刀治疗。

5. 中医药治疗　中医辨证治疗，临床中应用川芎、白芷、羌活、赤芍等，以祛风活血通络；针刺患者的疼痛部位，取相应穴位治疗如取太阳、四白、下关，并可配合谷、太冲等。常规针刺，亦可配合电针。

知识拓展

三叉神经痛各种外科手术适应证：

1. 微血管减压术适应证

(1) 诊断明确的原发性三叉神经痛

(2) 药物治疗无效的原发性三叉神经痛

(3) 射频热凝、球囊压迫、伽马刀治疗无效的原发性三叉神经痛

(4) 微血管减压术后复发的典型原发性三叉神经痛

(5) 青少年起病的典型原发性三叉神经痛

2. 经皮三叉神经半月神经节射频温控热凝术及 Meckel's 囊球囊压迫术治疗适应证

(1) 年龄>70 岁

(2) 全身情况较差（心、肺、肝、肾、代谢性疾病等）

(3) 已行微血管减压术后无效或者疼痛复发

(4) 拒绝开颅手术者

(5) 带状疱疹后遗症

(6) 鼻咽癌相关性三叉神经痛

3. 伽马刀治疗适应证

(1) 年龄>70 岁，糖尿病、高血压、心脏病等慢性病患者及身体一般情况差，不能耐受手术者

(2) 害怕或拒绝开颅手术、担心出现手术并发症的患者

(3) 继发性三叉神经痛，原发病灶已处理，或原发肿瘤较小者

(4) 经其他外科方法治疗后无效或再次复发的患者

二、特发性面神经麻痹

特发性面神经麻痹（idiopathic facial palsy）又称为面神经炎（facial neuritis）或贝尔麻痹（Bell palsy），是茎乳孔内面神经急性非特异性炎症所致的周围性面瘫。

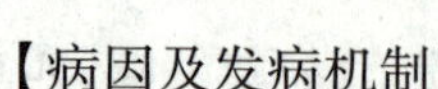

【病因及发病机制】

病因目前尚不完全清楚。部分患者可能与风吹或受凉及病毒(带状疱疹病毒)感染后发生局部神经营养血管痉挛,导致面神经缺血、水肿及面神经管内受压等。

【病理】

早期病理改变主要为面神经水肿和不同程度髓鞘脱失,在茎乳孔内和面神经管内最明显;严重者可表现为轴索变性。

【临床表现】

1. 通常急性起病,于数小时或数天内达高峰。病前常有病毒感染等前驱症状和风吹、受凉病史,病初可有患侧外耳道、耳后乳突区或下颌角后疼痛。可见于任何年龄,无性别差异。

2. 多为单侧面部表情肌瘫痪 表现为周围性面瘫,患侧额纹消失,不能皱额蹙眉;眼裂不能闭合或闭合不全,闭眼时,患侧眼球向外上方转动并露出白色巩膜,称Bell现象;病侧鼻唇沟变浅,口角下垂,示齿时口角被牵向健侧;不能做噘嘴和吹口哨动作,鼓腮时患侧口角漏气(图3-3)。

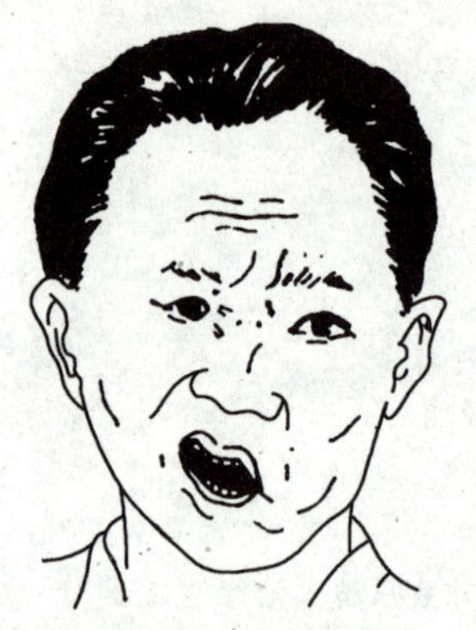

图3-3 左侧面神经麻痹:患侧正常沟纹变浅,眼裂变大

3. 若病变波及鼓索神经,除上述症状外,尚可有同侧舌前2/3味觉减退或消失;镫骨肌支以上部位受累时,因镫骨肌瘫痪,可出现同侧听觉过敏;膝状神经节受累时,除面瘫、味觉障碍和听觉过敏外,还有同侧唾液、泪腺分泌障碍,耳内及耳后疼痛,外耳道及耳郭部位带状疱疹,称膝状神经节综合征(Hunt综合征)。

【诊断及鉴别诊断】

1. 诊断要点 根据起病突然,一侧周围性面瘫,无其他神经系统阳性体征即可确诊。

2. 鉴别诊断

(1) 吉兰-巴雷综合征(Guillain-Barré综合征):多为双侧性面瘫,少数亦有单侧起病。可伴有肢体对称性下运动神经元损害的症状和体征,肌电图(EMG)和NCV提示周围神经受累及脑脊液(CSF)蛋白-细胞分离现象。

(2) 耳源性面神经麻痹:常见的包括中耳炎、乳突炎、迷路炎、腮腺炎或腮腺肿瘤、下颌化脓性淋巴结炎等局部炎症所致的周围性面神经麻痹,原发病的病史和相应症状及体征有助于诊断。

(3) 颅后窝病变:脑桥小脑角占位性病变、转移瘤、颅底脑膜炎和其他原因的炎性病变等均可引起周围性面瘫。如桥-小脑角综合征,该病除了面神经麻痹外,还伴有三叉神经及听神经损害。影像学和CSF的检查结果有助于明确诊断。

【治疗】

治疗原则是改善循环,减轻面神经局部水肿和炎性反应,促进神经功能恢复。

1. 药物治疗

(1) 激素:建议所有患者急性期均应用激素治疗,口服泼尼松或地塞米松治疗,注意补钙、补钾及保护胃黏膜。

(2) 抗病毒药物:不推荐单独使用抗病毒治疗,建议联合激素治疗中重度面神经

笔记

麻痹。

（3）神经营养剂：维生素 B_1 和 B_{12}。

（4）其他：亦可加用脱水剂、血管扩张剂以减轻水肿，改善微循环。

2. 物理治疗　急性期在茎乳孔附近可行超短波透热疗法、热敷和红外线照射等，有助于水肿减轻和炎症的消退。恢复期做碘离子透入疗法等。

3. 中医药治疗　由风邪所致宜用中药牵正散，以祛风通络，温经散寒治疗；建议专科医生针刺取翳风、牵正、太阳、地仓、颊车等头面部穴位并配曲池、合谷等穴。

4. 康复治疗　面肌功能训练，急性期不建议功能训练。建议持久的面肌瘫痪进行功能训练。可面对镜子练习皱眉、闭眼、鼓腮、吹口哨和皱额等动作。也可以自我面部肌肉按摩，每日数次，每次 5～10 分钟。

5. 手术治疗　病后 2 年仍未恢复者，可考虑面神经、副神经、面神经-舌下神经或面神经-膈神经吻合术，但效果难以确定。严重面瘫患者也可行面部整容手术。

6. 预防眼部并发症　对患侧眼睑闭合不全者，应用眼药水、眼药膏及眼罩保护角膜。

7. 其他治疗　若后遗面肌抽搐者可行肉毒素 A 多点注射。

三、面肌痉挛

面肌痉挛（facial spasm）亦称为面肌抽搐，是指一侧或双侧面部肌肉（眼轮匝肌、表情肌、口轮匝肌）反复发作的阵发性、不自主抽搐，情绪激动或紧张时加重，严重时可出现睁眼困难、口角歪斜以及耳内抽动样杂音。

【病因及发病机制】

本病病因未明，故将其称为原发性面肌痉挛。磁共振断层血管造影显示面神经受压达 2/3，提示本病的发生与面神经通路受到机械性刺激或压迫有关，常由椎-基底动脉或静脉、听神经瘤、脑干梗死等所致。近年来有文献报道大多数面肌痉挛有错行血管压迫面神经根，提示与三叉神经痛有类似发病基础，少数患者也可由面神经麻痹恢复不完全导致。面肌痉挛的发病机制推测为面神经异位兴奋或伪突触传导所致。

【临床表现】

多数中年以后起病，女性较多。起病初期多为眼轮匝肌间歇性抽搐，后逐渐缓慢向口角、整个面肌扩展，重者眼轮匝肌抽动致使睁眼困难。严重时可累及同侧颈阔肌，每次抽动数秒至数分钟。精神紧张、疲劳、自主运动时加重，情绪稳定、安静状态下减轻，睡眠时消失，无疼痛。神经系统检查除面肌阵发性抽动外，无其他阳性体征。晚期少数患者可有面肌轻度无力和萎缩。

面肌痉挛包括典型面肌痉挛和非典型面肌痉挛两种：典型面肌痉挛是指痉挛从眼睑开始，并逐渐向下发展累及面颊部表情肌等下部面肌；而非典型面肌痉挛是指痉挛从下部面肌开始，并逐渐向上发展最后累及眼睑及额肌。临床上绝大多数都是典型面肌痉挛。

【辅助检查】

肌电图（electromyography，EMG）检查可显示肌纤维震颤和肌束震颤波。当刺激面神经后患侧面肌可出现 10～65Hz 同步阵发性急促动作电位，而阵挛抽动者可见 100～300Hz 的动作电位。在面肌痉挛病人中，EMG 可记录到一种高频率的自发电位

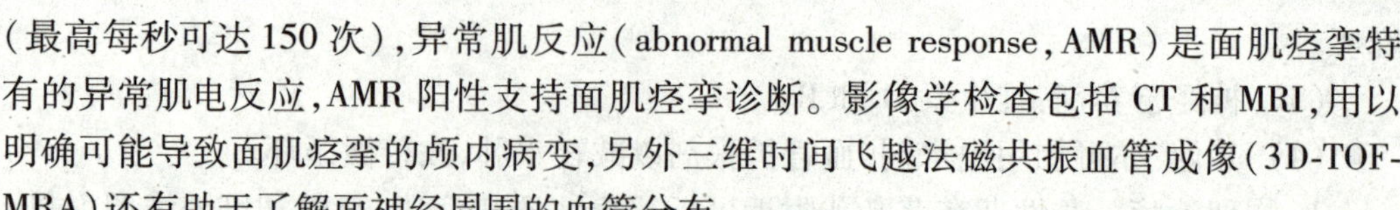

(最高每秒可达 150 次),异常肌反应(abnormal muscle response,AMR)是面肌痉挛特有的异常肌电反应,AMR 阳性支持面肌痉挛诊断。影像学检查包括 CT 和 MRI,用以明确可能导致面肌痉挛的颅内病变,另外三维时间飞越法磁共振血管成像(3D-TOF-MRA)还有助于了解面神经周围的血管分布。

【诊断及鉴别诊断】

1. 诊断　面肌痉挛的诊断主要依赖于特征性的临床表现。对于缺乏特征性临床表现的病人需要借助辅助检查予以明确,包括电生理、影像学检查及卡马西平治疗试验。

2. 鉴别诊断

(1) 双侧眼睑痉挛:表现为双侧眼睑反复发作的不自主闭眼,双侧眼睑往往同时起病,常伴睁眼困难和眼泪减少,随着病程延长,症状始终局限于双侧眼睑。

(2) Meige 综合征:病人多以双侧眼睑反复发作的不自主闭眼起病,随着病程延长,逐渐出现眼裂以下面肌不自主抽动,且肌肉痉挛的范围会向下扩大,甚至累及颈部、四肢和躯干肌肉。

(3) 咬肌痉挛:为单侧或双侧咀嚼肌痉挛,病人可出现不同程度的上下颌咬合障碍、磨牙和张口困难,三叉神经运动支病变是可能的原因之一。

(4) 面瘫后遗症:表现为同侧面部表情肌活动受限,同侧口角不自主抽动以及口角与眼睑的连带运动,依据确切的面瘫病史可以鉴别。

【治疗】

1. 药物治疗　①面肌痉挛治疗的常用药物包括卡马西平(得理多)、奥卡西平以及安定等。其中,卡马西平成人最高剂量不应超过 1200mg/d。备选药物为苯妥英钠、巴氯芬、氯硝安定、托吡酯、加巴喷丁及氟哌啶醇等。②药物治疗可减轻部分病人的面肌抽搐。③药物治疗常用于发病初期、无法耐受手术或者拒绝手术者以及作为术后症状不能缓解者的辅助治疗。对于临床症状轻、药物疗效显著,且无药物不良反应的病人可长期应用。④药物治疗期间应注意可有肝肾功能损害、头晕、嗜睡、白细胞减少、共济失调、震颤等不良反应,如发生药物不良反应即刻停药。

2. 肉毒素 A(BTX-A)局部注射　是目前治疗面肌抽搐的有效方法,安全、简便易行。主要应用于不能耐受手术、拒绝手术、手术失败或术后复发、药物治疗无效或药物过敏的成年病人。在痉挛明显部位注射 BTX-A,3 ~5 天起效,疗效可持续 3 ~6 个月。不良反应有短暂眼睑下垂、视觉模糊、流涎等,数日可消失。

3. 手术治疗　应用上述方法疗效不佳患者,如有血管压迫所致面肌痉挛,可采用面神经微血管减压术,周围神经切断术也可有效。

4. 中医药治疗　针刺治疗取穴以面颊局部为主,如太阳、颧髎、攒竹、合谷、颊车并结合中医辨证配太溪、三阴交、曲池等。

第三节　脊神经疾病

脊神经疾病(spinal nerve diseases)是指由各种原因引起脊神经支配区的疾病。根据病因分为创伤、嵌压、感染、中毒、营养障碍、遗传等;根据起病形式分为急性、亚急性、慢性等;根据受损部位分为神经节、根、丛、干和神经末梢;根据临床特点分为运动

笔记

性、感觉性、混合性及自主神经性等；根据损伤范围分为单神经病、多发性神经病等。治疗为病因及对症治疗，必要时可行手术治疗。

一、单神经病及神经痛

单神经病(mononeuropathy)是单一神经受损所出现的支配区运动、感觉功能缺失的症状及体征。神经痛(neuralgia)是指受损神经分布区出现疼痛。临床表现取决于受累神经，其共同症状为受累神经分布区感觉、运动及自主神经功能障碍，腱反射减弱或消失。肌电图和神经传导速度测定有助于诊断。

(一) 桡神经麻痹

桡神经(radial nerve)起于臂丛后束，由 $C_5 \sim T_1$ 的神经根纤维组成，其运动支主要支配前臂伸肌(肱三头肌、肘肌)，腕部伸肌(桡侧腕伸、尺侧腕伸肌)，手指的伸肌(指总伸肌、拇长展肌、拇长伸肌、拇短伸肌)及前臂全部伸肌。主要功能：伸肘、伸腕及伸指；感觉支主要支配前臂背面及手背桡侧面感觉。

【病因】

桡神经是臂丛神经中最易受外伤的一支，病因甚多，可因腋部或上肢受压、感染、肩关节脱臼、肱骨中段骨折、上肢贯通伤、铅、砷、乙醇中毒、手术时上臂长时间过度外展或新生儿脐带绕上臂及前斜角肌压迫等造成。

【临床表现】

桡神经麻痹(radial paralysis)主要表现为运动障碍，典型症状是垂腕，因不能伸腕和伸指，前臂不能旋后，由于伸肌瘫痪而出现腕下垂。根据损伤部位不同，临床表现不同。①高位(腋部)损伤：是由腋下桡神经发出肱三头肌分支以上受损，产生完全性桡神经麻痹，上肢各伸肌完全瘫痪，造成肘、腕、掌指关节均不能伸直，前臂伸直时不能旋后，手通常处于旋前位；②肱骨中1/3损伤：是肱三头肌分支以下部位损伤，肱三头肌功能正常；③前臂中1/3以下损伤：仅有伸指功能丧失而无腕下垂，因伸腕肌的分支已在前臂上部分出。如损伤在腕关节附近，因各运动支均已发出，可仅有感觉障碍而无运动症状。桡神经的感觉支分布区因与邻近神经重叠，所以感觉减弱区通常只限于拇指和第1、2掌骨间隙背面极小部分的“虎口区”(图3-4)。

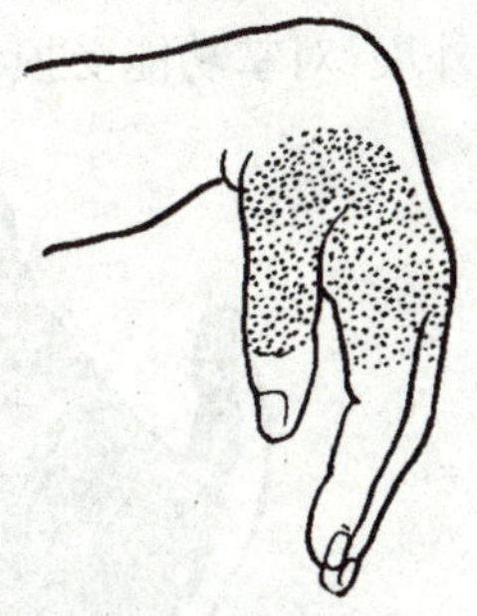

图3-4　桡神经损伤感觉分布及腕下垂

【诊断】

根据肘、腕、指不能伸直，拇指不能伸直外展，出现垂腕，手背桡侧及第1、2掌骨间隙背面感觉减退，临床诊断不难。

【治疗】

主要为病因治疗及营养神经。桡神经有良好的再生能力，治疗后功能恢复较其他上肢神经为佳。

中医药治疗中针刺治疗亦应首选，根据部位及辨证选取相应穴位，如肩髃、臂臑、手三里、外关、合谷等穴为主。

(二) 正中神经麻痹

正中神经(medial nerve)由臂丛内侧束及外侧束的中间支在腋动脉前方合并组

笔记

成，由 $C_6 \sim T_1$ 神经根纤维组成，其运动支主要支配前臂旋前并屈曲（旋前圆肌），支配腕部屈肌（桡侧腕屈肌、掌长肌），支配手指屈肌（各指屈肌、拇对掌肌、拇短屈肌）等几乎前臂所有屈肌及大鱼际肌。主要功能：支配前臂旋前、屈腕、屈指。感觉支主要支配手掌桡侧面（拇指、食指、中指及无名指桡侧一半），及中节、远节背侧面的皮肤感觉。

【病因】

外伤、骨折或脱臼、腋和腕部受压、神经炎、颈肋等。由于正中神经在腕部位置最为表浅，易被锐器戳伤或利器切割伤，并常伴屈肌腱受损。

【临床表现】

功能障碍主要表现为握力及前臂旋前功能丧失。当上臂受损致完全性正中神经麻痹，表现为前臂不能旋前，腕外展屈曲不能，拇、食、中指不能屈曲，拇指不能对掌、外展及屈曲，握拳无力。肌肉萎缩尤以大鱼际肌最明显，手掌扁平；拇指内收紧靠食指，呈“猿手”样。前臂中 1/3 或下 1/3 损伤时，运动障碍仅限于拇指外展、屈曲和对掌等（图 3-5）。

感觉障碍表现为感觉支所支配的手掌桡侧、桡侧三指和无名指的桡侧一半感觉减弱或消失，因正中神经有丰富的交感神经纤维，故损伤后常合并灼性神经痛。

腕管综合征（carpal tunnel syndrome，CTS）是临床最常见的正中神经损伤。正中神经通过腕横韧带下方腕管处受压。常见于中年女性及妊娠期。原因很多，许多疾病如糖尿病、类风湿关节炎、肾衰竭、甲状腺功能低下致内环境改变、腕管水肿而发病，手腕部反复用力或创伤如腕部的慢性劳损、腕管内鞘膜囊肿、腕骨骨折等也可致病。主要临床表现为桡侧三指的感觉异常如麻木、针刺、烧痛感，逐渐出现大鱼际肌萎缩，使拇指外展、对掌功能受损（图 3-6）。

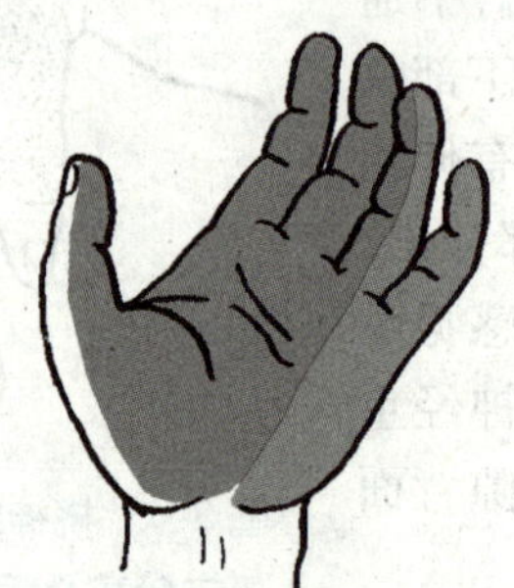

图 3-5　正中神经损伤后“猿手”

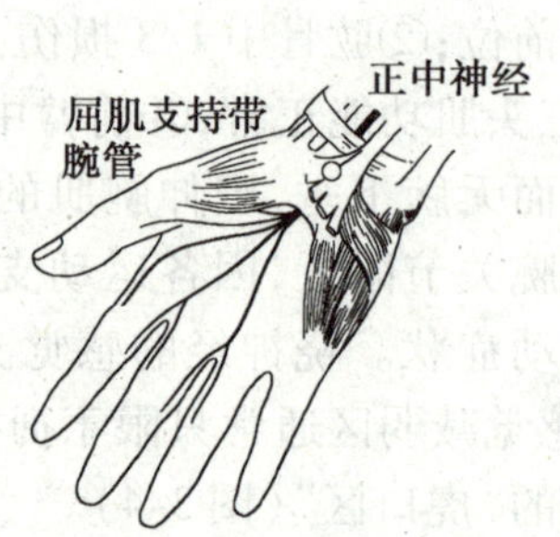

图 3-6　腕管综合征

【诊断】

根据临床表现为正中神经支配区运动感觉障碍及神经电生理检测，诊断不难。

【治疗】

主要为病因治疗及营养神经。腕管综合征治疗包括腕关节制动，用夹板固定腕关节于中间位，避免活动诱发，局部理疗，服用吲哚美辛、布洛芬等非甾体抗炎药，亦可在腕管内注射泼尼松龙 0.5ml 加 2% 的普鲁卡因 0.5ml，每周 1 次，4～6 次为一个疗程。若 2 次以上无效，肌电图示鱼际肌有失神经支配时可切开腕横韧带松解神经。

中医药治疗亦首选针刺治疗如肩髃、臂臑、曲池、手三里、外关、合谷等穴。

（三）尺神经麻痹

尺神经（ulnar nerve）发自臂内侧束，由 $C_8 \sim T_1$ 神经根纤维组成，支配尺侧腕屈肌、指深屈肌尺侧半、小鱼际肌、骨间肌、蚓间肌、拇收肌、小指对掌屈肌等。主要功能：屈腕使手向尺侧倾斜，小指外展、对掌及屈曲等。感觉支主要支配腕以下手内侧及小指、无名指尺侧半皮肤。

【病因】

尺神经损伤常见于外伤、压迫、炎症、骨折、麻风等，尺神经在肱骨内上髁后方及尺骨鹰嘴处神经走行最为表浅，是各种外伤等损伤常见部位。

【临床表现】

功能障碍主要表现为手部小肌肉萎缩、无力、运动丧失，影响手指的精细动作。小鱼际肌、部分大鱼际肌和骨间肌萎缩。由于尺侧腕屈肌麻痹，桡侧腕屈肌拮抗致手偏向桡侧；拇收肌麻痹、拇展肌拮抗致拇指处于外展位；屈肌减退、伸肌过度收缩使手掌指关节过伸，末节屈曲呈“爪形手”。前臂中 1/3 和下 1/3 受损伤时，仅见手部小肌肉麻痹。感觉障碍主要见于手背尺侧、小鱼际肌、小指和无名指尺侧半感觉减退或消失。尺神经不完全性损伤可以引起患肢烧灼样痛（图 3-7）。

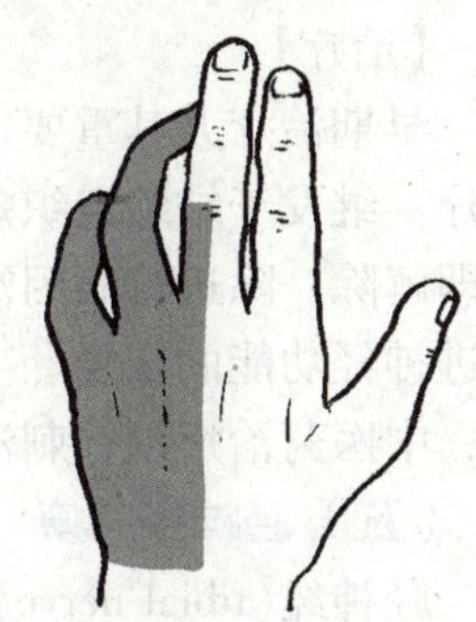

图 3-7 尺神经损伤“爪形手”

【诊断】

根据特殊的损害体征——“爪形手”和感觉障碍，临床诊断不难。

【治疗】

主要针对病因治疗，也可使用神经营养药及类固醇类药物，辅以理疗，加强功能锻炼。

中医药治疗以针刺治疗为主，穴位为肩髃、曲池、手三里、外关、合谷等。

（四）腓总神经麻痹

腓总神经（common peroneal nerve）起自 $L_4 \sim S_1$ 神经根，为坐骨神经的一个重要分支。从大腿下 1/3 处的坐骨神经分出后，在腘窝处发出腓肠外侧皮神经，支配小腿外侧面感觉。绕腓骨颈外侧，穿过腓骨长肌至腓骨颈的前面，分为腓浅神经及腓深神经，前者支配腓骨长肌及腓骨短肌；后者支配胫骨前肌、踇长伸肌、踇短伸肌及趾短伸肌，并分出皮支到 1、2 趾间背侧。主要功能是足背屈、外展、内收及伸趾等。

【病因】

腓总神经在绕腓骨颈部时易受外伤或外力压迫损伤，如外科手术、腓骨头骨折等，糖尿病、铅中毒、结节性动脉炎及滑囊炎等也可致腓总神经麻痹。

【临床表现】

腓总神经麻痹典型症状是足下垂，足趾不能背屈及外展，翘趾及伸足外翻，足下垂呈马蹄内翻足，走路呈跨阈步态，小腿前外侧及足背包括第 1 趾间隙感觉障碍（图 3-8）。

【诊断】

根据病史及典型的垂足、肌肉瘫痪及其感觉障碍分布范围，辅以神经系统检查及肌电图诊断不难。但需注意与坐骨神经病变等鉴别。

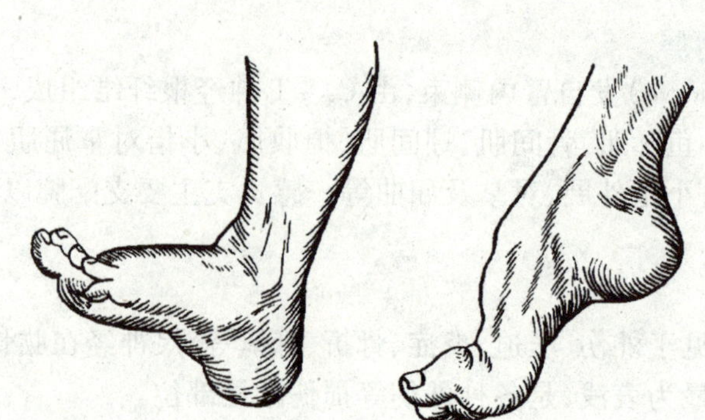

图3-8 钩状足（胫神经损伤）“马蹄”内翻足（腓总神经损伤）

【治疗】

早期治疗尤其重要。首先是病因治疗。因创伤性损伤有手术条件者可考虑手术治疗。继发于结缔组织疾病或糖尿病的要积极治疗原发病。由局部压迫引起的必须立即解除。除进行病因治疗外，可加用神经营养剂、足量B族维生素、电刺激、理疗等促进神经功能的恢复。

中医药治疗以针刺治疗为主，取阳陵泉、足三里、解溪、太冲等穴。

（五）胫神经麻痹

胫神经（tibial nerve）起自L_4～S_2神经根，腘窝上角从坐骨神经分出后，由小腿后方直线下行，支配腓肠肌、比目鱼肌、胫骨后肌、趾长屈肌、踇长屈肌及足的全部短肌。主要功能：屈膝、足跖屈、内翻及足趾跖屈等。

【临床表现】

胫神经受损，足和足趾屈曲不能，屈膝及足内收受限，跟腱反射及跖反射均减低或消失。足外翻外展状，骨间肌瘫痪致足趾爪形姿势，行走时足跟着地出现“钩状足”。感觉障碍在小腿后面、足底、足外侧缘等，偶有足趾和足心疼痛、烧灼感。

【诊断】

诊断根据病因、临床主要表现及神经电生理检查，可确诊。

【治疗】

针对病因治疗，急性期可用皮质类固醇、神经营养剂、B族维生素、神经生长因子等。肢体畸形明显，保守治疗无效者可行手术矫正。

中医药治疗以针刺治疗为主，取肾俞、阳陵泉、足三里、委中、承山等穴。

（六）枕神经痛

枕神经痛（occipital neuralgia）是枕大、枕小、耳大神经分布区出现疼痛的总称。三对神经分别来自C_2、C_3，支配于枕部皮肤。

【病因】

常因风寒及感冒而引起，有颈椎病、颈椎结核、外伤、骨关节炎、颈枕部肌炎、硬脊膜炎、脊髓肿瘤和转移瘤等，多为继发性神经损害，有时病因不明确。

【临床表现】

临床表现为一侧后枕部甚至包括项部的持续性钝痛，向头顶（枕大神经）、乳突部（枕小神经）或外耳（耳大神经）放散，呈针刺样、刀割样或烧灼样疼痛，患者痛时不敢转头，头颈部有时处于僵直状态。查体：枕大神经出口处有压痛、枕大神经分布区痛觉过敏或减退。

【诊断】

根据病症及病史不难诊断，但要查找原发病灶。

【治疗】

首先是病因治疗，也可用止痛、镇静及神经营养剂、局部封闭、理疗等治疗，效果不佳可选用局部神经阻滞术。

中医药治疗，以川芎、白芷、细辛、元胡等祛风通络活血；针刺治疗：重点在疼痛局部取穴，取风池、翳风、完骨、合谷等穴。

（七）臂丛神经痛

臂丛由 $C_5 \sim C_8$ 及 T_1 脊神经前支组成，有时 T_2 也参与，主要支配上肢感觉及运动，臂丛神经纤维所组成的神经根和神经干病变时常产生神经支配区疼痛，故称为“臂丛神经痛”。分为原发性和继发性两类。

【病因】

由多种病因引起。臂丛神经痛通常分为原发性和继发性两类，以后者多见。原发性臂丛神经痛无明确病因，可能是一种变态反应性疾病，与病毒感染、疫苗接种、分娩、外科手术等有关。继发性臂丛神经痛按其病损部位可分为根性臂丛神经痛和干性臂丛神经痛：根性痛常见病因有颈椎病、颈椎间盘突出、颈椎结核、骨折、脱位、颈髓肿瘤等；干性痛常见病因有外伤、胸廓出口综合征、锁骨骨折、肺沟瘤、转移性癌肿等。

【临床表现】

原发性臂丛神经痛多见于成年人，急性或亚急性起病，病前或发病初期可有发热、乏力、肌肉酸痛等全身症状，逐渐出现肩、上肢疼痛，几日内就出现上肢无力，反射减弱及感觉障碍。继发性臂丛神经痛主要表现为肩、上肢不同程度的针刺样、烧灼样或酸胀样疼痛，始于肩、颈部，向同侧上肢放散，持续性或阵发性加剧，夜间或上肢活动时明显，臂丛分布区运动、感觉障碍，局限性肌萎缩，腱反射减弱或消失。病程长者有自主神经功能障碍。臂丛神经牵拉试验呈阳性。疼痛多在 1 ~ 2 周内消失，功能可在 6 ~ 8 周恢复正常。

【诊断】

根据临床表现可分为：①上干损伤：肩关节不能外展、上举，肘关节不能屈曲。腕关节和手功能正常。肩外侧、上臂和前臂桡侧皮肤感觉障碍。②下干损伤：手指和拇指不能屈曲和伸直，拇指不能对掌、对指，手不能合拢和分开。肩、肘、腕关节功能正常。手和前臂尺侧感觉障碍。③根性损伤：上肢瘫痪，无任何运动功能，皮肤感觉障碍。

结合肌电图、神经传导速度等辅助检查诊断，可确诊。需注意与肩周炎、肩关节周围神经炎等鉴别。

【治疗】

首要是病因治疗，其次可辅以消炎镇痛药，如布洛芬、荷包牡丹碱等，与镇静类药如艾司唑仑同时服用效果较好。为减轻神经根水肿和止痛可用 2% 普鲁卡因与泼尼松龙痛点局部封闭。根据情况可试用局部理疗、颈椎牵引及 B 族维生素等综合治疗。

中医药治疗，应用桂枝加葛根汤加用活血化瘀药治疗，以通络止痛。针刺取颈部

笔记

夹脊穴，推拿颈肩背及一侧上肢部，用㨰法、按法、揉法、拿法、拔伸法、拔伸旋转法、搓拿法等。

（八）坐骨神经痛

坐骨神经痛（sciatic neuralgia）是指沿坐骨神经通路即腰部、臀部、大腿后、小腿后外侧和足外侧的疼痛综合征。坐骨神经发自骶丛，由 $L_4 \sim S_3$ 神经根组成，为全身最长最粗大的神经，自梨状肌下孔出骨盆腔后分布于整个下肢。坐骨神经痛是大腿肌后群、小腿肌及足底肌的运动神经，也是小腿和足的重要感觉神经。

【病因及发病机制】

原发性坐骨神经痛，又称坐骨神经炎，临床少见，病因未明，主要是坐骨神经的间质炎症，寒冷、潮湿多为诱因，侵犯周围神经外膜导致间质性神经炎，常伴有肌炎或纤维组织炎。

继发性坐骨神经痛，临床常见，是坐骨神经通路受周围组织病变的压迫或刺激所致，根据受损部位可分为根性和干性坐骨神经痛两类。根性坐骨神经痛多见，其病变主要由椎管内疾病（脊髓、马尾炎症、腰骶及椎管内肿瘤、外伤、血管畸形等）及脊柱本身的疾病（腰椎间盘突出、椎管狭窄、腰椎骨关节病、脊柱结核、肿瘤等）引起。其中以腰椎间盘突出最为多见。干性坐骨神经痛的病变主要在椎管外部，常为腰骶神经丛和神经干邻近的病变，由骶髂关节病、髋关节炎及半脱位、盆腔肿瘤、妊娠子宫压迫、臀部注射部位不当等引起。

【临床表现】

本病多见于成年人，以青壮年多见，单侧居多。

1. 根性坐骨神经痛　起病多为急性或亚急性，少数为慢性。开始常有背部酸痛或腰部僵硬感，典型的疼痛是自腰部向一侧臀部及大腿后面、腘窝、小腿外侧和足背放散，烧灼样或刀割样，发作性加剧，夜间更甚。咳嗽、打喷嚏、用力排便时疼痛加重并呈放射性。患者常取特殊的减痛姿势，将患肢微屈并卧向健侧，仰卧起立时将患侧膝关节屈曲，坐下时健侧臀部先着力，站立时身体重心偏向健侧，日久造成脊柱侧弯向患侧，保持特有的姿势。病变水平腰椎棘突或横突常有压痛，叩击痛及放射痛。检查时直腿抬高试验（Lasegue sign）阳性；颏胸试验阳性。L_4、L_5 棘突旁、骶髂旁、腓肠肌处等有压痛点。小腿外侧和足背可有针刺、发麻并伴有轻微感觉减退，出现足和足趾运动功能受损，踝反射减弱或消失。腰骶部 X 线片、CT、MRI、椎管造影有助于脊柱、椎管内疾病的诊断。

2. 干性坐骨神经痛　起病较缓慢，少数为急性。疼痛部位主要沿坐骨神经通路，腰部症状不明显。也同样有根性坐骨神经痛的减痛姿势。沿坐骨神经走行可有下列明显的压痛点：①坐骨孔点：在坐骨孔的上缘，相当于在平尾骨点外侧约 6cm 处（秩边穴处）；②臀点：坐骨结节与股骨大粗隆之间（环跳穴处）；③腘点：腘窝横线中点（委中穴处）；④腓骨点：腓骨小头之下（阳陵泉穴处）；⑤踝点：足外踝之后（昆仑穴处）。Lasegue 征常为阳性。小腿外侧和足背感觉障碍比根性者略为明显，长时间出现坐骨神经支配区的肌肉松弛，并有轻度肌萎缩，踝反射常减退或消失。B 超可发现盆腔相关疾病，EMG 及 NCV 对坐骨神经损害的部位、程度及预后有意义。

【诊断及鉴别诊断】

1. 诊断要点　根据病史、疼痛的分布，加剧或减轻疼痛的特殊姿势，直腿抬高试

笔记

验阳性，踝反射减弱及影像学检查诊断一般不难。但为了确定其病因，区分根性和干性坐骨神经痛，要注意根性和干性坐骨神经痛的区别是前者在咳嗽、用力时疼痛加剧，且呈放射性，腰椎横突和棘突压痛及叩击痛明显，痛点压痛不明显或轻微，坐骨神经牵拉症状较轻，肌力减退和腱反射消失；干性的压痛点压痛明显，坐骨神经牵拉症状明显，要注意感染性坐骨神经炎、骨盆内疾病、臀部肿瘤或损伤。必要时可进行 CSF、X 线摄片、CT 或 MRI 等检查。

2. 鉴别诊断

（1）急性腰肌扭伤：有明显的外伤史，腰部局部疼痛明显，压痛点在腰部两侧，无放射痛。

（2）腰肌劳损、臀部纤维组织炎、髋关节炎：有下背部、臀部及下肢疼痛，但疼痛、压痛局限不扩散，无感觉障碍、肌力减退等，踝反射一般正常。可行 X 线平片或 MRI 检查。

（3）梨状肌综合征：多因下肢外展位时扭伤、局部肌肉痉挛压迫坐骨神经产生臀部疼痛，臀肌可有萎缩，臀肌深部可触及索状肌束并有压痛，踝反射正常。

【治疗】

1. 病因治疗　积极查找病因，针对不同病因采取不同治疗方案。

2. 对症治疗　①急性期应卧硬板床休息；②应用消炎止痛药物或皮质激素口服；③应用 B 族维生素治疗。

3. 理疗　防寒冷和潮湿，局部可进行热敷、透热疗法、离子透入。

4. 中医药治疗　本病属中医"痹证"，风寒型用乌头汤加减、湿热型用四妙丸加减、瘀血型用桃红四物汤加减。针刺取委中、肾俞、大肠俞、环跳、阿是穴等。推拿治疗取腰阳关、大肠俞、环跳、委中等穴及腰臀部和下肢后外侧。手法采用㨰法、按法、揉法、点压、扳法、背法等。

5. 手术治疗　疗效不佳或慢性复发病例可考虑手术治疗。

二、多发性神经病

多发性神经病（polyneuropathy），又称末梢性神经病，也称为周围神经炎或末梢神经炎。病因很多，是肢体远端多发性神经损害。主要表现为四肢远端对称性感觉、运动和自主神经功能障碍。

【病因】

引起多发性神经病的原因很多。

1. 中毒　①药物：呋喃类药物、异烟肼等；②化学品：苯胺、有机氯杀虫剂、有机磷农药等；③重金属：砷、铅、汞、磷等。

2. 代谢及内分泌障碍　糖尿病、尿毒症、痛风、黏液性水肿、血卟啉病、淀粉样变性、肢端肥大症及恶病质等。

3. 营养障碍　B 族维生素（维生素 B_1、烟酸、维生素 B_{12}）缺乏、妊娠、慢性酒精中毒及胃肠道的慢性疾病和术后。

4. 感染　①细菌毒素，如白喉、破伤风、细菌性痢疾等；②周围神经的直接感染如麻风、带状疱疹等；③伴发或继发于各种急性和慢性感染，如流行性感冒、麻疹、水痘、腮腺炎、猩红热等。

笔记

5. 感染后或变态反应　急性炎症性脱髓鞘性神经根神经病、血清注射或疫苗接种后等。

6. 结缔组织疾病　如红斑狼疮、结节性多动脉炎、类风湿关节炎、干燥综合征等。

7. 遗传　遗传性运动感觉神经病、进行性肥大性多发性神经病、遗传性感觉性神经根神经病等。

8. 其他及原因不明　癌瘤性、慢性进行性或复发性多发性神经病。

【病理】

病理改变主要为周围神经轴突变性、节段性脱髓鞘及神经元变性等。最常见的病理改变是轴突变性，自远端逐渐向近端发展，表现为逆死性神经病；如药物、化学品、重金属、酒精中毒、代谢障碍性疾病等。节段性脱髓鞘损害，轴突一般不受累，常见于Guillain-Barré综合征、铅中毒等。神经元变性主要损害脊髓前角细胞或后根神经节细胞，常见于遗传性运动感觉神经病。

【临床表现】

病因不同起病和病程各不相同，按病程可分为急性、亚急性、慢性、复发性。周围神经的损伤，常是完全性的，神经损伤的共同表现是肢体远端呈对称性分布感觉、运动和自主神经障碍。

1. 感觉障碍　受累肢体远端早期可出现感觉异常，如针刺、蚁走、烧灼感、触痛和感觉过度等，随病程进展，出现肢体远端对称性深浅感觉减退或缺失，呈手套-袜套样分布。

2. 运动障碍　肢体呈下运动神经元性瘫，远端对称性无力，为轻瘫或全瘫。肌张力低，腱反射减弱或消失。肌肉萎缩，可出现垂腕与垂足。后期伴挛缩及畸形。

3. 自主神经障碍　肢体末端皮肤对称性菲薄、干燥、变冷、苍白或青紫，多汗或无汗，指(趾)甲粗糙、松脆，甚至溃烂，竖毛障碍，高血压及体位性低血压等。

实验室CSF检查一般正常，个别患者有CSF蛋白含量轻度升高。EMG为神经源性损害，NCV可有不同程度的减慢。神经组织活检可见周围神经节段性髓鞘脱失或轴突变性。

【诊断及鉴别诊断】

1. 诊断要点　根据临床主要表现肢体远端手套-袜套样分布的对称性感觉障碍，末端明显的弛缓性瘫痪，自主神经障碍，EMG及NCV和神经组织活检的改变，诊断并不困难。但多发性神经病的病因，要根据病史、病程、特殊症状及相关实验室检查综合分析确定。

2. 鉴别诊断

(1) 周期性麻痹：多发于壮年，四肢近端无力，无感觉障碍，病情迅速恢复，多钾盐治疗有显效。

(2) 急性脊髓炎：截瘫或四肢瘫，传导束性感觉障碍、锥体束征和括约肌功能障碍。

【治疗】

1. 病因治疗　针对病因采用不同方法，糖尿病者应注意控制血糖；药物所致者需立即停药，除加大输液量、利尿、通便外，应予大剂量维生素 B_6 治疗；乙醇中毒者需戒酒，并应用大剂量维生素 B_1 肌内注射；重金属及化学品中毒应立即脱离中毒环境，及时应用特殊解毒剂治疗；尿毒症性可行血液透析或肾移植；结缔组织疾病及变态反应性疾病可应用皮质激素治疗；营养缺乏代谢障碍性及感染所致，应积极治疗原发病。

2. 一般治疗　急性期应卧床休息，适当增加营养，勤翻身，随时按摩瘫痪肢体，早日做被动或主动锻炼，防止肌肉萎缩。有垂手、垂足时可用夹板或支架固定于功能位置，以防止肢体发生挛缩或畸形。恢复期可用理疗及穴位注射等，以促进肢体功能恢复。

各种原因引起的多发性神经炎，均应早期足量地应用维生素 B_1、B_2、B_6、B_{12}及维生素 C 等。尚可根据病情选用 ATP、辅酶 A、地巴唑、肌苷等药物。疼痛剧烈者可选用止痛剂、卡马西平、苯妥英钠或阿米替林。

3. 中医药治疗　中医认为本病是寒湿侵袭，湿热浸淫而致脉络痹阻，病变日久，寒凝血瘀，故方剂应用黄芪桂枝五物汤、二妙散、真武汤等治疗；针刺上肢取肩髃、曲池、外关、合谷、八邪等穴。下肢取环跳、阳陵泉、足三里、解溪、八风等穴。

三、吉兰-巴雷综合征

吉兰-巴雷综合征（Guillain-Barre syndrome，GBS）是一类免疫介导的急性炎性周围神经病。临床特征为急性起病，症状多在 2 周左右达高峰，表现为多发神经根及周围神经损害，常有脑脊液蛋白-细胞分离现象，病程多呈单时相自限性，静脉注射免疫球蛋白（intravenous immunoglobulin，IVIg）和血浆置换（PE）治疗有效。

该病包括急性炎性脱髓鞘性多发神经根神经病（acute inflammatory demyelinating polyneuropathies，AIDP）、急性运动轴索性神经病（acute motor axonal neuropathy，AMAN）、急性运动感觉轴索性神经病（acute motor-sensory axonal neuropathy，AMSAN）、Miller Fisher 综合征（Miller Fisher syndrome，MFS）、急性泛自主神经病（acute imnaumnomic neuropathy）和急性感觉神经病（acute sensory neuropathy，ASN）等亚型。AIDP 是 GBS 中最常见类型，也称经典型 GBS，主要病变为多发神经根和周围神经节段性脱髓鞘。年发病率为 0.6～1.9/10 万。任何年龄都可发病，发病无季节差异。

【病因及发病机制】

病因尚未明确。部分患者病前有非特异性病毒感染或疫苗接种史，还可能与巨细胞病毒、EB 病毒、肺炎支原体、乙型肝炎病毒、HIV 感染有关。以腹泻为前驱症状的患者空肠弯曲菌（campylobacter jejuni，CJ）感染率可高达 85%，常引起急性运动轴索型神经病。此外，白血病、淋巴瘤、器官移植后免疫抑制剂的应用或患有系统性红斑狼疮、桥本甲状腺炎等自身免疫病者常合并 GBS。

多项研究提示，GBS 的发病具有体液与细胞双重免疫的特点。是自身免疫调节失衡，由细胞/体液免疫参与引起的免疫介导的周围神经病。免疫致病因子可能存在于患者血液中，主要是抗周围神经髓鞘抗体或对髓鞘有毒性的细胞因子。

【病理】

病变位于神经根、神经节和周围神经及脑神经，偶可累及脊髓，以神经根、干和神经丛的改变最为明显。病理变化为周围神经组织小血管淋巴细胞、巨噬细胞浸润，神经纤维脱髓鞘，严重病例可继发轴突变性（轴突型 GBS）。在恢复过程中，髓鞘修复，但淋巴细胞浸润可持续存在。脑神经核细胞和前角细胞亦退行性变。肌肉呈现失神

笔记

经性萎缩。

【临床表现】

1. 病史 病前1～4周常有呼吸道或胃肠道感染前驱症状，少数患者有疫苗接种史。

2. 起病 急性或亚急性起病。一些患者在1～2天内迅速加重，出现四肢完全性瘫痪及呼吸肌麻痹，大多数患者首先出现双下肢无力，继之瘫痪逐渐上升并加重。数日至2周内达到高峰，少数病例3～4周后病情仍在进展；个别患者则是以单纯感觉异常发病或伴有肌无力。

3. 症状和体征

（1）运动障碍：瘫痪肢体对称性无力，自远端渐向近端发展或自近端向远端加重，一般先从下肢开始逐渐累及躯干肌和脑神经。肢体呈弛缓性瘫痪，腱反射减弱或消失；如对称性肢体无力10～14天内从下肢上升到躯干、上肢或累及脑神经，称为 Landry 上升性麻痹。严重病例发病后迅速出现四肢瘫痪，呼吸麻痹危及生命。

（2）感觉障碍：发病时患者多有肢体感觉异常，如烧灼感、麻木、蚁走感和刺痛等。可先于或与运动症状同时出现但感觉障碍相对较轻，呈手套-袜套样分布。少数患者可出现腓肠肌压痛，偶有 Kernig 征和 Lasegue 征阳性等神经根刺激体征。

（3）脑神经障碍：半数以上患者出现脑神经损害症状，多为双侧，其中以面神经麻痹最常见；舌咽和迷走神经麻痹，出现延髓麻痹症状。动眼、展、舌下及三叉神经损害较为少见；少数可见视神经乳头水肿。

（4）自主神经功能障碍：可见肢体出汗，皮肤潮红，手足肿胀，肢端皮肤干燥，营养障碍，心动过速等。罕见括约肌功能障碍和血压降低。

【实验室检查】

（1）脑脊液检查：①CSF 蛋白细胞分离是 GBS 的特征之一，多数患者在发病几天内蛋白含量正常，2～4周内蛋白可有不同程度升高，但较少超过1.0g/L；白细胞计数一般$<10\times10^6$/L；糖及氯化物正常。②部分患者 CSF 抗神经节苷脂抗体阳性。③部分患者 CSF 可有寡克隆区带。

（2）血清学检查：①少数患者肝功能轻度异常，肌酸激酶（CK）轻度升高。②部分患者血清抗神经节苷脂抗体阳性。③部分患者血清可检测到抗 CJ 抗体、抗巨细胞病毒抗体等。

（3）部分患者粪便中可分离和培养出 CJ。

（4）神经电生理：主要根据运动神经传导测定，提示周围神经存在脱髓鞘性病变，在非嵌压部位出现传导阻滞或异常波形离散对诊断脱髓鞘病变更有价值。常选择一侧正中神经、尺神经、胫神经和腓总神经进行测定。神经电生理诊断标准：①运动神经传导：至少有2根运动神经存在下述参数中的至少1项异常：A. 远端潜伏期较正常值延长25%以上；B. 运动神经传导速度较正常值减慢20%以上；C. F 波潜伏期较正常值延长20%以上和（或）出现率下降等；D. 运动神经部分传导阻滞：周围神经近端与远端比较，复合肌肉动作电位（compound muscle action potential，CMAP）负相波波幅下降20%以上，时限增宽<15%；E. 异常波形离散：周围神经近端与远端比较，CMAP 负相波时限增宽15%以上。②感觉神经传导：一般正常，但异常时不能排除诊断。

笔记

③针电极肌电图：单纯脱髓鞘病变 EMG 通常正常，如果继发轴索损害，在发病 10 天至 2 周后 EMG 可出现异常自发电位。随着神经再生则出现运动单位电位时限增宽、波幅增高、多相波增多及运动单位丢失。

（5）神经活体组织检查：不需要神经活体组织检查确定诊断。腓肠神经活体组织检查可见纤维脱髓鞘，小血管周围炎性细胞浸润。

【诊断及鉴别诊断】

1. 诊断标准　①常有前驱感染史，急性起病，进行性加重，多在 2 周左右达高峰。②对称性肢体和延髓支配肌肉、面部肌肉无力，重症者可有呼吸肌无力，四肢腱反射减弱或消失。③伴轻度感觉异常和自主神经功能障碍。④CSF 蛋白-细胞分离现象。⑤电生理检查提示远端运动神经传导潜伏期延长、传导速度减慢、F 波异常、传导阻滞、异常波形离散等。⑥病程有一定自限性。

2. 鉴别诊断　如果出现以下表现，则一般不支持 GBS 的诊断：①显著、持久的不对称性肢体肌无力。②以膀胱或直肠功能障碍为首发症状或持久的膀胱和直肠功能障碍。③CSF 单核细胞数超过 50×10^6/L。④CSF 出现分叶核白细胞。⑤存在明确的感觉障碍平面。

需要与以下主要疾病进行鉴别：

（1）周期性麻痹：迅速出现的四肢弛缓性瘫，无感觉障碍和脑神经损害，脑脊液正常，通常血清钾离子浓度低，并有低钾性心电图改变，可有反复发作史。补钾治疗有效。

（2）脊髓灰质炎：起病时多有发热，体温尚未完全恢复正常时出现肢体瘫痪，常累及一侧下肢，无感觉障碍及脑神经受累。CSF 检查蛋白及细胞正常，偶见细胞稍有增多。肌电图呈失神经改变。

（3）重症肌无力（myasthenia gravis，MG）：四肢近端无力，但起病较慢，无感觉障碍，症状有波动，新斯的明试验及疲劳试验阳性，CSF 正常。

附：Miller Fisher 综合征（Miller Fisher syndrome，MFS）

以眼肌麻痹、共济失调和腱反射消失为主要临床特点。

1. 临床特点　①任何年龄和季节均可发病。②前驱症状：腹泻和呼吸道感染等，以 CJ 感染常见。③急性起病，病情在数天至数周内达到高峰。④多以复视起病，也可以肌痛、四肢麻木、眩晕和共济失调起病。相继出现对称或不对称性眼外肌麻痹，部分患者有眼睑下垂。⑤可有躯干或肢体共济失调，腱反射减弱或消失，肌力正常或轻度减退。

2. 实验室检查　①CSF 检查：同 AIDP。②血清免疫学检查：部分患者血清中可检测到空肠弯曲菌抗体。大多数 MFS 患者血清 CQlb 抗体阳性。③神经电生理检查：感觉神经传导测定可见动作电位波幅下降，传导速度减慢；运动神经传导和 EMG 一般无异常。电生理检查不是诊断 MFS 的必要条件。

【治疗】

1. 一般治疗

（1）心电监护：有明显自主神经功能障碍者应予心电监护；如果出现体位性低血压、高血压、心动过速、心动过缓、严重心脏传导阻滞、窦性停搏时，须及时采取相应措施。

(2) 呼吸道管理:有呼吸困难和延髓支配肌肉麻痹的患者应注意保持呼吸道通畅,尤其注意加强吸痰及防止误吸。若有明显呼吸困难,肺活量和血氧分压降低显著时,应尽早行气管插管或气管切开,机械辅助通气。

(3) 营养支持:延髓支配肌肉麻痹者有吞咽困难和饮水呛咳,需给予鼻饲营养。合并有消化道出血或胃肠麻痹者,则给予静脉营养支持。

(4) 其他对症处理:患者如出现尿潴留,需留置尿管;对有神经性疼痛的患者,适当应用药物缓解疼痛;如出现肺部感染、泌尿系感染、压疮或下肢深静脉血栓形成,应及时给予相应处理,以防止病情加重。若语言交流困难和肢体肌无力严重而出现抑郁时,可给予心理治疗,必要时口服抗抑郁药物。

2. 免疫治疗

(1) 免疫球蛋白静脉注射(intravenous immunoglobulin,IVIg):推荐有条件者尽早应用。IVIg,400mg/(kg·d),1次/日,静脉滴注,连续3~5天。

(2) 血浆置换(plasma exchange,PE):每次血浆置换量为30~50ml/kg,在1~2周内进行3~5次。PE的禁忌证主要是严重感染、心律失常、心功能不全、凝血系统疾病等。

(3) 糖皮质激素:曾经是治疗GBS的主要药物,但近20年国外的多项临床试验结果均显示单独应用糖皮质激素治疗GBS无明确疗效,糖皮质激素和IVIg联合治疗与单独应用IVIg治疗效果亦无显著差异。因此,国外的GBS指南均不推荐应用糖皮质激素治疗。但在我国,由于经济条件或医疗条件限制,一些无法接受IVIg或PE治疗的患者仍在应用糖皮质激素,尤其对早期或重症患者。

3. 神经营养　B族维生素治疗,包括维生素B_1、B_{12}、B_6等。

4. 康复治疗　病情稳定后,早期进行正规的神经功能康复锻炼,以预防失用性肌萎缩和关节挛缩。

【预后】

本病约85%的病人1~3年完全恢复,10%病人留有后遗症,5%的死亡率。常见死亡原因为全身性感染、肺栓塞、心力衰竭、呼吸衰竭等,老年病人辅助呼吸时间超过1个月或进展快并伴有自主神经功能障碍者预后不良。3%病人可有1次以上复发,间隔时间可数年至数十年。

知识拓展

慢性炎症性脱髓鞘性多发性神经根神经病(chronic inflammatory demyelinating polyneuropathy,CIDP)的诊断:

(1) 慢性进展性、阶梯样加重,反复、对称性四肢远端和近端无力伴感觉障碍,发病至少2个月,脑神经可受累,四肢腱反射减弱或丧失。

(2) CSF检查:蛋白-细胞分离,蛋白含量波动在0.75~2g/L,病情严重程度与CSF蛋白含量呈正相关。

(3) 电生理检查:早期行EMG检查显示神经传导速度减慢,F波潜伏期延长。

(4) 腓肠神经活检:见反复节段性脱髓鞘与再生形成的"洋葱头样"改变。

笔记

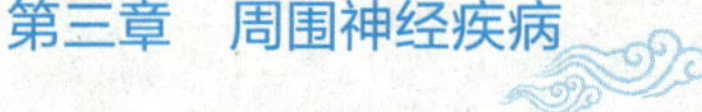

学习小结

1. 学习内容

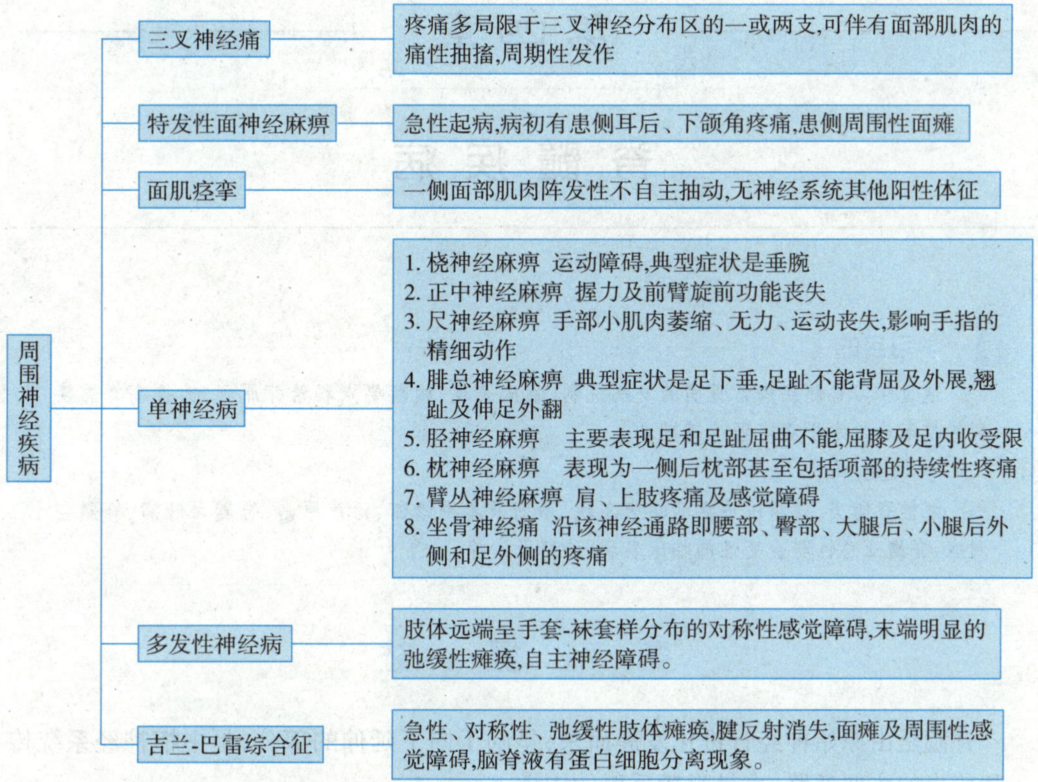

2. 学习方法

复习周围神经病的解剖生理病理特点；根据周围神经病的发病机制、临床分类采取归纳的方法，找出本章主要疾病症状都具有下运动神经元损伤的共性；通过分析方法理解神经损伤和神经痛的常见病因及临床表现；用推理的方法掌握诊断要点及治疗原则；通过比较的方法找出周围神经病治疗和用药的特点。

（杨春晓）

复习思考题

1. 什么是周围神经病？
2. 三叉神经痛的临床表现及治疗有哪些？
3. 三叉神经痛需与哪些疾病进行鉴别诊断？
4. 特发性面神经麻痹与中枢性面瘫的不同点有哪些？
5. 哪些损伤易出现腕管综合征？
6. 脊神经病如何分类？
7. 多发性神经病的病因有哪些？
8. AIDP 的临床特点是什么？
9. AIDP 的治疗原则是什么？

第四章 脊髓疾病

学习目的

通过学习脊髓疾病常见病的发病机制、临床表现、诊断要点和治疗原则，为提高脊髓疾病的临床诊治水平奠定理论基础。

学习要点

急性脊髓炎、脊髓压迫症的临床表现、诊断及鉴别诊断、治疗原则，脊髓血管病、脊髓空洞症、脊髓亚急性联合变性的临床表现、诊断及治疗。

第一节 概 述

脊髓是由原始神经管进化发展而来，是脑干向下延伸的部分，是中枢神经系统传入和传出的主要通路，也是脊髓反射的中枢。

脊髓的上端于枕骨大孔水平与延髓相接，下端至第一腰椎下缘形成脊髓圆锥。脊髓自上而下分为31个节段发出31对脊神经，包括颈(C)神经8对，胸(T)神经12对，腰(L)神经5对，骶(S)神经5对，尾(Co)神经1对。脊髓呈前后稍扁的圆柱形，全长粗细不等，有颈膨大(C_5 ~ T_2)和腰膨大(L_1 ~ S_2)两个膨大部，分别发出支配上肢及下肢的神经根。

脊髓由三层结缔组织被膜包裹，最外层为硬脊膜，硬脊膜与脊椎骨膜间隙为硬膜外腔，其中含静脉丛和脂肪组织；最内层为软脊膜；硬脊膜与软脊膜间为蛛网膜，蛛网膜与硬脊膜间隙为硬膜下腔，其间无特殊结构；蛛网膜与软脊膜间隙为蛛网膜下腔，与颅内蛛网膜下腔相通，其间充满脑脊液。

脊髓内部由灰质和白质组成，分别含有大量神经细胞核团和上下行传导束，为各种运动和感觉的初级中枢和重要的反射中枢。

【脊髓损害的临床表现】

主要为运动障碍、感觉障碍、括约肌功能障碍及其他自主神经功能障碍，前两者对脊髓病变水平的定位很有帮助。

1. 不完全性脊髓损害　前角损害主要表现为相应节段支配的肌肉萎缩，腱反射消失，无感觉障碍和病理反射，常伴有肌束震颤；后角损害主要表现为同侧节段痛温觉消失、触觉保留的分离性感觉障碍；侧角损害主要表现为血管舒缩障碍，泌汗障碍和营

笔记

养障碍；中央管附近损害主要表现为双侧对称性的节段分离性感觉障碍，痛温觉减弱或消失，触觉保留。脊髓半侧损害可引起脊髓半切综合征（Brown-Sequard syndrome），主要表现为同侧上运动神经元瘫、深感觉障碍、对侧痛温觉障碍等。

2. 脊髓横贯性损害　在受累节段以下双侧上运动神经元瘫痪、感觉全部缺失、括约肌功能丧失。严重横贯性损害急性期呈现脊髓休克（spinal shock），一般持续2～4周后，反射活动逐渐恢复，转变为中枢性瘫痪。判定脊髓横贯性损害平面主要依据感觉障碍平面、反射改变及节段性症状，如根痛或根性分布感觉障碍、节段性肌萎缩、腱反射缺失等。高颈段、颈膨大、胸段、腰膨大、脊髓圆锥、尾节各脊髓节段和马尾损害分别有不同的症状。

【脊髓疾病的定性】

各种脊髓疾病所引起的脊髓损害常具有特殊的好发部位，因此，确定了病变在脊髓横断面上的位置及其所在解剖层次以后，就可以大体上推测出病变的性质，再通过临床的特殊检查及实验室检查进而确立病因诊断。

1. 从病变所在脊髓横断面上的位置来判断　①后根：神经纤维瘤、神经根炎（带状疱疹等）、椎间盘后突、继发性椎管狭窄；②后根及后索：脊髓肿瘤、脊髓痨、多发性硬化、脊髓血管性病变；③后索及脊髓小脑束：遗传性共济失调症；④后根、后索及侧索：亚急性联合变性、结核性脊膜脊髓炎；⑤侧索及前角：肌萎缩侧索硬化、后纵韧带骨化、颈椎病；⑥前角及前根：脊髓灰质炎、流行性乙型脑脊髓炎、脊髓前动脉综合征；⑦脊髓中央灰质及前角：脊髓空洞症、脊髓血肿、脊髓过伸性损伤、髓内肿瘤；⑧脊髓半切：脊髓髓外肿瘤、脊髓损伤、脊柱结核；⑨脊髓横切：脊髓外伤、横贯性脊髓炎、脊髓压迫症晚期、硬脊膜外脓肿、转移癌、结核等。

2. 从病变所在的解剖层次上来判断　①髓内病变：脊髓炎、脊髓血管病、血管畸形、代谢或维生素缺乏导致的脊髓病变、脊髓空洞症、室管膜瘤、星形细胞瘤、血管网织细胞瘤；②髓外硬脊膜内病变：神经鞘瘤、脊膜瘤；③髓外硬脊膜外病变：脊索瘤、转移癌、脂肪血管瘤、脓肿等。

第二节　急性脊髓炎

急性脊髓炎（acute myelitis）又称急性横贯性脊髓炎（Acute nonspecific myelitis，ANM），是指各种感染后引起的急性横贯性脊髓炎性病变，以病损水平以下肢体瘫痪、传导束性感觉障碍和尿便障碍为特征。

【病因】

本病病因不明，包括不同的临床综合征，可分为感染后脊髓炎、疫苗接种后脊髓炎、脱髓鞘性播散性脊髓炎、坏死性脊髓炎和副肿瘤脊髓炎等。多数患者出现脊髓症状前1～4周有上呼吸道感染、发疹、腹泻等病毒感染症状，但在病变神经组织未分离出病毒，脑脊液亦未检出抗体。因此，一般认为，与病毒感染直接致病相比，免疫反应诱发起病可能更为重要。

【病理】

本病可累及脊髓的任何节段，胸段（T_3～T_5）最为常见，其次为颈段和腰段。病损为横贯性，亦有局灶性和多灶融合或散在于脊髓的多个节段。肉眼观察受损节段脊髓

质地变软、肿胀,软脊膜充血或有炎性渗出物;横切面可见受累脊髓灰白质界限不清、边缘不整。镜下可见软脊膜和脊髓内血管扩张、充血,血管周围炎性细胞浸润,以淋巴细胞和浆细胞为主。灰质内神经细胞肿胀、碎裂、消失,尼氏体溶解;白质中髓鞘脱失、轴突变性,病灶中可见胶质细胞增生。脊髓严重损害时可软化形成空腔。

【临床表现】

1. 可发病于任何年龄,青壮年较常见,无性别差异。全年散在发病,以秋冬和冬春季发病较多。病前数天或1~4周常有发热、发疹、上呼吸道感染或腹泻病史,或有过劳、外伤及受凉等诱因。

2. 急性起病,常在数小时至2~3天内发展到完全性截瘫。首发症状多为双下肢,尤其远端麻木、无力,进行性加重并迅速上升,病变部位根痛或病变节段束带感,进而发展为脊髓完全性横贯性损害,胸髓最常受累。典型表现是:

(1)运动障碍:早期常呈脊髓休克,表现为双下肢弛缓性瘫痪,肌张力减低、腱反射消失、病理反射阴性、腹壁反射及提睾反射消失。脊髓休克期可为数日至数周或更长,多为2~4周,取决于脊髓损害程度及并发症影响。若脊髓损害严重,或合并肺部及尿路感染、压疮者休克期较长。至恢复期肌张力逐渐增高,腱反射活跃,出现病理反射,肢体肌力由远端开始逐渐恢复。

(2)感觉障碍:病变节段以下所有感觉丧失。可在感觉消失平面上缘有一感觉过敏区或束带样感觉异常,随病情恢复,感觉平面逐步下降,但较运动功能恢复慢,也不明显。

(3)尿便功能和自主神经功能障碍:早期为大、小便潴留,无膀胱充盈感,呈无张力性神经源性膀胱,膀胱可因充盈过度而出现充盈性尿失禁;随着脊髓功能的恢复,膀胱容量缩小,尿液充盈到300~400ml时即自主排尿,称反射性神经源性膀胱。损害平面以下无汗或少汗、皮肤脱屑及水肿、指甲松脆和角化过度等。

【辅助检查】

1. 实验室检查　伴有发热的病人,外周血象可有轻度的白细胞增高,多数正常。脑脊液压力正常,外观无色透明,压颈试验通畅;CSF白细胞数正常或增高,淋巴细胞为主;蛋白含量正常或轻度增高,糖、氯化物正常。

2. 电生理检查　①视觉诱发电位(VEP)正常,可与视神经脊髓炎及多发性硬化鉴别;②下肢体感诱发电位(SEP)波幅可明显减低;③运动诱发电位(MEP)异常,可作为判断疗效及预后的指标;④肌电图可呈失神经改变。

3. 影像学检查　脊柱X线正常。脊髓MRI典型改变是病变部脊髓增粗,病变节段髓内片状或斑点状病灶,呈T_1低信号、T_2高信号,常为多发,或有融合,强度不均;治愈可恢复正常(图4-1、图4-2)。但也有脊髓MRI始终未显示异常者。

【诊断及鉴别诊断】

1. 诊断　根据病前感染史、急性起病,迅速出现脊髓横贯性损害的临床表现,结合脑脊液和MRI检查,诊断并不困难。

2. 鉴别诊断　需与以下引起急性肢体瘫痪的疾病鉴别:

(1)视神经脊髓炎:除有脊髓炎的症状外,还有视力下降或VEP异常,视神经病变可出现在脊髓症状之前、同时或之后。

(2)脊髓血管病:①缺血性:脊髓前动脉闭塞综合征容易和急性脊髓炎相混淆,

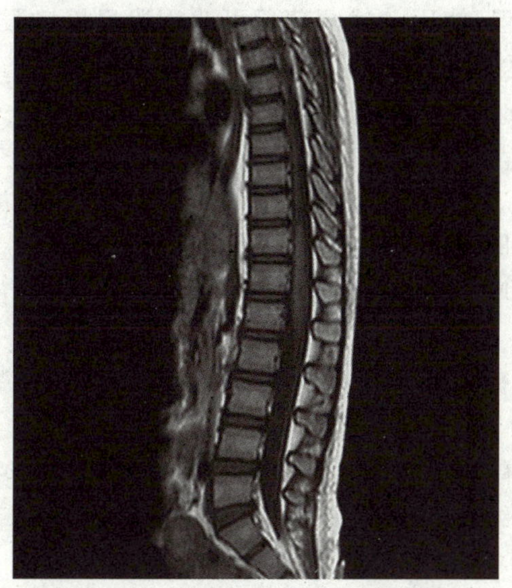

图 4-1 T_1WI 示 T_{10} ~L_2 椎体水平脊髓局限性增粗，呈低信号

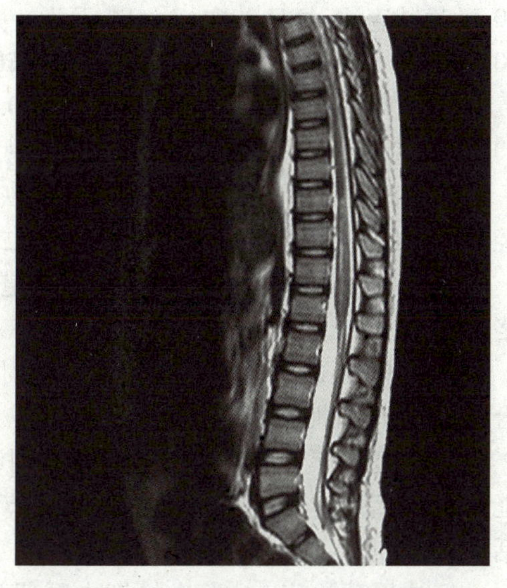

图 4-2 T_2WI 示 T_{10} ~L_2 椎体水平脊髓局限性增粗，呈较高信号

病变水平相应部位出现根痛，短时间内出现截瘫、尿便障碍，但感觉障碍表现为痛温觉缺失、深感觉保留；②出血性：脊髓出血，多由外伤或脊髓血管畸形引起。起病急骤，迅速出现剧烈背痛、截瘫和括约肌功能障碍。CSF 为血性，脊髓 CT 可见出血部位高密度影，脊髓 DSA 可发现脊髓血管畸形。

（3）急性脊髓压迫症：脊髓结核或转移癌，均可引起病变椎体骨质破坏、塌陷，压迫脊髓出现急性横贯性损害。病变脊柱棘突常有明显突起或后凸成角畸形，脊柱结核常有低热、纳差、消瘦、精神萎靡、乏力等全身中毒症状及其他结核病灶，脊柱 X 线可见椎体破坏、椎间隙变窄及椎旁寒性脓肿阴影等典型改变。转移性肿瘤以老年人多见，X 线可见椎体破坏，能找到原发灶可确诊。

（4）急性炎症性脱髓鞘性多发神经根神经病：肢体呈弛缓性瘫痪，末梢型感觉障碍，可伴脑神经损害，括约肌功能障碍少见，即使出现一般也在急性期数天至 1 周内恢复。

【治疗】

本病无特效治疗，主要包括减轻脊髓损害、预防并发症和早期康复训练。

1. 一般治疗　加强护理，防止并发症是保证功能恢复的前提。

（1）勤翻身、拍背，改善肺泡通气量，防止坠积性肺炎；瘫痪肢体及足应保持功能位，防止肢体痉挛及关节挛缩。

（2）在骶尾部、足跟及骨隆起处放置气圈，保持皮肤干燥清洁，经常按摩皮肤及活动瘫痪肢体。

（3）排尿障碍者应行无菌导尿，留置尿管，用 0.9% 生理盐水或 0.02% 呋喃西林进行膀胱冲洗，鼓励患者多饮水，预防尿路感染；高位脊髓炎吞咽困难者应留置胃管。

2. 药物治疗

（1）皮质类固醇激素：急性期可采用大剂量甲基泼尼松龙短程冲击疗法，500 ~ 1000mg 静脉滴注，每日 1 次，连用 3 ~ 5 次有可能控制病情发展；也可用地塞米松 10 ~

20mg 静脉滴注，每日 1 次，7～14 天为一疗程；使用上述两药后可改用泼尼松口服，40～60mg/d，维持 4～6 周后或随病情好转逐渐减量停药。

（2）大剂量免疫球蛋白：成人用量 0.4g/（kg · d），儿童用量 200～400mg/（kg · d），静脉滴注，1 次/日，连用 3～5 日为一疗程。

（3）维生素 B 族：有助于神经功能恢复，血管扩张剂如烟酸、尼莫地平、丹参，神经营养药如三磷酸腺苷、细胞色素 C、胞二磷胆碱亦可选用，可能有益于促进恢复。

（4）抗生素：用于预防和治疗泌尿道或呼吸道感染；抗病毒可用阿昔洛韦、更昔洛韦等。

（5）其他：α-甲基酪氨酸（AMT）可对抗酪氨酸羟化酶，减少去甲肾上腺素（NE）合成，预防出血性坏死的发生。

3. 康复治疗　早期的康复治疗与训练有助于肢体功能恢复。瘫痪肢体保持功能位，被动活动与按摩，防止肢体及关节挛缩；当部分肌力恢复时应鼓励病人主动活动。

4. 中医药治疗　本病急性期中医药及针灸治疗可作为有效治疗手段，恢复期及后遗症期，则应着重于针灸配合中药治疗，意在滋补肝肾、强筋壮骨、疏通经络。急性期的针灸治疗，重在通闭开窍，缩短脊髓休克时间，可选用徐氏十三鬼穴治疗。恢复期则重用督脉、华佗夹脊电针与膀胱经、阳明经穴，配合运用芒针、穴位注射等；久病患者则多重用灸法或火针疗法，可使肢体肌力、感觉及括约肌功能明显改善，促进病人的康复。

【预后】

预后与病情严重程度有关。若无合并症通常 3～6 个月可基本恢复，生活自理。肢体完全性瘫痪者发病 6 个月后 EMG 仍为失神经改变，MRI 显示髓内广泛性信号改变、病变范围多于 10 个节段或下肢 MEP 无电反应者预后不良。合并压疮、肺或泌尿系感染时常影响病情恢复，遗留后遗症，部分病人可死于合并症。急性上升性脊髓炎和高颈段脊髓炎预后较差，可在短期内死于呼吸循环衰竭。

知识链接

急性脊髓炎中的危重型

急性上升性脊髓炎（acute ascending myelitis）：是急性脊髓炎的危重型，其脊髓受累节段呈上升性，起病急骤，病变常在数小时或 1～2 日内迅速上升至延髓，瘫痪由下肢迅速波及上肢或延髓支配肌群，出现吞咽困难、构音障碍、呼吸肌瘫痪，甚至导致死亡。

第三节　脊髓压迫症

脊髓压迫症（compressive myelopathy），又称为压迫性脊髓病，是指由于椎骨或椎管内的占位性病变而引起的脊髓受压综合征。随着病情的进展，脊髓、脊神经根及脊髓血管不同程度受累，出现不同程度的脊髓半切或横贯性损害及椎管阻塞等特征性综合征。

【病因及发病机制】

1. 病因　①肿瘤：最常见，约占1/3以上，绝大多数源于脊髓组织及邻近结构，如神经鞘膜瘤、脊膜瘤、髓内恶性胶质瘤等，其次为来自肺、乳房、肾脏和胃肠道等的转移瘤，以及淋巴瘤和白血病等；②炎症：如化脓性炎症、结核和寄生虫血行播散，邻近组织蔓延及直接种植（医源性）引起椎管或脊柱急性脓肿、慢性肉芽肿、脊髓蛛网膜炎及蛛网膜囊肿等；③脊柱外伤：如骨折、脱位及椎管内血肿形成；④脊柱退行性病变：如椎间盘脱出症、后纵韧带钙化和黄韧带肥厚等；⑤先天性疾病：如颅底凹陷症、寰椎枕化、颈椎融合畸形等，脊髓血管畸形可造成硬膜外及硬膜下血肿。一般急性脊髓压迫症多源于脊柱旁或硬膜外病因，慢性脊髓压迫症多源于髓内或硬膜下病因。

2. 发病机制　脊髓受压早期可通过移位、排挤脑脊液及表面静脉的血液得到代偿，外形虽有明显改变，但神经传导路径并未中断，可不出现神经功能受损；后期代偿可出现骨质吸收，使局部椎管扩大，此时多有明显的神经系统症状与体征。脊髓受压的病因和速度影响其代偿机制的发挥，急性压迫通常无充分代偿的时机，脊髓损伤严重；慢性受压能充分发挥代偿机制时，病情相对较轻，预后较好。病变部位对损伤后果亦有影响，如髓内病变直接侵犯神经组织，症状出现早；髓外硬膜外占位性病变由于硬脊膜阻挡，对脊髓压迫比硬膜内病变轻。如动脉受压而供血不足，可引起脊髓变性萎缩；静脉受压淤血引起脊髓水肿。

【临床表现】

1. 急性脊髓压迫症病情进展迅速，脊髓功能可于数小时至数日内完全丧失，多表现脊髓横贯性损害，出现病损平面以下的运动、感觉、自主神经功能缺失的症状和体征，常出现脊髓休克。

2. 慢性脊髓压迫症呈缓慢进行性发展。髓内压迫性病变，神经根刺激征不明显，可早期出现尿便障碍及受损节段分离性感觉障碍。髓外压迫性病变，通常表现为：①根痛期：神经根痛及脊膜刺激症状；②脊髓部分受压期：表现脊髓半切综合征；③完全受压期：出现脊髓横贯性损害。三期的表现并非绝对孤立，常可相互重叠。

（1）神经根症状：表现为根痛或局限性运动障碍。病变刺激引起后根分布区自发性疼痛，常如电击、烧灼、刀割或撕裂样，用力、咳嗽、排便等加胸、腹腔压力动作可触发或加剧疼痛，体位改变可使症状减轻或加重，有时可表现相应节段的"束带感"，神经根症状可随病情进展由一侧、间歇性变为两侧、持续性。检查可发现感觉过敏带，后期为节段性感觉障碍。脊髓腹侧病变使前根受压，早期出现运动神经根刺激症状，表现其支配肌群肌束颤动，以后出现肌无力或肌萎缩。根性症状对于判定病变水平很有价值。

（2）感觉障碍：脊髓丘脑束受损产生对侧较病变水平低2～3个节段的躯体痛、温觉减退或缺失，由于感觉传导纤维在髓内有一定的排列顺序，故髓内、髓外病变感觉障碍的水平及发生次序不同，髓内病变早期为病变节段支配区分离性感觉障碍，累及脊髓丘脑束时感觉障碍自病变节段向下发展，鞍区（S_3～S_5）感觉保留至最后才受累，称为"马鞍回避"；髓外病变感觉障碍常自下肢远端开始向上发展至受压节段，此特征有助于髓内外病变的鉴别。后索受压可产生病变水平以下同侧深感觉缺失。晚期出现脊髓横贯性损害，病变水平以下各种感觉缺失。

（3）运动障碍：一侧或双侧锥体束受压引起病变以下同侧或双侧肢体痉挛性瘫

痪，表现肌张力增高、腱反射亢进及病理征阳性。初期双下肢呈伸直样痉挛性瘫，晚期多呈屈曲样痉挛性瘫。脊髓前角及前根受压可引起病变节段支配肌肉弛缓性瘫痪，伴有肌束颤动和肌萎缩。急性脊髓损害早期表现脊髓休克，病变水平以下肢体呈弛缓性瘫。

（4）反射异常：受压节段因后根、前根或前角受累而出现病变节段腱反射减弱或消失，锥体束受损则损害水平以下同侧腱反射亢进、病理反射阳性、腹壁反射和提睾反射消失。脊髓休克时各种反射均不能引出。

（5）自主神经症状：髓内病变较早出现括约肌功能障碍，病变在圆锥以上早期出现尿潴留和便秘，晚期出现反射性膀胱；马尾、圆锥病变出现尿便失禁。病变水平以下因血管运动和泌汗功能障碍，可见少汗、无汗、皮肤干燥及脱屑。

（6）脊膜刺激症状：多由硬膜外病变引起，表现为脊柱局部自发痛、叩击痛、活动受限，颈部抵抗和直腿抬高试验阳性等。

【辅助检查】

适当的辅助检查，有助于确定病变的节段、性质及压迫程度。

1. 脑脊液检查　CSF 动力学变化、CSF 常规及 CSF 生化检查对判定脊髓压迫症及程度很有价值。如压迫性病变造成脊髓蛛网膜下腔完全阻塞时，在阻塞水平以下测压力很低，甚至测不出；部分性阻塞或未阻塞者，压力正常甚至增高。椎管严重梗阻时 CSF 蛋白含量明显增高而细胞数正常，即蛋白-细胞分离；蛋白含量超过 10g/L 时，CSF 呈黄色，流出后可自动凝结，称为 Froin 征。一般梗阻越完全、时间越长、梗阻平面越低，蛋白含量越高。怀疑硬脊膜外脓肿时，切忌在脊柱压痛部位及其附近进行腰穿，以防将病原菌带入蛛网膜下腔，造成化脓性感染。

2. 影像学检查　①脊柱 X 线摄片可发现脊柱骨折、脱位、错位、结核、骨质增生及椎管狭窄，肿瘤可出现椎弓根间距增宽、椎弓根变形、椎间孔扩大、椎体后缘凹陷或骨质破坏等；②脊髓造影可显示脊髓梗阻界面，椎管完全梗阻时，上行造影只显示压迫性病变的下界，下行造影显示病变的上界；③CT 及 MRI 能清晰显示脊髓压迫的影像，尤其是 MRI 能清晰显示解剖层次、椎管内软组织病变轮廓，可提供脊髓病变部位、上下缘界线及性质等有价值的信息；④核素扫描能较准确判断阻塞的部位，而且患者的痛苦和不良反应均较少。

【诊断及鉴别诊断】

1. 诊断　首先要明确脊髓损害为压迫性或非压迫性；而后确定受压部位及平面，病变是髓内、髓外硬膜内或髓外硬膜外；最后确定压迫性病变的病因及性质。

（1）病变纵向定位：根据脊髓各节段病变特征确定。早期节段性症状如根痛、感觉减退区、腱反射改变和肌萎缩、棘突压痛及叩击痛，尤以感觉平面最具有定位意义，脊髓造影和 MRI 可准确定位。

（2）病变横向定位：区分髓内、髓外硬膜内、髓外硬膜外病变，有助于判断病变性质（表 4-1）。

（3）确定病因和病变性质：病变的部位和发展速度有助于脊髓压迫症病因和病变性质的判定。一般髓内或髓外硬膜内病变以肿瘤最常见；髓外硬膜外压迫多为椎间盘脱出症，腰段、颈下段多见；外伤、转移瘤亦较多见。急性压迫多为外伤、硬膜外脓肿，外伤性硬膜外血肿症状、体征进展迅速，脓肿常伴有炎症特征；转移瘤发展较快，根痛及骨质破坏明显。

笔记

表 4-1 髓内、髓外硬膜内及髓外硬膜外病变的鉴别

	髓内病变	髓外硬脊膜内病变	髓外硬脊膜外病变
早期症状	多为两侧	自一侧,很快进展为双侧	多从一侧开始
根性痛	少见,部位不明确	早期常有,剧烈,部位明确	早期可有
感觉障碍	分离性	传导束性,开始多为一侧	多为双侧传导束性
痛温觉障碍	自上向下发展,头侧重	自下向上发展,尾侧重	双侧自下向上发展
脊髓半切综合征	少见	多见	可有
节段性肌无力和萎缩	早期出现,广泛 明显	少见,局限	少见
锥体束征	不明显	早期出现,多从一侧开始	较晚出现,多为双侧
括约肌功能障碍	早期出现	晚期出现	较晚期出现
棘突压痛、叩痛	无	较常见	常见
椎管梗死	晚期出现,不明显	中期出现,明显	较早期出现,明显
脑脊液蛋白增高	不明显	明显	较明显
脊柱 X 线平片改变	无	可有	明显
脊髓造影充盈缺损	梭形膨大	杯口状	锯齿状
MRI 检查	脊髓梭形膨大	髓外肿块及脊髓移位	髓外肿块及脊髓移位

2. 鉴别诊断

(1) 急性脊髓炎:急性起病,病前有发热、全身不适等前驱症状,脊髓损害症状在数小时至数日内达到高峰,呈横贯性脊髓损伤体征,以上诸症皆为主要鉴别点。急性期 CSF 蛋白含量可增高,椎管偶有梗阻,MRI 可见病变节段脊髓水肿增粗,酷似髓内肿瘤,但随着病情好转,脊髓水肿可完全消退,此点有助于鉴别。

(2) 脊髓空洞症:起病隐袭,病程长,病变多位于下颈段与上胸段,表现病变水平以下分离性感觉障碍、下肢锥体束征,根痛少见,皮肤营养改变明显。腰穿无梗阻现象,CSF 检查一般正常,MRI 可显示脊髓内长条形空洞。

【治疗】

1. 脊髓压迫症的治疗原则是尽快去除脊髓受压的病因,可行手术治疗者应及早进行,如切除椎管内占位性病变、椎板减压术及硬脊膜囊切开术等。

2. 急性脊髓压迫的手术治疗尤需抓紧时机,力争在起病 6 小时内减压。硬脊膜外脓肿应紧急手术并给予足量抗生素,脊柱结核在根治术同时进行抗结核治疗,恶性肿瘤或转移瘤可酌情进行手术,术后需进行放疗或化疗,不宜手术者可考虑放疗和化疗。

3. 防治并发症和对症治疗 长期卧床者应防治肺炎、压疮、泌尿系感染和肢体挛缩等并发症,剧烈根痛可给予止痛药。

笔记

4. 康复治疗 解除压迫后，应尽早对瘫痪肢体进行积极康复治疗及功能锻炼。

5. 中医药治疗 针灸可用于脊柱退行性病变，如颈、腰椎间盘脱出症、后纵韧带钙化和黄韧带肥厚等引起的脊髓压迫症的治疗。临床多以疏通督脉、足太阳膀胱经之气为主。取穴常取督脉、华佗夹脊和太阳膀胱经穴，扶督脉之阳，助膀胱经之气。

【预后】

脊髓压迫症预后的决定因素很多，如病变的性质、解除压迫的可能性及程度，如髓外硬膜内肿瘤多为良性，手术切除预后良好，髓内肿瘤预后较差；受压时间的长短及脊髓功能障碍程度也有重要影响，通常受压时间越短，脊髓功能损害越小，恢复可能性越大，但急性压迫者因不能充分发挥代偿功能，预后较差。

知识链接

脊髓压迫的病理演变过程

脊髓压迫后，受压脊髓局部可出现广泛的病理变化，致使神经功能障碍，有学者通过对颈椎管狭窄患者尸体脊髓的研究发现颈脊髓压迫早期，脊髓灰质内主要表现为神经元的萎缩，白质损伤以原发性脱髓鞘为主，这种脱髓鞘改变被认为是可逆的，在解除压迫后有望恢复正常功能；随着压迫的加重和病程的延长，逐渐出现运动神经元坏死、囊性变和轴索变性，这是一个不可逆的病理过程，减压后脊髓功能不能恢复。慢性脊髓压迫最终将导致不可逆的损伤。因此，尽早解除压迫因素是目前公认的治疗慢性脊髓压迫症的最有效方法。

第四节 脊髓空洞症

脊髓空洞症(syringomyelia)是脊髓中央部形成空洞性病变的一种慢性进行性脊髓变性疾病或脊髓发育障碍。病变多位于颈、胸髓，亦可累及延髓称为延髓空洞症(syringobulbia)。典型临床表现是节段性分离性感觉障碍、病变节段支配区肌萎缩及营养障碍等。

【病因及发病机制】

确切病因及发病机制尚不清楚，目前较普遍的观点是，脊髓空洞症并非单一病因引起的疾病，是由多种致病因素所致的综合征。

1. 先天性发育异常 有人认为本病由于胚胎期脊髓神经管闭合不全或脊髓内先天性神经胶质增生导致脊髓中心变性所致。由于本病常合并扁平颅底、小脑扁桃体下疝、脊柱裂、脑积水、颈肋、弓形足等畸形，故亦有认为脊髓空洞症是脊髓先天性发育异常所致。

2. 机械因素 颈枕区先天性异常影响 CSF 从第四脑室进入蛛网膜下腔，因脑室内压力搏动性增高并不断冲击脊髓中央管，使之逐渐扩大，最终导致与脊髓中央管相通的交通型脊髓空洞。

3. 脊髓血液循环异常 脊髓肿瘤囊性变、脊髓损伤、脊髓炎、蛛网膜炎等可引起脊髓缺血、坏死、软化形成空洞，其所致的继发性脊髓空洞症多为非交通型。

【病理】

脊髓外形呈梭形膨大或萎缩变细。基本病理改变是空洞形成和胶质增生，空洞壁不规则，由环形排列的胶质细胞及纤维组成；空洞内有清亮液体填充，成分与 CSF 相

笔记

似，也可为黄色液体，蛋白含量增高。空洞最常见于脊髓颈段，可向脑干或胸髓扩展，腰髓较少受累，偶有多发空洞而互不相通。大多数病变首先侵犯灰质前连合，然后对称或不对称地向后角和前角扩展，呈"U"字形分布，最后扩展到该水平的绝大部分。如空洞形成已久，周围胶质细胞增生及肥大，星形细胞形成1～2mm厚的致密囊壁；空洞周围有时可见异常血管，管壁呈透明变性。延髓空洞通常呈纵裂状，多为单侧，有些可伸入脑桥，空洞可阻断内侧丘系交叉纤维，累及舌下神经核、迷走神经核。

【临床表现】

1. 发病年龄通常为20～30岁，偶尔发生于儿童期或成年以后，男女比例为3∶1。起病隐袭，病程不规律，缓慢进展。因空洞常始于中央管背侧灰质一侧或双侧后角底部，最早症状常为相应支配区自发性疼痛。继而出现节段性分离性感觉障碍，表现痛温觉减退或缺失，深感觉相对保存。病人常在损伤后发现无痛觉而就诊。痛、温觉缺失范围可逐渐扩大至两上肢及胸背部，呈短上衣样分布。晚期当空洞扩展至后索和脊髓丘脑束，则出现空洞水平以下传导束性各种感觉障碍。

2. 前角细胞受累出现相应节段肌萎缩、肌束颤动、肌张力减低和腱反射减弱，空洞位于颈膨大，双手肌萎缩明显。空洞水平以下出现锥体束征，病变侵及C_8～T_1侧角交感神经中枢出现同侧Horner征。

3. 常见神经源性关节病和皮肤营养障碍。关节痛觉缺失可引起关节磨损、萎缩和畸形、关节肿大、活动度增加、运动时有摩擦音而无痛觉，即夏科（Charcot）关节。皮肤营养障碍可见皮肤增厚、过度角化，痛觉消失区的表皮烫伤、割伤，造成顽固性溃疡及瘢痕形成，甚至指、趾节末端无痛性坏死、脱落，称为Morvan征。晚期可有神经源性膀胱和尿便失禁。

4. 延髓空洞症很少单独发生，常为脊髓空洞的延伸，多不对称，故症状和体征多为单侧性。空洞累及三叉神经脊束核出现面部痛温觉减退或缺失，呈洋葱皮样分布，从外侧向鼻唇部发展；累及疑核使吞咽困难和饮水呛咳；累及舌下神经核则伸舌偏向患侧、同侧舌肌萎缩及肌束颤动；累及面神经核出现周围性面瘫；前庭小脑通路受累出现小脑性眩晕、眼震和步态不稳。

【辅助检查】

1. 影像学检查

（1）MRI是确诊本病的首选方法（图4-3、图4-4），脊髓和脑的矢状位可清楚地显示空洞的位置、大小、范围，以及是否合并Arnold-Chiari畸形等，以鉴别其原发性或继发性，选择手术适应证和设计手术方案。

（2）延迟脊髓CT扫描（DMCT）可清晰显示出高密度的空洞影像。

（3）X线检查可发现脊柱侧弯或后突畸形、隐性脊柱裂、颈枕区畸形和Charcot关节等骨骼畸形。

2. 脑脊液常规及动力学检查无特征性改变，空洞较大时可引起椎管轻度梗阻、CSF蛋白含量增高。

【诊断及鉴别诊断】

1. 诊断　根据多在青壮年期发病，起病隐袭，缓慢进展，常合并其他先天性畸形，出现节段性分离性感觉障碍、肌无力和肌萎缩、皮肤和关节营养障碍，延迟CT扫描或MRI发现脊髓空洞，不难做出诊断。

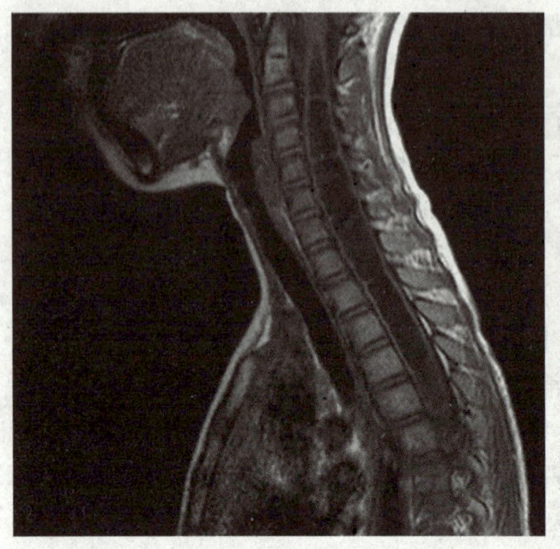

图 4-3　T_1WI 示脊髓空洞水样低信号，脊髓增粗

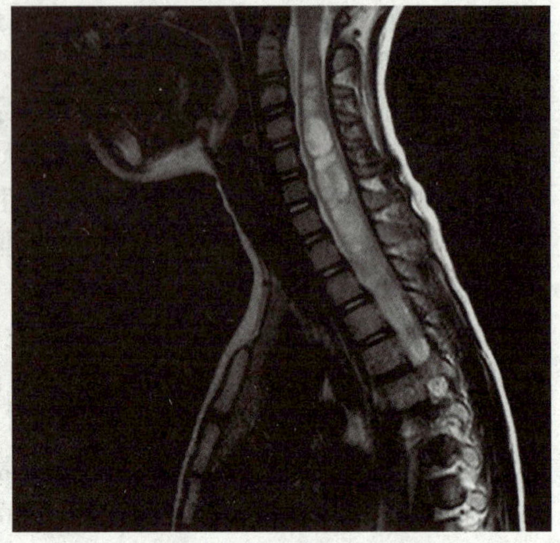

图 4-4　T_2WI 示脊髓空洞水样高信号，脊髓增粗

2. 鉴别诊断

（1）脊髓内肿瘤：梗阻时 CSF 蛋白量可增高。但肿瘤病变节段短，进展较快，膀胱功能障碍出现较早，锥体束征多为双侧，可发展为横贯性损害，营养性障碍少见，MRI 可确诊。

（2）脊髓型颈椎病：亦可出现手及上肢肌萎缩，但不显著。常见根痛、感觉障碍呈根性分布，颈部活动受限。颈椎 X 片、CT 和 MRI 检查可资鉴别。

（3）肌萎缩性侧索硬化症：多中年起病，为上、下运动神经元同时受累，严重肌无力、肌萎缩与腱反射亢进、病理反射并存，无感觉障碍和营养障碍，MRI 检查无异常。

（4）脑干肿瘤：延髓空洞症应与脑干肿瘤鉴别，后者多为青少年发病，病程较短，早期临床常见脑神经损害的症状，晚期可出现交叉瘫等脑桥病变特征，一般无延髓症状、体征。MRI 检查可鉴别。

【治疗】

本病进展缓慢，常可迁延数十年之久。目前尚无特效疗法。

1. 手术治疗　对空洞较大、伴有椎管梗阻者可行上颈段椎板切除减压术，合并颈枕区畸形及小脑扁桃体下疝者可考虑枕骨下减压及手术矫治颅骨及神经组织畸形；头痛和颈部疼痛可得到缓解，但共济失调和眼震可能持续存在。张力性空洞可行脊髓切开及空洞—蛛网膜下腔分流术。

2. 对症处理　可给予镇痛剂、B 族维生素、ATP、辅酶 A、肌苷等；痛觉消失者应防止外伤、烫伤或冻伤，防止关节挛缩，并辅助被动运动、按摩等。

3. 中医药治疗　中医认为本病的病因病机多由肝、肾、脾三脏亏虚，气血不足，髓海不充，肌肉筋脉失养所致。针灸治疗取背俞穴、夹脊穴及手足阳明经穴为主，针刺多用补法。脾肾阳虚型可加灸法，瘀血阻络型可加梅花针浅刺。

【预后】

脊髓空洞症病程进展缓慢，可达数十年，目前尚无特殊有效的治疗手段。针灸能缓解各种类型脊髓空洞症所表现的疼痛及改善其萎缩的肌肉，并能解除患病后出现的部分运动、感觉功能障碍，但疗程较长。

脊髓空洞症的分型

根据 Barnett 的分型，脊髓空洞症临床上可分为四型：

1. 脊髓空洞伴第四脑室正中孔堵塞和中央管扩大　合并Ⅰ型 Chiari 畸形或由后颅窝囊肿、肿瘤、蛛网膜炎等所致第四脑室正中孔阻塞。

2. 特发性脊髓空洞症。

3. 继发性脊髓空洞症　脊髓肿瘤、外伤、脊髓蛛网膜炎和硬膜炎所致。

4. 单纯性脊髓积水或伴脑积水。

第五节　脊髓亚急性联合变性

脊髓亚急性联合变性（subacute combined degeneration of the spinal cord，SCD）是由于维生素 B_{12} 缺乏引起的神经系统变性疾病，病变主要累及脊髓后索、侧索及周围神经，严重时大脑白质及视神经亦可受累。临床表现为双下肢深感觉缺失、感觉性共济失调、痉挛性截瘫及周围神经病变等，常伴有贫血的临床征象。

【病因及发病机制】

本病与维生素 B_{12} 缺乏有关，维生素 B_{12} 是核蛋白合成及髓鞘形成所必需的辅酶，缺乏会引起髓鞘合成障碍而导致神经及精神受损；因维生素 B_{12} 还参与血红蛋白的合成，白种人常合并恶性贫血，我国相对少见，但可合并其他类型贫血。正常人维生素 B_{12} 日需求量仅为 1～2μg，摄入的维生素 B_{12} 必须与胃底腺壁细胞分泌的内因子结合成稳定复合物，才不被肠道细菌利用而在回肠远端吸收，维生素 B_{12} 摄取、吸收、结合与转运的任一环节发生障碍均可引起缺乏；这一过程还与唾液中 R 蛋白、转运维生素蛋白有关；内因子分泌的先天性缺陷、萎缩性胃炎、胃大部切除术后、小肠原发性吸收不良、回肠切除、血液中运钴胺蛋白缺乏等是导致维生素 B_{12} 吸收不良的常见病因。由于叶酸代谢与维生素 B_{12} 代谢有关，叶酸缺乏也可产生神经症状。

【病理】

本病病理改变主要发生在脊髓后索及锥体束，可不同程度地累及脑与脊髓白质、视神经和周围神经，大脑可见轻度萎缩，脊髓切面显示白质脱髓鞘改变；镜下髓鞘肿胀、空泡形成及轴突变性。起初病变为散在分布，以后融合成海绵状坏死灶，伴有不同程度胶质细胞增生。常见周围神经病变，可为脱髓鞘和轴突变性。

【临床表现】

1. 多于中年以后（40～60 岁）起病，男女无明显差异；呈亚急性或慢性临床经过，病情渐进性发展。多数患者在神经症状出现之前有贫血表现，如疲乏无力、倦怠、腹泻和舌淡等，伴血清维生素 B_{12} 降低，部分病人神经症状先于贫血。

2. 首发症状常表现为足趾和手指末端对称性刺痛、麻木和烧灼感等持续性感觉异常，可有对称性的手套、袜套样感觉减退，下肢较重，感觉异常可向上延伸至躯干，胸腹部有束带感。有些病人屈颈时可出现阵发性由脊背向下肢放射的针刺感（Lhermitte 征）。

3. 运动障碍常跟随感觉异常后出现，早期症状为双下肢无力、发硬及手动作笨拙，行走不稳，踩棉花感，可见步态蹒跚、基底增宽；检查双下肢振动觉、位置觉障碍，远

端明显，Romberg 征阳性。后期可出现双下肢不完全痉挛性瘫，检查可见下肢肌张力增高、腱反射亢进、病理征阳性；周围神经病变较重则表现肌张力减低、腱反射减弱，但病理征常为阳性。晚期可出现括约肌功能障碍。

【辅助检查】

1. 周围血象及骨髓涂片检查显示为巨细胞低色素性贫血，血液网织红细胞数减少；注射维生素 B_{12} 1mg/d，10 日后网织红细胞增多有助于诊断。血清维生素 B_{12} 含量降低（正常值 220 ~ 940pg/ml）；血清维生素 B_{12} 含量正常者应做 Schilling 试验（口服放射性核素 ^{57}钴标记维生素 B_{12}，测定其在尿、粪中的排泄含量），可发现维生素 B_{12} 吸收障碍。

2. 脑脊液多正常，少数可有蛋白轻度增高。

3. 注射组胺做胃液分析可发现有抗组胺性胃酸缺乏。

4. MRI 可示脊髓呈 T_1 低信号、T_2 高信号，多数有强化。

【诊断及鉴别诊断】

1. 诊断　根据中年以后发病，脊髓后索、锥体束及周围神经受损的神经系统症状与体征，合并贫血，结合上述辅助检查，维生素 B_{12} 治疗后神经症状改善可确诊。

2. 鉴别诊断　缺乏贫血的实验室检查证据时，须与非恶性贫血型联合系统变性、脊髓压迫症、多发性硬化及周围神经病鉴别。

（1）非恶性贫血型联合系统变性（combined system disease of non-pernicious anemia type）：是一种累及脊髓后索和侧索的内生性脊髓疾病，与恶性贫血无关。本综合征与亚急性联合变性的区别在于整个病程中皮质脊髓束的损害较后索损害出现早且明显，进展缓慢，有关病理和病因所知甚少。

（2）脊髓压迫症：脊髓压迫症多有神经根痛和感觉障碍平面。脑脊液动力学试验呈部分梗阻或完全梗阻，脑脊液蛋白升高，椎管造影及 MRI 检查可作鉴别。

（3）多发性硬化：起病较急，可有明显的缓解复发交替的病史，一般不伴有对称性周围神经损害。首发症状多为视力减退，可有眼球震颤、小脑体征、锥体束征等，MRI、脑干诱发电位有助于鉴别。

（4）周围神经病：可类似脊髓亚急性联合变性中的周围神经损害，但无病理征，亦无后索或侧索的损害表现，无贫血及维生素 B_{12} 缺乏的证据。

【治疗】

1. 药物治疗　一旦确诊或拟诊本病，即应立即给予维生素 B_{12} 治疗，否则可造成不可逆性神经损害。

（1）维生素 B_{12} 500 ~ 1000μg/d，肌内注射，连续 2 ~ 4 周；然后用相同剂量肌内注射，每周 2 ~ 3 次；2 ~ 3 个月后改维生素 B_{12} 500μg 口服，2 次/日，总疗程 6 个月；维生素 B_{12} 吸收障碍者需终身用药，合用维生素 B_1 和 B_6 疗效更佳；无需加大维生素 B_{12} 剂量，因并不能加快神经功能恢复。

（2）贫血病人可用铁剂，如硫酸亚铁每次 0.3 ~ 0.6g 口服，3 次/日；或 10% 枸橼酸铁铵溶液。每次 10ml 口服，3 次/日。

（3）控制腹泻可选用适当抗生素及思密达等。

（4）不宜单独应用叶酸，否则会导致症状加重。

2. 病因治疗　萎缩性胃炎胃液中缺乏游离胃酸，可服用胃蛋白酶合剂或饭前服稀盐酸合剂 10ml，3 次/日；戒酒和纠正营养不良，改善膳食结构，给予富含 B 族维生素的食物，多食粗粮、蔬菜和动物内脏等。

笔记

3. 加强瘫痪患者的护理,加强瘫痪肢体的功能锻炼,辅以康复及理疗疗法。

4. 中医药治疗 中医认为该病的主要病因病机是脾胃虚弱,运化失司,致气血不足,肝肾失养,肢体失于温煦、濡养而致。针灸治疗以头针治疗为主,常取顶颞后斜线。周围神经病变较重,如肌张力减低者,取手、足阳明经穴和夹脊穴为主。多用补法,配合灸法治疗。

【预后】

本病如不经治疗,症状会持续进展,病后2~3年可致死亡。如能在发病后3个月内积极治疗,常可获得完全恢复,故早期确诊、及时治疗是改善本病预后的关键。若充分治疗6~12个月后仍有神经功能障碍,进一步改善的可能性较小。

第六节 脊髓血管病

脊髓血管病(vascular diseases of the spinal cord)分为缺血性、出血性及血管畸形三大类。其发病率远低于脑血管疾病,但因脊髓内结构紧密,较小的血管损害就可造成严重的后果。

【病因及发病机制】

由心肌梗死、心脏停搏、主动脉破裂、主动脉造影、胸腔和脊柱手术等引起的严重低血压,以及动脉粥样硬化、梅毒性动脉炎、肿瘤均可导致缺血性脊髓病;外伤是椎管内出血最主要的原因,自发性出血多见于脊髓动静脉畸形、血管瘤、血液病、抗凝治疗和肿瘤等;脊髓血管疾病常作为其他疾病的并发症,易被原发病所掩盖。脊髓血管畸形是先天性血管发育异常,以病变压迫、盗血、血栓形成及出血等导致脊髓功能受损。约1/4~1/3患者可合并皮肤血管瘤、颅内血管畸形和脊髓空洞症等。

【病理】

脊髓对缺血的耐受力较强,轻度间歇性供血不足不会造成脊髓明显损害,完全缺血15分钟以上方可造成脊髓不可逆损伤。脊髓前动脉血栓形成最常见于颈胸段,该段是血供的薄弱区;脊髓后动脉左、右各一,故其血栓形成非常少见。脊髓梗死可导致神经细胞变性、坏死,灰白质软化、组织疏松,血管周围淋巴细胞浸润;晚期血栓机化,被纤维组织取代,并有血管再通。脊髓内出血常侵及数个节段,中央灰质者居多;脊髓外出血形成血肿或血液进入蛛网膜下腔,出血灶周围组织水肿、瘀血及继发神经变性。脊髓血管畸形可发生于脊髓的任何节段,无特别好发的部位,是由扩张纡曲的异常血管形成网状血管团及其上下方的供养动脉和引流静脉组成。

【临床表现】

1. 缺血性脊髓血管病

(1) 脊髓短暂性缺血发作:类似短暂性脑缺血发作,发作突然,持续时间短暂,不超过24小时,恢复完全,不遗留任何后遗症。间歇性跛行和下肢远端发作性无力是本病的典型临床表现,行走一段距离后单侧或双侧下肢沉重、无力甚至瘫痪,休息或使用血管扩张剂后缓解;或仅有自发性下肢远端发作性无力,反复发作,可自行缓解,间歇期症状消失。

(2) 脊髓梗死:呈卒中样起病,脊髓症状常在数分钟或数小时达到高峰。因发生闭塞的供血动脉不同而出现:①脊髓前动脉综合征:脊髓前动脉供应脊髓前2/3区域,易发生缺血性病变,以中胸段或下胸段多见,首发症状常为突然出现病损水平的相应部位的根性痛或弥漫性疼痛,短时间内发生弛缓性瘫痪,脊髓休克期过后转变为病变水平以下

笔记

痉挛性瘫痪；感觉障碍为传导束型，痛温觉缺失而深感觉保留，尿便障碍较明显。②脊髓后动脉综合征：脊髓后动脉极少闭塞，即使发生也因有良好的侧支循环而症状较轻且恢复较快；表现急性根痛，病变水平以下深感觉缺失和感觉性共济失调，痛温觉和肌力保存，括约肌功能常不受影响。③中央动脉（沟连合动脉）综合征：病变水平相应节段的下运动神经元性瘫痪、肌张力减低、肌萎缩，一般无感觉障碍和锥体束损害。

2. 出血性脊髓血管病　包括硬膜外、硬膜下和脊髓内出血，均可骤然出现剧烈的背痛、截瘫、括约肌功能障碍、病变水平以下感觉缺失等急性横贯性脊髓损害表现。硬膜下血肿比硬膜外血肿少见得多。脊髓蛛网膜下腔出血起病急骤，表现为颈背痛、脑膜刺激征和截瘫等；脊髓表面血管破裂所致也可只出现背痛，无脊髓受压表现。

3. 脊髓血管畸形　动脉性及静脉性罕见，绝大多数为动静脉畸形，多见于胸腰段，其次为中胸段，颈段少见。多在45岁前发病，约半数在14岁前发病，男女之比为3∶1。缓慢起病者多见，亦可为间歇性病程，有症状缓解期；突然发病者系由畸形血管破裂所致，多以急性疼痛为首发症状，表现不同程度的截瘫，根性或传导束性分布的感觉障碍，如脊髓半侧受累可表现脊髓半切综合征。括约肌功能障碍早期表现为尿便困难，晚期则失禁；也有少数患者表现为单纯脊髓蛛网膜下腔出血。

【辅助检查】

1. 脑脊液检查　在脊髓蛛网膜下腔出血时CSF呈血性；椎管梗阻时CSF蛋白量增高，压力低。

2. CT和MRI　可显示脊髓局部增粗、出血、梗死，增强后可以发现血管畸形。脊髓造影可确定血肿部位，显示脊髓表面血管畸形的位置和范围，但不能区别病变类型。选择性脊髓动脉造影对确诊脊髓血管畸形最有价值，可明确显示畸形血管的大小、范围、类型及与脊髓的关系，有助于治疗方法的选择。

【诊断及鉴别诊断】

1. 诊断　脊髓血管病的临床表现较复杂，缺乏特异性检查手段，特别是缺血性病变的诊断有一定难度。常依据动脉硬化、外伤、血压波动等，配合脊髓影像学和脑脊液检查明确诊断。

2. 鉴别诊断　其他原因引起的间歇性跛行：①下肢血管性间歇性跛行：表现为皮温低、足背动脉搏动减弱或消失，超声多普勒检查有助于鉴别；②马尾性间歇性跛行：由于腰椎椎管狭窄所致，常有腰骶区疼痛，症状行走后加重，休息后减轻或消失，腰前屈时症状可减轻，后仰时则加重，感觉症状较运动症状重。

【治疗】

1. 缺血性脊髓血管病的治疗原则与缺血性卒中相似，可应用血管扩张剂及促进神经功能恢复的药物，低血压者应予纠正血压，疼痛明显者可给予镇静止痛剂。

2. 硬膜外或硬膜下血肿应紧急手术以清除血肿，解除对脊髓的压迫；其他类型椎管内出血应针对病因治疗，并使用脱水剂、止血剂等。脊髓血管畸形可根据情况行血管结扎、切除或介入栓塞治疗。

3. 截瘫病人应加强护理，防止合并症如压疮和尿路感染。

4. 中医药治疗　中医认为本病多为脏腑功能失调，或气血素虚，加之劳倦内伤、饮食不节致瘀血阻滞，痰浊内蕴，或气血两虚，肝肾亏损，肌肉筋脉失荣，肢体痿软瘫痪。

针灸应尽早介入，对患者肢体的功能康复有较大的帮助。针灸治疗可选用十三鬼穴。恢复期则取督脉，足阳明经穴为主，足少阳、少阴、厥阴经穴为辅。补泻兼施，可适

笔记

当用灸法。

【预后】

脊髓血管病预后一般较差。有研究认为，患者脊髓功能受损持续的时间对预后的判断有一定的帮助，如果从发病开始的24小时内没有发生明显的恢复，则临床症状有较大改善的可能性很小。

学习小结

1. 学习内容

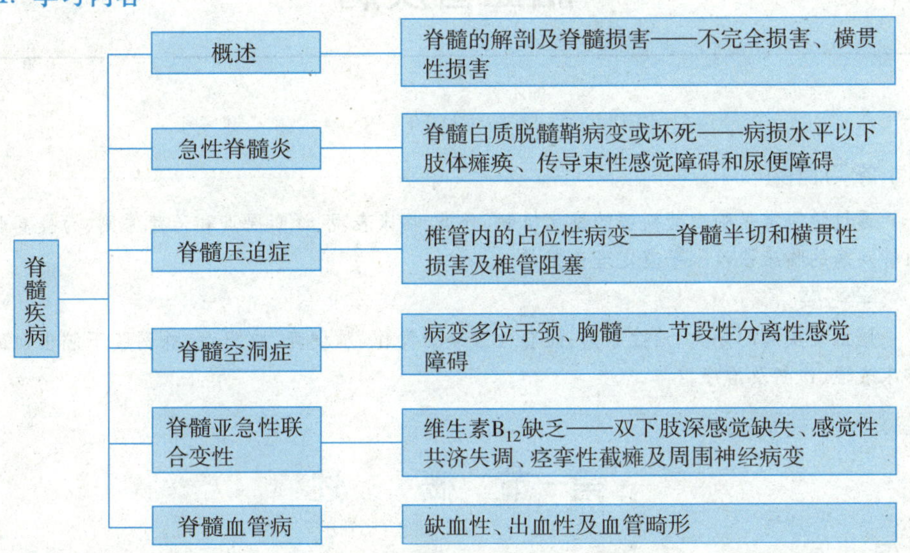

2. 学习方法

复习脊髓的内部是由灰质和白质组成，分别含有大量神经细胞核团和上下行传导束，脊髓为各种运动和感觉的初级中枢和重要的反射中枢。掌握急性脊髓炎、脊髓压迫症的临床表现、诊断及鉴别诊断、治疗原则，熟悉脊髓血管病的临床表现及鉴别诊断。了解脊髓空洞症、脊髓亚急性联合变性的临床表现、诊断及治疗。采取归纳方法，寻找脊髓损害的临床表现，主要为运动障碍、感觉障碍、括约肌功能障碍及其他自主神经功能障碍，前两者对脊髓病变水平的定位很有帮助。通过分析方法，领会脊髓疾病急性脊髓炎、脊髓压迫症、脊髓血管病、脊髓空洞症、脊髓亚急性联合变性之间的鉴别。通过推理方法，掌握常见脊髓疾病中急性脊髓炎、脊髓压迫症的临床表现及诊断。通过比较方法，掌握急性脊髓炎、脊髓压迫症、脊髓血管病、脊髓空洞症、脊髓亚急性联合变性的治疗原则。

（林国华）

复习思考题

1. 脊髓节段与脊椎相对应的关系如何？
2. 急性脊髓炎的诊断依据有哪些？
3. 急性脊髓炎的鉴别诊断有哪些？
4. 髓内病变、髓外硬膜下及硬膜外病变三者之间鉴别的要点是什么？
5. 脊髓空洞症的临床特征有哪些？
6. 脊髓亚急性联合变性的临床特征有哪些？

第五章

脑血管疾病

学习目的

通过学习常见脑血管疾病的发病机制、分类、临床表现、诊断要点和治疗原则，为提高脑血管疾病的临床诊治水平奠定理论基础。

学习要点

脑血管疾病的分类、治疗原则；短暂性脑缺血发作、脑梗死、脑出血、蛛网膜下腔出血的临床表现、诊断及治疗。

第一节 概 述

脑血管疾病(cerebrovascular disease，CVD)是指由各种原因导致的急、慢性脑血管病变。包括短暂性脑缺血发作、脑卒中等。脑卒中(stroke)，俗称中风，是指由于急性脑循环障碍所致的局限或全面性脑功能缺损症状，或称急性脑血管病事件，包括脑梗死、脑出血和蛛网膜下腔出血等。

CVD是神经系统的常见病及多发病，具有发病率、致残率、死亡率和复发率高的特点，已成为我国城市和农村人口的第一位致残和死亡原因，且发病有逐年增多的趋势。我国现有患者数(包括已痊愈者)为1036万，每年有超过300万新发脑卒中病例，并持续以8.7%的速度增长。脑卒中发病率男性高于女性，男∶女约为(1.3～1.7)∶1。脑卒中发病率、患病率和死亡率随年龄增长而增加，75岁以上者发病率是45～54岁的5～8倍，最新数据显示，脑卒中患病率在60～64岁人群中最高，且发病呈年轻化发展趋势，寒冷季节发病率明显增高。我国脑卒中的发病有北方高于南方、西部高于东部的特征。

【脑血管疾病分类】

根据神经功能缺损持续时间或病理性质的不同，脑血管疾病有多种分类方法。如按神经功能缺损缺失及持续时间分类，可分为短暂性脑缺血发作、可逆性缺血性神经功能缺失、进行性卒中和完全性卒中。根据1995年全国第四届脑血管病学术会议通过的《脑血管疾病分类》，可将CVD分为11类。

【脑血管疾病的危险因素】

脑血管病的危险因素分为可干预与不可干预两大类。年龄、性别、种族及遗传因

素等是不可干预的危险因素。可干预因素包括高血压、心脏病、糖尿病、吸烟、酗酒、血脂异常、颈动脉狭窄、肥胖、高同型半胱氨酸血症、代谢综合征、缺乏体育活动、饮食营养不合理、口服避孕药等。其中,高血压是卒中最重要的危险因素。

【脑血管疾病的诊断与评估步骤】

脑血管病的诊断原则与其他疾病类似,包括病史、体格检查和辅助检查。根据突然发病、迅速出现局部或全脑损害的症状及体征,颅脑 CT、CTA、MRI 或 MRA、DSA 及 CSF 等检查发现相应的病灶或相关的疾病证据,结合常有的脑卒中危险因素,一般较容易做出诊断。可采取以下的诊断分析步骤:

1. 是卒中还是其他疾病　重视发病形式、发病时间,同时注意排除脑外伤、中毒、癫痫后状态、瘤卒中、高血压脑病、低血糖昏迷、高血糖昏迷、脑部炎症以及躯体重要脏器功能严重障碍引起的脑部病变。进行必要的辅助检查。

2. 是哪一类型的卒中　是出血性还是缺血性卒中,根据起病方式、临床表现结合必要的影像学检查来确定。除非有其他原因不能检查或患者条件不允许搬动,所有疑为卒中的患者都应尽快进行头部影像学(CT 或 MRI)检查,观察有无脑梗死、脑出血或蛛网膜下腔出血。

3. 缺血性卒中者是否有溶栓治疗指征　发病时间是否在有效时间窗内,有无溶栓适应证。脑梗死患者进行溶栓之前必须进行相应的影像学(CT 或 MRI)检查。

【治疗】

脑卒中患者应尽早、尽可能收入卒中单元,以挽救生命、降低残疾、预防复发和提高生活质量。一般治疗措施包括:维持生命功能、防治并发症等。治疗和管理措施包括:卒中单元、溶栓治疗、抗血小板聚集治疗、细胞保护治疗、血管内治疗、外科手术治疗和康复治疗等。对脑卒中危险因素的早期发现和早期干预是减少其复发的关键。

第二节　短暂性脑缺血发作

短暂性脑缺血发作(transient ischemic attack,TIA)基于时间的定义:TIA 是由于血管原因所致的突发性局限性神经功能(脑/脊髓或视网膜)障碍,持续时间<24 小时。基于组织学的定义:TIA 是由脑、脊髓或视网膜缺血所引起的短暂性神经功能障碍,不伴有急性梗死。

目前我国 TIA 的诊治领域“低估、误判”现象严重,TIA 占脑血管病住院构成比仅为 6%,远低于发达国家 30% 左右的比例。中国成人 TIA 流行病学研究显示,其知晓率仅为 3.12%(样本量 9.8 万,162 家全国代表性社区流行病学调查)。中国人口标化 TIA 患病率高达 2.4%,据此推算中国 TIA 现患人群数量高达 1000 万~1200 万。

【病因及发病机制】

TIA 的发病与动脉粥样硬化、动脉狭窄、心脏病、血液成分改变及血流动力学变化等多种病因及途径有关,主要的发病机制有:①微栓子学说;②在颅内动脉有严重狭窄的情况下,血压的波动可使原来靠侧支循环维持的脑区发生一过性缺血;③血液黏度

笔记

增高等血液成分改变，如纤维蛋白原含量增高也与 TIA 的发病有关；④无名动脉或锁骨下动脉狭窄或闭塞所致的椎动脉-锁骨下动脉盗血也可引发 TIA。

【临床表现】

1. 临床特点

（1）突然起病，好发于中老年人（50～70 岁），男性多于女性；患者多伴有高血压、动脉粥样硬化、糖尿病或高血脂等脑血管病危险因素。

（2）局灶性脑、脊髓或视网膜功能障碍的症状。

（3）持续时间短暂，多在 1 小时内缓解。

（4）恢复完全，不遗留神经功能缺损体征。

（5）多有反复发作的病史。

2. 常见不同类型　TIA 的临床症状

（1）颈内动脉系统 TIA：多表现为单眼（同侧）或大脑半球症状。视觉症状表现为一过性黑矇、视野中有黑点等。大脑半球症状多为一侧面部或肢体的无力或麻木，可以出现失语、认知及行为功能的改变。

其中：①大脑中动脉（middle cerebral artery，MCA）供血区缺血可出现对侧肢体的单瘫、轻偏瘫、面瘫和舌瘫，可伴有偏身感觉障碍和对侧同向性偏盲。优势半球受损常出现失语和失用。非优势半球受损可出现空间定向障碍；②大脑前动脉（anterior cerebral artery，ACA）供血区缺血可出现人格和情感障碍、对侧下肢无力等；③颈内动脉（internal carotid artery，ICA）主干 TIA 主要表现为眼动脉交叉瘫（病侧单眼一过性黑矇、失明和/或对侧偏瘫及感觉障碍），Horner 交叉瘫（病侧 Horner 征、对侧偏瘫）。

（2）椎-基底动脉系统 TIA：最常见表现是眩晕、平衡障碍、眼球运动异常和复视。可有单侧或双侧面部、口周麻木，单独出现或伴有对侧肢体瘫痪、感觉障碍，呈现典型或不典型的脑干缺血综合征。

椎-基底动脉系统 TIA 还可出现下列几种特殊表现的临床综合征：①跌倒发作（drop attack）：表现为患者转头或仰头时，下肢突然失去张力而跌倒，无意识丧失，常可很快自行站起，系下部脑干网状结构缺血所致。②短暂性全面遗忘症（transient global amnesia，TGA）：发作时出现短时间记忆丧失，患者对此有自知力，持续数分至数十分钟。发作时对时间、地点定向障碍，但谈话、书写和计算能力正常。是大脑后动脉颞支缺血累及边缘系统的颞叶海马、海马旁回和穹窿所致。③双眼视力障碍发作：双侧大脑后动脉距状支缺血导致枕叶视皮层受累，引起暂时性皮质盲。

【辅助检查】

目的在于明确诊断、确定 TIA 的病因，并寻找可干预的危险因素以及判断预后。

1. 头颅 CT 和 MRI　平扫检查大多正常。

2. 超声检查　①颈动脉超声检查：应作为 TIA 患者的一个基本检查手段，常可显示动脉硬化斑块。②经颅彩色多普勒超声：是发现颅内大血管狭窄的有力手段。能发现严重的颅内血管狭窄、判断侧支循环情况、进行栓子监测、在血管造影前评估脑血液循环的状况。③超声心动图：与传统的经胸骨心脏超声相比，经食管超声心动图

(TEE)提高了心房、心房壁、房间隔和升主动脉的可视性,可发现房间隔的异常(房间隔的动脉瘤、未闭的卵圆孔、房间隔缺损)、心房附壁血栓、二尖瓣赘生物以及主动脉弓动脉粥样硬化等多种心源性栓子来源。

3. 脑血管造影

(1) 计算机断层扫描血管造影(CTA)和磁共振血管造影(MRA):是无创性血管成像新技术,但是不如 DSA 提供的血管情况详尽,且可导致对动脉狭窄程度的判断过度。

(2) 选择性动脉导管脑血管造影(数字减影血管造影,DSA):是评估颅内外动脉血管病变最准确的诊断手段(金标准)。但脑血管造影价格较昂贵,且有一定的风险,其严重并发症的发生率约为0.5%~1.0%。

4. 其他检查　对小于 50 岁的人群或未发现明确原因的 TIA 患者或是少见部位出现静脉血栓、有家族性血栓史的 TIA 患者应做血栓前状态的特殊检查。如发现血红蛋白、红细胞压积、血小板计数、凝血酶原时间或部分凝血酶原时间等常规检查异常,须进一步检查其他的血凝指标。血常规和生化检查也是必要的,神经电生理学检查可能发现轻微的脑功能损害。

【诊断及鉴别诊断】

1. 诊断要点

(1) 发病突然。中老年患者多见。

(2) 局灶性脑、脊髓或视网膜功能障碍的症状,符合颈内动脉或椎-基底动脉系统及其分支缺血表现。

(3) 持续时间短暂,恢复完全,不遗留神经功能缺损体征。症状一般持续 10~15 分钟,多在 1 小时内,最长不超过 24 小时。

(4) 多有反复发作的病史。

2. 鉴别诊断

(1) 癫痫的部分性发作:特别是单纯部分性发作,常表现为持续数秒至数分钟的肢体抽搐或麻木针刺感,症状从躯体的一处开始,并按皮质的功能区向周围扩展。部分性癫痫多为症状性,可有脑电图异常,CT/MRI 检查可能发现脑内局灶性病变。

(2) 梅尼埃病(Meniere disease):以阵发性眩晕伴恶心、呕吐为主,多伴有耳聋、耳鸣及耳内胀满感等临床表现。发作性眩晕、恶心、呕吐与椎-基底动脉 TIA 相似,但每次发作持续时间往往超过 24 小时,伴有耳鸣、耳阻塞感,反复发作后听力减退等症状,除眼球震颤外,无其他神经系统定位体征。发病年龄多在 50 岁以下。

(3) 心脏疾病:阿-斯综合征(Adams-stokes syndrome)、严重心律失常如室上性心动过速、多源性室性期前收缩、室性心动过速或室颤、病态窦房结综合征等,可因阵发性全脑供血不足出现头昏、晕倒和意识丧失,但常无神经系统局灶性症状和体征,动态心电图监测、超声心动图检查常有异常发现。

(4) 其他:基底动脉型偏头痛,常有后循环缺血发作,应注意排除。

知识拓展

TIA 早期卒中风险分层工具为 ABCD 评分系统。

ABCD 评分系统（分）

	指标	ABCD 得分	ABCD2 得分	ABCD3 得分	ABCD3-I 得分
年龄(A)	>60 岁	1	1	1	1
血压(B)	收缩压>140mmHg 或舒张压>90mmHg	1	1	1	1
临床症状(C)	单侧无力	2	2	2	2
	不伴无力的言语障碍	1	1	1	1
症状持续时间(D)	>60 分钟	2	2	2	2
	10～59 分钟	1	1	1	1
糖尿病(D)	有	–	1	1	1
双重(7 天内)TIA 发作(D)	有	–	–	2	2
影像学检查(I)	同侧颈动脉狭窄≥50%	–	–	–	2
	DWI 检查出现高信号	–	–	–	2
总分		0～6	0～7	0～9	0～13

不同 ABCD 评分系统采用的不同风险分层分值（分）

ABCD 评分系统	低危	中危	高危
ABCD	0～2	3～4	5～6
ABCD2	0～3	4～5	6～7
ABCD3	0～3	4～5	6～9
ABCD3-I	0～3	4～7	8～13

目前认为应用 ABCD2 评分法进行 TIA 患者的卒中风险分层效能最好。

【治疗】

TIA 是缺血性卒中的高危因素，需对其积极进行分层评价及治疗，整个治疗应尽可能个体化。治疗目的是消除病因、减少及预防复发、保护脑功能。

1. 控制危险因素　有效控制高血压、糖尿病、高脂血症、血液系统疾病、心律失常等危险因素。应使患者血压控制在 BP<140/90mmHg 水平（脑低灌注引起者除外）。糖尿病患者伴高血压者血压宜控制在 BP<130/85mmHg。控制胆固醇<5. 2mmol/L，LDL<2. 58mmol/L，强化降脂≤1. 8mmol/L，目前认为 LDL 与脑卒中的发生密切相关。对颈动脉有明显动脉粥样硬化斑块、狭窄（>70%）或血栓形成，影响脑内供血并有反复 TIA 者，可行颈动脉内膜剥离术、颅内外动脉吻合术或血管内介入治疗等。

笔记

2. 药物治疗

（1）抗血小板聚集治疗：可减少微栓子形成，减少 TIA 复发。①阿司匹林（aspirin）50～300mg/d，餐后服用；②小剂量阿司匹林（25mg）加潘生丁缓释剂（200mg）的复合制剂（片剂或胶囊），2 次/日；③氯吡格雷（clopidogrel）75mg/d，可用于高危人群或对阿司匹林不能耐受者；④TIA 频繁发作时，可考虑选用静脉滴注的抗血小板聚集药物，如奥扎格雷等。

（2）抗凝治疗：不作为 TIA 的常规治疗，但对于伴发房颤和冠心病的 TIA 患者或 TIA 患者经抗血小板聚集治疗，症状仍频繁发作者，可考虑选用抗凝剂，如肝素、低分子肝素或华法林。华法林的目标剂量是维持国际标准化比值（INR）在 2.0～3.0。新型口服抗凝剂（达比加群、利伐沙班、阿哌沙班以及依度沙班）可作为华法林的替代药物，选择何种药物应考虑个体化因素。

（3）降纤治疗：对不适合溶栓并经过严格筛选的脑梗死患者，特别是高纤维蛋白血症者可选用降纤治疗。

（4）脑保护治疗：缺血再灌注使钙离子大量内流引起细胞内钙超载，可加重脑组织损伤，可用钙离子通道拮抗剂（如尼莫地平、氟桂利嗪等）。

（5）中医药治疗：对合并抗血小板聚集剂禁忌证或抵抗性的老年 TIA 者可选用活血化瘀类中药治疗。

3. TIA 的外科治疗　对有颈动脉或椎-基底动脉严重狭窄（>70%）的 TIA 患者，经抗血小板聚集治疗和（或）抗凝治疗效果不佳或病情有恶化趋势者，可酌情选择血管内介入治疗、动脉内膜切除术或动脉搭桥术治疗。

【预后】

不同病因的 TIA 患者预后不同。未经治疗或治疗无效的病例，部分发展为脑梗死，部分继续发作，部分可自行缓解。TIA 患者发生卒中的几率明显高于一般人群。一次 TIA 发作后，1 个月内脑卒中发生率为 4%～8%，一年内为 12%～13%，5 年内为 24%～29%。TIA 频繁发作者 48 小时内发生缺血性脑卒中的几率可达 50%。表现为大脑半球症状的 TIA 和伴有颈动脉狭窄的患者有 70% 的人预后不佳，2 年内发生卒中的几率是 40%。椎-基底动脉系统 TIA 发生脑梗死比例较少。相比较而言，孤立单眼视觉症状的患者预后较好；年轻 TIA 患者发生卒中的危险较低。

第三节　脑　梗　死

脑梗死（cerebral infarction），又称缺血性脑卒中，是指各种原因所致脑部血液供应障碍，导致脑组织缺血、缺氧性坏死，出现相应神经功能缺损。脑梗死是 CVD 的最常见类型，约占全部 CVD 的 70%。依据脑梗死的发病机制和临床表现，通常将脑梗死分为脑血栓形成（cerebral thrombosis）、脑栓塞（cerebral embolism）、腔隙性梗死（lacunar infarction）。

一、脑血栓形成

脑血栓形成是脑梗死最常见的类型，约占全部脑梗死的 60%，是在各种原因引起的血管壁病变基础上，脑动脉主干或分支动脉管腔狭窄、闭塞或血栓形成，引起

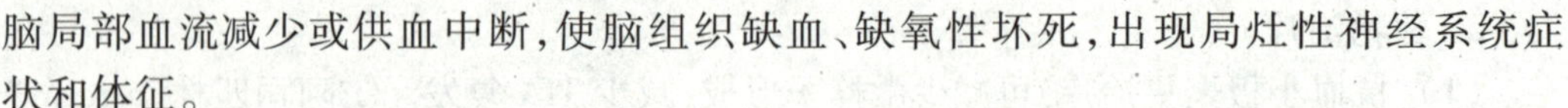

脑局部血流减少或供血中断，使脑组织缺血、缺氧性坏死，出现局灶性神经系统症状和体征。

【病因及发病机制】

血管壁病变、血液成分和血液动力学改变是引起脑梗死的主要原因。

1. 动脉硬化 是本病基本病因，特别是脑动脉粥样硬化，其斑块导致管腔狭窄或血栓形成。可见于颈内动脉和椎-基底动脉系统任何部位，以动脉分叉处多见。

2. 动脉炎 如结缔组织病、抗磷脂抗体综合征及细菌、病毒、螺旋体感染均可导致动脉炎症，使管腔狭窄或闭塞。

3. 其他 少见原因包括药源性（如可卡因、苯基乙丙胺）；血液系统疾病（如红细胞增多症、血小板增多症等）；脑淀粉样血管病、烟雾病、肌纤维发育不良和颅内外（颈动脉和椎动脉）夹层动脉瘤等。

【病理】

闭塞血管内可见动脉粥样硬化或血管炎改变、血栓形成或栓子。脑缺血性病变的病理分期：①超早期（1～6 小时）：病变脑组织变化不明显，可见部分血管内皮细胞、神经细胞及星形胶质细胞肿胀，线粒体肿胀空化；②急性期（6～24 小时）：缺血区脑组织苍白伴轻度肿胀，神经细胞、胶质细胞及内皮细胞呈明显缺血改变；③坏死期（24～48 小时）：大量神经细胞脱失，胶质细胞坏变，中性粒细胞、淋巴细胞及巨噬细胞浸润，脑组织明显水肿；④软化期（3 日～3 周）：病变脑组织液化变软；⑤恢复期（3～4 周后）：液化坏死脑组织被吞噬清除，胶质细胞增生，脑小血管增多，小病灶形成胶质瘢痕，大病灶形成中风囊，此期持续数月至 2 年。

急性脑梗死病灶由中心坏死区及周围的缺血半暗带（ischemic penumbra）组成。坏死区中脑细胞死亡，但缺血半暗带由于存在侧支循环，尚有大量存活的神经元。如果能在短时间内，迅速恢复缺血半暗带血流，该区脑组织损伤是可逆的，神经细胞可存活并恢复功能。缺血半暗带脑细胞损伤的可逆性是缺血性脑卒中患者溶栓治疗的病理学基础。但缺血半暗带区脑组织损伤的可逆性是有时间限制的，故溶栓治疗的时间窗一般不超过 6 个小时。

【临床特征】

动脉粥样硬化性脑梗死多见于中老年，动脉炎性脑梗死以中青年多见。

1. 多数在安静或睡眠中发病，部分病例在发病前可有 TIA 发作。

2. 病情多在几小时或几天内达到高峰，部分患者症状可进行性加重或波动。

3. 临床表现取决于梗死灶的大小和部位，主要为局灶性神经功能缺损的症状和体征，如偏瘫、偏身感觉障碍、失语、共济失调等，部分可有头痛、呕吐、昏迷等全脑症状。

【不同脑血管闭塞的临床症状】

1. 颈内动脉闭塞 严重程度差异较大，主要取决于侧支循环状况。颈内动脉闭塞发生在颈内动脉分叉后，30%～40% 的病例可无症状。症状性闭塞可出现单眼一过性黑矇，偶见永久性失明（视网膜动脉缺血）或 Horner 征（颈上交感神经节后纤维受损）。远端大脑中动脉血液供应不良，可以出现对侧偏瘫、偏身感觉障碍和（或）同向性偏盲等，优势半球受累可伴失语症。非优势半球受累可有体象障碍。体检可闻及颈动脉搏动减弱或闻及血管杂音。

笔记

2. 大脑中动脉闭塞

(1) 主干闭塞:导致"三偏"症状,即病灶对侧偏瘫(包括中枢性面舌瘫和肢体瘫痪)、偏身感觉障碍及偏盲。可伴有头、眼向病灶侧凝视。优势半球受累出现失语症。非优势半球受累出现体象障碍。重者出现意识障碍。

(2) 皮质支闭塞:①上部分支闭塞导致病灶对侧面部、上下肢瘫痪和感觉缺失,但下肢瘫痪较上肢轻,而且足部不受累。头、眼向病灶侧凝视程度轻。伴 Broca 失语(优势半球)和体象障碍(非优势半球)。通常不伴意识障碍。②下部分支闭塞较少单独出现,导致对侧同向性偏盲或上象限盲,伴 Wernicke 失语(优势半球),急性意识模糊状态(非优势半球),无偏瘫。

(3) 深穿支闭塞:最常见的是纹状体内囊梗死。表现为对侧中枢性均等性轻偏瘫、对侧偏身感觉障碍,可伴对侧同向性偏盲。优势半球病变出现皮质下失语,表现为自发性言语受限,音量小,语调低,持续时间短暂。

3. 大脑前动脉闭塞

(1) 分出前交通动脉前主干闭塞:可因对侧动脉的侧支循环代偿不出现症状,但当双侧动脉起源于同一个大脑前动脉主干时,就会造成双侧大脑半球的前、内侧梗死,导致截瘫、二便失禁、意志缺失、运动性失语综合征和额叶人格改变等。

(2) 分出前交通动脉后大脑前动脉远端闭塞:导致对侧足和下肢感觉运动障碍,而上肢和肩部瘫痪轻,面部和手部不受累。感觉丧失主要是辨别觉丧失,而有时不出现。可以出现尿失禁(旁中央小叶受损)、淡漠、反应迟钝、欣快和缄默等(额极与胼胝体受损),对侧出现强握及吸吮反射和痉挛性强直(额叶受损)。

(3) 皮质支闭塞:导致对侧中枢性下肢瘫,可伴感觉障碍(胼周和胼缘动脉闭塞);对侧肢体短暂性共济失调、强握反射及精神症状(眶动脉及额极动脉闭塞)。

(4) 深穿支闭塞:导致对侧中枢性面舌瘫、上肢近端轻瘫。

4. 大脑后动脉闭塞

(1) 单侧皮质支闭塞:引起对侧同向性偏盲,上部视野较下部视野受累常见,黄斑区视力不受累(黄斑区的视皮质代表区为大脑中、后动脉双重供应)。优势半球受累可出现失读(伴或不伴失写)、命名性失语、失认等。

(2) 双侧皮质支闭塞:可导致完全型皮质盲,有时伴有不成形的视幻觉、记忆受损(累及颞叶)、不能识别熟悉面孔(面容失认症)等。

(3) 大脑后动脉起始段的脚间支闭塞:可引起中脑中央和下丘脑综合征,包括垂直性凝视麻痹、昏睡甚至昏迷;旁正中动脉综合征,主要表现是同侧动眼神经麻痹和对侧偏瘫,即 Weber 综合征(病变位于中脑基底部,动眼神经和皮质脊髓束受累);同侧动眼神经麻痹和对侧共济失调、震颤,即 Claude 综合征(病变位于中脑被盖部,动眼神经和小脑上脚);同侧动眼神经麻痹和对侧不自主运动和震颤,即 Benedikt 综合征(病变位于中脑被盖部,动眼神经、红核和小脑上脚)。

(4) 大脑后动脉深穿支闭塞:丘脑穿通动脉闭塞产生红核丘脑综合征,表现为病灶侧舞蹈样不自主运动、意向性震颤、小脑性共济失调和对侧偏身感觉障碍;丘脑膝状体动脉闭塞产生丘脑综合征(丘脑的感觉中继核团梗死),表现为对侧深感觉障碍、自发性疼痛、感觉过度、轻偏瘫、共济失调、手部痉挛和舞蹈-手足徐动症等。

5. 椎-基底动脉闭塞 血栓性闭塞多发生于基底动脉中部,栓塞性通常发生在基

底动脉尖。基底动脉或双侧椎动脉闭塞是危及生命的严重脑血管事件，引起脑干梗死，出现眩晕、呕吐、四肢瘫痪、共济失调、肺水肿、消化道出血、昏迷和高热等。

（1）闭锁综合征（locked-in syndrome）：基底动脉的脑桥支闭塞致双侧脑桥基底部梗死，临床表现为面颌、咽喉及舌肌麻痹，不能讲话和吞咽，面无表情；不能转头及耸肩，四肢瘫；但意识清楚，听力正常，能感知疼痛，偶有偏身感觉障碍；仅能通过视、听及眼球运动示意和交流，反射性前庭眼反射（玩偶现象）可保留。易误诊为昏迷。

（2）脑桥腹外侧综合征（Millard-Gubler syndrome）：基底动脉短旋支闭塞，表现为病灶侧展神经、面神经周围性麻痹，对侧中枢性偏瘫，有时可伴对侧中枢性舌瘫。

（3）脑桥腹内侧综合征（Foville syndrome）：基底动脉旁中央支闭塞，同侧周围性面瘫、对侧偏瘫和双眼向病变同侧同向运动不能。

（4）基底动脉尖综合征（top of the basilar syndrome）：由于基底动脉尖分叉处闭塞，常累及基底动脉尖端分出的两对小脑上动脉和大脑后动脉，闭塞后导致眼球运动障碍及瞳孔异常、觉醒和行为障碍，可伴有记忆力丧失、对侧偏盲或皮质盲。中老年患者，突发意识障碍，并出现瞳孔改变、动眼神经麻痹、垂直凝视麻痹，运动和感觉障碍较轻，应想到该综合征的可能，如有皮质盲或偏盲、严重记忆障碍更支持。CT 及 MRI 显示双侧中脑、丘脑、枕叶和颞叶多发病灶可确诊。

（5）延髓背外侧综合征（Wallenberg syndrome）：由小脑后下动脉或椎动脉供应延髓外侧的分支动脉闭塞所致，表现为：①眩晕、恶心、呕吐及眼震（前庭神经核）；②吞咽困难、构音障碍、同侧软腭低垂及咽反射消失（舌咽、迷走神经，疑核）；③病灶侧共济失调（绳状体或小脑）；④Horner 征（交感神经下行纤维）；⑤交叉性偏身感觉障碍，即同侧面部痛、温觉缺失（三叉神经脊束核），对侧偏身痛、温觉减退或丧失（脊髓丘脑侧束）。

6. 特殊类型的脑梗死　常见以下几种类型：

（1）大面积脑梗死：通常由颈内动脉主干、大脑中动脉主干闭塞或皮质支完全性卒中所致，表现为病灶对侧完全性偏瘫、偏身感觉障碍及向病灶对侧凝视麻痹。病程呈进行性加重，易出现明显的脑水肿和颅内压增高征象，甚至发生脑疝死亡。

（2）分水岭脑梗死：是由相邻血管供血区交界处或分水岭区局部缺血导致，也称边缘带脑梗死，多因血流动力学原因所致。典型病例发生于颈内动脉严重狭窄或闭塞伴全身血压降低时，亦可源于心源性或动脉源性栓塞。常呈卒中样发病，症状较轻，纠正病因后病情易得到有效控制。可分为皮质前型、皮质后型及皮质下型。

（3）出血性脑梗死：是由于脑梗死灶内的动脉自身滋养血管同时缺血，导致动脉血管壁损伤、坏死，在此基础上如果血管腔内血栓溶解或其侧支循环开放等原因使已损伤血管血流得到恢复，则血液会从破损的血管壁漏出，引发出血性脑梗死。常见于大面积脑梗死后。

（4）多发性脑梗死：指两个或两个以上不同供血系统脑血管闭塞引起的梗死，一般由反复多次发生脑梗死所致。

【辅助检查】

1. 实验室检查　血液化验包括血常规、血流变、血生化（包括血脂、血糖、肾功能、血电解质）检测。这些检查有利于发现脑梗死的危险因素。对鉴别诊断也有价值。

笔记

2. 神经影像学检查　可以直观显示脑梗死的范围、部位、血管分布、有无出血及病灶的新旧等。

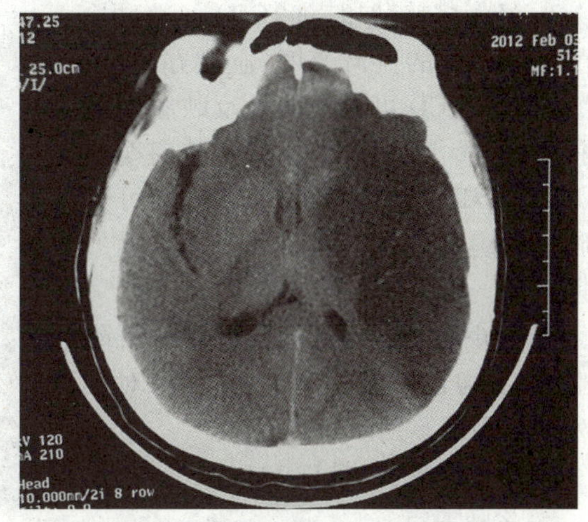

图 5-1　CT 扫描示低密度脑梗死病灶

（1）头颅 CT：是最方便、快捷和常用的影像学检查手段，发病后应尽快进行 CT 检查。虽早期有时不能显示病灶，但对排除脑出血至关重要。多数病例发病 24 小时后逐渐显示低密度梗死灶。发病后 2～15 日可见均匀片状或楔形的明显低密度灶（图 5-1）。CT 的模糊效应：脑梗死 2～3 周，CT 平扫显示病灶等密度，与正常实质难以辨别，成为"模糊效应"，这是因为此时期脑水肿消失而吞噬细胞浸润，组织密度增大所致。大面积脑梗死有脑水肿和占位效应，出血性梗死呈混杂密度。头颅 CT 缺点是对脑干、小脑部位病灶及较小梗死灶分辨率差。

（2）头部 MRI：可清晰显示缺血性梗死、脑干、小脑梗死、静脉窦血栓形成等。梗死灶 T_1 呈低信号、T_2 呈高信号（图 5-2）。出血性梗死时 T_1 像有高信号混杂。标准的 MRI 序列对发病几小时的脑梗死不敏感，弥散加权成像（DWI）（图 5-3）可显示早期（发病 2 小时内）缺血病变组织的大小、部位，甚至可显示皮质下、脑干和小脑的小梗死灶。为早期治疗提供重要信息。

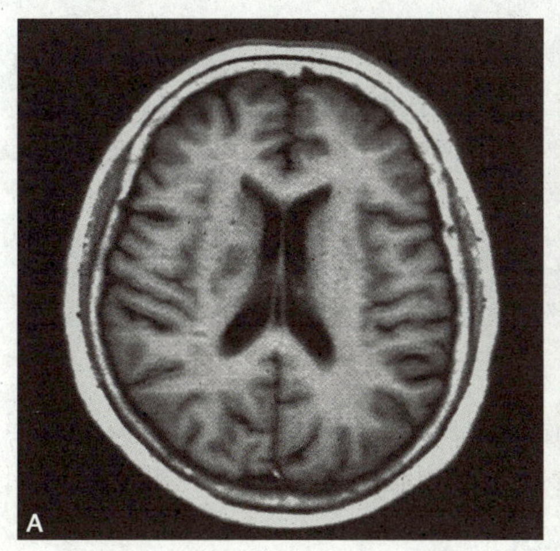

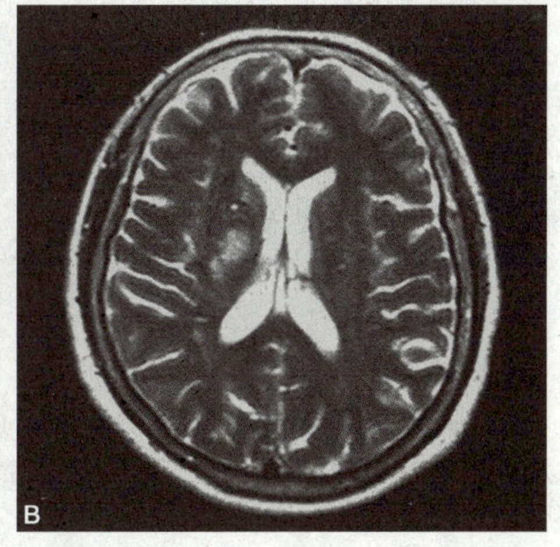

图 5-2　MRI 显示脑梗死

A. T_1 加权像；B. T_2 加权像

（3）DSA、CTA 和 MRA：可以发现血管狭窄、闭塞及其他血管病变，如动脉炎、脑底异常血管网病（Moyamoya disease）、动脉瘤和动静脉畸形等，为卒中的血管内治疗提供依据。其中，DSA 是脑血管病变检查的"金标准"，缺点为有创、费用高、技术条件要求高。

3. 经颅多普勒超声（TCD）　通过检测颅内外动脉的血流速度、血流方向、形态、频谱等，TCD 可较准确地反映脑动脉的狭窄、痉挛、闭塞等状态，但不能完全代替 DSA。TCD、颈动脉彩超（CDFI）可作为脑血管病高危患者筛查和脑血管病的定期检测。

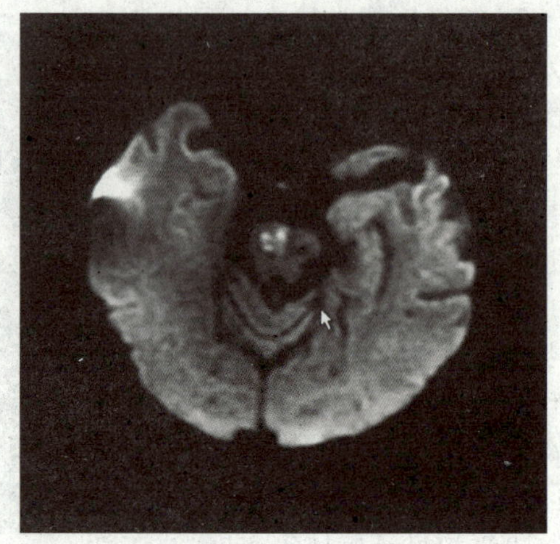
图 5-3　DWI 显示脑桥梗死

4. 超声心动图检查　可发现心脏附壁血栓、心房黏液瘤和二尖瓣脱垂，对脑梗死同类型间鉴别诊断有意义。

【诊断及鉴别诊断】

1. 诊断要点

（1）急性起病。

（2）局灶神经功能缺损（一侧面部或肢体无力或麻木，语言障碍等），少数为全面神经功能缺损。

（3）症状或体征持续时间不限（当影像学显示有责任缺血性病灶时），或持续 24 小时以上（当缺乏影像学责任病灶时）。

（4）排除非血管性病因。

（5）脑 CT/MRI 排除脑出血。

知识链接

急性缺血性脑卒中诊断流程：

第一步，是否为脑卒中？排除非血管性疾病。第二步，是否为缺血性脑卒中？进行脑 CT/MRI 检查排除出血性脑卒中。第三步，卒中严重程度？根据神经功能缺损量表评估，常用量表有：①中国脑卒中患者临床神经功能缺损程度评分量表（1995）；②美国国立卫生研究院卒中量表（NIHSS），是目前国际上最常用量表；③斯堪的纳维亚脑卒中量表（SSS）。第四步，能否进行溶栓治疗？核对适应证和禁忌证（见溶栓部分相关内容）。第五步，病因分型？参考 TOAST 标准，结合病史、实验室、脑病变和血管病变等影像检查资料确定病因分型。

2. 鉴别诊断

（1）脑出血：脑梗死有时与小量脑出血的临床表现相似，但后者多为活动中起病、病情进展快，发病当时血压明显升高常提示脑出血，CT 检查发现出血灶可明确诊断。

（2）脑栓塞：起病急骤，无前驱症状，局灶性体征在数秒至数分钟达到高峰，且多表现为完全性卒中。可发生于任何年龄，以青壮年多见。大多数患者伴有风湿性心脏病、冠心病和严重心律失常等，或存在心脏手术、长骨骨折、血管内介入治疗等栓子来源病史。

（3）颅内占位性病变：颅内肿瘤、硬膜下血肿和脑脓肿可呈卒中样发病，出现偏瘫等局灶性体征，颅内压增高征象不明显时易与脑梗死混淆，需提高警惕，CT 或 MRI 检查有助确诊。

笔记

知识拓展

什么是OCSP分型?

牛津郡社区卒中规划(Oxfordshire Community Stroke Project,OCSP)如下:

1. 全前循环梗死(TACI)　表现为三联征,即完全大脑中动脉闭塞的表现:①大脑较高级神经活动障碍(意识障碍、失语、失算、空间定向力障碍等);②同向偏盲;③对侧三个部位(面、上与下肢)的运动和(或)感觉障碍。

2. 部分前循环梗死(PACI)　有以上三联征中的两个,或只有高级神经活动障碍(失语),或感觉运动缺损较TACI局限。

3. 后循环梗死(POCI)　表现为各种程度的椎-基底动脉综合征:①同侧脑神经瘫痪及对侧感觉运动障碍(交叉性体征);②双侧感觉运动障碍;③双眼协同活动及小脑功能障碍,无长束征或视野缺损。

4. 腔隙性梗死(LACI)　表现为各种腔隙综合征。常见有纯运动卒中、纯感觉卒中、手笨拙-构音障碍综合征、共济失调性轻偏瘫。另有一部分无临床表现,仅依靠CT或MRI诊断。

此分型法的最大优点是不依赖于辅助检查,根据临床表现(全脑症状和局灶脑损害症状)可迅速分类,并同时能提示闭塞血管和梗死灶的大小及部位:①TACI:多为MCA近段主干,少数为颈内动脉虹吸段闭塞引起的大片脑梗死;②PACI:MCA远段主干、各级分支或ACA及分支闭塞引起的大小不等的梗死;③POCI:脑干、小脑梗死;④LACI:基底节或脑桥小穿通支病变引起的小腔隙灶。

【治疗】

强调早期诊断、早期治疗、早期康复和早期预防再发。患者应在卒中单元(stroke unit,SU)中接受治疗,以最大程度地提高治疗效果和改善预后。

治疗原则包括:①超早期治疗:力争发病后尽早选用最佳治疗方案;②个体化治疗:根据患者年龄、缺血性卒中类型、病情严重程度和基础疾病等采取最适当的治疗;③整体化治疗:采取针对性治疗的同时,进行支持疗法,对症治疗和早期康复治疗,对卒中危险因素及时采取预防性干预。

(一)一般治疗

主要为对症治疗,包括维持生命体征。主要针对以下情况进行处理。

1. 呼吸与吸氧　①必要时吸氧,应维持氧饱和度>94%。气道功能严重障碍者应给予气道支持(气管插管或切开)及辅助呼吸。②无低氧血症的患者不需常规吸氧。

2. 心脏监测与心脏病变处理　脑梗死后24小时内应常规进行心电图检查,根据病情,有条件时进行持续心电监护24小时或以上,以便早期发现阵发性心房纤颤或严重心律失常等心脏病变;避免或慎用增加心脏负担的药物。

3. 体温控制　①对体温升高的患者应寻找和处理发热原因,如存在感染应给予抗生素治疗。②对体温>38℃的患者应给予退热措施。

4. 血压控制　①准备溶栓者,血压应控制在收缩压<180mmHg、舒张压<100mmHg。②缺血性脑卒中后24小时内血压升高的患者应谨慎处理。应先处理紧张焦虑、疼痛、恶心呕吐及颅内压增高等情况。血压持续升高,收缩压≥200mmHg或舒张压≥110mmHg,或伴有严重心功能不全、主动脉夹层、高血压脑病的患者,可予降压治疗,并严密观察血压变化。可选用拉贝洛尔、尼卡地平等静脉药物,避免使用引起

笔记

血压急剧下降的药物。③卒中后若病情稳定，血压持续≥140/90mmHg，无禁忌证，可于起病数天后恢复使用发病前服用的降压药物或开始启动降压治疗。④卒中后低血压很少见，原因有主动脉夹层、血容量减少以及心输出量减少等。应积极寻找和处理原因，必要时可采用扩容升压措施。可静脉输注0.9%氯化钠溶液纠正低血容量，处理可能引起心输出量减少的心脏问题。

5. 血糖控制　脑卒中急性期高血糖较常见，可以是原有糖尿病的表现或应激反应，应常规检查血糖和糖化血红蛋白。①血糖超过10mmol/L时可给予胰岛素治疗，应加强血糖监测，血糖值可控制在7.7～10mmol/L。②血糖低于3.3mmol/L时，可给予10%～20%葡萄糖口服或注射治疗。目标是达到正常血糖。

6. 营养支持　应重视脑卒中后液体及营养状况评估，必要时给予补液和营养支持。正常经口进食者无需额外补充营养；不能正常经口进食者可鼻饲，持续时间长者可行胃造口管饲补充营养。

（二）特异性治疗

包括超早期溶栓治疗、抗血小板聚集治疗、抗凝治疗、降纤治疗、脑神经保护治疗和外科治疗等。

1. 改善脑血循环

（1）溶栓：是目前最重要的恢复血流措施，常用药物包括重组组织型纤溶酶原激活物（rt-PA）和尿激酶（UK）。

1）静脉溶栓：包括应用rt-PA和UK。静脉溶栓的适应证、禁忌证及监护：3小时内静脉溶栓的适应证、禁忌证、相对禁忌证（表5-1）。3～4.5小时内静脉溶栓的适应证、禁忌证、相对禁忌证及补充内容（表5-2）。6小时内UK静脉溶栓的适应证、禁忌证（表5-3）。静脉溶栓的监护及处理（表5-4）。

表5-1　3小时内rt-PA静脉溶栓的适应证、禁忌证及相对禁忌证

适应证
1. 有缺血性卒中导致的神经功能缺损症状
2. 症状出现<3小时
3. 年龄≥18岁
4. 患者或家属签署知情同意书
禁忌证
1. 近3个月有重大头颅外伤史或卒中史
2. 可疑蛛网膜下腔出血
3. 近1周内有在不易压迫止血部位的动脉穿刺
4. 既往有颅内出血
5. 颅内肿瘤，动静脉畸形，动脉瘤
6. 近期有颅内或椎管内手术
7. 血压升高：收缩压≥180mmHg，或舒张压≥100mmHg
8. 活动性内出血
9. 急性出血倾向，包括血小板计数低于100×10^9/L或其他情况
10. 48小时内接受过肝素治疗（APTT超出正常范围上限）
11. 已口服抗凝剂者INR>1.7或PT>15秒
12. 目前正在使用凝血酶抑制剂或Xa因子抑制剂，各种敏感的实验室检查异常（如APTT、INR、血小板计数、ECT、TT或恰当的Xa因子活性测定等）
13. 血糖<2.7mmol/L
14. CT提示多脑叶梗死（低密度影>1/3大脑半球）

笔记

续表

相对禁忌证
下列情况需谨慎考虑和权衡溶栓的风险与获益(即虽然存在一项或多项相对禁忌证,但并非绝对不能溶栓):
1. 轻型卒中或症状快速改善的卒中
2. 妊娠
3. 痫性发作后出现的神经功能损害症状
4. 近2周内有大型外科手术或严重外伤
5. 近3周内有胃肠或泌尿系统出血
6. 近3个月内有心肌梗死史

表5-2　3～4.5小时内rt-PA静脉溶栓的适应证、禁忌证和相对禁忌证

适应证
1. 缺血性卒中导致的神经功能缺损
2. 症状持续3～4.5小时
3. 年龄≥18岁
4. 患者或家属签署知情同意书
禁忌证
同表5-1
相对禁忌证(在表5-1基础上另行补充如下)
1. 年龄>80岁
2. 严重卒中(NIHSS评分>25分)
3. 口服抗凝药(不考虑INR水平)
4. 有糖尿病和缺血性卒中病史

注:NIHSS:美国国立卫生研究院卒中量表;INR:国际标准化比值

表5-3　6小时内UK静脉溶栓的适应证及禁忌证

适应证
1. 有缺血性卒中导致的神经功能缺损症状
2. 症状出现<6小时
3. 年龄18～80岁
4. 意识清楚或嗜睡
5. 脑CT无明显早期脑梗死低密度改变
6. 患者或家属签署知情同意书
禁忌证
同表5-1

表5-4　静脉溶栓的监护及处理

1. 患者收入重症监护病房或卒中单元进行监护
2. 定期进行血压和神经功能检查,静脉溶栓治疗中及结束后2小时内,每15分钟进行一次血压测量和神经功能评估;然后每30分钟1次,持续6小时;以后每小时1次直至治疗后24小时
3. 如出现严重头痛、高血压、恶心或呕吐,或神经症状体征恶化,应立即停用溶栓药物并行脑CT检查
4. 如收缩压≥180mmHg或舒张压≥100mmHg,应增加血压监测次数,并给予降压药物
5. 鼻饲管、导尿管及动脉内测压管在病情许可的情况下应延迟安置
6. 溶栓24小时后,给予抗凝药或抗血小板药物前应复查颅脑CT/MRI

①对缺血性脑卒中发病3小时内和3~4.5小时的患者,应按照适应证和禁忌证(表5-1,表5-2)严格筛选患者,尽快静脉给予rt-PA溶栓治疗。使用方法:rt-PA 0.9mg/kg(最大剂量为90mg)静脉滴注,其中10%在最初1分钟内静脉推注,其余持续滴注1小时,用药期间及用药24小时内应严密监护患者。②如没有条件使用rt-PA,且发病在6小时内,可参照表5-3适应证和禁忌证严格选择患者考虑静脉给予UK。使用方法:UK100万~150万IU,溶于生理盐水100~200ml,持续静脉滴注30分钟,用药期间应如表5-4严密监护患者。③不推荐在临床试验以外使用其他溶栓药物。④溶栓患者的抗血小板或特殊情况下溶栓后还需抗凝治疗者,应推迟到溶栓24小时后开始。

2) 血管内介入治疗:包括动脉溶栓、桥接、机械取栓、血管成形和支架术。

动脉溶栓:①发病6小时内由大脑中动脉闭塞导致的严重卒中且不适合静脉溶栓的患者,经过严格选择后可在有条件的医院进行动脉溶栓。②由后循环大动脉闭塞导致的严重卒中且不适合静脉溶栓的患者,经过严格选择后可在有条件的单位进行动脉溶栓,虽目前有发病24内使用的经验,但也应尽早进行避免时间延误。

桥接、机械取栓、血管成形和支架术:①机械取栓在严格选择患者的情况下单用或与药物溶栓合用可能对血管再通有效。②对于静脉溶栓无效的大动脉闭塞患者,进行补救性动脉溶栓或机械取栓可能是合理的。③紧急动脉支架和血管成型术应限于临床试验的环境下使用。

(2) 抗血小板聚集:常用阿司匹林、氯吡格雷。①不符合溶栓适应证且无禁忌证的缺血性脑卒中患者应在发病后尽早给予口服阿司匹林150~300mg/d。急性期后可改为预防剂量(50~325mg/d)。②溶栓治疗者,阿司匹林等抗血小板药物应在溶栓24小时后开始使用。③对不能耐受阿司匹林者,可考虑选用氯吡格雷等抗血小板聚集治疗。

(3) 抗凝:主要包括肝素、低分子肝素、类肝素、口服抗凝剂和凝血酶抑制剂等。对大多数急性缺血性脑卒中患者,不推荐无选择地早期进行抗凝治疗。特殊情况下溶栓后还需抗凝治疗的患者,应在24小时后使用抗凝剂。

(4) 降纤:对不适合溶栓并经过严格筛选的脑梗死患者,特别是高纤维蛋白血症者可选用降纤治疗,当纤维蛋白原降至130mg/dl以下时增加出血倾向。常用药物有降纤酶、巴曲酶、安克洛酶等。

(5) 扩容:对一般缺血性脑卒中患者,不推荐扩容。对于低血压或脑血流低灌注所致的急性脑梗死如分水岭梗死可考虑扩容治疗,但应注意可能加重脑水肿、心功能衰竭等并发症,此类患者不推荐使用扩血管治疗。

(6) 扩张血管:对一般缺血性脑卒中患者,不推荐扩血管治疗。目前缺乏血管扩张剂能改善缺血性脑卒中临床预后的大样本高质量随机对照试验证据,需要开展更多临床试验。

(7) 其他改善脑血循环药物:在临床工作中,依据随机对照试验结果,个体化应用丁基苯酞、人尿激肽原酶。

2. 神经保护 脑保护剂包括自由基清除剂、阿片受体阻断剂、电压门控钙通道阻滞剂、兴奋性氨基酸受体阻断剂和镁离子等。常用药物有依达拉奉、胞二磷胆碱、Cerebrolysin(旧称脑活素)、吡拉西坦等。缺血性脑卒中起病前已服用他汀的患者,可继

笔记

续使用他汀治疗。

3. 其他疗法 高压氧和亚低温，疗效和安全性还有待证实。

4. 中医中药 本病在中医学中属“中风”的范畴，风、火、痰、瘀是其主要病因。中药治疗中风病，根据辨证论治，在急性期以醒神开窍、化痰通腑、平肝息风、化痰通络为主要治法，临床中常用羚角钩藤汤、涤痰汤、天麻钩藤饮、镇肝熄风汤等；在恢复期以益气活血、育阴通络为主要治法，临床多选用补阳还五汤、育阴通络汤等。针灸治疗本病，可以按照软瘫期、痉挛期和恢复期不同特点和治疗原则选用不同的治疗方法，如醒脑开窍针刺法、于氏头穴丛刺长留针间断行针法等，可根据临床症状选用项针治疗假性延髓麻痹、眼针治疗目偏视等。

（三）急性期并发症的处理

1. 脑水肿与颅内压增高 治疗目标是降低颅内压、维持足够脑灌注和预防脑疝发生。可应用20%甘露醇、呋塞米、甘油果糖、注射用七叶皂苷钠和白蛋白。

2. 梗死后出血（出血转化） ①症状性出血转化：停用抗栓治疗等致出血药物；②对需要抗栓治疗的患者，可于症状性出血转化病情稳定后10天～数周后开始抗栓治疗，应权衡利弊；对于再发血栓风险相对较低或全身情况较差者，可用抗血小板药物代替华法林。

3. 癫痫 不推荐预防性应用抗癫痫药；孤立发作1次或急性期癫痫发作控制后不建议长期使用抗癫痫药物；脑卒中后2～3个月后再发的癫痫，建议按癫痫常规治疗进行长期药物治疗；卒中后癫痫持续状态，建议按癫痫持续状态治疗原则处理。

4. 吞咽困难 于患者进食前采用饮水试验进行吞咽功能评估；吞咽困难短期内不能恢复者可早期安鼻胃管进食，吞咽困难长期不能恢复者可行胃造口进食。

5. 肺炎 早期评估和处理吞咽困难及误吸问题，对意识障碍患者应特别注意预防肺炎；疑有肺炎的发热患者应给予抗生素治疗，但不推荐预防性使用抗生素。

6. 排尿障碍与尿路感染 对排尿障碍进行早期评估和康复治疗，记录排尿日记；尿失禁者应尽量避免留置尿管，可定时使用便盆或便壶，白天每2小时1次，晚上每4小时1次；尿潴留者应测定膀胱残余尿，排尿时可在耻骨上施压加强排尿。必要时可间歇性导尿或留置导尿；有尿路感染者应给予抗生素治疗，但不推荐预防性使用抗生素。

7. 深静脉血栓形成（deep vein thrombosis，DVT）和肺栓塞（pulmonary embolism，PE） 瘫痪重、年老及心房颤动者发生DVT的比例更高，DVT最重要的并发症为PE。应鼓励患者尽早活动，下肢抬高；避免下肢静脉输液（尤其是瘫痪侧）。对有发生DVT和PE风险且无禁忌证者，可给予低分子肝素或普通肝素、有抗凝禁忌者给予阿司匹林治疗；可联合加压治疗和药物预防DVT，不推荐常规单独使用加压治疗，但对有抗栓禁忌的缺血性卒中患者，推荐单独应用加压治疗预防DVT和PE；对于无抗凝和溶栓禁忌的DVT或PE患者，首先建议肝素抗凝治疗，症状无缓解的近端DVT或PE患者给予溶栓治疗。

（四）早期康复

卒中后在病情稳定的情况下应尽早开始坐、站、走等活动。卧床者病情允许时应注意良姿位摆放。应重视语言、运动和心理等多方面的康复训练，目的是尽量恢复日常生活自理能力。

笔记

【预后】

本病的病死率约为10%，致残率达50%以上。存活者中40%以上可复发，且复发次数越多病死率和致残率越高。

知识链接

什么是卒中单元

卒中单元(stroke unit)是一种组织化管理住院脑卒中患者的医疗模式，以专业化的脑卒中医师、护士和康复人员为主，进行多学科合作，为脑卒中患者提供系统综合的规范化管理，包括药物治疗、肢体康复、语言训练、心理康复、健康教育等。

二、脑栓塞

脑栓塞(cerebral embolism)是指各种栓子随血流进入颅内动脉使血管腔急性闭塞，引起相应供血区脑组织缺血坏死及功能障碍，约占脑梗死的15%~20%。

【病因及发病机制】

根据栓子来源可分为心源性、非心源性和来源不明性三种。

1. 心源性　占脑栓塞的60%~75%，栓子在心内膜和瓣膜产生，脱落后入脑致病。主要见于心房颤动、心脏瓣膜病、心肌梗死、心房黏液瘤、二尖瓣脱垂、心内膜纤维变性、先心病或瓣膜手术等附壁血栓形成。

2. 非心源性　指源于心脏以外的栓子随血流进入脑内造成脑栓塞。常见的原因有动脉粥样硬化斑块脱落性栓塞、脂肪栓塞、空气栓塞、癌栓塞等。

3. 来源不明　少数病例查不到栓子来源。

【病理】

栓子常停止于颅内血管的分叉处或其他管腔的自然狭窄部位，常见于颈内动脉系统，其中大脑中动脉尤为多见，特别是上部的分支最易受累，而椎-基底动脉系统少见。

脑栓塞病理改变与脑血栓形成基本相同，但由于栓塞性梗死发展较快，没有时间建立侧支循环，因此栓塞性脑梗死较血栓性脑梗死明显，病变范围大。脑栓塞引起的脑组织坏死分为缺血性、出血性和混合性梗死，其中出血性更常见，约占30%~50%，可能由于栓塞血管内栓子破碎向远端前移，恢复血流后栓塞区缺血坏死的血管壁在血压作用下发生出血。除脑梗死外，还可发现身体其他部位如肺、脾、肾、肠系膜、四肢、皮肤和巩膜等栓塞证据。

【临床表现】

1. 一般特点　脑栓塞可发生于任何年龄，以青壮年多见。多在活动中急骤发病，无前驱症状，局灶性神经体征在数秒至数分钟达到高峰，多表现为完全性卒中。大多数患者伴有风湿性心脏病、冠心病和严重心律失常等，或存在心脏手术、长骨骨折、血管内介入治疗等栓子来源病史。

2. 血管栓塞的临床表现　不同部位血管栓塞会造成相应的血管闭塞综合征。与脑血栓形成相比，脑栓塞易导致多发性梗死，并容易复发和出血。病情波动较大，病初严重，部分病例因血流的再通，临床症状可迅速缓解；部分病例因并发出血，临床症状

笔记

可急剧恶化；部分病例因栓塞再发，稳定或一度好转的局灶性体征可再次加重。如因感染性栓子栓塞所致，并发颅内感染者，多病情危重。

【辅助检查】

1. 神经影像学检查　CT 和 MRI 检查可显示缺血性梗死或出血性梗死改变，合并出血性梗死高度支持脑栓塞诊断。CT 检查在发病后 24～48 小时内可见病变部位呈低密度改变，发生出血性梗死时可见低密度梗死区出现 1 个或多个高密度影。MRA 可发现颈动脉狭窄或闭塞。

2. 脑脊液检查　一般压力正常，压力增高提示大面积梗死，如非必要尽量避免行此项检查。出血性梗死 CSF 可呈血性或镜下红细胞；感染性脑栓塞如亚急性细菌性心内膜炎产生含细菌栓子，CSF 细胞数明显增多，早期中性粒细胞为主，晚期淋巴细胞为主；脂肪栓塞者 CSF 可见脂肪球。

3. 心电图检查　应常规检查，作为确定心肌梗死和心律失常的依据。脑栓塞作为心肌梗死首发症状并不多见，更需注意无症状性心肌梗死。超声心动图检查可证实是否存在心源性栓子，颈动脉超声检查可评价颈动脉管腔狭窄程度及动脉硬化斑块情况，对证实颈动脉源性栓塞有一定意义。

【诊断及鉴别诊断】

1. 诊断要点

（1）多为急骤起病，数秒至数分钟达到高峰。多数无前驱症状。

（2）一般意识清楚或有短暂性意识障碍。

（3）有颈动脉系统和（或）椎-基底动脉系统的症状和体征。

（4）既往有栓子来源的基础疾病，如心脏病、动脉粥样硬化、严重的骨折等病史。

2. 鉴别诊断　应注意与血栓性脑梗死、脑出血鉴别，极迅速的起病过程和栓子来源可提供脑栓塞的诊断证据。

【治疗】

1. 脑栓塞的治疗　与脑血栓形成治疗原则基本相同，主要是改善循环、减轻脑水肿、防止出血、减少梗死范围。注意在合并出血性梗死时，应停用溶栓、抗凝和抗血小板药，防止出血加重。

2. 针对原发病的治疗　有利于脑栓塞病情控制和防止复发。对感染性栓塞应使用抗生素，并禁用溶栓和抗凝治疗，防止感染扩散；对脂肪栓塞，可采用肝素、5% 碳酸氢钠及脂溶剂，有助于脂肪颗粒溶解；有心律失常者，予以纠正；空气栓塞者可进行高压氧治疗。

3. 抗凝治疗　房颤或有再栓塞风险的心源性疾病、动脉夹层或高度狭窄的患者可用肝素预防再栓塞或栓塞继发血栓形成。最近研究证据表明，脑栓塞患者抗凝治疗导致梗死区出血很少给最终转归带来不良影响，治疗中要定期检测凝血功能并调整剂量。抗凝药物用法见前述，抗血小板药物阿司匹林也可试用。本病由于易并发出血，因此溶栓治疗应严格掌握适应证。

【预后】

脑栓塞预后与被栓塞血管大小、栓子数目及栓子性质有关。脑栓塞急性期病死率为 5%～15%，多死于严重脑水肿、脑疝、肺部感染和心力衰竭。心肌梗死所致脑栓塞预后较差，存活的患者多遗留严重后遗症。如栓子来源不能消除，10%～20% 的脑栓

笔记

塞患者可能在病后1~2周内再发,再发病死率高。

三、腔隙性梗死

腔隙性梗死(lacunar infarction,LI)是指大脑半球或脑干深部的小穿通动脉,在长期高血压基础上,血管壁发生病变,最终管腔闭塞,导致缺血性微梗死,缺血、坏死和液化的脑组织由吞噬细胞移走形成空腔,故称腔隙性梗死。主要累及脑的深部白质、基底节、丘脑和脑桥等部位,形成腔隙状梗死灶。部分病例的病灶位于脑内的相对静区,无明显的神经缺损症状,放射学检查或尸检时才得以证实,故称为静息性梗死或无症状性梗死。腔隙性梗死占全部脑梗死的20%~30%。

【病因及发病机制】

主要病因为高血压导致小动脉及微小动脉壁脂质透明变性,管腔闭塞产生腔隙性病变;有资料认为,舒张压增高对于多发性腔隙性梗死的形成更为重要。病变血管多为直径100~200μm的深穿支,多为终末动脉,侧支循环差,如豆纹动脉、丘脑穿通动脉及基底动脉旁中央支。高血压性小动脉硬化引起管腔狭窄时,继发血栓形成或脱落的栓子阻断血流,会导致供血区的梗死。多次发病后脑内可形成多个病灶。

【病理】

腔隙性梗死灶呈不规则圆形、卵圆形或狭长形,直径在0.2~20mm,多为3~4mm。病灶常位于脑深部核团。大体标本可见腔隙为含液体小腔洞样软化灶;镜下可见腔内有纤细的结缔组织小梁、吞噬细胞和微血管瘤,病变血管可见透明变性、玻璃样脂肪变性、玻璃样小动脉坏死、血管壁坏死和小动脉硬化等。

【临床表现】

1. 一般特点 本病多见于中老年患者,男性多于女性,半数以上病例有高血压病史,突然或逐渐起病,出现偏瘫或偏身感觉障碍等局灶症状。通常症状较轻、体征单一、预后较好,一般无头痛、颅内压增高和意识障碍表现,许多患者并不出现临床症状而由头颅影像学检查发现。

2. 常见的腔隙综合征 Fisher根据临床和病理学资料,将本病归纳为21种临床综合征,其中常见5种如下:

(1) 纯运动性轻偏瘫:是最常见类型,约占60%,病变多位于内囊、放射冠或脑桥。表现为对侧面部及上下肢大体相同程度轻偏瘫,无感觉障碍、视觉障碍和皮质功能障碍如失语等。常常突然发病,数小时内进展,许多患者遗留受累肢体的笨拙或运动缓慢。

(2) 纯感觉性卒中:较常见,特点是偏身感觉缺失,可伴感觉异常,如麻木、烧灼或沉重感、刺痛、僵硬感等;病变主要位于对侧丘脑腹后外侧核。

(3) 共济失调性轻偏瘫:病变对侧轻偏瘫伴小脑性共济失调,偏瘫下肢重于上肢(足踝部明显),面部最轻,共济失调不能用无力来解释,可伴锥体束征。病变位于脑桥基底部、内囊或皮质下白质。

(4) 构音障碍-手笨拙综合征:约占20%,起病突然,症状迅速达高峰,表现为构音障碍、吞咽困难、病变对侧中枢性面舌瘫、面瘫侧手无力和精细动作笨拙(书写时易发现),指鼻试验不准,轻度平衡障碍,病变位于脑桥基底部、内囊前肢及膝部。

(5) 感觉运动性卒中:以偏身感觉障碍起病,再出现轻偏瘫,病灶位于丘脑腹后

笔记

核及邻近内囊后肢，是丘脑膝状体动脉分支或脉络膜后动脉丘脑支闭塞所致。

腔隙状态（lacunar state）是本病反复发作引起多发性腔隙性梗死，累及双侧皮质脊髓束和皮质脑干束，出现严重精神障碍、认知功能下降、假性球麻痹、双侧锥体束征、类帕金森综合征和尿便失禁等。

【辅助检查】

CT可见内囊、基底节区、皮质下白质单个或多个圆形、卵圆形或长方形低密病灶，边界清晰，无占位效应（图5-4）。MRI呈T_1低信号、T_2高信号，可较CT更为清楚地显示腔隙性脑梗死病灶。CSF和脑电图常无阳性发现。

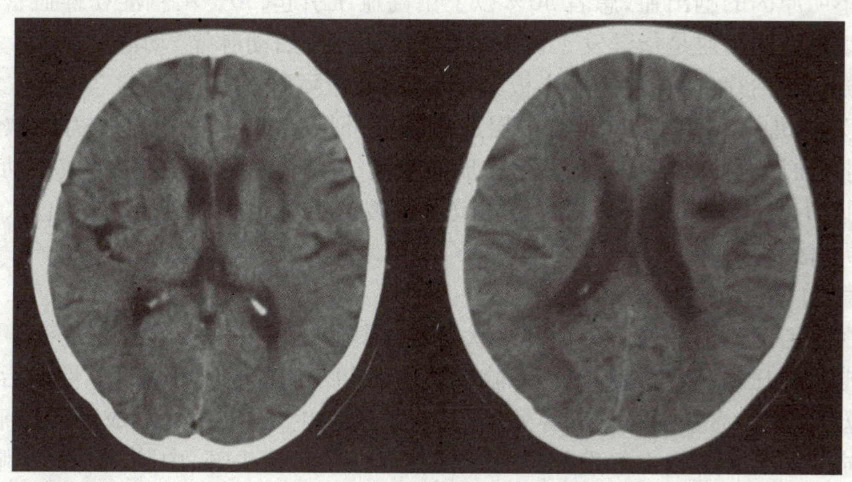

图5-4　CT显示腔隙性脑梗死病灶

【诊断要点及鉴别诊断】

1. 诊断要点

(1) 中老年发病，多由于高血压动脉硬化引起，呈急性或亚急性起病。

(2) 局灶性神经功能缺损症状，多无意识障碍。

(3) CT或MRI检查证实有与神经功能缺失一致的脑部腔隙病灶。

2. 鉴别诊断　需与小量脑出血、感染、囊虫病、Moyamoya病、脑脓肿、颈动脉颅外段闭塞、脱髓鞘病和转移瘤等鉴别。

【治疗】

与脑血栓形成治疗类似。主要是控制脑血管病危险因素，尤其要强调积极控制高血压。可以应用抗血小板药物如阿司匹林，也可用钙离子拮抗剂如尼莫地平等治疗，目前没有证据表明抗凝治疗有效。

【预后】

本病一般预后良好，死亡率和致残率较低，但复发率较高。

第四节　脑　出　血

脑出血（intracerebral hemorrhage，ICH）是指原发性非外伤性脑实质内出血，脑出血在脑卒中各亚型中发病率仅次于缺血性脑卒中，居第2位。人群中脑出血的发病率

笔记

为每年(12～15)/10万人,在我国占所有住院卒中患者的25%～55%,急性期病死率为35%～55%,是急性脑血管病中最高的。脑出血发病凶险,病情变化快,致死致残率高,超过70%的患者发生早期血肿扩大或累及脑室,3个月内的死亡率为20%～30%,早期、积极与合理的救治可以改善患者的临床转归。

【病因及发病机制】

1. 病因　高血压是原发性脑出血最常见的危险因素,其他危险因素还包括年龄、种族、吸烟、酗酒和低胆固醇血症等。脑出血可分为原发性脑出血(80%～85%)和继发性脑出血(15%～20%)。①原发性脑出血主要指高血压性脑出血,少数为脑淀粉样变性及不明原因的脑出血,患者50%以上由高血压引起,30%由脑淀粉样血管变性引起。②继发性脑出血是指继发于以下原因的脑出血,如动脉瘤、动静脉畸形(AVM)、口服抗凝药物治疗(OAT)、抗血小板聚集治疗、凝血障碍等引起。

2. 发病机制　颅内动脉具有中层肌细胞和外层结缔组织少、外弹力层缺失的特点,长期高血压可使脑细小动脉发生玻璃样变性、纤维素样坏死,甚至形成微动脉瘤或夹层动脉瘤,故当血压骤然升高时易导致血管破裂出血。非高血压性脑出血,由于其病因不同,故发病机制各异。

【病理】

血肿中心充满血液或紫色葡萄浆状血块,周围水肿,并有炎性细胞浸润。血肿较大时引起颅内压增高,可使脑组织和脑室移位、变形,重者形成脑疝。急性期后血块溶解,吞噬细胞清除含铁血黄素和坏死脑组织,胶质增生,小出血灶形成胶质瘢痕,大出血灶形成中风囊。脑出血好发部位为壳核、丘脑、尾状核头部、中脑、脑桥、小脑、皮质下白质即脑叶、脑室等。

【临床表现】

好发年龄为50～70岁,男性略多于女性,冬春两季发病率较高,多有高血压病史。脑出血的临床表现取决于出血的位置、体积和出血速度。临床特点:①多在情绪激动或活动中突然发病;②出现局灶性神经功能缺损症状,常伴有头痛、呕吐,可伴有血压增高、意识障碍和脑膜刺激征。发病后病情常于数分钟至数小时内达到高峰。

不同部位脑出血的临床表现特点如下:

1. 基底节出血

(1) 壳核出血:是最常见的脑出血,约占50%～60%,出血经常波及内囊。典型表现为“三偏”,即病灶对侧偏瘫、偏身感觉缺失和同向性偏盲。还可出现双眼球向病灶对侧侧视不能,优势半球受累可有失语。若出血偏于内囊外侧,主要损害外囊部位,则多无意识障碍,偏瘫等症状也较轻。

(2) 尾状核头出血:较少见,多由高血压动脉硬化和血管畸形破裂所致,一般出血量不大,多经侧脑室前角破入脑室。常有头痛、呕吐、颈强直、精神症状,神经系统功能缺损症状并不多见,故临床酷似蛛网膜下腔出血。

2. 丘脑出血　约占ICH病例的10%～15%。常有:①丘脑性感觉障碍:对侧半身深浅感觉减退,感觉过敏或自发性疼痛。通常感觉障碍重于运动障碍,且深感觉障碍重于浅感觉障碍。②对侧肢体瘫痪,多为下肢重于上肢。③丘脑性失语:言语缓慢而不清、重复言语、发音困难、复述差,朗读正常。④丘脑性痴呆:记忆力减退、计算力下降、情感障碍、人格改变。⑤眼球运动障碍:眼球向上注视麻痹或凝视鼻尖、眼球偏斜或分离性斜视、眼球会聚障碍和无反应性小瞳孔等特征性眼征。⑥其他：小量丘脑出血致丘脑中间腹侧核受累可出现运动性震颤和帕金森综合征样表现；累及丘脑底核或纹状体可呈偏身舞蹈-投掷样运动。

3. 脑叶出血　约占脑出血的5%～10%，常由脑动静脉畸形、血管淀粉样病变、血液病等所导致。出血以顶叶最常见，其次为颞叶、枕叶、额叶，也称为皮质下白质出血。

(1) 额叶出血：前额痛、呕吐、痫性发作较多见；出现对侧偏瘫、共同偏视、精神障碍；优势半球出血时可出现运动性失语。

(2) 顶叶出血：偏瘫较轻，而偏侧感觉障碍显著；对侧下象限盲；优势半球出血时可出现混合性失语。

(3) 颞叶出血：表现为对侧中枢性面舌瘫及上肢为主的瘫痪；对侧上象限盲；优势半球出血时可出现感觉性失语或混合性失语；可有颞叶癫痫、幻嗅、幻视。

(4) 枕叶出血：对侧同向性偏盲，并有黄斑回避现象，可有一过性黑矇和视物变形；多无肢体瘫痪。

4. 脑干出血　约占脑出血的10%，绝大多数为脑桥出血，偶见中脑出血，延髓出血极为罕见。

(1) 脑桥出血：突然头痛、呕吐、眩晕、复视、眼球不同轴、交叉性瘫痪或偏瘫、四肢瘫等。出血量较大时，患者很快进入意识障碍、针尖样瞳孔、去大脑强直、呼吸障碍，多迅速死亡，并可伴有高热、大汗、应激性溃疡等；出血量较少时可无意识障碍，表现为一些典型的综合征，如Foville综合征、Millard-Gubler综合征和闭锁综合征等。

(2) 中脑出血：少见，常有头痛、呕吐和意识障碍，表现为：①突然出现复视、眼睑下垂；②一侧或两侧瞳孔扩大、眼球不同轴、水平或垂直眼震、同侧肢体共济失调，也可表现为Weber综合征或Benedikt综合征；③严重者很快出现意识障碍、去大脑强直。

(3) 延髓出血：更为少见，临床表现为：①突然意识障碍，血压下降，呼吸节律不规则，心律失常，继而死亡；②轻者可表现为不典型的Wallenberg综合征。

5. 小脑出血　约占脑出血的10%。主要表现为：①起病急骤，突发眩晕、呕吐、后头部疼痛，无偏瘫；②有眼震、站立和行走不稳、肢体共济失调、肌张力降低及颈项强直；③头颅CT扫描示小脑半球或蚓部高密度影及四脑室和脑干可受压；④重症者迅速昏迷，呼吸节律不整或突然停止，常因急性枕骨大孔疝死亡。

6. 脑室出血　约占脑出血的3%～5%，分为原发性和继发性脑室出血。原发性脑室出血多由脉络丛血管或室管膜下动脉破裂出血所致，继发性脑室出血是指脑实质出血破入脑室。轻者仅表现头痛、呕吐、脑膜刺激征阳性，无局限性神经体征。大量出血表现为：①突然头痛、呕吐，迅速进入昏迷或昏迷逐渐加深；②双侧瞳孔缩小，四肢肌张力增高，病理反射阳性，早期出现去大脑强直，脑膜刺激征阳性；③常出现丘脑下部受损的症状及体征，如上消化道出血、中枢性高热、大汗、应激性溃疡、急性肺水肿、血糖增高、尿崩症等；④脑脊液压力增高，呈血性。

7. 垂体出血　主要表现为：①头痛最常见，伴有恶心、呕吐；②视力下降，视野缺损，眼肌麻痹；③体温改变，表现为高热；④内分泌改变，包括皮质醇减低、甲状腺功能减退、神经垂体分泌抗利尿激素减少等。

【辅助检查】

1. CT平扫　影像学检查是ICH诊断的重要手段，尤其是脑CT(图5-5～图5-9)

检查是诊断ICH首选的重要方法，可准确、清楚地显示出血的部位、出血量大小、血肿形态、占位效应、是否破入脑室或蛛网膜下腔及周围脑组织受损的情况，是疑似脑出血患者首选的影像学检查方法。CT扫描示血肿灶多呈圆形或卵圆形均匀高密度区，边界清楚，CT值为50～80Hu，1周后血肿周围有环形增强，血肿吸收后呈低密度或囊性变。临床可采用简便易行的多田公式，根据CT影像估算出血量。方法如下

血肿量=0.5×最大面积长轴(cm)×最大面积短轴(cm)×层面数，扫描层厚1cm。

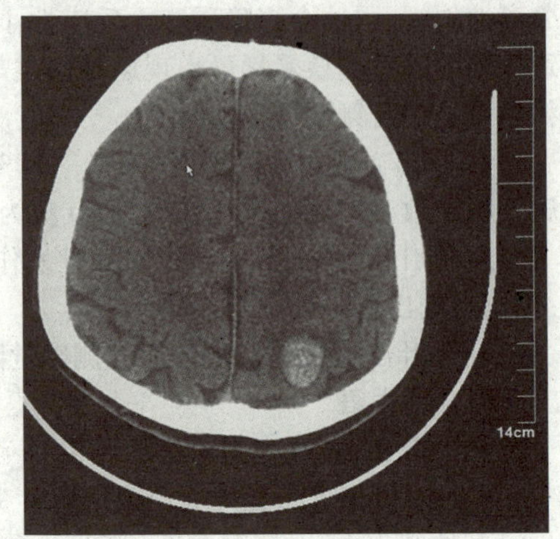

图5-5　CT显示顶叶出血

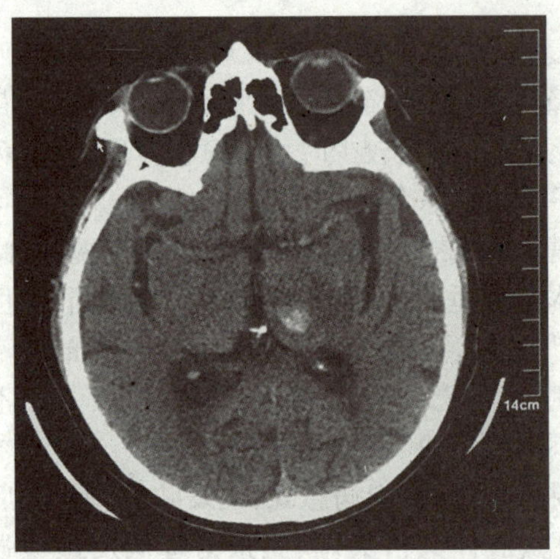

图5-6　CT显示丘脑出血

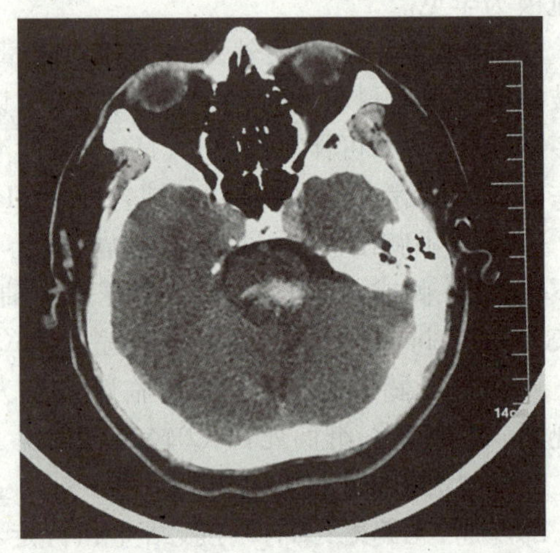
图5-7　CT显示脑桥出血

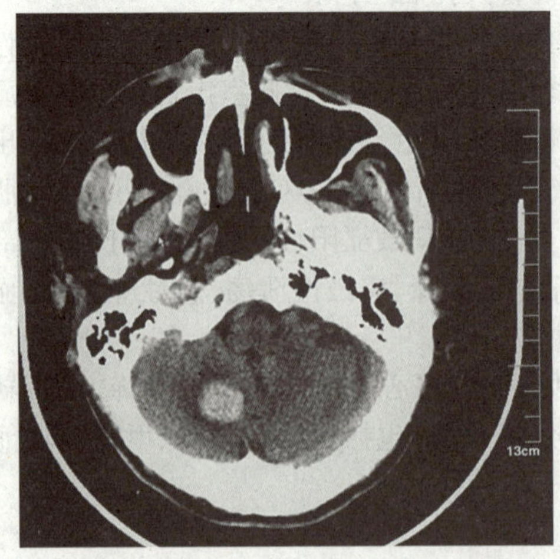

图5-8　CT显示小脑出血

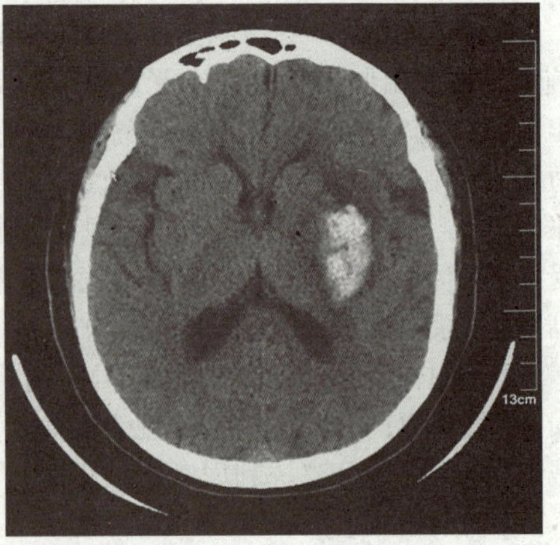

图5-9　CT显示壳核出血

2. MRI 和 MRA 检查　对发现结构异常，明确脑出血的病因很有帮助。对检出脑干和小脑的出血灶及监测脑出血的演进过程优于 CT 扫描，对急性脑出血诊断不及 CT。

3. 数字减影血管造影（DSA）　脑出血患者一般不需要进行 DSA 检查，除非疑有血管畸形、血管炎或 Moyamoya 病需外科手术或血管介入治疗时才考虑进行。DSA 可清楚显示异常血管和造影剂外漏的破裂血管及部位。

4. 脑脊液检查　脑出血患者一般无需进行腰椎穿刺检查，以免诱发脑疝形成，如需排除颅内感染和蛛网膜下腔出血，可谨慎进行。无血性脑脊液亦不能排除脑出血。

5. 其他检查　所有脑出血患者应行心电图检查。还包括血常规、血液生化、凝血功能和胸部 X 线摄片检查。

【诊断及鉴别诊断】

1. 诊断要点　根据突然发病、剧烈头痛、呕吐、出现神经功能障碍等临床症状体征，结合 CT 等影像学检查，ICH 一般不难诊断。但原发性脑出血、特别是高血压脑出血的诊断并无金标准，一定要排除各种继发性脑出血疾病，避免误诊，作出最后诊断需达到以下全部标准：

（1）有确切的高血压病史；

（2）典型的出血部位：包括基底节区、脑室、丘脑、脑干、小脑半球；

（3）DSA/CTA/MRA 排除继发性脑血管病；

（4）早期（72 小时内）或晚期（血肿消失 3 周后）增强 MRI 检查排除脑肿瘤或海绵状血管畸形（CM）等疾病；

（5）排除各种凝血功能障碍性疾病。

知识链接

中老年患者在活动中或情绪激动时突然发病，迅速出现局灶性神经功能缺损症状以及头痛、呕吐等颅内高压症状应考虑脑出血的可能，结合头颅 CT 检查，可以迅速明确诊断。

脑出血的诊断流程：

第一步，是否为脑卒中？第二步，是否为脑出血？行脑 CT 或 MRI 以明确诊断。第三步，脑出血的严重程度？根据 GCS 或 NIHSS 量表评估。第四步，脑出血的分型：应结合病史、体征、实验室检查、影像学检查等确定。

2. 鉴别诊断　应与其他类型的脑血管疾病如急性脑梗死、蛛网膜下腔出血相鉴别；对发病突然、迅速昏迷且局灶体征不明显者，应注意与引起昏迷的全身性疾病如中毒（酒精中毒、镇静催眠药物中毒、一氧化碳中毒）及代谢性疾病（低血糖、肝性脑病、肺性脑病和尿毒症等）鉴别；对有头部外伤史者应与外伤性颅内血肿相鉴别。

【治疗】

治疗原则为安静卧床、脱水降颅压、调整血压、防治继续出血、加强护理防治并发症，以挽救生命，降低死亡率、残疾率和减少复发。

1. 一般治疗　脑出血患者在发病后的最初数天病情往往不稳定，应常规予以持续生命体征监测、神经系统评估、持续心肺监护，包括袖带血压监测、心电图监测、氧饱

笔记

和度监测。脑出血患者的吸氧、呼吸支持及心脏病的处理原则同脑梗死的一般治疗。

2. 颅内压增高的处理　积极控制脑水肿、降低颅内压(ICP)是脑出血急性期治疗的重要环节。治疗应当是一个平衡和逐步的过程,从简单的措施开始,如抬高床头、镇痛和镇静。可选用:①甘露醇:通常125~250ml,每6~8小时一次,疗程7~10天;如有脑疝形成征象可快速加压静脉滴注或静脉推注。冠心病、心肌梗死、心力衰竭和肾功能不全者宜慎用。②甘油果糖:500ml静点,每日1~2次,3~6小时滴完,脱水、降颅压作用较甘露醇缓和,用于轻症患者、重症患者的病情好转期和肾功能不全患者。③利尿剂:呋塞米较常用,每次20~40mg,每日2~4次静脉注射,常与甘露醇交替使用可增强脱水效果,用药过程中应注意监测肾功能和水电解质平衡。④10%人血白蛋白:50~100ml静点,每日1次,对低蛋白血症患者更适用,可提高胶体渗透压,作用较持久。脱水剂用药期间宜监测ICP、血浆渗透压,部分重症病例需要监测中心静脉压。不建议应用激素治疗减轻脑水肿。如脑出血患者出现严重脑积水(脑室扩大),且药物脱水治疗无明显效果的情况下,可考虑行脑室引流,以挽救生命。

3. 血压管理　应综合管理脑出血患者的血压,分析血压升高的原因,再根据血压情况决定是否进行降压治疗;将收缩压控制在140mmHg以下,可以降低血肿扩大的发生率而不增加不良反应事件,但对3个月的病死率和致残率没有明显改善。脑出血早期以及血肿清除术后应立即使用药物迅速控制血压,但也要避免长期严重高血压患者血压下降过快、过低可能产生的脑血流量下降。如因Cushing反应或中枢性原因引起的异常血压升高,则要针对病因进行治疗,不宜单纯盲目降压。

4. 血糖管理　血糖值可控制在7.7~10.0mmol/L的范围内。应加强血糖监测并相应处理:血糖超过10mmol/L时可给予胰岛素治疗;血糖低于3.3mmol/L时,可给予10%~20%葡萄糖口服或注射治疗,目标是达到正常血糖水平。

5. 体温管理　脑出血患者早期可出现中枢性发热,特别是在大量脑出血、丘脑出血或脑干出血者。有临床研究结果提示经血管诱导轻度低温对严重脑出血患者安全可行,可以阻止出血灶周脑水肿扩大;发病3天后,可因感染等原因引起发热,此时应该针对病因治疗。

6. 药物治疗　①止血治疗:重组Ⅶa因子(recombinant factor Ⅶa,rFⅦa),由于止血药物治疗脑出血临床疗效尚不确定,且可能增加血栓栓塞的风险,不推荐常规使用。②其他药物:神经保护剂、中药制剂的疗效与安全性尚需开展更多高质量临床试验进一步证实。

7. 病因治疗　使用抗栓药物发生脑出血时,应立即停药;对口服抗凝药物(华法林)相关脑出血,静脉应用维生素K_1、新鲜冻干血浆和凝血酶原复合物(PCC)各有优势,可根据条件选用;对新型口服抗凝药物(达比加群、阿哌沙班、利伐沙班)相关脑出血,目前缺乏快速有效的拮抗药物,不推荐rFⅦa单药治疗口服抗凝药相关脑出血;对普通肝素相关脑出血,推荐使用硫酸鱼精蛋白治疗;对溶栓药物相关脑出血,可选择输注凝血因子和血小板治疗;目前尚无有效药物治疗抗血小板相关的脑出血;对于使用抗栓药物发生脑出血的患者,何时、如何恢复抗栓治疗需要进行评估,权衡利弊,结合患者具体情况决定。

8. 并发症治疗

(1) 痫性发作:脑出血,尤其是脑叶出血,更易引起痫性发作,出血后2周内发病

笔记

率在2.7%~17.0%。有痫性发作者应给予抗癫痫药物治疗;疑拟为癫痫发作者,应考虑持续脑电图监测。如监测到痫样放电,应给予抗癫痫药物治疗;不推荐预防性应用抗癫痫药物;脑卒中后2~3个月再次出现痫性发作的患者应接受长期、规律的抗癫痫药物治疗。

(2)深静脉血栓形成(DVT)和肺栓塞(PE)的防治:脑出血患者发生DVT和PE的风险很高。卧床患者应注意预防DVT。如疑似患者,可进行D-二聚体检测及多普勒超声检查;鼓励患者尽早活动、腿抬高;尽可能避免下肢静脉输液,特别是瘫痪侧肢体;可联合使用弹力袜加间歇性空气压缩装置预防DVT及相关栓塞事件;对易发生DVT的高危患者,证实出血停止后可考虑皮下注射小剂量低分子肝素或普通肝素预防DVT,但应注意出血的风险。

知识拓展

脑出血的外科治疗:外科手术以其快速清除血肿、缓解颅高压、解除机械压迫的优势成为高血压脑出血治疗的重要方法。

(1)脑实质出血:以下临床情况,可个体化考虑选择外科手术或微创手术治疗:①出现神经功能恶化或脑干受压的小脑出血者,无论有无脑室梗阻致脑积水的表现,都应尽快手术清除血肿;不推荐单独脑室引流而不进行血肿清除。②对于脑叶出血超过30ml且距皮质表面1cm范围内的患者,可以考虑标准开颅术清除幕上血肿或微创手术清除血肿。③发病72小时内、血肿体积20~40ml、GCS≥9分的幕上高血压脑出血患者,在有条件的医院,经严格选择后可应用微创手术联合或不联合溶栓药物液化引流清除血肿。④40ml以上重症脑出血患者由于血肿占位效应导致意识障碍恶化者,可考虑微创手术清除血肿。⑤病因未明确的脑出血患者行微创手术前应行血管相关检查排除血管病变,规避和降低再出血风险。

(2)脑室出血:可见于45%的自发性脑出血患者。目前缺乏足够循证医学证据推荐治疗脑室出血的手术治疗方法。脑室内运用rt-PA治疗方法的有效性有待进一步研究。

(3)脑积水:对伴有意识障碍的脑积水患者可行脑室引流以缓解颅内压增高。

【预后】

首次脑出血后患者复发的风险为2.1%~3.7%。脑出血死亡率为40%左右,脑水肿、颅内压增高和脑疝形成是致死的主要原因。预后与出血量、出血部位及有无并发症有关。脑干、丘脑和大量脑室出血预后较差。

第五节　蛛网膜下腔出血

蛛网膜下腔出血(subarachnoid hemorrhage,SAH)是多种原因所致脑底部或脑、脊髓表面的血管破裂,血液直接进入蛛网膜下腔引起的急性出血性脑血管病。年发病率为(5~20)/10万,约占急性脑卒中的10%左右。

临床上通常将蛛网膜下腔出血分为自发性与外伤性两类。自发性又分为原发性和继发性两种。由于软脑膜血管破裂血液直接流入蛛网膜下腔者,称为原发性蛛网膜下腔出血;如由于脑实质出血,血液穿破脑组织而流入脑室及蛛网膜下腔者,称为继发性蛛网膜下腔出血。本节只介绍自发性的原发性蛛网膜下腔出血。

笔记

【病因及发病机制】

1. 病因　颅内动脉瘤是最常见的病因，占 50%～80%；其次为脑血管畸形，约占 10%；也可见于高血压性动脉硬化、动脉炎、moyamoya、结缔组织病、血液病等。约 10% 患者病因不明。

2. 发病机制

（1）动脉瘤：与遗传和先天性发育缺陷有关。80% 患者 Willis 环动脉壁弹力层及中膜发育异常或受损，由于动脉壁粥样硬化、高血压和血涡流冲击等因素影响，动脉壁弹性减弱，管壁薄弱处逐渐向外膨胀突出，形成囊状动脉瘤，在一定条件下破裂出血。

（2）脑动静脉畸形：是发育异常形成的畸形血管团，血管壁薄弱处于破裂临界状态，激动或不明诱因可导致破裂。

（3）其他：如肿瘤或转移癌直接侵袭血管，引起血管壁病变，最终导致破裂出血。

【病理】

血液进入蛛网膜下腔后，主要沉积在脑底池和脊髓池中，如鞍上池、脑桥小脑脚池、环池、小脑延髓池和终池中，呈紫红色。出血量大时可形成薄层血凝块覆盖于颅底血管、神经和脑表面，蛛网膜呈无菌性炎症反应及软膜增厚，导致脑组织与血管或神经粘连。脑实质内广泛白质水肿，皮质可见多发斑片状缺血灶。此外，血液进入蛛网膜下腔，直接刺激血管或血细胞破坏释放儿茶酚胺、5-羟色胺等多种缩血管物质，引起继发性脑血管痉挛，严重者发生脑梗死。

【临床表现】

1. 一般症状　SAH 以中、青年发病居多，起病突然（数秒或数分钟内发生），多数患者发病前有明显诱因（剧烈运动、过度疲劳、用力排便、情绪激动等）。临床表现主要取决于出血量、积血部位、脑脊液循环受损程度等。轻者可没有明显临床症状和体征，重者可突然昏迷甚至死亡。主要症状包括：

（1）头痛：突发的、异常剧烈的全头痛是 SAH 的典型表现，多伴发一过性意识障碍和恶心、呕吐。

（2）脑膜刺激征：常于发病后数小时出现颈强、Kernig 征和 Brudzinski 征等脑膜刺激征，3～4 周后消失。

（3）眼部症状：20% 患者眼底可见玻璃体下片状出血，发病 1 小时内即可出现，是急性颅内压增高和眼静脉回流受阻所致，对诊断具有提示。此外，眼球活动障碍也可提示动脉瘤所在的位置。

（4）精神症状：约 25% 的患者可出现精神症状，如欣快、谵妄和幻觉等，常于起病后 2～3 周内自行消失。

（5）其他症状：部分患者可以出现脑心综合征、消化道出血、急性肺水肿和局限性神经功能缺损症状等。

2. 常见并发症

（1）再出血：是 SAH 主要的急性并发症。高龄、高血压和高分级患者易发生再出血。临床表现为：在经治疗病情稳定好转的情况下，再次发生剧烈头痛、恶心呕吐、痫性发作、昏迷甚至去大脑强直发作，颈强、Kernig 征加重，复查脑脊液为鲜红色。是 SAH 致死的主要原因，50% 以上死亡。

（2）脑血管痉挛：通常发生在出血后第 1～2 周，表现为病情稳定后再出现神经

笔记

系统定位体征和意识障碍，腰穿或头颅 CT 检查无再出血表现，TCD 检测大脑中动脉血流流速峰值>200cm/s 和(或)平均流速>120cm/s 或 DSA 可确诊。痉挛严重程度与出血量相关，可导致约 1/3 以上病例脑实质缺血，是死亡和致残的重要原因。病后 3～5 天开始发生，5～14 天为迟发性血管痉挛高峰期，2～4 周逐渐消失。

(3) 脑积水：是动脉瘤性 SAH 重要并发症之一，对预后有直接影响。①急性非交通性脑积水(hydrocephalus)：起病 1 周内，15%～20% 的患者发生急性脑积水，多发生于 Hunt-Hess Ⅲ级以上患者，由于血液进入脑室系统和蛛网膜下腔形成血凝块阻碍脑脊液循环通路所致。主要表现为急性颅内压增高和意识障碍。轻者出现嗜睡、思维缓慢、短时记忆受损、上视受限、展神经麻痹、下肢腱反射亢进等体征，确诊依赖于头颅 CT，表现为急性脑室扩张和脑室周围低密度区。严重者可造成颅内高压，甚至脑疝；②正常颅压脑积水：发生于 SAH 发病数周后，表现为隐匿出现的痴呆、步态异常和尿失禁。

(4) 其他：5%～10% 的患者发生癫痫发作，少数患者发生低钠血症。

【辅助检查】

1. 头颅 CT　是诊断 SAH 的首选方法，CT 显示蛛网膜下腔内高密度影可以确诊 SAH(图 5-10)。根据 CT 结果可以初步判断或提示颅内动脉瘤的位置。动态 CT 检查还有助于了解出血的吸收情况，有无再出血、继发脑梗死、脑积水及其程度等。CT 增强可发现大多数动静脉畸形和大的动脉瘤。

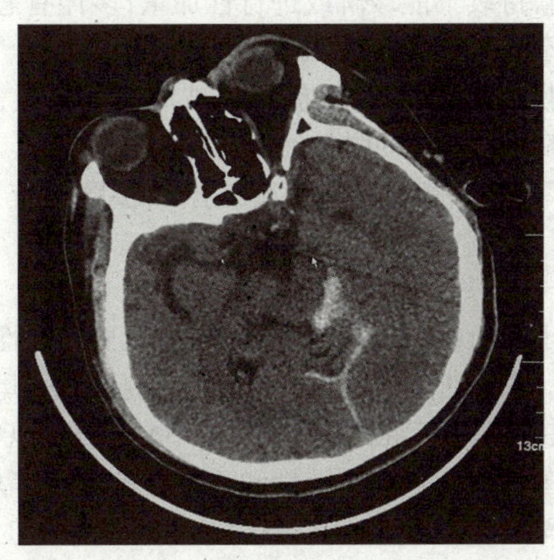

图 5-10　蛛网膜下腔出血

2. CSF 检查　通常，CT 检查已确诊 SAH 者，腰穿不作为临床常规检查。而对于 CT 检查无阳性发现、疑似 SAH 者，需行 CSF 检查时，应严格掌握腰穿时机。从患者出现头痛到接受腰穿的时间至少要 6 个小时，最好在发病 12 个小时后进行操作。须注意腰穿有诱发脑疝形成的风险，颅内压过高时腰穿是相对禁忌证。肉眼均匀一致的血性 CSF、压力增高，可提供 SAH 诊断的重要证据。最初，CSF 中红细胞与白细胞数比例与外周血相同(700∶1)，但几天后血液引起无菌性化学性脑膜炎导致 CSF 淋巴细胞增多，48 小时内白细胞可达数千，出血后 4～8 日 CSF 糖降低。

3. DSA　是诊断颅内动脉瘤最有价值的方法，是诊断自发性 SAH 的金标准，阳性

笔记

率达95%。可以清楚显示动脉瘤的位置、大小、与载瘤动脉的关系、有无血管痉挛等。条件具备、病情许可时应争取尽早行全脑DSA检查以确定出血原因和决定治疗方法、判断预后。但由于DSA可加重神经功能损害，如脑缺血、动脉瘤再次破裂出血等，因此造影时机宜避开脑血管痉挛和再出血的高峰期，即出血3天内或3周后进行为宜。约5%首次DSA检查阴性的患者1～2周后再次DSA检查可检出动脉瘤。一般认为，中脑周围出血若首次DSA检查阴性，则可不必再行DSA检查，因其多为非动脉瘤性SAH。

4. 头颅MRI　主要用于发病1～2周后，CT不能提供SAH证据时采用。SAH急性期MRI检查可能诱发再出血。MRA可检出脑干小动静脉畸形，对直径3～15mm动脉瘤检出率达84%～100%。由于空间分辨率较差，不能清晰地显示动脉瘤颈和载瘤动脉。

5. 经颅多普勒超声（TCD）　动态检测颅内主要动脉流速是及时发现脑血管痉挛倾向和痉挛程度的最灵敏方法。

6. 其他　血常规、凝血功能和肝功能等检查有助于寻找其他出血原因；心电图可显示T波高尖或明显倒置、PR间期缩短和出现高U波等异常。

【诊断及鉴别诊断】

1. 诊断要点

（1）起病急，多在情绪激动或用力等情况下发病。

（2）突发剧烈头痛，持续不能缓解或进行性加重；多伴有恶心、呕吐；可有短暂的意识障碍及烦躁、谵妄等精神症状，少数出现癫痫发作。

（3）主要体征：脑膜刺激征明显，眼底可见玻璃膜下出血，少数可有局灶性神经功能缺损的征象，如轻偏瘫、失语、动眼神经麻痹等。

（4）CT证实脑池和蛛网膜下腔高密度征象或腰穿检查示压力增高和血性脑脊液。

2. 鉴别诊断

（1）脑出血：也可出现血性脑脊液，但此时应有明显局灶性体征如偏瘫、失语等。原发性脑室出血与重症SAH患者临床上难以鉴别，小脑出血、尾状核头出血等因无明显的肢体瘫痪临床上也易与SAH混淆，但CT和DSA检查可以鉴别。

（2）颅内感染：细菌性、真菌性、结核性和病毒性脑膜炎等均可有头痛、呕吐及脑膜刺激征，故应注意与SAH鉴别。SAH后发生化学性脑膜炎时，CSF白细胞增多，易与感染混淆，但后者发热在先。SAH脑脊液黄变和淋巴细胞增多时，易与结核性脑膜炎混淆，但后者CSF糖、氯降低，头部CT正常。

（3）脑肿瘤：约1.5%的脑肿瘤可发生瘤卒中，形成瘤内或瘤旁血肿合并SAH；癌瘤颅内转移、脑膜癌病或CNS白血病也可见血性CSF，但根据详细的病史、CSF检出瘤/癌细胞及头部CT可以鉴别。

（4）其他：某些老年患者头痛、呕吐均不明显，而以突然出现的精神障碍为主要症状，临床工作中应予注意。

【治疗】

急性期治疗的目的是防止再出血，降低颅内压，防治继发性脑血管痉挛，减少并发症，寻找出血原因、治疗原发病和预防复发。

知识链接

动脉瘤性 SAH 患者 Hunt-Hess 临床分级

分级	Hunt-Hess 分级法
Ⅰ级	无症状或有轻度头痛、颈项强直
Ⅱ级	中度至重度头痛、颈硬，脑神经麻痹
Ⅲ级	轻度局灶性神经障碍，嗜睡或意识错乱
Ⅳ级	昏迷，中度至重度偏瘫，去大脑强直早期
Ⅴ级	深昏迷，去大脑强直，濒死

1. 一般处理及对症治疗

（1）保持生命体征稳定：SAH 患者应急诊住院监护治疗，密切监测生命体征和神经系统体征；保持气道通畅，维持稳定的呼吸、循环系统功能。

（2）降低颅内压：床头抬高 15°～20°，适当限制液体入量、防治低钠血症、过度换气等都有助于降低颅内压。临床上主要是用脱水剂，常用的有 20% 甘露醇、呋塞米、甘油果糖或甘油氯化钠，也可以酌情选用白蛋白。颅内高压征象明显并有脑疝形成趋势者，可行颞下减压术和脑室引流，挽救患者生命。

（3）纠正水、电解质平衡紊乱：注意液体出入量平衡。适当补液补钠、调整饮食和静脉补液中晶体胶体的比例可以有效预防低钠血症。低钾血症也较常见，及时纠正可以避免引起或加重心律失常。

（4）对症治疗：烦躁者予镇静药，头痛者予镇痛药，注意慎用阿司匹林等可能影响凝血功能的非甾体类消炎镇痛药物或吗啡、杜冷丁等可能影响呼吸功能的药物。痫性发作时可以短期采用抗癫痫药物如地西泮、卡马西平或者丙戊酸钠。

（5）加强护理：就地诊治，避免搬动和过早离床，减少探视，避免声、光刺激。给予高纤维、高能量饮食，保持尿便通畅。意识障碍者可予鼻胃管，小心鼻饲慎防窒息和吸入性肺炎。尿潴留者留置导尿，注意预防尿路感染。采取勤翻身、肢体被动活动、气垫床等措施预防压疮、肺不张和 DVT 等并发症。如果 DSA 检查证实不是由颅内动脉瘤引起的，或者颅内动脉瘤已行手术夹闭或介入栓塞术，没有再出血危险的可以适当缩短卧床时间。

2. 防治再出血

（1）安静休息，避免用力和情绪刺激：绝对卧床 4～6 周，镇静、镇痛，避免引起血压及颅压增高的诱因，如用力排便、咳嗽、喷嚏、情绪激动、疼痛及恐惧等，出现上述情况可针对性应用通便、镇咳、镇静、止痛药等，以免诱发动脉瘤再破裂。

（2）调控血压：去除疼痛等诱因后，如果平均动脉压 > 125mmHg 或收缩压 > 180mmHg，可在血压监测下使用短效降压药物使血压下降，保持血压稳定在正常或者起病前水平。可选用钙离子通道阻滞剂、β 受体阻滞剂或 ACEI 类等。

（3）抗纤溶药物：为了防止动脉瘤周围的血块溶解引起再度出血，可用抗纤维蛋白溶解剂，以抑制纤维蛋白溶解原的形成。常用：①6-氨基己酸（EACA）4～6g 加于

0.9%生理盐水100ml静脉滴注,15～30分钟内滴完,再以1g/h剂量静滴12～24小时;之后再以24g/d,持续3～7天,逐渐减量至8g/d,维持2～3周。肾功能障碍者慎用,注意DVT、脑缺血等不良反应,需同时联合应用钙拮抗剂。②氨甲苯酸(PAMBA)0.1～0.2g溶于5%葡萄糖溶液或生理盐水中缓慢静注,2～3次/日。③立止血(reptilase):2kU/次,5～10分钟生效,作用持续24小时。需要注意的是,抗纤溶治疗可以降低再出血的发生率,但同时也增加CVS和脑梗死的发生率,建议与钙离子通道阻滞剂(如尼莫地平)同时使用。

(4) 外科手术:动脉瘤性SAH,Hunt-Hess分级≤Ⅲ级时,早期多行手术夹闭动脉瘤或者介入栓塞。

3. 防治脑动脉痉挛及脑缺血

(1) 维持正常血压和血容量:血压偏高给予降压治疗;在动脉瘤处理后,血压偏低者,首先应去除诱因如减或停脱水和降压药物;予胶体溶液(白蛋白、血浆等)扩容升压;必要时使用升压药物如多巴胺静滴。上述方法也称3H疗法(triple-H therapy),即扩血容量、稀释血液和升高血压疗法预防血管痉挛,应在排除了脑梗死和颅内高压,并已夹闭动脉瘤之后进行。

(2) 早期使用尼莫地平:常用剂量10～20mg/d,静脉滴注1mg/h,共10～14天,注意其低血压的副作用。

(3) 腰穿放CSF或CSF置换术:用于SAH后脑室积血扩张或形成铸型出现急性脑积水、经内科保守治疗症状加剧、伴有意识障碍,或老年患者伴有严重心、肺、肾等器官功能障碍而不能耐受开颅手术者。每次释放CSF10～20ml,每周2次,可以促进血液吸收,缓解头痛,减少脑血管痉挛。注意有诱发颅内感染、再出血及脑疝的危险,应严格掌握适应证。尽管此法应用多年,但仍缺乏大规模、多中心、随机、对照研究资料支持。

4. 防治脑积水

(1) 药物治疗:轻度的急、慢性脑积水都应先行药物治疗,给予醋氮酰胺等药物减少CSF分泌,酌情选用甘露醇、呋塞米等。

(2) 脑室穿刺CSF外引流术:CSF外引流术适用于SAH后脑室积血扩张或形成铸型出现急性脑积水经内科治疗后症状仍进行性加剧,有意识障碍者;或患者年老、心、肺、肾等内脏严重功能障碍,不能耐受开颅手术者。紧急脑室穿刺外引流术可以降低颅内压、改善脑脊液循环,减少梗阻性脑积水和脑血管痉挛的发生,可使50%～80%的患者临床症状改善,引流术后尽快夹闭动脉瘤。CSF外引流术可与CSF置换术联合应用。

(3) CSF分流术:慢性脑积水多数经内科治疗可逆转,如内科治疗无效或脑室CSF外引流效果不佳,CT或MRI见脑室明显扩大者,要及时行脑室-心房或脑室-腹腔分流术,以防加重脑损害。

5. 病变血管的处理

(1) 血管内介入治疗:介入治疗无需开颅和全身麻醉,对循环影响小,近年来已经广泛应用于颅内动脉瘤治疗。术前须控制血压,使用尼莫地平预防血管痉挛,行DSA检查确定动脉瘤部位及大小形态,选择栓塞材料行瘤体栓塞或者载瘤动脉的闭塞术。颅内动静脉畸形(AVM)有适应证者也可以采用介入治疗闭塞病变动脉。

笔记

（2）外科手术：目的是根除病因、防止复发。动脉瘤的消除是防止动脉瘤性 SAH 再出血的最佳办法。需要综合考虑动脉瘤的复杂性、手术难易程度、患者临床情况的分级等以决定手术时机。动脉瘤性 SAH 倾向于早期手术（3 天内）；夹闭动脉瘤，一般 Hunt-Hess 分级≤Ⅲ级时多主张早期手术，Ⅳ、Ⅴ级患者经药物保守治疗情况好转后可行延迟性手术（10～14 天）。对 AVM 反复出血者，年轻患者、病变范围局限和曾有出血史的患者首选显微手术切除。

【预后】

SAH 预后与病因、出血部位、出血量、有无并发症及是否得到适当治疗有关。动脉瘤性 SAH 死亡率高，约 12% 的患者到达医院前死亡，20% 死于住院后，2/3 的患者可存活，但其中一半患者会遗留永久性残疾，主要是认知功能障碍。未经外科治疗者约 20% 死于再出血，死亡多在出血后最初数日。90% 的颅内 AVM 破裂患者可以恢复，再出血风险较小。

第六节　高血压脑病

高血压脑病（hypertensive encephalopathy），是指在高血压病程中因血压急剧、持续升高导致的急性脑循环障碍综合征。发病时常有明显的血压升高，特别是舒张压，常伴有头痛、呕吐、意识障碍、抽搐、视神经乳头水肿等症状和体征。任何类型高血压只要血压显著升高，均可引起高血压脑病。

【病因及发病机制】

1. 病因　主要病因：①原发性高血压：原发性高血压的发病率占 1% 左右，高血压病史较长，有明显脑血管硬化者更易发生。既往血压正常而突然出现高血压的疾病，如急进性高血压和急性肾小球肾炎病人也可发生。②继发性高血压：如妊娠高血压综合征、肾小球肾炎性高血压、肾动脉狭窄、嗜铬细胞瘤等血压中等程度增高，也有发生高血压脑病的可能。③某些药物或食物诱发高血压脑病：少见情况下，高血压患者应用单胺氧化酶抑制剂的同时，又服用萝芙木类、甲基多巴或节后交感神经抑制剂，也会引起与高血压脑病相似的症状。进食富含胺类的食物也可诱发高血压脑病。④颈动脉内膜剥离术后：高度颈动脉狭窄患者行颈动脉内膜剥离术后，脑灌注突然增加，亦可引起高血压脑病。

2. 发病机制　高血压脑病的发病机制尚未完全阐明，有两种学说：①脑血管过度调节或脑小动脉痉挛学说：动脉压极度增高，脑小动脉痉挛，使流入脑毛细血管的血流量减少，导致脑缺血，毛细血管渗透性增高和破裂；②脑血管自动调节崩溃学说：即血压达到一定上限时，自动调节机制破坏，结果脑血流量增加，血浆渗出增高和发生毛细血管坏死，点状出血与脑水肿。

【病理】

主要病理改变是弥漫性脑水肿，脑重量增加可超过正常的 20%～30%。脑外观苍白，脑回变平，脑沟变浅，脑室变小，脑浅表部位动脉、毛细血管和静脉扩张，Virchow-Robin 腔隙扩大，脑切面呈白色，可有瘀点状出血或微小狭长的裂隙状出血及腔隙性病损等。脑小动脉管壁玻璃样变性使血管内皮增厚，外膜增生，血管腔狭窄或阻塞，导致纤维蛋白性血栓和脑实质微梗死，形成本病特有的小动脉病（arteriolopathy），血管

笔记

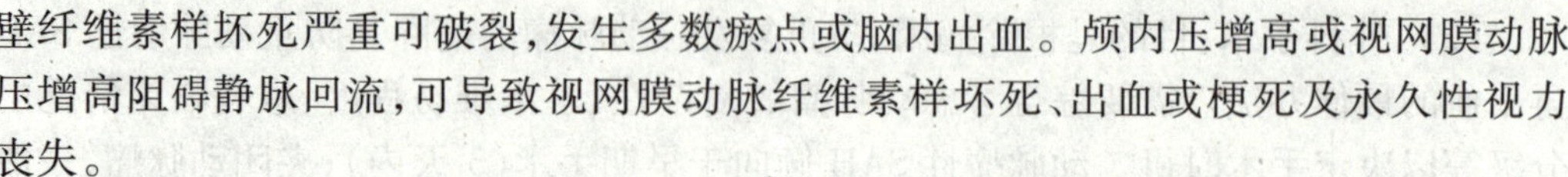

壁纤维素样坏死严重可破裂，发生多数瘀点或脑内出血。颅内压增高或视网膜动脉压增高阻碍静脉回流，可导致视网膜动脉纤维素样坏死、出血或梗死及永久性视力丧失。

【临床表现】

急骤起病，病情发展非常迅速。本病常因过度劳累、紧张和情绪激动所诱发，大多数病人具有头痛、抽搐和意识障碍三大特征，即高血压脑病三联征。

1. 发病年龄　与病因有关，平均为40岁左右。急性肾小球肾炎引起者多见于儿童或青年；慢性肾小球肾炎则以青少年及成年多见；子痫常见于年轻妇女；恶性高血压30~50岁最多见。

2. 头痛　常是高血压脑病的早期症状，多数为明显的全头痛或额枕部疼痛，伴有恶心、呕吐。咳嗽、活动用力时头痛明显，当血压下降后头痛可缓解。

3. 抽搐发作　是高血压脑病的常见症状，可为全身性或部分性发作，可反复多次发作，甚至形成癫痫持续状态。因抽搐而脑缺氧加重脑水肿，致使颅内压进一步升高，达到一定压力时，可形成脑疝致死。

4. 意识障碍　可表现为嗜睡及至昏迷，精神错乱亦有发生。

5. 血压显著升高　舒张压达16kPa(120mmHg)以上，平均动脉压常在20.0~26.7kPa(150~200mmHg)之间。

6. 颅内压增高　由脑水肿引起。患者剧烈头痛，喷射性呕吐，视神经乳头水肿，视网膜动脉痉挛并有火焰样出血和动脉痉挛以及绒毛状渗出物。

7. 其他脑功能障碍的症状　如失语、偏瘫等。

【辅助检查】

1. 眼底　视网膜动脉痉挛，视网膜出血和渗出，视神经乳头水肿。

2. 脑脊液检查　压力增高(诊断已明确时禁做)，偶可正常，细胞数正常，极少数患者有少量红细胞，蛋白轻微增高。

3. 实验室检查　除非伴肾病或尿毒症，尿常规通常无蛋白、红细胞、白细胞及管型等，血尿素氮正常。

4. 颅脑CT　可见因脑水肿所致的弥漫性的白质密度降低。

5. 脑电图　可见弥散慢波或(和)癫痫性放电。

【诊断及鉴别诊断】

1. 诊断要点

(1) 血压突然升高，以舒张压升高为主。舒张压达16kPa(120mmHg)以上，平均动脉压常在20.0~26.7kPa(150~200mmHg)之间。

(2) 伴严重头痛，意识障碍且往往有抽搐或其他短暂的神经系统局灶症状、眼底改变等。

(3) 经积极降压治疗后，症状可迅速好转或大部分缓解。

(4) 颅脑CT扫描可见因脑水肿所致的弥漫性的白质密度降低。

(5) 排除高血压性脑出血、SAH、颅内占位性病变等。

2. 鉴别诊断

(1) 蛛网膜下腔出血：也可有突发的剧烈头痛、呕吐、脑膜刺激症状，部分患者也可有血压增高，意识障碍通常较轻，极少出现偏瘫，且CSF呈均匀血性等特点，可与高

笔记

血压脑病鉴别。

（2）颅内占位性病变：虽有严重头痛，但为缓慢出现，非突然发生，其他颅内压增高症状和局灶性神经体征亦是进行性加重；血压虽可升高，但不及高血压脑病增高明显。如临床疑为颅内肿瘤，可通过CT、MRI及增强等检查加以确诊。

【治疗】

治疗原则：尽快降低血压，控制抽搐，减轻脑水肿，降低颅内压。

1. 迅速降血压　一般应争取使血压迅速降至21.3/13.3kPa（160/100mmHg）左右或接近病人平时血压水平。①硝普钠：是高血压脑病的首选药物，降压作用快，半衰期短，疗效可靠，静滴立即生效，停药后作用很快消失。用法：30～100mg加入5%葡萄糖溶液500ml，静滴，每分钟10～30滴，但在用药过程中应注意监测血压，严重肝肾功能衰竭及心功能不全者应慎用。②二氮嗪：对小动脉平滑肌有扩张作用，降压迅速有效，2～5分钟发挥最大降压作用。用法：首次用150～300mg加入5%葡萄糖溶液40～60ml，静滴，每分钟1～2ml。一般滴药数分钟内生效，持续6～8小时。必要时2小时后可再重复注射1次。③利血平：1～2mg肌注，1～2次/日，本药起效慢而平稳，适于快速降压后的血压维持。

2. 降低颅内压　控制脑水肿，可用20%甘露醇250ml快速静滴，每6～8小时1次，也可用10%甘油果糖500ml静滴或静脉推注呋塞米等。

3. 控制抽搐　抽搐严重者可给予地西泮10～20mg缓慢静注，必要时30分钟后再注1次，直至抽搐停止。若兴奋躁动可用10%水合氯醛溶液保留灌肠或给予氯丙嗪等。

4. 加强护理，维持水、电解质平衡　对抽搐和昏迷病人要加强护理，保持呼吸道通畅，避免外伤，同时还应注意水和电解质平衡。

第七节　颅内静脉窦及脑静脉血栓形成

颅内静脉和静脉窦血栓形成（cerebral venous and sinus thrombosis，CVST）是指由多种病因引起的以脑静脉回流受阻，常伴有脑脊液吸收障碍导致颅内高压为特征的特殊类型脑血管病，在脑血管病中占0.5%～1.0%。

由于脑静脉系统血栓形成远较脑动脉血栓少见，临床表现又极易与良性颅内压增高、颅内占位病变、缺血或出血性卒中、脑脓肿、脑炎、代谢性脑病等多种疾病相混淆，故以往对本病存在较多的误诊、漏诊。随着神经影像学的发展，尤其是CT、MRI和MRV的临床应用，为及时、正确诊断提供了无创且可靠的检查手段。

【病因与分类】

CVST的病因多与凝血机制异常、血液动力学异常、感染、脱水等有关，极少数与外伤、硬膜穿刺有关，另有部分病例病因不明。近年来，对本病遗传学的研究认为活性蛋白C抵抗（APC-R）是重要的危险因素。

根据病因可分为感染性和非感染性，前者常继发于头面部或其他部位化脓性感染灶，故又称化脓性静脉血栓形成或血栓性静脉炎及静脉窦炎；后者的发生多与高凝状态、血液瘀滞及管壁损伤有关，常见于衰竭、脱水、产褥期、服用避孕药以及颅脑外伤、内科多种疾病的患者；也有不明原因者。

根据血栓部位可区分为皮质静脉血栓形成、深静脉血栓形成和硬膜窦血栓形成。后者又可分为海绵窦、上矢状窦、横窦、乙状窦等血栓形成，临床上以上矢状窦血栓形成为多见，也有数窦血栓并存者。单纯的皮质静脉血栓形成罕见，多为硬膜窦血栓扩展所致。

【临床表现】

颅内静脉系统血栓的临床表现主要取决于血栓的性质、大小及部位等，与脑动脉血栓形成相比较，具有起病形式多种、病情病程多变、临床表现多样等特点。但共同的常见临床表现包括颅内高压症状、卒中症状以及脑病的症状。

1. 海绵窦血栓形成

（1）多继发于眶周、鼻及面部“危险三角区”的化脓性感染。患者可有面部疖肿挤压史。

（2）常急性起病，多有全身感染中毒症状。

（3）眶内静脉回流受阻而致眶周、眼睑及结膜水肿、眼球突出。还可出现眼睑下垂、眼球活动受限或固定，瞳孔散大、光反射消失，病侧额、颊部痛觉减退、角膜反射消失。发病早期病变居一侧，不久可波及对侧，但仍多以始发侧为重。

（4）由感染引起者，CSF 可见白细胞增高等炎性改变。

2. 上矢状窦血栓形成

（1）多为非感染性，以产褥期妇女、婴幼儿及老年患者居多。

（2）急性或亚急性起病。

（3）以颅内压增高为主症，早期即可出现头痛、呕吐、视神经乳头水肿。婴儿呕吐可呈喷射状，前囟膨隆及其周围静脉怒张、颅缝分离。可有不同程度的意识障碍，嗜睡甚至昏迷。也可有癫痫发作（部分或全身）或精神症状。

3. 横窦、乙状窦血栓形成

（1）多有化脓性中耳炎、乳突炎病史。

（2）可有全身感染、局部乳突区周围水肿、静脉曲张的表现。

（3）主症为颅内压增高，多无局灶性神经定位体征。若血栓累及颈内静脉，则有颈静脉增粗、压痛；如累及颈静脉孔附近舌咽、迷走、副神经，则可表现为颈静脉孔综合征。

（4）腰穿检查 CSF 压力增高，可呈炎性改变。

4. 直窦血栓形成

（1）多为非炎性，病情进展快，迅速累及大脑大静脉和基底静脉。

（2）导致小脑、脑干、丘脑、底节等深部结构受损，临床少见但病情危重。

（3）多为急性起病，主要表现为无感染征象的高热、意识障碍、颅内高压、癫痫发作、脑疝等，常很快进入深昏迷、去大脑强直、去皮质状态甚至死亡，部分以突发幻觉、精神行为异常为首发症状。

（4）存活者多遗留有手足徐动、舞蹈样动作等锥体外系症状。

5. 单纯脑静脉血栓形成　多表现为皮质局部水肿或出血，导致局灶性神经功能障碍（如癫痫），临床易误诊为肿瘤等占位病变。

【辅助检查】

临床疑似病例宜及时行神经影像学检查，以期尽早确诊。

笔记

1. 影像学检查　对临床疑似脑静脉系统血栓患者的确诊，有赖于影像学检查的支持。

（1）头部 CT 扫描：为诊断本病的首选影像学方法，具有特异性征象“束带征”、“高密度三角征”、“Detal 征”，还可以明确显示静脉窦血栓的伴随征象，结合临床体征可拟诊本病。但是，临床上高度怀疑为颅内静脉系统血栓的患者，即使行头颅 CT 扫描是正常的，也要尽早行 MRI 和 MRV 检查，以免延误诊断和治疗。

（2）MRI：既可直接显示颅内静脉（窦）内的血栓，又能反映血栓的病理基础及演变过程，对颅内静脉系统血栓所致的脑实质病变，MRI 也比 CT 更敏感、更准确，对颅内静脉系统血栓的早期诊断具有重要价值。颅内静脉系统血栓的 MRI 成像包括两部分：①脑静脉（窦）内血栓的 MRI 成像；②脑实质病变的 MRI 成像。

（3）脑磁共振静脉血管造影（MRV）：头颅 MRV 诊断颅内静脉系统血栓的直接征象为：发育正常的脑静脉（窦）高血流信号缺失或表现为边缘模糊且不规则的、较低的血流信号，前者代表血栓充盈整个脑静脉（窦）腔，血管完全梗阻；后者说明尚有部分血流通过，可能系窦内血栓未填满整个窦腔，或为梗阻后的部分再通。间接征象为梗阻处静脉侧支循环形成和其他引流静脉异常扩张。

MRI 和 MRV 技术相结合，在绝大多数情况下都能做出脑静脉窦血栓形成的准确诊断，是诊断颅内静脉系统血栓最敏感、准确和便捷的方法。与脑血管造影相比，MRV 显示下矢状窦等较小静脉窦的能力不如 DSA，不能显示静脉窦血栓形成后静脉回流的改道及代偿循环的血流方向。

（4）DSA：是 CVST 诊断的“金标准”，但不是常规和首选的检查手段。作为有创检查，可以显示静脉窦血栓形成的部位、范围，以及静脉异常回流和代偿循环的情况，具有目前 CT 和 MRI 甚至 MRV 所不能替代的作用。但是 DSA 不能显示血栓本身，亦不能显示静脉窦血栓形成继发的脑组织的病理改变及其程度；其创伤性很可能加重患者的颅内高压进而影响其及时应用。

2. 其他检查　血液和 CSF 检查对颅内静脉系统血栓形成本身的诊断虽无特异性，但炎症改变对感染性患者却有定性的意义，其细菌培养及药物敏感试验有助于查出病原菌及指导临床用药。与凝血机制相关的血液学检查有利于发现患者有无高凝状态及监测抗栓治疗。对非感染性血栓形成的患者，为确定病因尚应进行其他检查，特别是内分泌、血液、免疫及肿瘤性疾患，如毒性甲状腺肿、真性红细胞增多症、血小板增多症、蛋白 C 及蛋白 S 或抗凝血酶Ⅲ缺乏、系统性红斑狼疮、白塞病及各种癌肿等疾病的相关检查，但仍有约 20% 的病例一时难以查出确切病因，则应追踪随访。

【诊断及鉴别诊断】

1. 诊断要点

（1）急性或亚急性起病，伴有或不伴有意识障碍。

（2）临床表现多样，主要为颅内压增高、癫痫发作和神经功能缺损。

（3）头颅 CT 直接征象和间接征象提示颅内静脉系统血栓，头颅 MRV 显示颅内静脉窦显影不良，DSA 显示颅内静脉窦显影不良。

（4）腰穿 CSF 压力增高，常规、生化检查能排除其他疾病。

（5）排除良性颅内压增高等。

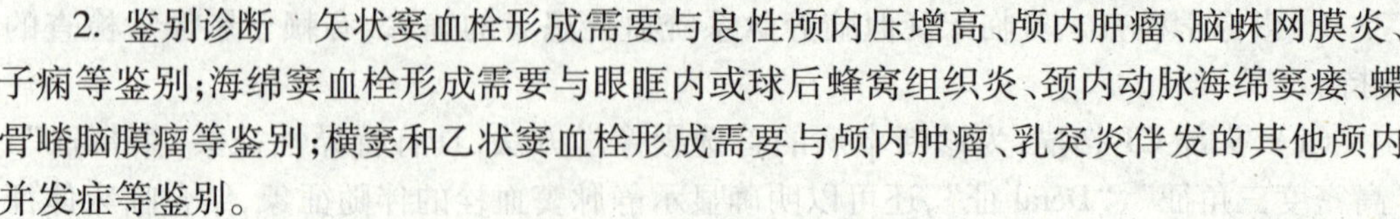

2. 鉴别诊断 矢状窦血栓形成需要与良性颅内压增高、颅内肿瘤、脑蛛网膜炎、子痫等鉴别；海绵窦血栓形成需要与眼眶内或球后蜂窝组织炎、颈内动脉海绵窦瘘、蝶骨嵴脑膜瘤等鉴别；横窦和乙状窦血栓形成需要与颅内肿瘤、乳突炎伴发的其他颅内并发症等鉴别。

【治疗】

1. 抗血栓治疗 及时针对血栓本身的抗凝、溶栓治疗，有利于解除静脉闭塞、恢复血流再通，是获取最佳疗效、改善预后的最有效措施。①抗凝：普通肝素/低分子肝素或华法林（每日监测 APTT、INR）。②溶栓：rt-PA 或 UK。

2. 病因治疗 针对炎症性和非炎症性两类疾病进行治疗。

（1）对感染性血栓形成应积极控制感染及处理原发病灶。抗生素的应用，应强调及早用药、合理选药、剂量足够及疗程宜长的原则。临床一经确认，即应尽早用药，因血栓完全堵塞后，药物不易抵达，难以发挥疗效；由于本病的致病菌甚多，针对性的治疗应在脓液、血液及脑脊液等细菌培养及药物敏感试验后选择用药，但在尚未查明致病菌种前，宜多种抗生素联合或用广谱抗生素治疗；为确保有效地控制感染，剂量要足够；为根除残余感染、防止复发，疗程宜长，一般 2～3 个月，或在局部或全身症状消失后再继续用药 2～4 周。应注意药物副作用。在抗生素应用的基础上，彻底清除原发病灶，如疖肿切开排脓、乳突根治术等。

（2）对非感染性血栓形成也应在针对原发疾患治疗的基础上，尽力纠正脱水、增加血容量、降低血黏度、改善脑血液循环。

3. 对症治疗 ①有脑水肿颅内高压者，应积极行脱水降颅压治疗，常用甘露醇快速静脉滴注，可加利尿剂辅助脱水。应注意血黏度、电解质及肾脏功能，也可用乙酰唑胺抑制 CSF 分泌，颅压过高危及生命时可行颞肌下减压术；②癫痫发作者行抗痫治疗；③高热患者应予以物理降温；④维持水电解质平衡；⑤对意识障碍的患者应加强基础护理及支持治疗，并预防并发症。

学习小结

1. 学习内容

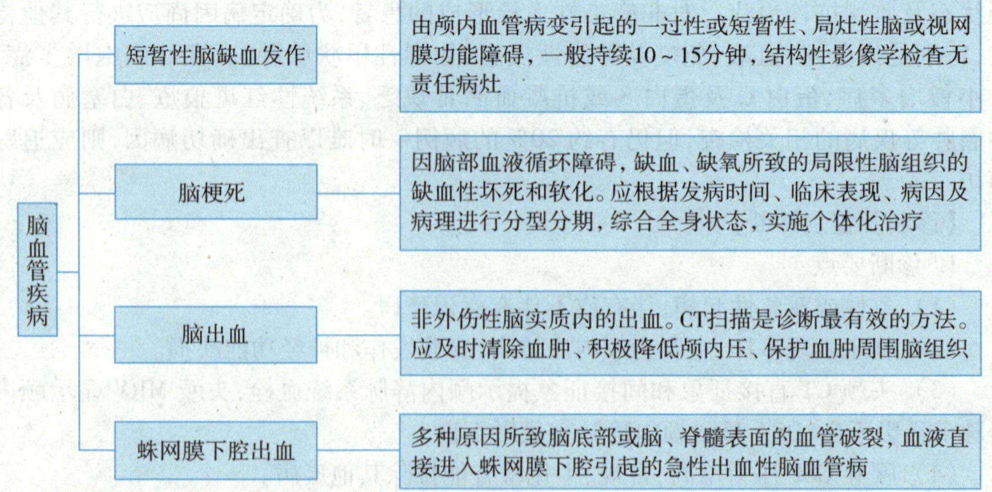

2. 学习方法

复习脑血管的解剖结构、脑血液循环调节及病理生理。了解脑卒中的病因是复杂的，发病的危险因素是多方面的，通过对危险因素的干预可以有效地减少卒中的发生。采取归纳总结的方法，掌握短暂性脑缺血发作、脑梗死、脑出血等脑血管病的诊断要点；通过比较的方法，掌握不同类型脑血管病的治疗原则；通过分析方法，领会脑血管病急性期的分型治疗，重点要掌握脑梗死超早期溶栓治疗、抗血小板治疗、抗凝治疗；了解血管内治疗、细胞保护治疗和外科治疗等。

（王东岩）

复习思考题

1. 颈内动脉系统和椎-基底动脉系统TIA的常见的、特征性及可能出现的症状是什么？
2. 脑血栓形成超早期治疗的病理基础是什么？3小时内静脉溶栓禁忌证是什么？
3. 腔隙性梗死最常见的四种临床类型及其表现是什么？
4. 脑出血与脑血栓形成应如何进行临床鉴别？
5. 壳核、丘脑、脑桥、小脑和脑叶出血的特征性临床表现是什么？
6. 脑出血的治疗原则是什么？
7. 蛛网膜下腔出血常见的病因是什么？急性期有哪些重要的合并症？

笔记

第六章

中枢神经系统脱髓鞘疾病

学习目的

通过学习中枢神经系统脱髓鞘疾病的病因、发病机制、病理、临床表现、辅助检查、诊断及鉴别诊断、治疗等，为提高中枢神经系统脱髓鞘疾病的临床诊治水平奠定理论基础。

学习要点

中枢神经系统脱髓鞘疾病的分类，多发性硬化、视神经脊髓炎、急性播散性脑脊髓炎及脑桥中央髓鞘症的临床表现、影像学特征、诊断和鉴别诊断、治疗及预后。

第一节 概 述

中枢神经系统脱髓鞘疾病（demyelinative diseases）是一组脑和脊髓，有的患者还影响到视神经的以髓鞘破坏或脱失为主要特征的疾病，包括遗传性和获得性两大类。

遗传性中枢神经系统脱髓鞘疾病主要是由于遗传因素引起的神经髓鞘磷脂代谢紊乱，统称为脑白质营养不良，包括异染性脑白质营养不良等，比较罕见，临床表现各异，确诊需要病理、酶学或基因检查。

获得性中枢神经系统脱髓鞘疾病又可分为继发性和原发性。前者包括缺血-缺氧性疾病（如CO中毒后迟发性脑病）、慢性缺血性疾病（如Binswanger病）、营养缺乏性疾病（如亚急性联合变性）等。后者是临床上通常所指的中枢神经系统脱髓鞘疾病，包括多发性硬化、视神经脊髓炎、急性播散性脑脊髓炎、脑桥中央髓鞘溶解症等，本章将逐一介绍。

第二节 多发性硬化

多发性硬化（multiple sclerosis，MS）是一种免疫介导的中枢神经系统炎性脱髓鞘性疾病。病因不明，可能与病毒感染、自身免疫、遗传及环境等因素有关，最终导致中枢神经系统髓鞘脱失、少突胶质细胞损伤，部分可有轴突及神经细胞受损。MS以亚急性起病多见，病灶具有时间和空间多发的特点，与绝大多数患者的临床表现相一致，每次发作的部位可相同或不同。

【病因及发病机制】

MS病因及发病机制迄今不明，目前资料支持MS是遗传易患个体与环境因素相

笔记

互作用而发生的自身免疫性疾病。可能与以下因素有关。

1. 病毒感染与自身免疫反应　MS 可能与儿童期接触的某种环境因素，如病毒感染有关，曾高度怀疑嗜神经病毒如麻疹病毒、腮腺炎病毒、人类嗜 T 淋巴细胞病毒 I 型等，但从未在 MS 患者脑组织证实或分离出病毒。目前认为 MS 是自身免疫性疾病，这一观点通过成功地复制出实验性变态反应性脑脊髓炎（experimental allergic encephalomyelitis，EAE）动物模型而得到认同。

2. 遗传因素　MS 有遗传倾向，两同胞可同时患病。约 15% 的 MS 患者有一个患病的亲属。患者的一级亲属患病风险较一般人群高 12～15 倍。异卵双生者患病一致率为 5%～15%，同卵双生者可高达 25%～50%。提示遗传因素在 MS 发病中起重要作用。

3. 环境因素　MS 发病有区域性，高危地区包括美国北部、加拿大、冰岛、英国、北欧、澳洲的塔斯马尼亚岛和新西兰南部。一般发病率随纬度增高而呈递增趋势，可能与区域寒冷有关。目前，我国尚缺乏 MS 流行病学调查资料，曾经认为与日本相似，在我国并不少见。

【病理】

MS 脱髓鞘病变可累及大脑半球、视神经、脊髓、脑干和小脑，以白质受累为主。病灶多位于脑室周围。

1. 肉眼观　在脑的冠状切面，常可见脑室系统扩大，白质内有大小不一、形态各异的灰色斑块，急性期斑块境界欠清，呈暗灰色或深红色，可见局限性轻度肿胀；慢性期陈旧斑块呈浅灰色，境界清楚。病灶可发生在脑的任何部位，但以白质，尤其是脑室系统周围最明显，小脑、脑干、脊髓及视神经可见类似病灶。

2. 显微镜下观　急性病灶髓鞘崩解和脱失，轴突相对完好，灶内有大量格子细胞，星形细胞一般不增生。小血管可有充血及少量环状出血。有些血管周围可见淋巴细胞及浆细胞等浸润，甚至形成血管套。慢性病灶表现为轴突崩解，神经细胞减少，星形细胞增多，神经胶质形成硬化斑。

【临床表现】

MS 好发于青壮年，发病年龄多在 20～40 岁，女性多见。MS 病变在空间及时间上的多发性构成了 MS 临床经过及其症状和体征的多样性。

1. 诱因及前驱症状　前者包括感冒、发热、感染、外伤、手术、拔牙、妊娠、分娩、过劳、精神紧张、药物过敏和寒冷等。后者包括疲劳、体重减轻、肌肉和关节隐痛等。

2. 起病形式　以亚急性起病多见，急性和隐匿起病仅见于少数病例。

3. 临床特征　空间上的多发性是指病变部位的多发，MS 患者的大脑、脑干、小脑、脊髓及视神经等可同时或相继受累，故其临床症状和体征多种多样。往往是患者的体征多于症状，MS 患者主诉单侧症状，而体检发现存在双侧的体征。少数患者在整个病程中呈现单病灶征象。时间上的多发性是指病程呈现出缓解-复发的过程，复发次数可达十余次或数十次，每次复发通常会残留部分症状和体征，逐渐积累而使病情加重。少数病例呈单相病程或缓慢阶梯式进展，无明显缓解期。MS 患者症状体征的主要特点：

（1）运动障碍：最常见，约 80% 的患者有运动障碍。大约一半的患者以一个或多个肢体无力为首发症状。运动障碍一般下肢比上肢明显，表现为偏瘫、截瘫或四肢瘫，两侧往往不对称。早期腱反射正常，以后可发展为亢进，腹壁反射消失，病理反射阳性。

笔记

（2）感觉障碍：浅感觉障碍表现为肢体、躯干或面部针刺麻木感，肢体发冷、蚁走感、瘙痒感以及烧灼样疼痛、定位不明确的感觉异常，甚至感觉缺失。疼痛感可能与脊髓神经根部的脱髓鞘病灶有关，具有显著特征性。亦可有深感觉障碍和 Romberg 征。

（3）眼部症状：常表现为急性视神经炎或球后视神经炎，多为急性单眼视力下降，亦可短时间内两眼先后受累。眼底检查早期视神经乳头正常或可见水肿，后期可见视神经萎缩。可有视野缺损，表现为双颞侧或同向性偏盲等。约 1/3 的病例有眼外肌麻痹及复视。眼球震颤多为水平性、水平加旋转性或垂直性。病变侵犯内侧纵束时引起核间性眼肌麻痹，侵犯脑桥旁正中网状结构时导致一个半综合征。有时出现瞳孔不规则、缩小，甚至对光反射消失，亦可见 Horner 征。

（4）其他脑神经症状：面神经麻痹多为中枢性，是由大脑半球白质或皮质脑干束病损所致，少数为周围性。脑桥病变时可出现耳聋、耳鸣、眩晕、呕吐等；延髓或两侧大脑半球病变时可出现构音障碍、吞咽困难、饮水呛咳等球麻痹表现，前者为真性球麻痹，后者为假性球麻痹。病变侵及三叉神经髓内纤维时可出现面部感觉缺失或三叉神经痛。面偏侧痉挛少见。

（5）共济失调：20%～40%的 MS 患者有不同程度的共济运动障碍，但 Charcot 三主征（眼震、意向性震颤和吟诗样语言）仅见于部分晚期患者。

（6）发作性症状：强直痉挛、感觉异常、构音障碍、共济失调、疼痛不适是较常见的 MS 发作性症状。其中，局限于肢体或面部的强直性痉挛，常伴放射性异常疼痛，亦称痛性痉挛。屈颈时诱发刺痛感或闪电样感觉，自后颈部沿脊柱向下放射至大腿或达足部，称为 Lhermitte 征，是因屈颈时脊髓局部的牵扯力和压力升高，脱髓鞘的脊髓颈段后索受激惹引起。二者往往同时存在。2%～3% MS 患者可有一次或反复的痫性发作。

（7）精神症状：可表现为抑郁、淡漠、嗜睡、强哭强笑、反应迟钝、易怒和脾气暴躁，部分患者出现欣快、兴奋、重复语言、猜疑和被害妄想等。也可出现记忆力减退、认知障碍。

（8）膀胱直肠功能障碍：出现尿频、尿急、尿失禁或尿潴留等，提示脊髓受损。部分 MS 患者还可出现原发性或继发性性功能障碍。有的 MS 患者出现肠道功能紊乱，如便秘及大便失禁。

MS 可伴有周围神经损害和多种其他自身免疫性疾病，如类风湿综合征、干燥综合征、重症肌无力等。MS 合并其他自身免疫性疾病是由于机体的免疫调节障碍引起多个靶点受累。

总之，MS 病灶散在多发，临床表现多样，症状和体征不能用单一病灶解释，常为 CNS 及视神经病变的不同组合构成其临床症状谱。

【临床分型】

1. MS 的临床分型　按照病程类型分型，国际通用的 MS 分为 4 型：

（1）复发缓解型 MS（relapsing remitting MS，RRMS）：是 MS 的最常见病程类型，80%～85%的 MS 患者最初为本类型，疾病表现为明显的复发-缓解过程，每次发作均可基本恢复，不遗留或仅留下轻微后遗症。随着病程的进展，50%以上患者在 10～15 年内最终发展为继发进展型 MS。

（2）继发进展型 MS（secondary progressive MS，SPMS）：表现为在复发-缓解阶段后，疾病复发后不再完全缓解，并遗留部分后遗症，疾病呈缓慢进行性加重的过程。约

50% RRMS 患者最终转变为 SPMS。

(3) 原发进展型 MS(primary progressive MS,PPMS):约 10% 患者起病即表现为本类型,病程持续 1 年以上,临床没有明显的复发-缓解过程,疾病呈缓慢进行性加重。

(4) 进展复发型 MS(progressive relapsing MS,PRMS):约 5% MS 患者表现为本类型,疾病最初呈缓慢进行性加重,即 PPMS 过程,随着疾病的进展,病程中偶尔出现较明显的复发及部分缓解过程。

2. MS 其他少见临床类型

(1) 良性型 MS(benign MS):在 MS 患者中,小部分病例在发病 15 年内几乎不遗留任何神经系统症状及体征。本型病例只是回顾性的研究结果,目前临床上无法做出早期预测。

(2) 恶性型 MS(malignant MS):又名暴发型 MS(fulminant MS),亦称 Marburg 变异型 MS(Marburg variant MS),呈暴发性起病,常在短时间内迅速达到高峰,常导致严重神经功能受损甚至死亡。

【辅助检查】

1. 血液　急性期或疾病的活动期,血液中 T 细胞数减少,T_S细胞功能下降,T_H/T_S升高。血清髓鞘碱性蛋白增高,出现抗磷脂抗体,肿瘤坏死因子升高。

2. CSF 检查

(1) CSF 外观正常,压力偶可升高。常有白细胞增多,一般在 15×10^6/L 以内,急性起病或恶化的病例可轻至中度增高,通常不超过 50×10^6/L,以单核细胞增高为主。约 40% MS 患者 CSF 蛋白轻度增高。

(2) IgG 鞘内合成检测:MS 的 CSF-IgG 增高主要为 CNS 内合成,是 CSF 重要的免疫学检查。①CSF-IgG 指数:是 IgG 鞘内合成的定量指标,见于约 70% 以上 MS 患者,测定这组指标也可计算 CNS 24 小时 IgG 合成率,二者意义相似;②CSF-IgG 寡克隆带(oligoclonal bands,OB):是 IgG 鞘内合成的定性指标,OB 阳性率可达 95% 以上,但应同时检测 CSF 和血清,只有 CSF 中存在 OB 而血清缺如才支持 MS 诊断;③MS 患者 CSF 可检出 MBP、PLP、MAG 和 MOG 等抗体。

3. 诱发电位　包括视觉诱发电位(VEP)、脑干听觉诱发电位(BAEP)和体感诱发电位(SEP)等,50% ~90% 的 MS 患者可有一项或多项异常。主要表现为峰潜伏期延长、波幅降低、波形异常等。

4. CT 检查　急性期显示脑部边界清楚或不清楚的多发、大小不一的低密度病灶,多位于脑室周围、脑干及小脑等部位,病灶可强化。急性期过后病灶仍呈低密度表现,但边界清楚,不被强化。晚期显示脑沟、脑池、脑室扩大等脑萎缩改变。

5. MRI 检查　分辨率高,可识别无临床症状的病灶。可见大小不一类圆形的 T_1WI低信号、T_2WI 高信号病灶(图 6-1),常位于侧脑室前角与后角周围、半卵圆中心及胼胝体,或为融合病灶,多位于侧脑室体部;脑干、小脑和脊髓可见斑点状不规则 T_1WI低信号及 T_2WI 高信号斑块。活动性病灶可见强化。病程长的 MS 患者可伴脑室系统扩张、脑沟增宽等脑白质萎缩征象。

【诊断及鉴别诊断】

1. 诊断要点　MS 的诊断主要依靠临床病灶的空间多发性和临床病程的时间多发性,结合辅助检查的特异性表现,并除外引起此类病灶的其他疾病。

笔记

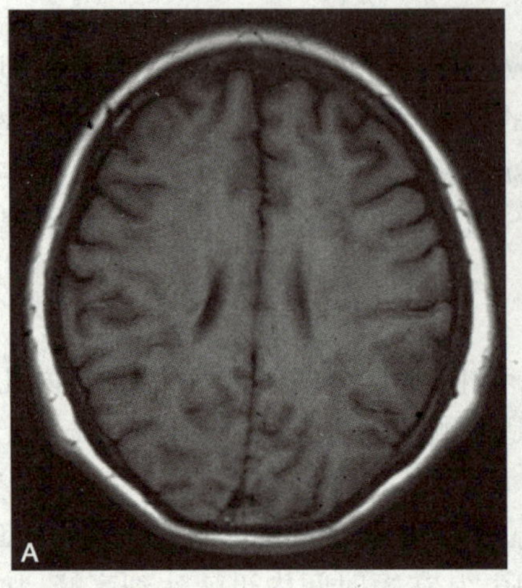

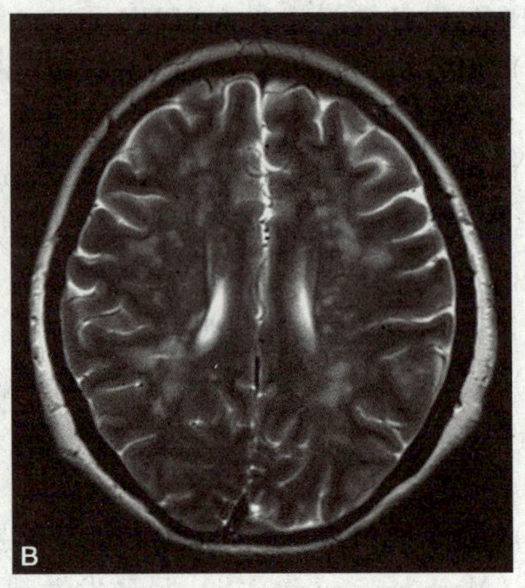

图 6-1 MS 的头颅 MRI 表现

双侧大脑半球白质区多发斑片状异常信号影，T_1WI 呈低信号(A)，T_2WI 呈高信号(B)

国际 MS 诊断专家组提出的 MS 诊断标准，即 McDonald 诊断标准（表 6-1）在 MRI 空间多发、时间多发的证据、脑脊液检查的诊断价值等方面进行了进一步的改良。新版标准更符合临床实际，易于临床操作。

表 6-1 MS McDonald 诊断标准（2010 年）

临床表现	MS 诊断所需附加条件
2 次或 2 次以上临床发作；2 个或 2 个以上客观临床证据病灶，或 1 个客观临床证据病灶伴既往发作的证据	无
2 次或 2 次以上临床发作；1 个客观临床证据病灶	仍需空间多发的证据：MRI 在 MS 中枢神经系统的 4 个典型部位（侧脑室旁、近皮质、幕下和脊髓）中，2 个或 2 个以上部位存在至少 1 个 T_2WI 高信号病灶；或不同部位再次发作
1 次临床发作；2 个或 2 个以上客观临床证据病灶	仍需时间多发的证据：在任何时间同时存在无症状的钆增强及非增强病灶；或者参考基线 MRI 扫描，在 MRI 随访中出现 1 个新的 T_2WI 高信号病灶和（或）钆增强病灶；或新的临床发作
1 次临床发作；1 个客观临床证据病灶（临床孤立综合征）	仍需时间多发证据（同前）；仍需空间多发证据（同前）
原发进展型 MS（PPMS）	疾病进展 1 年以上（回顾性或前瞻性）和具备以下 3 项中的 2 项： (1) 具有脑内空间多发的证据，在 MS 的典型部位（室周、近皮质或者幕下）存在 1 个或 1 个以上 T_2WI 高信号病灶； (2) 脊髓 MRI 多发证据（2 个或 2 个以上 T_2WI 高信号病灶）； (3) 脑脊液异常发现（等电聚焦证实寡克隆区带或 IgG 指数增高）

知识链接

临床孤立综合征（clinically isolated syndrome，CIS）

指CNS首次发生的、单时相的、单病灶或多病灶的炎性脱髓鞘病综合征。大致可以分为：①病变在时间和空间上均为孤立；②病变在时间上孤立发生，而空间上可以多发；③病变在同一部位反复发生，即空间上是孤立的，而时间上多发。临床上既可表现为孤立的视神经炎、脑干脑炎、脊髓炎或某个解剖部位受累后的症状体征（通常不包括脑干脑炎以外的其他脑炎），亦可出现多部位同时受累的复合临床表现。常见的有视力下降、肢体麻木、肢体无力、大小便障碍等。随着MRI在MS中应用发现，>50%的CIS患者最终发展为MS，其中运动系统受累的CIS者发展为MS的可能性是没有受累者的2倍。急性期大剂量的激素冲击治疗能加快CIS患者临床功能恢复。CIS的临床表现与预后密切相关，只有感觉症状、临床症状完全缓解、5年后仍没有活动障碍以及MRI表现正常者往往预后良好。

2. 鉴别诊断

（1）急性播散性脑脊髓炎（acute disseminated encephalomyelitis，ADEM）：多发生在感染、疫苗接种后，起病急且凶险，常伴有意识障碍、高热、精神症状等，病程比较短，呈自限性及单相病程。

（2）颅内恶性淋巴瘤：也可在MRI上显示脑室旁与MS斑块类似的病灶，部分患者对类固醇治疗有反应性，但此病无缓解，CSF-OB缺如。必要时活检加以证实。

（3）结缔组织病：系统性红斑狼疮、脑动脉炎、干燥综合征（sjogren syndrome，SS）、神经白塞病等可有类似MS的表现。这些疾病往往有其他器官受累的表现，通过详尽的病史、血清标记物检查等可进行鉴别。

（4）颈椎病脊髓型：与MS脊髓型有类似表现，脊髓MRI检查有助于鉴别。

（5）其他：如颅内血管畸形伴多次出血发作、腔隙性脑梗死等。应通过病史、MRI及DSA等进行鉴别。

【治疗】

MS治疗原则为早期治疗，在遵循循证医学证据的基础上，结合患者的经济条件和意愿，进行合理治疗。

（一）MS的急性期治疗

首选治疗方案为大剂量甲泼尼龙冲击治疗，对病情严重者或对激素治疗无效者也可试用血浆置换或静脉注射大剂量免疫球蛋白治疗。

1. 糖皮质激素（glucocorticoids）　激素治疗的原则为大剂量、短疗程，不主张小剂量长时间应用。甲泼尼龙：①对于病情较轻者，从1g/d开始，静脉滴注3～4小时，共3～5天后停药。②对于病情较严重者，从1g/d开始，静脉滴注3～4小时，共3天，剂量阶梯依次减半，每个剂量使用2～3天，直至停药，原则上总疗程不超过3周。若在激素减量的过程中病情再次加重或出现新的体征和（或）出现新的MRI病灶，可再次使用甲泼尼龙冲击治疗。激素治疗的大部分不良反应，如电解质紊乱、血糖异常、上消化道出血等是可以预防的。此外，应尽量控制激素的疗程，以预防长期使用激素引起的骨质疏松、股骨头坏死等并发症。

2. 血浆置换（plasma exchange，PE）　又称血液净化，包括淋巴细胞清除、特异性

淋巴细胞去除、免疫活性物质去除等。一般不作为急性期的首选治疗，仅在急性重症患者或其他方法无效时作为一种可以选择的治疗手段。

3. 免疫球蛋白　作为一种可选择的二线或三线治疗手段，只能用于对一、二线疾病调节药物治疗不耐受或处于妊娠或产后阶段的患者。静脉注射大剂量免疫球蛋白0.4g/(kg·d)连续用5天为1个疗程，5天后如果没有疗效，不再继续使用；如果有疗效且疗效明显时，可继续每周使用1天，连用3~4周。

（二）MS的缓解期治疗

1. 干扰素-β(interferon-β)　干扰素-β为治疗RRMS及伴随有复发过程SPMS的一线药物。干扰素治疗MS是通过其免疫调节作用经多重机制实现，其中包括对细胞因子的调节、抑制细胞迁移进入脑内、抑制T细胞的活化、抑制其他炎性T细胞等。干扰素-β治疗能降低RRMS患者或有很高风险发展成为MS的CIS患者的发作次数。对于极有可能发展为CDMS的CIS、已确诊为RRMS或者有复发的SPMS患者，如果有条件即应使用干扰素-β治疗。

2. 醋酸格拉默(GA)　是人工合成的多肽链，由4种氨基酸(L-谷氨酸、L-赖氨酸、L-丙氨酸和L-酪氨酸)组成，其作用机制目前尚未明确，可能与免疫调节有关。GA为RRMS治疗的一线药物。GA能减少RRMS患者发作次数。

3. 免疫抑制剂　米托蒽醌是治疗MS的二线药物。美国FDA于2000年批准其适用于重症RRMS患者或SPMS、PRMS患者。使用时应注意监测其心脏毒性。

4. 单克隆抗体　那他珠单抗为重组α4-整合素单克隆抗体，能阻止激活的T淋巴细胞通过血-脑屏障进入中枢神经系统引起免疫反应，为治疗RRMS的二线药物。长期应用时应注意可能出现的不良反应。

5. 其他免疫抑制剂　无条件应用或对上述一、二线治疗无效的RRMS、有复发SPMS、PRMS患者，在充分估价其疗效/风险比的前提下，可审慎地应用以下免疫抑制剂治疗。常用药物：硫唑嘌呤、环磷酰胺、甲氨蝶呤、环孢素A等。硫唑嘌呤推荐剂量为1~2mg/(kg·d)，1~2次/天，长期口服。用药期间需严密监测血常规及肝、肾功能，出现异常时应立即停药。

（三）MS的对症治疗

1. 疼痛　①痛性痉挛：可用卡马西平、加巴喷丁、巴氯芬等药物；②对比较剧烈的三叉神经痛、神经根性疼痛患者，还可应用其他抗癫痫药物；③慢性疼痛、感觉异常等：可用阿米替林、选择性5-羟色胺/去甲肾上腺素再摄取抑制剂(SNRI)等。

2. 其他　①抑郁、焦虑：可用选择性5-羟色胺再摄取抑制剂(SSRI)、SNRI类药物，以及心理辅导治疗；②乏力、疲劳：可选用金刚烷胺；③震颤：可应用盐酸苯海索、盐酸阿罗洛尔等药物；④膀胱直肠功能障碍：配合药物治疗或借助导尿等处理；⑤性功能障碍：可用改善性功能药物；⑥肢体及语言功能障碍：功能康复训练；⑦认知障碍：可用胆碱酯酶抑制剂等。

（四）中医药治疗

1. 中医治疗　本病在中医学中属“痿证”、“喑痱”、“骨繇”、“眩晕”、“视物昏渺”等范畴，其病因病机极其复杂，以气血内虚，脏腑功能失调为基础，加之内伤外感，劳倦色欲而发。主要有肾阳虚损证，肝肾阴虚证，痰湿化热证，气虚血瘀证，脾胃虚弱证，分别予温补肾阳、填精补髓之二仙汤合右归丸；滋补肝肾、填精补髓之左归丸；清热化痰、

笔记

健脾和胃之黄连温胆汤；益气活血、化瘀通络之补阳还五汤；健脾益气之四君子汤。

2. 针刺疗法　本病病位在“脑与髓”，与肝、脾、肾密切相关，临床多采用醒脑开窍针法、华佗夹脊穴或局部取穴针刺治疗。也可穴位注射治疗。

知识拓展

干细胞移植治疗 MS

自体造血干细胞移植：可以对 MS 患者的异常免疫功能进行相对完全的清除，使其免疫系统得到重建，进而使 MS 患者产生长期免疫耐受，达到临床缓解，但只有在其他治疗手段无效的情况下才考虑应用。远期疗效仍不清楚。

【预后】

MS 不同临床类型的病程及预后迥异。大多数 MS 患者预后较乐观，存活期可长达 20～30 年；少数于病后数月或数年内死亡；极少数急性型病情进展迅速，于病后数周死亡。

第三节　视神经脊髓炎

视神经脊髓炎（neuromyelitis optica，NMO），又称 Devic 病、Devic 综合征，是一种选择性损伤视神经和脊髓的自身免疫性炎性脱髓鞘性疾病，由 Devic（1894 年）首次描述。常先后或同时累及视神经和脊髓，呈急性或亚急性起病。由于 NMO 和 MS 的临床表现有许多相似之处，两者容易混淆，但两者的临床经过、血清学、神经影像学、免疫学等方面均不同。

【病因及发病机制】

NMO 的病因及发病机制尚不清楚。发病可能与感染有关，因在发病过程中，约 1/3 患者有非特异性感染史，半数病人有低热、血及脑脊液白细胞增多。另外，可能与内因、遗传及种族差异有关。目前认为 NMO 是某些病因引起针对水通道蛋白产生特异性自身抗体 NMO-IgG 的离子通道性自身免疫性疾病。

【病理】

NMO 主要累及视神经、视交叉和脊髓（胸段与颈段），破坏性病变明显。病理改变为脱髓鞘、急性轴突损伤、血管周围炎性细胞浸润、胶质细胞增生不显著。最终有坏死空洞形成。

【临床表现】

1. 发病年龄　20～40 岁最多，儿童和老年人发病少见，男女均可发病，女性稍多。

2. 前驱症状　发病前可有低热、咽痛、头痛、头晕、恶心、呕吐、腹痛、腹泻、全身不适等症状。

3. 起病方式　大多呈急性或亚急性起病，少数呈慢性进行性，也有部分患者视神经与脊髓症状起病缓急不同。视神经与脊髓症状常常先后出现，但也可同时出现。在视神经方面，两侧也可先后或同时受累。也有一侧视神经受累→脊髓受累→另一侧视神经受累这样的发病模式。多为单病程，也可有缓解-复发。

笔记

4. 眼部症状　整个病程中仅有单眼受累者很少见。急性起病者在数小时或数日内患眼视力部分或全部丧失，伴眼球疼痛，眼球运动或按压时明显，或有前额部疼痛。偶见缓慢进行性视力减退者。视野改变以中央暗点、生理性盲点扩大及向心性视野缩小为多见。眼底早期可见视神经乳头水肿，晚期可见视神经乳头萎缩。球后视神经炎患者早期眼底正常，晚期出现视神经乳头萎缩。大部分患者视力在数日或数周后恢复。

5. 脊髓症状　表现为播散性脊髓炎，体征呈不对称性不完全性，出现相应的运动、感觉及括约肌功能障碍。约1/3复发型急性脊髓炎常伴有Lhermitte征、阵发性强直性痉挛和神经根痛，但单相病程患者常很少发生。体征常呈不对称和不完全性。颈髓受累时可合并Horner征。

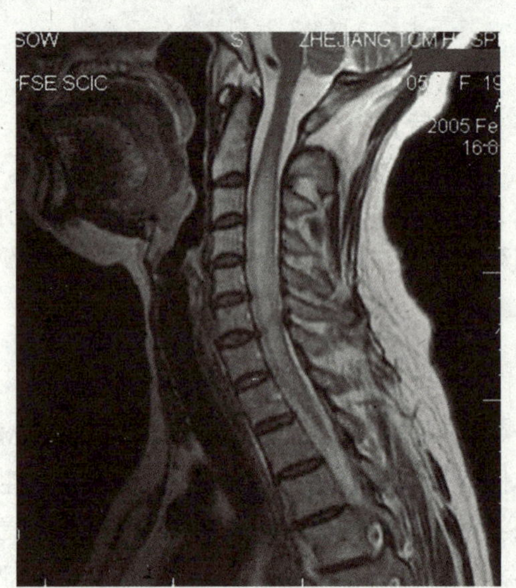

图6-2　NMO的颈髓MRI表现

颈髓MRI矢状位T_2WI示C_2～T_1椎体水平颈髓增粗，呈大片高信号改变

【辅助检查】

1. 血液　急性期白细胞增多，以单核细胞为主；血沉加快；血清总补体可升高；血清水通道蛋白4（AQP4）抗体（NMO-IgG）可阳性。

2. 脑脊液　压力及外观一般正常。病变发作期脑脊液内细胞数增多，以淋巴细胞为主，通常不超过100×10^6/L，约1/3的单相病程及复发型患者MNC>50×10^6/L；脑脊液蛋白正常或轻度增高，当出现椎管部分阻塞时可明显升高。脑脊液糖含量正常或偏低。脑脊液蛋白电泳可检出寡克隆Ig带，但检出率较低。

3. 诱发电位　多数患者有VEP及SEP异常，少数患者有BAEP异常。VEP的异常主要表现为P100潜伏期延长，波幅降低等。

4. MRI　①脊髓：见条索状长T_1、长T_2信号，或弥漫性融合病灶，超过3个脊柱节段，病灶多位于胸段、颈段或颈胸段（图6-2），初发病灶及复发病灶可强化。②视神经：T_2WI显示视神经眶内段及球内段增粗，信号稍增高，周边鞘膜增厚，可强化。

知识拓展

神经影像学的研究与NMO诊断

长期以来将发病时视神经以外脑内发现病灶的病例排除在NMO诊断之外。然而，近年的研究，尤其是神经影像学的研究表明NMO多数患者脑内可出现无症状病灶。在一项对60例符合NMO诊断标准病例的回顾分析中，30名病人最初脑部MRI正常，随后的复查中，一半病人脑内陆续发现病灶，大多数病灶较小，位于皮质下白质多见，无特异性，不符合MS诊断标准。国内报道25例NMO患者入院时行MRI检查，19例发现脑内病灶。

笔记

【诊断及鉴别诊断】

1. 诊断　根据患者急性起病，双侧同时或相继发生的视神经炎、急性横贯性或播散性脊髓炎的临床表现，结合 MRI 显示视神经和脊髓病灶，诱发电位异常，血清 NMO-IgG 阳性等可作临床诊断。NMO Wingerchuck 诊断标准见表 6-2。与 1999 年版 Wingerchuck 标准相比，2006 年版去掉了次要支持条件，保留必需标准和支持标准的前 2 条，将支持标准中第 3 条脑脊液细胞数变化改为血清 NMO-IgG 阳性，确定诊断需必需标准和至少 2 条支持标准。使诊断 NMO 的敏感性及特异性均有明显提高。

表 6-2　NMO Wingerchuck 诊断标准（2006 年修订）

必需标准
1. 视神经炎
2. 急性脊髓炎
支持标准
1. 初次发病时脑部 MRI 检查阴性
2. 脊髓 MRI 显示长 T_2 信号病灶连续达到 3 个或 3 个以上椎体节段
3. 血清 NMO-IgG 阳性

2. 鉴别诊断

（1）视神经炎：多损害单眼，而 NMO 常两眼先后受累，并有脊髓病损或明显缓解-复发表现。对于以视神经损害为首发表现的 NMO 患者应注意随访。

（2）急性脊髓炎：大多数患者病前有感染史，急性起病，呈横贯性脊髓损害表现，病程中无缓解-复发，无视神经损害表现。

（3）多发性硬化：NMO 与 MS 的鉴别有时比较困难。往往需要通过血清学、CSF 及 MRI 检查才能进行鉴别。NMO 患者的血清 NMO-IgG 常常阳性，CSF MNC>50×10^6/L。90% 以上的 MS 患者可见 CSF-IgG、OB 阳性。头部 MRI 在 NMO 初期常正常，MS 常有典型病灶；NMO 脊髓纵向融合病灶超过 3 个脊椎节段，常见脊髓肿胀，并可增强，MS 脊髓病变极少超过 1 个脊椎节段。

（4）亚急性脊髓视神经病：多见于小儿，先有腹痛、腹泻等腹部症状，神经症状以感觉异常为主，常呈对称性，无复发，多无运动障碍，CSF 无明显异常。

【治疗】

（一）西医治疗

NMO 的急性期治疗与 MS 的治疗相仿。首选甲泼尼龙大剂量冲击疗法，500～1000mg/d，静脉滴注，连用 3～5 日，后改用泼尼松口服逐渐减量至停药，近期有效率可达 80%。糖皮质激素治疗无效的患者考虑 PE、IVIg 冲击治疗。缓解期用于 NMO 治疗的药物包括硫唑嘌呤、糖皮质激素、米托蒽醌等，不建议使用干扰素-β。

（二）中医药治疗

1. 中医治疗　本病在中医学中属“视歧”、“视物昏渺”、“青盲”、“痿证”、“眩晕”等范畴，其病因病机与多发性硬化相似，以气血内虚，脏腑功能失调为基础，加之内伤外感，劳倦色欲而发。主要有肝经湿热证，阴虚火旺证，脾胃虚弱证，分别予清利肝胆湿热之龙胆泻肝汤合三妙丸；滋补肝肾、清热明目之杞菊地黄丸；健脾养胃之参苓白术散。

笔记

2. 针刺疗法 本病病位在"脑与髓"，与肝、脾、肾密切相关，临床多采用华佗夹脊穴、项针或局部取穴针刺治疗。也可穴位注射治疗。

【预后】

NMO 的临床表现较 MS 严重，多因一连串的发作而加剧。复发型 NMO 预后差，多数患者呈阶梯式进展，发生全盲或截瘫等后遗症，约 1/3 患者死于呼吸衰竭，约 2/3 患者可存活 5 年以上。单相型患者病情常重于复发型，但长期预后往往较复发型患者好，绝大多数患者可存活 5 年以上。

第四节 急性播散性脑脊髓炎

急性播散性脑脊髓炎（acute disseminated encephalomyelitis，ADEM）是广泛累及脑和脊髓白质的急性炎症性脱髓鞘疾病。发生在疫苗接种后，称为接种后脑脊髓炎；发生在感染性疾病（尤其是出疹性疾病）后，称为感染后脑脊髓炎；诱因不明者称为特发性脑脊髓炎。病情暴发、凶险、病理改变有明显的白质坏死、出血者称为急性坏死性出血性脑脊髓炎，往往病情严重、死亡率高。

【病因及发病机制】

ADEM 的发生虽然与病毒感染和疫苗接种有关，但确切病因至今不明。认为 ADEM 可能为人类受到病毒感染或疫苗接种后，或接受外来蛋白质后的一种自身免疫反应。其发病可能由于某些病原体的氨基酸序列和人体中枢神经系统髓鞘蛋白的氨基酸序列结构相似，机体产生抗自身髓鞘的免疫细胞克隆，与中枢神经系统髓鞘多肽片段发生交叉反应所致。

【病理】

脑的外观除充血肿胀外，一般无其他异常，切面可见大脑半球白质内片状无色病灶。显微镜下主要表现静脉周围出现炎性脱髓鞘，轴索也有破坏，但程度较轻。脱髓鞘区可见小神经胶质细胞，血管周围有炎性细胞浸润形成血管袖套。病变散布于中枢神经系统，以白质损害为主。急性坏死性出血性脑脊髓炎患者可见血管壁坏死及纤维蛋白渗出、血管周围组织坏死、大片水肿等。

【临床表现】

该病可发生于任何年龄，但多见于儿童和青壮年，多为散发，无季节性。感染或疫苗接种后 1～2 周起病，伴发于出疹性疾病者常见于皮疹后 2～4 日发病。患者常在疹斑消退、症状改善时突然出现高热、头昏、头痛、恶心、呕吐、全身酸痛，很快出现大脑、脑干、小脑、脊髓等受损的症状、体征，如嗜睡、精神异常、痫性发作、偏瘫、偏盲、视力障碍、共济失调、震颤和舞蹈样动作、脑膜刺激征、截瘫及四肢瘫等。严重病例可迅速出现深昏迷和去大脑强直发作，甚至死亡。

【辅助检查】

1. 外周血白细胞增多，血沉加快。CSF 压力正常或略高，细胞数正常或轻中度增多，以淋巴细胞为主，蛋白含量正常或轻度增高，糖与氯化物正常。急性坏死性出血性脑脊髓炎 CSF 则以多核细胞为主，红细胞常见，蛋白轻度至中度增高，以 IgG 增高为主，可发现寡克隆带。

2. EEG 常见弥漫性的 θ 和 δ 波，常常两侧不对称，亦可见棘波和棘-慢复合波。

3. 神经影像学　CT 对诊断 ADEM 不敏感。

4. MRI　病灶在脑和脊髓白质不对称性分布，呈多发圆形、椭圆形、不规则形，少数呈肿瘤样，T_2WI（图 6-3）、FLAIR 上呈高信号，T_1WI 上呈低信号，可强化。

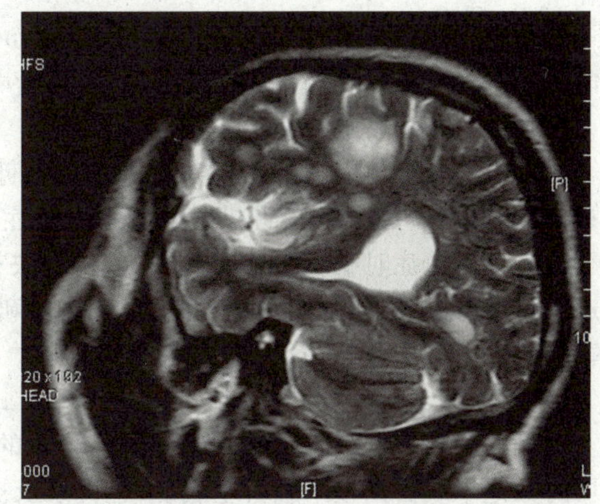

图 6-3　ADEM 的头颅 MRI 表现

MRI 矢状位 T_2WI 示额顶叶白质区多发斑片状及条状高信号影，顶叶部分病灶与侧脑室垂直

【诊断及鉴别诊断】

1. 诊断　目前尚无公认的诊断标准。根据急性或亚急性起病，病前多有感染或疫苗接种史、有脑实质及脊髓损害的症状和体征、脑脊液正常或轻度异常、脑电图示不同程度弥漫性或局限性慢波、MRI 示多发散在病灶、排除其他原因可作出临床诊断。

2. 鉴别诊断

（1）单纯疱疹病毒性脑炎：有时鉴别较难。本病患者的 MRI 显示的病灶多局限于大脑颞叶、额叶，脑脊液检查单纯疱疹病毒抗体滴度增高等有助于鉴别。

（2）MS：ADEM 易误诊为首次发作的多发性硬化。MS 一般无前期感染史，症状、体征以局灶的神经功能损害为主，全脑症状损害不明显。呈多相病程，反复发作为本病的特征之一，而 ADEM 是单相病程。

【治疗】

（一）西医治疗

应用大剂量甲泼尼龙冲击疗法和大剂量丙种球蛋白是当前主要的治疗方法。给予 ADEM 患者皮质类固醇激素大剂量冲击治疗 3 ~ 5 天后逐渐减量并维持 8 ~ 14 周，在疗效欠佳时可联合应用 IVIg 或 PE。

（二）中医药治疗

1. 中医治疗　本病在中医学中属“痉证”、“痿证”、“痿躄”、“挛急”等范畴，其病因病机为感受风寒湿热之邪，壅阻经络，气血不畅，或肝肾阴虚，筋脉失养。主要有肺热津伤证，湿热浸淫证，脾胃亏虚证，肝肾亏损证，分别予清热养阴、润燥生津之清燥救肺汤；清热化湿之加味二妙散；健脾益气之补中益气汤；滋肾柔肝、强筋壮骨之虎潜丸。

2. 针刺疗法　本病病位在“脑与髓”，与肝、脾、肾密切相关，临床多采用醒脑开窍针法及华佗夹脊穴针刺治疗。可配合穴位注射治疗。

【预后】

本病来势虽凶，但多数病人预后良好，多为单相病程。有惊厥发作、昏迷、脊髓受损患者预后较差。病死率约为 10% ~ 20%。存活者常遗留明显的功能障碍，儿童恢复后常伴精神发育迟滞或癫痫发作等。

第五节　脑桥中央髓鞘溶解症

脑桥中央髓鞘溶解症(central pontine myelinolysis,CPM)是以脑桥基底部对称性脱髓鞘为病理特征的疾病。多在电解质紊乱、营养不良等疾病的基础上发病。

【病因及发病机制】

病因不明。半数以上的患者为酒精中毒晚期,也可见于肾衰透析后、肝功能衰竭、肝移植后、淋巴瘤及癌症晚期、营养不良、败血症、急性出血性胰腺炎和严重烧伤等。一般认为低钠血症时脑组织处于低渗状态,过快补充高渗盐水、纠正低钠血症使血浆渗透压迅速升高,引起脑组织脱水和血-脑屏障破坏,有害物质透过血-脑屏障可导致髓鞘脱失。

【病理】

本病的病理特点是脑桥基底部呈对称分布的神经纤维脱髓鞘,病灶边界清楚,直径可为数毫米或占据整个脑桥基底部,也可累及被盖部。镜下可见神经细胞和轴突相对完好,吞噬细胞和星形细胞反应。

【临床表现】

本病为散发,任何年龄均可发生,儿童病例也不少见。患者常为慢性酒精中毒晚期或常伴严重威胁生命的疾病。往往在原发病基础上突发四肢弛缓性瘫,咀嚼、吞咽及言语障碍,眼震及眼球凝视障碍等,可呈缄默及完全或不完全闭锁综合征。

【辅助检查】

1. 脑干听觉诱发电位(BAEP)　常有异常,有助于确定脑桥病变,但不能确定病灶范围。

2. MRI　可发现脑桥基底部特征性蝙蝠翅膀样病灶,呈对称分布 T_1 低信号、T_2 高信号,无增强效应。

【诊断及鉴别诊断】

1. 诊断　慢性酒精中毒、严重全身性疾病和低钠血症纠正过快的患者,突然出现四肢弛缓性瘫痪、假性延髓麻痹,数日内迅速进展为闭锁综合征,应高度怀疑 CPM 可能,MRI 有助于确诊。

2. 鉴别诊断　本病应与脑桥基底部梗死、肿瘤和多发性硬化等鉴别。MRI 显示 CPM 无显著占位效应,病灶对称,不符合血管分布特征,随病情好转可恢复正常。

知识链接

脑桥外髓鞘溶解症(extrapontine myelinolysis,EPM)

EPM 和 CPM 合称为渗透性髓鞘溶解(osmotic myelinolysis,OM)。CPM 首先由 Adams 详细描述并报道。1962 年,人们认识到髓鞘溶解不一定局限在脑桥,于是产生了 EPM 的概念。它的病因及发病机制与 CPM 类似。病变受累的部位包括尾状核、豆状核、丘脑、颞叶、顶叶、额叶、枕叶等,可同时累及脑桥。防治同 CPM。

笔记

【治疗】

（一）西医治疗

1. 以支持及对症治疗为主，积极处理原发病。纠正低钠血症应缓慢，不用高渗盐水。限制液体入量，急性期可用甘露醇、呋塞米等治疗脑水肿。

2. 早期用大剂量糖皮质激素冲击治疗有可能抑制本病进展，可试用高压氧和血浆置换。

（二）中医药治疗

1. 中医治疗　本病在中医学中属“中风”、“痿证”、“喑痱”等范畴，其病因病机极其复杂，择其要者多与饮食失节、久病亏虚、加之外感之邪而成。其病机为风、火、痰、瘀等闭塞经脉，扰动神明，或因脏腑虚损、气血阴津不足、经脉、脑府失养。表现为痰湿化热证，以清热化痰、健脾和胃之黄连温胆汤；表现为脾胃虚弱证，以健脾益气之四君子汤；表现为肝肾阴虚证，以滋补肝肾、填精补髓之左归丸；后期常表现为气虚血瘀证，则以益气活血、化瘀通络之补阳还五汤等。

2. 针刺疗法　本病病位在“脑与髓”，与脾、肝、肾密切相关。临床多采用以醒脑开窍、滋补肝肾为主，疏通经络为辅的治疗方法。以醒脑开窍针刺法、华佗夹脊穴或局部取穴针刺治疗并随症加减穴位。

【预后】

多数 CPM 患者预后极差，死亡率极高，可于数日或数周内死亡。少数存活者遗留痉挛性四肢瘫等严重神经功能障碍，偶有完全康复的患者。

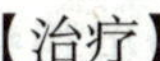

学习小结

1. 学习内容

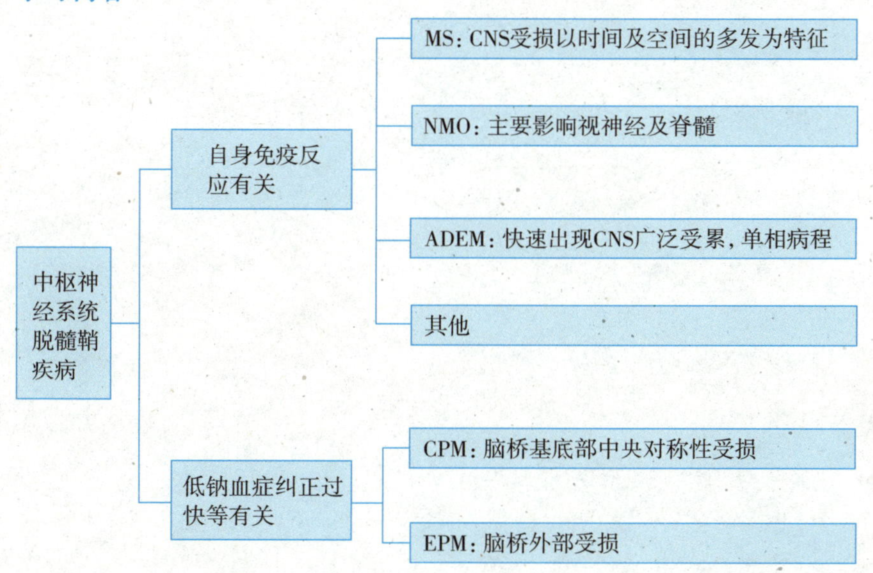

2. 学习方法

首先要了解中枢神经系统脱髓鞘疾病的分类，明确本章主要阐述的是临床上通常所指的中枢神经系统脱髓鞘疾病，MS、NMO、ADEM、CPM 等。掌握脱髓鞘疾病的病理及影像学特征非常重要。这类疾病可归纳为空间上的多发，临床表现复杂，而 MS、

笔记

NMO还表现时间上的多发。ADEM来势虽凶，但多数病人预后良好，多为单相病程；CPM病人往往基础疾病较多，病情严重，预后差。鉴别主要依靠影像学特征、特异性抗体、临床随访等。急性期治疗主要依靠糖皮质激素、血浆置换、静脉注射大剂量免疫球蛋白等。

（侯　群）

复习思考题

1. 什么是MS？其主要的临床特征是什么？
2. 什么是NMO？
3. 什么是ADEM？
4. 中枢神经系统脱髓鞘疾病急性期如何治疗？

第七章

运动障碍疾病

学习目的

通过学习锥体外系的概念、组成，神经环路的组成和功能，基底节神经递质及其变化，运动障碍疾病的分类及常用治疗方法等知识，加深对神经系统运障碍疾病的概念、病因及病理机制的理解，熟练掌握常见运动障碍疾病的临床特征、识别及处理。

学习要点

基底节及神经环路的组成、功能；基底节神经元之间的信息传递与神经递质和神经调质；锥体外系症状的临床分类；运动障碍疾病中的帕金森病、肝豆状核变性、小舞蹈病、抽动及抽动秽语综合征的病因病理、临床表现、诊断及治疗。

第一节　概　述

运动障碍疾病(movement disorders)，又称锥体外系疾病(extrapyramidal diseases)，主要表现为随意运动调节功能障碍，肌力、感觉功能不受影响。

锥体外系是运动系统的一个重要组成部分，包括锥体系以外的所有运动神经核及运动传导束。锥体外系调节上、下运动神经元的功能，与锥体系共同调节肌张力、协调随意运动和维持身体姿势。当锥体外系损伤时，主要表现肌张力变化和不自主运动等。

【基底节及其神经环路】

锥体外系的主要组成部分是基底神经节，简称基底节(basal ganglia)，是大脑皮质下一组灰质核团，包括尾状核、壳核、苍白球、杏仁核、黑质和丘脑底核等。壳核与苍白球合称豆状核，苍白球属于旧纹状体，尾状核和壳核属于新纹状体，旧纹状体和新纹状体总称纹状体。基底节具有复杂的纤维联系，主要构成三个重要的神经环路：①皮质-皮质环路：大脑皮质-尾状核-内侧苍白球-丘脑-大脑皮质；②黑质-纹状体环路：黑质与尾状核、壳核间往返联系纤维；③纹状体-苍白球环路：尾状核、壳核-外侧苍白球-丘脑底核-内侧苍白球。在皮质-皮质环路中有直接通路(纹状体-内侧苍白球/黑质网状部)和间接通路(纹状体-外侧苍白球-丘脑底核-内侧苍白球/黑质网状部)。环路是基底节实现运动调节功能的解剖学基础，直接通路和间接通路的活动平衡对实现正常运动功能至关重要。

【病理基础】

黑质-纹状体多巴胺通路变性导致基底节输出过多，丘脑-皮质反馈活动受到过度

笔记

抑制，使皮质运动功能易化作用受到削弱，产生以强直-少动为主要表现的帕金森病。纹状体、丘脑底核病变可导致基底节输出减少，丘脑-皮质反馈对皮质运动功能易化作用过强，产生以不自主运动为主要表现的舞蹈症、投掷症。因此基底节递质生化异常和环路活动紊乱是产生各种运动障碍症状的主要病理基础。运动障碍疾病无论药物或外科治疗，原理都是基于对递质异常和环路活动紊乱的纠正。

【症状分类】

基底节病变所表现的姿势与运动异常被称作锥体外系症状，大致分为三类，即肌张力异常（过高或过低）、运动迟缓、异常不自主运动（震颤、舞蹈症、投掷症、手足徐动症等）。根据临床特点，运动障碍疾病分为肌张力增高-运动减少和肌张力降低-运动过多，前者代表性疾病为帕金森病，后者代表性疾病为亨廷顿病。

在锥体外系中，神经元之间的信息传递与许多神经递质和神经调质有关，如多巴胺（DA）、乙酰胆碱（ACh）、γ-氨基丁酸（GABA）、5-羟色胺（5-HT）、去甲肾上腺素、谷氨酸、P 物质、脑啡肽等，它们精细地执行各自的生理功能，直接或间接地参与调节并维持神经功能的平衡。在运动障碍疾病中，递质间平衡失调是产生症状的直接原因。例如患帕金森病时，黑质多巴胺能神经元缺失导致输入纹状体的多巴胺递质减少，使乙酰胆碱的作用相对增强，造成动作减少和肌张力增高；又如在亨廷顿病中，γ-氨基丁酸的合成减少，使多巴胺作用相对增强，产生动作增多、肌张力不全和不自主运动。

运动障碍疾病大多数病因及发病机制不清，临床上多以对症治疗为主，包括药物治疗、肉毒素治疗、立体定向手术治疗、深部脑刺激（DBS）治疗、γ 刀治疗等。但是临床上既要借鉴循证医学证据，又要结合患者的实际情况，科学地制定个体化的治疗方案，才能达到最佳治疗效果。

第二节　帕金森病

帕金森病（Parkinson disease，PD），又称震颤麻痹（paralysis agitans），由英国医生 James Parkinson 于 1817 年首先描述，是一种中老年人常见的运动障碍疾病，以黑质多巴胺能神经元变性丢失和路易小体形成为主要病理特征，临床表现以静止性震颤、运动迟缓、肌强直和姿势步态异常等运动症状和感觉障碍、睡眠障碍、精神障碍和自主神经功能障碍等非运动症状为主要特征。

帕金森病起病年龄平均为 55 岁（20～80 岁），男、女比例为 3∶2。发病率随年龄增长而增加，每 10 万人中，54 岁以下为 5，55～64 岁为 32，65～74 岁为 113，75～84 岁为 254。我国现有帕金森病患者人数已超过 200 万。

【病因及发病机制】

本病的研究已近 200 年的历史，其发病原因至今仍不清楚，可能与下列因素密切相关：

1. 年龄因素　帕金森病主要发生于中老年，且随增龄发病率增高，40 岁以前发病少见。有资料显示正常人每 10 年有 13% 的黑质多巴胺能神经元死亡。实际上，当黑质多巴胺能神经元减少 50% 以上，纹状体多巴胺递质减少 80% 以上，临床上就可出现帕金森病症状。

2. 遗传因素　10%～15% 的患者有家族史，呈不完全外显的常染色体显性遗传或隐性遗传，有多代、多个家庭成员发病，其余为散发性病例。已发现 PARK1～13 等

笔记

基因与帕金森病有关，其中7个为常染色体显性遗传，4个为常染色体隐性遗传，1个为X染色体连锁遗传，另外1个可能与晚发散发性帕金森病有关。遗传因素在年轻（<40岁）患者发病中可能起着更为重要的作用。在早发型帕金森病中，PINK1基因突变发生率远低于Parkin基因，而后者也被认为是中国人常染色体隐性遗传早发型帕金森病最常见的原因。

3. 环境因素　研究显示长期接触杀虫剂、除草剂或某些化学品等可能是帕金森病发病的因素。20世纪80年代初美国加州一些吸毒者因误用一种神经毒物质吡啶类衍生物1-甲基-4-苯基-1,2,3,6-四氢吡啶（MPTP），出现酷似原发性帕金森病的某些病理变化、生化改变、症状和药物治疗反应等，给猴注射MPTP也出现类似效应。嗜神经毒MPTP和某些杀虫剂、除草剂可能抑制黑质线粒体呼吸链NADH-CoQ还原酶复合物（复合物Ⅰ）活性，使ATP生成减少，自由基生成增加和氧化应激反应产生，导致多巴胺能神经元变性死亡。

综上所述，帕金森病的发病绝非单一因素，而是多种因素相互作用的结果。遗传因素使患病易感性增加，在环境因素和年龄老化共同作用下，通过氧化应激、线粒体功能缺陷、蛋白酶体功能异常、免疫反应、细胞凋亡、兴奋性氨基酸毒性、胶质细胞增生和炎症反应等多重复杂机制导致黑质多巴胺能神经元变性、死亡，以致发病。

【病理】

大脑外观上无明显改变，脑重量一般在正常范围。切面上主要改变是中脑黑质、脑桥的蓝斑及迷走神经背核等处脱色，其中尤以黑质最为显著，外观颜色变浅甚至完全无色。光镜下特征性病理改变为黑质多巴胺能神经元及其他含色素的神经元大量变性丢失及残留的神经细胞内有嗜酸性包涵体，即路易小体（Lewy body）形成。黑质致密区多巴胺能神经元丢失最严重，其他部位含色素的神经元，如蓝斑、脑干和中缝核、迷走神经背核等也有较明显的丢失。

神经炎症也是帕金森病病理特征之一，包括星型胶质细胞和小胶质细胞激活，以及反应性胶质细胞增生。激活的小胶质细胞可释放营养因子，但也可产生有害的氧自由基、一氧化氮和促炎症因子。

【临床表现】

1. 运动症状（motor symptoms）

（1）静止性震颤（static tremor）：常为本病的首发症状，多从一侧上肢远端（手指）开始，逐渐扩展至同侧下肢及对侧肢体，上肢震颤幅度较下肢明显，下颌、口唇、舌及头部常最后受累。典型表现为规律性的手指屈曲和拇指对掌运动，如“搓丸样（pill-rolling）”动作，频率为4～6次/秒，幅度不定，以粗大震颤为多。静止时出现，精神紧张时加剧，随意运动时减轻，睡眠时消失。在疾病早期，轻症患者的震颤不易检出，仅在情绪激动、焦虑、兴奋或行走时才明显。在疾病晚期，震颤变为经常性，做随意运动时亦不停止。静止性震颤对天气变化较为敏感，同时也是全身状况好坏的标志。少数患者尤其是70岁以上发病者可不出现震颤。部分患者可合并姿势性震颤。

（2）肌强直（rigidity）：锥体外系病变导致患者伸肌与屈肌张力同时增高，关节被动运动时阻力增高始终保持均匀一致，似弯曲软铅管，称为“铅管样强直（lead-pipe rigidity）”；如患者伴有震颤，检查者伸屈患者肢体时可感到在均匀的阻力上出现断续的停顿，如齿轮在转动一样，称为“齿轮样强直（cogwheel rigidity）”。肌强直可累及全身骨骼肌，特别是肩胛带肌和骨盆带肌，出现肩关节或髋关节疼痛，相当一部分病人因下

笔记

肢肌张力增高而感觉行走乏力。

(3) 运动迟缓(bradykinesia):是帕金森病的一个重要的运动症状,表现为随意运动减少,包括始动困难和运动迟缓,因肌张力增高出现一系列特征性运动障碍症状,如坐位或卧位时起立困难,起床、翻身、解系纽扣或鞋带、穿鞋袜或衣裤、洗脸及刷牙等日常活动均可发生障碍。面部表情肌活动减少,表现为面无表情、瞬目减少、双眼凝视,呈"面具脸"或"扑克脸";手指精细动作困难,书写时字愈写愈小,为"小字征";做快速重复性动作如拇、食指对指时可出现运动速度和幅度进行性降低。

(4) 姿势步态异常:躯干、四肢和颈部及面部肌肉强直,患者出现特殊姿态,头部前倾,躯干俯屈,上肢肘关节屈曲,腕关节伸直,前臂内收,指间关节伸直,拇指对掌,下肢髋关节及膝关节均略为弯曲。随着疾病的进展,这些姿势障碍逐渐加重,中晚期患者因平衡功能减退而出现姿势步态不稳,容易跌倒,甚至发生骨折,严重影响生活质量,也是致残的原因之一。早期下肢拖曳,上肢摆臂幅度减小。随着病情的进展,步伐逐渐变为小碎步,起步困难,起步后前冲,愈走愈快,不能及时停步或转弯,称前冲步态或慌张步态(festination gait)。转弯时因躯干僵硬,躯干与头部连带小步转弯。有时在行走过程中双脚突然不能抬起好像被粘在地上一样,称为冻结现象。

2. 非运动症状(non-motor symptoms)　也是常见和重要的临床征象,而且有的可先于运动症状而发生。

(1) 感觉障碍:最常见的感觉障碍主要包括嗅觉减退、疼痛或异麻等。80%～90%帕金森病患者存在嗅觉障碍,可发生在运动症状出现之前,有助于区别帕金森综合征。约70%患者出现颈部、脊柱旁、腰及下肢肌肉乃至全身疼痛。

(2) 睡眠障碍:睡眠障碍主要包括入睡困难、睡眠维持困难(又称睡眠破碎)、快速眼动期睡眠行为异常(rapid eye movement sleep behavior disorder,RBD)、白天过度嗜睡(excessive daytime sleepiness,EDS)、不宁腿综合征(restless leg syndrome,RLS)等。

(3) 精神障碍:最常见的精神障碍包括抑郁和(或)焦虑、情感淡漠、幻觉、妄想、认知障碍或痴呆等。

(4) 自主神经功能障碍:最常见的自主神经功能障碍主要有便秘、排尿异常、体位性低血压、性功能障碍等。

3. 其他症状　①反复轻敲患者眉弓上缘可诱发眨眼不止(Myerson征),正常人反应不持续;可有眼睑阵挛(闭合眼睑轻度颤动)或眼睑痉挛(眼睑不自主闭合);②口、咽、腭肌运动障碍,使讲话缓慢,语音低沉单调,流涎,严重时吞咽困难。由少动引起的构音不全、重复语言、口吃等,称为"慌张言语(festination of speech)"。

【辅助检查】

1. 生化检测　血、脑脊液常规生化检查均无异常,高效液相色谱可检出脑脊液和尿中高香草酸含量降低。

2. 影像学检查　颅脑CT、MRI检查无特异性改变,但PET或SPECT可用于评估纹状体内突触前多巴胺能神经末梢的密度,以此来反映黑质致密带神经变性的严重程度。

3. 自主神经功能检测　自主神经功能检查如卧立位血压检测、残余尿量检测可以发现存在自主神经障碍的PD患者。

4. 嗅觉检测　可以区分PD与非典型帕金森综合征、继发性帕金森综合征。对于隐匿起病的PD患者嗅觉检测可以作为诊断的筛查手段。

笔记

【诊断及鉴别诊断】

1. 诊断要点

（1）中老年隐袭起病，缓慢进行性病程。

（2）单侧起病，必备运动迟缓及至少具备静止性震颤、肌强直二者中的一项。

（3）左旋多巴治疗有效。

（4）患者无眼外肌麻痹、小脑体征、体位性低血压、锥体系损害和肌萎缩等。

2. 鉴别诊断

（1）继发性帕金森综合征：有明确的病因，常继发于药物、感染、中毒、脑卒中和外伤等。①脑炎后帕金森综合征：20 世纪上半叶流行的昏睡性脑炎常遗留帕金森综合征，目前罕见。②药物或中毒性帕金森综合征：神经安定剂（吩噻嗪类及丁酰苯类）、利血平、胃复安、α-甲基多巴、锂、氟桂利嗪等可导致帕金森综合征；MPTP、锰尘、一氧化碳、二硫化碳中毒或焊接时接触烟尘亦可引起。③血管性帕金森综合征：患者有高血压、动脉硬化及脑卒中史，锥体束受损的病理征和典型的神经影像学改变可提供证据。④外伤性帕金森综合征：如拳击、脑外伤等引起。

（2）进行性核上麻痹（progressive supranuclear palsy，PSP）：该病可有强直、少动、姿势障碍等 PD 症状，须与 PD 鉴别。但该病患者可出现垂直型眼球运动麻痹及锥体束征，姿势障碍也与 PD 有所不同，倾向于向后跌倒。对左旋多巴治疗反应差。

（3）特发性震颤：多在 40 岁起病，缓慢进展，可发生于各年龄段，但以老年人多见。震颤为姿势性或动作性，主要见于上肢远端，下肢很少受累，常影响头引起点头或摇晃，无强直、少动和姿势障碍。约 1/3 的患者有家族史，饮酒或服用普萘洛尔震颤可显著减轻。

【治疗】

1. 治疗原则　应采取综合治疗，其中药物治疗是首选且为主要的治疗手段，手术治疗则是药物治疗的一种有效补充。无论药物抑或手术，只能改善症状，不能阻止病情的发展。因此，治疗上要有前瞻性，不仅要顾及当前，还要考虑将来，进行长期管理，使患者终身获益。提倡早期诊断、及早治疗，掌控疾病的修饰时机，这是帕金森病整个治疗成败的关键。早期治疗分为非药物治疗（包括让患者认识此病、坚定战胜疾病的信心、加强营养、适度锻炼等）和药物治疗两方面。用药原则应当以达到有效改善临床症状、提高工作能力和生活质量为目标。需要终生服药。

一旦开始药物治疗，特别是左旋多巴治疗，应遵守以下原则：①坚持“细水长流，不求全效”的用药原则，力求以最小的药物剂量获取较满意疗效，治疗目标以不影响病人的日常生活为前提；②坚持“low”和“slow”的原则，即从小剂量开始，缓慢递增，采用“剂量滴定”以避免产生药物的急性副作用；③不应盲目加药，不宜突然停药；④强调个体化治疗的原则，不同的患者用药选择不仅要考虑病情特点，而且还要考虑患者的年龄、就业状况、经济承受能力等因素。目标是延缓疾病进展，控制症状，并尽可能延长症状控制的年限，同时尽量减少药物的不良反应和并发症。

2. 药物治疗

（1）选药原则：早发型不伴智能减退的患者，可选择如下方案：①非麦角类多巴胺受体激动剂；②单胺氧化酶-B（MAO-B）抑制剂；③金刚烷胺；④复方左旋多巴；⑤复方左旋多巴合用儿茶酚-氧位-甲基转移酶（COMT）抑制剂。首选药物应根据不同患者的具体情况来选择。首选方案①、②或⑤；若患者由于经济原因不能承受高价格的药

物，则可首选方案③；若因特殊工作之需力求显著改善运动症状，或出现认知功能障碍则可首选方案④或⑤，或也可在小剂量应用方案①、②或③时，同时小剂量合用方案④。若震颤明显而其他抗帕金森病药物疗效不佳时，可选用抗胆碱能药物，如苯海索等。

晚发型或有伴智能减退的患者，应首选复方左旋多巴治疗。必要时可加用多巴胺受体（DR）激动剂、MAO-B 抑制剂或 COMT 抑制剂治疗。尽可能不用抗胆碱能药物，尤其是老年男性患者，因该药有较多的副作用，除非有严重震颤，明显影响患者的日常生活和工作能力时。

（2）治疗药物

1）抗胆碱能药物：我国常用的抗胆碱能药物为苯海索，又名安坦，剂量一般为每次口服 2mg，每天 3 次。

此外还有苯甲托品、东莨菪碱、比哌立登等，对震颤和肌强直有效，对运动迟缓疗效较差，主要适用于震颤明显且年龄较轻的患者。此类药物一般有口干、瞳孔散大和调节功能不良、面红、出汗减少及顽固性便秘等副作用。剂量大者甚至可引起排尿不畅、失眠或谵妄等，停药或减量后即可消失。青光眼或前列腺肥大者禁用。对<60 岁的患者，应告知长期应用后可能导致其认知功能下降的风险，用药过程中须定期检测其认知功能，一旦出现下降应立即停用该类药物；对≥60 岁的患者一般不主张使用。

2）金刚烷胺：能促进多巴胺在神经末梢释放和减少多巴胺的再摄取，并有抗胆碱能作用，是谷氨酸拮抗剂，轻度改善少动、强直和震颤等。可单独治疗 PD，疗效维持 6～12 个月，也可与抗胆碱能药物或左旋多巴合用。金刚烷胺起始剂量为 50mg，2～3 次/日，1 周后增加至 100mg，2～3 次/日，一般不超过 300mg/d，老年人不超过 200mg/d，末次应在下午 4 时前服用。副作用较少，如不安、意识模糊、下肢网状青斑、踝部水肿和心律失常等。肾功能不全、癫痫、严重胃溃疡和肝病患者慎用，哺乳期妇女禁用。

3）复方左旋多巴：左旋多巴是多巴胺的前体，可通过血-脑屏障进入脑内转化为多巴胺而起作用，可补充黑质纹状体内多巴胺的不足，能改善帕金森病人所有临床症状，对运动减少有特殊疗效，是帕金森病最重要的治疗药物。由于脑外多巴胺脱羧酶的存在，增加了左旋多巴的分解，单用左旋多巴必须增加剂量才能起到治疗作用，一般每日有效剂量在 2～5g 之间。由于单用左旋多巴剂量大，副作用多，现多采用加上脑外多巴胺脱羧酶抑制剂的复方左旋多巴制剂，目前临床已很少单独使用左旋多巴。左旋多巴和复方左旋多巴仍是目前最有效的抗帕金森病药物。复方左旋多巴主要有美多芭（左旋多巴加苄丝肼）和息宁（左旋多巴加卡比多巴）两种。两种复方左旋多巴均有标准片、控释片和水溶片三种。目前我国临床使用的复方左旋多巴主要有美多芭（标准片）和息宁控释片两种。原则上先使用标准片，在出现症状波动副作用时再改用控释片。美多芭初始剂量每次 62.5mg，2～3 次/日，根据病情而渐增剂量至疗效满意且不出现副作用时的适宜剂量维持治疗，最大剂量不超过 250mg，3～4 次/日。空腹用药效果好，餐前 1 小时或餐后 2 小时服用（因食物中的中性氨基酸影响左旋多巴在小肠吸收和阻碍其通过血-脑屏障）。不良反应有周围性和中枢性两类，前者多为近期的，表现为恶心、呕吐、体位性低血压和心律失常；后者有症状波动、异动症和精神症状，多出现于长期服用左旋多巴的患者。活动性消化道溃疡者慎用，精神病者禁用。

长期服用左旋多巴易出现的主要迟发合并症及其治疗如下：

症状波动：症状波动主要有剂末恶化、开关现象两种形式。①剂末恶化（end of

笔记

dose deterioration)，又称疗效减退(wearing-off)，指每次用药有效时间缩短，症状随血药浓度发生规律性波动。治疗上可采用以下方案：通过不增加服用复方左旋多巴的每日总量，而适当增加每日服药次数，减少每次服药剂量(以仍能有效改善运动症状为前提)；或适当增加每日总剂量(原先剂量不大的情况下)，每次服药剂量不变而增加服药次数；或由标准片换用控释片以延长左旋多巴的作用时间，更适宜在早期出现剂末恶化，尤其发生在夜间时，剂量需增加20%～30%；或加用长半衰期的DR激动剂，如普拉克索、罗匹尼罗等；或加用纹状体产生持续性多巴胺能刺激的COMT抑制剂；或加用MAO-B抑制剂，如雷沙吉兰或司来吉兰等；为避免饮食中蛋白质对左旋多巴吸收的影响，宜在餐前1小时或餐后2小时服药；手术治疗主要是丘脑底核的深部电刺激术可获疗效。②开关现象(on-off phenomenon)，症状在突然缓解("开期")与加重("关期")间波动，"开期"常伴异动症。多见于病情严重者，发生机制不详，与患者服药时间、药物血浆浓度无关，故无法预测关期发生的时间。患者"关期"表现为严重的帕金森病症状，持续数秒钟或数分钟，然后又突然转为"开期"。这些患者在"关期"常伴有明显的无动症，而"开期"又出现明显的异动现象。对开关现象的处理较为困难，可以选用口服DR激动剂，或可采用微泵持续输注左旋多巴甲酯或乙酯或DR激动剂(如麦角乙脲等)。

异动症：又称运动障碍，常表现为舞蹈症-手足徐动症样不自主运动，可累及头面部、四肢和躯干，有时表现为单调刻板的不自主动作或肌张力障碍，表现为：①剂峰异动症或改善-运动障碍-改善，出现在用药1～2小时内血药浓度高峰期，与用药过量或多巴胺受体超敏有关。若患者单用复方左旋多巴，可适量减少剂量，同时加用多巴胺激动剂或COMT抑制剂；减少每次复方左旋多巴的剂量；或加用金刚烷胺。若正在使用复方左旋多巴控释片，则应换用标准片，避免控释片的累积效应。②双相异动症或运动障碍-改善-运动障碍，剂初和剂末均可出现，机制不清。若正在使用复方左旋多巴控释片应换用标准片，最好使用水溶剂，可以有效缓解剂初异动症；加用长半衰期的多巴胺激动剂或COMT抑制剂，缓解剂末异动症。微泵持续输注多巴胺激动剂或左旋多巴甲酯或乙酯可以同时改善异动症和症状波动。③肌张力障碍(dystonia)，表现为足或小腿痛性痉挛，多发生于清晨服药之前，可睡前加用复方左旋多巴控释片或长效DR激动剂，或在起床前服用复方左旋多巴标准片或水溶片。

4）多巴胺受体激动剂：目前大多数推荐DR激动剂特别是非麦角类DR激动剂为首选药物，尤其用于早发型患者的病程初期。这类长半衰期制剂可直接刺激突触后膜多巴胺受体，能避免对纹状体突触后膜多巴胺受体产生"脉冲"样刺激，从而预防或减少运动并发症的发生。多巴胺受体激动剂均应从小剂量开始，渐增至获得满意疗效而不出现副作用为止。不良反应与复方左旋多巴相似，以恶心、呕吐最为常见。不同之处是症状波动和异动症发生率低，而体位性低血压、脚踝水肿、精神症状(如幻觉等)、食欲亢进、性欲亢进等发生率高。多巴胺受体激动剂分为麦角碱类和非麦角碱类两种类型，前者包括溴隐亭、培高利特、α-二氢麦角隐亭和麦角乙脲等；后者包括普拉克索、罗匹尼罗、吡贝地尔和罗替戈汀等。麦角类多巴胺受体激动剂培高利特因导致心脏瓣膜病变和肺、胸膜纤维化，现已停止使用，目前尚未发现非麦角类多巴胺受体激动剂有该副作用。国内市场的非麦角类多巴胺受体激动剂有：①吡贝地尔缓释片，初始剂量50mg/d；本药易产生恶心、呕吐等副反应，不能耐受患者可改为每次25mg，每日2次；第2周增至每次50mg，每日2次；有效剂量150mg/d，分3次口服，最大不超

笔记

过250mg/d。②普拉克索，初始剂量每次0.125mg，每日3次，以后每周增加0.125mg，一般单用有效剂量0.50～0.75mg，每日3次，最大不超过5mg/d。国内上市的麦角类多巴胺受体激动剂为溴隐亭，0.625mg/次，每日1次，每隔3～5天增加0.625mg，有效剂量为3.75～15.00mg/d，分3次服。

5）单胺氧化酶B抑制剂：可抑制神经元内多巴胺分解代谢，增加脑内多巴胺含量，合用复方左旋多巴有协同作用，减少复方左旋多巴约1/4剂量，延缓开关现象，同时对多巴胺能神经元有保护作用。常用药物有司来吉兰和雷沙吉兰。司来吉兰用法为2.5～5.0mg，每日2次，早晨、中午服用，晚上使用可引起失眠，或与维生素E 2000IU合用；雷沙吉兰用法为1mg，每日1次，早晨服用，胃溃疡者慎用，禁与5-羟色胺再摄取抑制剂合用。

6）儿茶酚-氧位-甲基转移酶（COMT）抑制剂：抑制左旋多巴在外周的代谢，维持左旋多巴血浆浓度稳定，加速其通过血-脑屏障，阻止脑胶质细胞内多巴胺降解，增加脑内多巴胺含量。该类药物单独使用无效，需与复方左旋多巴合用可增强后者疗效，减少症状波动。恩托卡朋是周围性COMT抑制剂，用法为每次100～200mg，每日5次。托卡朋具有周围和中枢COMT抑制作用，每次100～200mg，每日3次。早期患者若首选Stalevo（由恩托卡朋、左旋多巴、卡比多巴三者组成的复合制剂）治疗有可能预防或延迟运动并发症的发生，能显著减少多巴胺替代疗法的剂末现象，改善患者生活质量，但该药价格不菲。COMT抑制剂不良反应主要有腹泻、头痛、多汗、口干、转氨酶升高、腹痛和尿色变黄等。托卡朋有可能导致肝功能损害，须严密监测肝功能，尤其是在开始用药的3个月内。

（3）姿势平衡障碍：姿势平衡障碍是帕金森病中晚期患者常见的临床特征，也是引起跌跤的主要原因。患者跌倒多发生在变换体位如转身、起身和弯腰时。目前尚无有肯定疗效的药物来改善患者的姿势平衡障碍，通过调整患者的用药剂量或增加用药数量，一部分患者短期内有效。此外，加强患者平衡功能训练，跨踏步走、跨越物体（真实的或假想的）或练太极拳等可能有益。易跌跤者也可在助行器或轮椅的帮助下缓慢行走。

（4）非运动症状的治疗：帕金森病的非运动症状涉及许多方面，主要包括精神障碍、自主神经功能障碍、睡眠障碍和感觉障碍，常影响病人的日常工作和生活质量。

1）精神障碍：精神症状表现形式多样，如生动的梦境、抑郁、焦虑、错觉、幻觉、欣快、轻度躁狂、精神错乱和意识模糊等。帕金森病本身或所用治疗药物均可出现或诱发精神障碍，故对帕金森病治疗过程中出现的精神障碍，应首先区别是药物诱发还是疾病本身所致。如为药物诱发，则应首先停用最后应用的抗帕金森病药物，或根据易诱发患者精神障碍的几率而依次逐减或停用如下抗帕金森病药物：抗胆碱能药、金刚烷胺、MAO-B抑制剂、DR激动剂。若采取以上措施患者仍有症状，因复方左旋多巴很难完全停用，应考虑逐渐减少左旋多巴用量。如药物调整仍然无效，则应考虑精神障碍可能为帕金森病本身所致，加用抗精神病药如氯氮平，可减轻意识模糊和精神障碍，不阻断左旋多巴药效，对某些病例可改善运动障碍；奥氮平、喹硫平等也可作为替代药。较重的抑郁症、焦虑症可加用选择性SSRI如氟西汀等，也可应用DR激动剂，尤其是普拉克索既可以改善运动症状，同时也可改善抑郁症状，劳拉西泮和地西泮缓解易激惹状态有明显效果。若有认知障碍和痴呆，可用美金刚等进行治疗。

2）自主神经功能障碍：对帕金森病便秘患者，可通过增加饮水量和高纤维素含

笔记

量的食物并增加身体运动量使其受益；同时应停用抗胆碱能药；此外乳果糖或其他温和的导泻药物（如麻仁丸、龙荟丸、大黄片、番泻叶等）以及胃肠动力药（如多潘立酮、莫沙必利等）也能改善便秘症状。泌尿障碍如尿频、尿急和急迫性尿失禁者，可采用外周抗胆碱能药如奥昔布宁等治疗；逼尿肌无反射者应予胆碱能制剂（此类药物会加重帕金森病运动症状，使用时应谨慎）；尿潴留者，应进行间歇性清洁导尿；前列腺增生肥大严重者可考虑手术治疗。位置性低血压者，须穿弹力裤，增加盐、水摄入量，睡眠时抬高头位，不要快速卧、坐位起立，药物首选α-肾上腺素能激动剂米多君，也可使用多潘立酮。

3）睡眠障碍：部分抗帕金森病的药物可影响睡眠，如司来吉兰、金刚烷胺等，临床上应用上述药物时必须注意服用时间，如司来吉兰应早晨、中午服用，金刚烷胺宜下午4点前服用。调整用药时间后患者睡眠仍无好转，则上述药物应减量或停用，或选用短效的镇静安眠药。如帕金森病患者出现与本病相关的夜间睡眠较浅、频繁觉醒，且在浅睡眠期出现明显震颤，或者由于白天服用的多巴胺能药物浓度在夜间水平极低或耗尽，造成患者夜间运动不能、翻身困难或夜尿增多，可加用左旋多巴控释剂、DR激动剂或COMT抑制剂治疗。RBD患者睡前可予氯硝西泮0.5mg口服。EDS可能与帕金森病的严重程度和认知功能减退有关，也可能与DR激动剂或左旋多巴应用有关。如患者每次服药后均出现嗜睡，则表明药物过量，将药物减量或给予左旋多巴控释剂。对伴有RLS的帕金森病患者，在入睡前2小时内服用DR激动剂或复方左旋多巴。

4）感觉障碍：嗅觉减退多在帕金森病运动症状出现前的数年即可出现，至今尚无改善嗅觉障碍的确切的治疗方法和手段。疼痛或麻木既可以由帕金森病本身，也可由其伴随的骨关节病变引起。如在抗帕金森病药物治疗"开期"疼痛或麻木减轻或消失，"关期"复现，则提示由帕金森病所致，可以调整药物以延长"开期"。反之，则由其他疾病或其他原因引起，应采取相应的治疗措施。

3. 手术治疗　早期药物治疗显效而长期治疗效果明显减退，同时出现异动症者可考虑手术治疗。需强调的是手术仅能改善症状，而不能根治疾病，术后仍需应用药物治疗，但可减少剂量。手术对肢体震颤和（或）肌强直有较好疗效，而对躯体性中轴症状如姿势步态异常、平衡障碍无明显疗效。手术方法主要有神经核毁损术和脑深部电刺激术（DBS），因DBS相对安全和可调控性而成为主要选择。手术靶点包括苍白球内侧部、丘脑腹中间核和丘脑底核。

4. 细胞移植及基因治疗　胚胎中脑组织移植到患者纹状体的治疗可改善临床症状，但存在着供体来源有限、远期疗效不肯定和免疫排斥等问题。人视网膜色素上皮细胞、酪氨酸羟化酶和神经营养因子基因转染等治疗方法，目前仍处在动物实验阶段；干细胞治疗研究很多，前景令人振奋并寄予厚望，但目前尚未正式进入临床应用阶段。

5. 康复治疗　通过对患者进行语言、进食、走路及各种日常生活的训练和指导，可提高患者生活质量。康复治疗包括语音及语调训练，面部肌肉、四肢及躯干、步态平衡和姿势恢复训练等。

6. 心理疏导　帕金森病患者多存在抑郁等心理障碍，抑郁可以发生在帕金森病运动症状出现前和出现之后，是影响患者生活质量的主要危险因素之一，同时也会影响抗帕金森病药物治疗的有效性。因此，对帕金森病的治疗不仅需要关注改善患者的

笔记

运动症状，而且要重视改善患者的抑郁等心理障碍，予以有效的心理疏导和抗抑郁药物治疗并重，从而达到更满意的治疗效果。

7. 中医药治疗　本病在中医学中属“颤病”、“颤振”、“振掉”、“震颤”、“内风”等范畴，基本病机为肝风内动、筋脉失养，主要有肝血亏虚、风阳内动证；痰热交阻、风木内动证；血脉瘀阻、筋急风动证。临床可根据其具体证型应用中医方剂进行辨证治疗，例如肝血亏虚、风阳内动证，可用中成药天麻钩藤颗粒治疗；痰热交阻、风木内动证可用摧肝丸加减；血脉瘀阻、筋急风动证可用血府逐瘀汤加减治疗。

知识链接

DA 的发现与应用

瑞典科学家 Arvid Carlsson 发现 DA 信号转导功能及在控制运动中的作用。1957 年，这位隆德大学的教授通过大量的实验证实，多巴胺是脑中重要的神经递质。此后 Arvid Carlsson 还发现，帕金森病是因为大脑的某些部分缺乏多巴胺所引起，左旋多巴一定条件下可转化成大脑需要的多巴胺。Arvid Carlsson 发明了一种检测脑组织中多巴胺含量的方法。他发现，给动物应用利血平可引起脑中多巴胺水平下降和运动障碍。这与帕金森病相似。给动物应用左旋多巴，可以明显减轻这些症状。实验结果导致其他医生尝试使用左旋多巴治疗帕金森病，并取得了较好的临床疗效。左旋多巴至今仍是最常用、最有效的抗帕金森病治疗药物。Arvid Carlsson 也因此获得了 2000 年诺贝尔生理学或医学奖。此外，1960 年奥地利科学家 Hornyiewicz 在 6 例帕金森病患者脑标本中发现纹状体多巴胺含量显著减少，阐明了帕金森病发病最关键的神经生化机制。Hornyiewicz 把自己珍藏的 2g 左旋多巴交给奥地利神经病学家 Brikmayer，说服他给帕金森病患者试用，并报道一次小剂量左旋多巴静脉注射即可获得惊人的效果。但是随后 5 年的研究成果争议较大，甚至在 1965 年的一次帕金森病国际会议上否定左旋多巴的治疗价值。直到 1967 年美国的 Cotzias 报道持续大剂量口服左旋多巴具有更好的疗效，Yahr 通过双盲研究也证实此药确实有效，争论才休止，此后开始大量推广应用并推向临床。发生于 20 世纪 70 年代前后关于帕金森病的左旋多巴替代疗法是神经病学治疗史上的重大成就，也被认为是神经生物化学与药理学完美结合的典范。

【预后】

帕金森病是一种缓慢进展的运动障碍疾病。病初若能得到及时诊断和正确治疗，多数患者发病数年内仍能继续工作或生活质量较好。疾病的晚期，由于严重的肌强直、全身僵硬终至卧床不动，多死于肺炎、骨折等各种并发症。

第三节　肝豆状核变性

肝豆状核变性（hepatolenticular degeneration，HLD）是铜代谢障碍导致脑基底节变性和肝功能损害的常染色体隐性遗传病，Kinnear Wilson 于 1912 年首先作了经典描述，指出该病为“进行性豆状核变性合并肝硬化的一种家族性神经系统疾病”，由于病变部位远超出肝和豆状核的范围，因而称为 Wilson 病（Wilson disease，WD）更为适宜。

本病人群发病率为 0.5～3/10 万，其同胞患病风险为 1/4，杂合子或病变基因携带者频率为 1/100～1/200，阳性家族史达 25%～50%。绝大多数限于一代同胞发病或隔代遗传，偶有连续两代发病。该病在大多数欧美国家罕见，在意大利南部撒丁岛及西西里岛、以色列、东欧、罗马尼亚及日本等地区发病率较高。根据国内相关报道，WD在我国也较为多见。WD也是至今少数几种可治的神经遗传病之一。

知识链接

肝豆状核变性的由来

1912年Kinnear Wilson首先描述本病为“进行性豆状核变性合并肝硬化的一种家族性神经系统疾病”，故而得名肝豆状核变性。其实，此前已有人描述过与此类似的神经系统疾病，如1906年Gowers报道的破伤风样舞蹈病，1883年Westphal及1898年Strümpell报道的假性硬化症，但上述三位作者均未能发现合并有肝硬化。1921年Hall的临床研究和1920年Spielmeyer的组织病理学研究对Westphal和Strümpell的病例作了肝脏和脑的切片检查，才发现假性硬化症就是Kinnear Wilson所描述的肝豆状核变性。但是至此尚无人(包括Wilson)知道本病特征性的角膜金棕色的Kayser-Fleischer环。1902年Kayser只发现角膜有异常，次年Fleischer认为它与硬化症相关，但却不知是肝豆状核变性的特异体征。1913年Rumpell发现肝和脑中含有大量的铜。1948年Mandelbrote偶然发现WD患者尿铜排出大量增加，且肌内注射二巯基丙醇后，尿铜排出更加增多。Scheinberg及Gitli发现WD患者血清铜蓝蛋白显著减少，他们强调不能合成铜蓝蛋白的遗传缺陷是致病的主要原因，已知约有5%的WD患者，其血清铜蓝蛋白属正常。1956年Walshe首次应用青霉胺治疗本病，使本病的预后大为改观。1993年以来分子生物学进展证实WD基因突变是铜代谢障碍的关键，负责铜转运的ATP7B基因功能部分或全部丧失，不能将多余的铜离子从细胞内转运出去，使铜离子在体内特定的器官或组织中沉积而发病。

【病因及发病机制】

铜是人体内一种必需的微量元素，参与多种重要酶的合成。本病患者铜蓝蛋白合成障碍是其基本遗传缺陷。由于铜蓝蛋白合成减少，造成血清铜蓝蛋白含量下降，血清游离铜增多，游离铜易与白蛋白分离，沉积于组织内或经尿排出，组织中过量的铜可影响各种重要酶的活性，引起染色质分解和细胞坏死，大量铜也可直接损害组织器官，导致功能异常。本病铜代谢异常的机制先前认为可能与胃肠对铜吸收过多、铜蓝蛋白合成减少、调控基因异常、异常蛋白质的存在、胆道排铜障碍、溶酶体缺陷等有关。近几年来遗传学的研究揭示了本病的发病实质，随着WD的基因成功定位于13q14.3并被克隆。现已认识到ATP7B基因突变是本病发生的关键。WD基因突变导致了肝细胞对铜离子代谢发生障碍，大量铜沉积于脑、肝等重要脏器，破坏细胞核和细胞器，使其功能丧失而致本病。

【病理】

病理表现为大量的铜沉积于脑、肝脏、角膜、肾脏等器官组织。脑部的病理改变以壳核最明显，其次为苍白球及尾状核，大脑皮质亦可严重受损。在具有脑症状的患者中，脑的外观正常，而切面则见壳核皱缩，岛叶皮质内陷，壳核及尾状核色素沉着加深，严重者基底节可形成空洞。肝脏一般均呈小叶性肝硬化，体积缩小，表面呈结节状，大小不一，其直径可1~30mm不等，结节之间由坚固的纤维带形成中隔。肝小叶因含铜量不等及胆汁染色与脂肪变性的程度不等而呈红棕色至黄色。在角膜后缘弹力层及内皮细胞质内，有棕黄色的细小铜颗粒沉积。镜检可见大小细胞体和髓鞘纤维显著减少或完全消失，变性区内胶质细胞显著增生，整个基底节、大脑皮质、邻近的白质、中脑

笔记

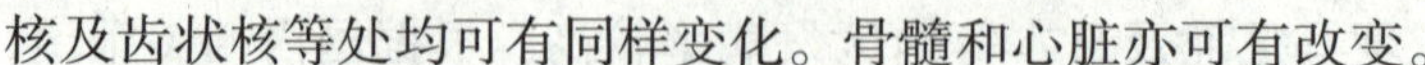

核及齿状核等处均可有同样变化。骨髓和心脏亦可有改变。

【临床表现】

本病通常发生于儿童期和青少年期，少数迟至中年期，部分老年病人也可发病。发病年龄多5～40岁之间。文献报道中年龄最小者仅2岁，最年长者80岁。10岁以前发病者多以肝损害为首发症状，10岁以后发病者多以神经精神障碍为首发症状。起病症状因人而异。少数患者可以急性溶血性贫血、皮下出血、鼻出血、关节病变、肾功能损害等为首发症状。起病多缓慢，少数可由于外伤、感染等诱因而急性发病。

临床表现主要包括以下六个方面：

1. 神经系统症状　主要是锥体外系症状，表现为静止性、意向性或姿势性震颤、构音障碍、吞咽困难、怪异表情、肌强直、动作迟缓、屈曲姿势及变换姿势困难、慌张步态、舞蹈样动作、手足徐动等。小脑损害导致共济失调及语言障碍，锥体束损害出现腱反射亢进、病理反射和假性球麻痹等。部分患者可有痫性发作。

此外，精神症状也比较常见。如以精神障碍为首发或突出症状易误诊为精神病。早期常出现学习成绩退步，不活泼，记忆力减退，注意力不能集中等。情感失常相当多见，患者常无故哭、笑，且不能自制，往往伴有不安、激惹、对周围环境缺乏兴趣、表情淡漠或痴呆样表情等。晚期可发展成严重的痴呆，出现幻觉等。

2. 肝脏症状　肝脏是本病首先累及的器官，约80%的患者出现肝脏症状，多表现为非特异性慢性肝病症状群，如倦怠、无力、食欲不振、肝区疼痛、肝肿大或缩小、脾肿大及脾功能亢进、黄疸、腹水、蜘蛛痣、食管静脉曲张破裂出血及肝昏迷等。部分患者表现无症状性肝脾肿大，或仅转氨酶升高无任何临床症状。肝脏损害可使体内激素代谢异常，导致内分泌紊乱，青春期延迟，女性月经不调、闭经或流产，男性出现乳房发育等。少数患者以暴发性肝衰竭起病而死亡。

3. 角膜K-F环　角膜K-F环是本病唯一特征性的体征，几乎全部的脑型患者均可见此色素环，此环位于角膜与巩膜交界处内侧，在角膜的内表面上，呈绿褐色或金褐色，宽1～3mm（图7-1）。绝大多数见于双眼，个别见于单眼。光线斜照角膜时，看得最清楚，有时需用裂隙灯检查方可发现。30%～50%的WD肝型患者可无此环。少数患者可见有向日葵样白内障。角膜K-F环和向日葵样白内障可经药物治疗或肝移植后逐渐消失，然而其消退率与临床疗效并不相关。但如果那些角膜K-F环或向日葵样白内障经治疗后消失的患者再次出现这些改变，则提示患者对治疗依从性差。

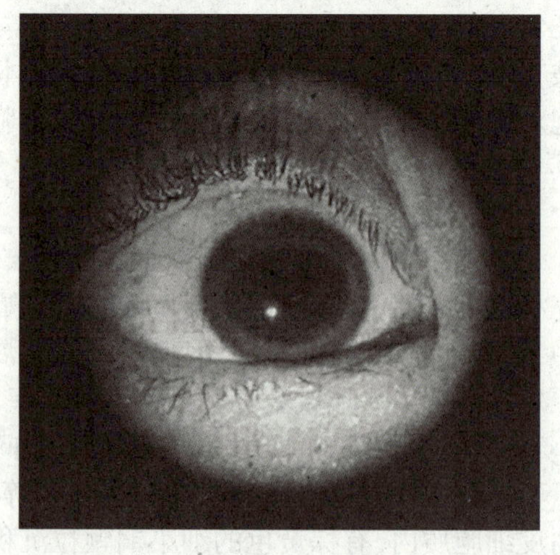

图7-1　K-F环

4. 肾脏症状　铜离子在近段肾小管及肾小球沉积，造成肾小管重吸收障碍，出现肾性糖尿、氨基酸尿、磷酸盐尿、尿酸尿、高钙尿及蛋白尿等，亦可发生肾小管性酸中毒，伴发肾衰竭。

5. 血液系统损害　极少数患者以急性溶血性贫血起病，多见于青少年，大多数为致命性。部分患者因脾功能亢进导致全血细胞减少，出现鼻衄、牙龈出血及皮下出血等。

6. 其他　部分患者有皮肤色素沉

笔记

着，面部及双小腿伸侧明显。可出现眼调节功能减弱、集合能力及暗适应功能下降，少部分患者出现心律失常等。

【辅助检查】

1. 血清铜蓝蛋白及血清铜氧化酶活性测定　①血清铜蓝蛋白测定：WD患者血清铜蓝蛋白<0.2g/L，甚至为零，血清铜蓝蛋白值与病情、病程及排铜疗效无关，不能作为病情监测或疗效观察指标；②血清铜氧化酶活力测定：WD患者血清铜氧化酶活力<0.2光密度（正常值0.2～0.532光密度）。血清铜氧化酶活力强弱与血清铜蓝蛋白含量成正比，故测定铜氧化酶活力可间接反映血清铜蓝蛋白含量，其意义与直接测定血清铜蓝蛋白相同。上述两项指标是诊断本病的重要依据。

2. 微量铜测定　①血清铜测定：正常人为14.7～20.5μmol/L。WD患者血清铜降低，但诊断意义较铜蓝蛋白略低。血清铜变化也与病情和疗效无关。②尿铜测定：大多数WD患者24小时尿铜排泄量显著增加，服用驱铜药物后尿铜排泄量进一步增加，随着体内蓄积铜大量排出，24小时尿铜排泄量逐渐降低，因此24小时尿铜排泄量可作为临床驱铜药物剂量调整的重要参考指标，同时也是疗效及病人服药依从性判定的客观指标。对一些尿铜改变不明显但临床怀疑为WD患者，可采用青霉胺负荷试验，作为本病的一种辅助诊断方法，此项检查对儿童诊断意义较大。③肝铜量测定：是诊断本病的重要指标，生化检查不能确诊的病例测定肝铜量是必要的。WD患者肝铜含量多>250μg/g干重以上（正常人为50μg/g干重）。本检查为有创检查，且由于肝铜在肝脏中分布不均匀，故不能成为WD的常规检查。

3. 血细胞分析、尿液综合分析　WD患者有肝硬化伴脾功能亢进时，其血常规可出现血小板、白细胞和（或）红细胞减少；尿常规镜下可见血尿、微量蛋白尿等。

4. 肝肾功能检测　脑型患者早期可无肝功能异常，肝型患者早期亦可无肝功能异常或仅有轻微异常。肝损害可出现不同程度的肝功能异常如血谷丙转氨酶、谷草转氨酶升高，血清总蛋白和白蛋白降低、γ-球蛋白增高等。肾功能损害可出现血清尿素氮及肌酐增高、蛋白尿等。

5. 骨关节X线检查　约96%患者骨关节X线异常，相当一部分患者仅有X线异常而无相应临床表现。双腕、双膝关节以下最常受累，表现为骨质疏松、骨关节炎、骨软化、关节周围或关节内钙化和自发性骨折等。

6. 神经影像学检查　颅脑CT显示双侧豆状核对称性低密度影有诊断价值，常伴脑萎缩。颅脑MRI可见双侧豆状核对称性受累，T_2WI呈高信号，黑质致密带、中脑导水管周围灰质及大脑脚、丘脑也呈对称性高信号。

7. 基因检测　主要采用限制性片段长度多态家系连锁分析间接基因诊断，短串连重复顺序多态标记间接基因诊断及WD基因突变检测直接基因诊断三种方法。目前应用较多的是直接基因诊断法。由于WD患者具有高度的遗传异质性，致病基因突变位点和突变方式复杂，故基因检测尚不能取代常规筛查手段。如利用常规手段不能确诊的病例，或对症状前期患者、基因携带者筛选时，可考虑基因检测。

【诊断及鉴别诊断】

1. 诊断要点　WD有以下几个临床特点：①阳性家族遗传史；②肝病史或肝病征/锥体外系症状、体征；③肉眼或裂隙灯证实角膜有K-F环；④血清铜蓝蛋白或铜氧化酶活力显著降低和（或）肝铜增高；⑤尿铜>1.6μmol/24h；⑥肝铜>250μg/g（干重）。

根据以上特征，不难作出 WD 的诊断。

2. 鉴别诊断

(1) 帕金森病：帕金森病大多于 50 岁以后起病，震颤呈典型的静止性震颤。同时伴有肌强直，运动迟缓，姿势步态异常等，无铜代谢障碍及角膜 K-F 环。

(2) 小舞蹈病：多见于 5～15 岁儿童，女性较多，病前常有呼吸道感染、咽喉炎等 A 族 β 溶血性链球菌感染史。以不自主舞蹈样动作、肌张力降低和精神异常等为临床特征，约 30% 患者有风湿性关节炎和皮下结节等风湿热表现。没有角膜 K-F 环及铜代谢异常，也无肝损害。

3. 其他门脉性肝硬化　引起门脉性肝硬化的原因很多，有中毒性、酒精性、感染性、营养不良性、循环障碍性及 WD 等。部分肝型 WD 患者以肝硬化为主要临床表现时，其肝症状与其他原因引起肝硬化患者的症状基本相似，极易误诊。凡有以下情况的肝硬化患者，应考虑 WD 之可能：30 岁以前，尤其是儿童期起病的肝硬化，排除肝炎、血吸虫感染和酒精中毒等病因引起者，应疑为本病；同胞有死于肝病者；幼年曾有一过性黄疸史；肝硬化患者神经系统体检发现可疑下肢病理反射时，对其筛查具有一定意义。对具有上述任何一项表现者，均应进一步行眼裂隙灯检查，血清铜蓝蛋白、24 小时尿铜等指标检测，以便确定诊断。

【治疗】

本病一经诊断就应进行系统治疗，越早越好。治疗原则为减少铜的摄入和吸收，促进体内铜的排泄。内科治疗主要有以下三个方面：

1. 减少铜的摄入　采用低铜饮食，避免食用含铜多的食物，如豌豆、蚕豆、玉米、坚果类、蘑菇或香菇、软体动物如乌贼、鱿鱼等、贝壳类、螺类、甲壳类动物、各种动物的肝脏和血、巧克力、可可等。

2. 减少铜的吸收

(1) 锌剂：锌剂通过竞争机制抑制铜在肠道吸收，促进粪铜排泄。口服锌剂能诱导小肠黏膜细胞产生金属硫蛋白，后者与食物中的铜可逆性结合，阻止铜的吸收，并能与已进入肠黏膜内的内源性铜结合后随肠黏膜脱落，从肠道排出。此外，血液中铜与锌含量呈负相关，口服锌剂后血浆锌浓度增加，体内铜含量可相应减少而起到一定的铜清除作用。常用的锌剂有醋酸锌、硫酸锌、葡萄糖酸锌等。硫酸锌不良反应主要有食欲减退、恶心呕吐等胃肠道刺激症状，偶有黑便、口唇发麻、免疫功能减退等。而葡萄糖酸锌、醋酸锌不良反应较轻，国内多以后者替代硫酸锌用于治疗 WD。葡萄糖酸锌 1.68g(含锌元素 240mg)/d，分 3 次口服。醋酸锌每次 25mg(以锌元素计)，每日 4 次。锌剂以空腹口服吸收较好，服后 1 小时内应禁食。

(2) 四环硫代钼(tetrathiomolybdate，TM)：TM 亦可用于本病的治疗，钼与铜有拮抗和相互置换作用，钼阻止肠道外源性铜吸收，干扰铜的代谢。该药在肠道内结合铜及白蛋白三位成复合体，阻止铜吸收，如空腹吸收，在血中与铜及白蛋白络合，防止铜在细胞及组织中沉积，起效快，有神经保护作用。其可能的不良反应有骨髓抑制、肝毒性、铜耗竭过度及由此导致的神经系统功能紊乱。

3. 促进铜的排泄　目的在于促进尿铜排出，使体内铜盐减少。

(1) D-青霉胺(D-penicillamine，PCA)：该药为青霉素的水解产物，属强效金属螯合剂，在肝中可与铜形成无毒复合物，促使其在组织沉积部位被清除，减轻游离铜的毒

笔记

性。成人量为1～2g/d，儿童为20mg/(kg·d)，分三次口服。可动态观察24小时尿铜排泄量及裂隙灯检查K-F环以协助监测驱铜疗效。PCA不良反应发生率较高，早期主要有过敏反应、消化道反应、骨髓抑制、免疫性疾病如红斑狼疮、重症肌无力、多发性肌炎、类风湿关节炎等。首次使用应作青霉素皮试，阴性才能使用。有过敏反应者可行脱敏疗法。在治疗中可加服维生素B_6预防视神经炎。但由于PCA存在多种不良反应，使需要终生服用驱铜药物的WD患者，在服药初期或一段时间后因其严重不良反应而被迫停药。

(2) 三乙烯羟化四甲胺(triethylene tetramine dihydrochloride，TETA)：又名曲恩汀(trientine)。1982年美国食品与药物管理局(FDA)指定其为不能耐受PCA的WD患者的治疗药物。TETA驱铜效果较好，缺点是药源困难，价格昂贵，可能致肾脏损害、锥体外系反应等，故目前尚未能广泛应用。成人量为1～1.5g/d，根据患者耐受性可增量至2.4g/d，饭前服用。

(3) 二巯基丙醇(dimercaprolum)：二巯基丙醇是一种解毒剂，在二战时期用于治疗Lewisite(路易毒气)中毒，又称不列颠抗路易毒气(British Anti-Lewisite，BAL)。1948年Cumings将此药用于治疗WD患者。本药有排铜作用，但效果差，使用初期病情会加重，长期应用疗效减退。由于BAL水溶液不稳定，故配成油剂溶液，仅供肌内注射，吸收差，易形成臀部脓肿、注射部位疼痛，同时还存在其他不良反应，如肝功能损害、腹痛、头痛、发热、皮疹、肾功能损害等，故目前已趋向淘汰。

(4) 二巯基丙磺酸钠(sodium dimercaptosulphonate，DMPS)：DMPS排铜作用优于BAL，毒性较后者低约20倍。在各种排铜药物中，尿排铜量最高。DMPS肌内注射或静注后血药浓度迅速达峰，5～6小时大部分排出。DMPS 1g溶于葡萄糖溶液中缓慢静滴，每日1次，6天为1疗程，2个疗程之间休息2天。对部分病人也可采用DMPS大剂量冲击治疗，予1g/次，静脉滴注，第1天每6小时1次，第2天每8小时1次，第3～6天每日2次，6天为1疗程。不良反应为食欲减退、恶心、呕吐、发热、皮疹、粒细胞缺乏、心慌等。

(5) 二巯基丁二酸(dimercaptosuccinic acid，DMSA)和二巯基丁二酸钠(sodium dimercaptosuccinate，Na-DMS)：此两种药物均为含有双巯基的低毒高效重金属络合剂，能与血中游离铜、组织中已与酶系统结合的铜离子结合，形成解离及毒性低的硫醇化合物从尿中排出，Na-DMS与DMSA的排铜作用优于BAL。DMSA口服后，消化道吸收快，30分钟血浓度达高峰，维持时间较Na-DMS长。Na-DMS静脉注射后，血浓度迅速达高峰，4小时排泄80%，无蓄积作用。常用治疗方法为DMSA70mg/(kg·d)口服，每日2次。Na-DMS每次1g，溶于10%葡萄糖40ml中缓慢静注，每日1～2次，5～7日为一疗程，可间断使用数个疗程。亦可根据病情采用大剂量静脉冲击治疗。不良反应较轻，主要有牙龈出血和鼻出血，也可有口臭、头痛、恶心、乏力和四肢酸痛等。

(6) 高氨基酸、高蛋白饮食能促进尿铜排泄。

4. 手术治疗　对于脾肿大脾功能亢进患者可行脾切除术或部分脾动脉栓塞术。严重肝功能障碍如暴发性肝衰竭时也可考虑肝移植。

5. 对症治疗　有震颤和肌强直时选用苯海索，对粗大震颤者首选氯硝西泮。肌张力障碍可用苯海索、复方左旋多巴制剂、多巴胺受体激动剂，还可用氯硝西泮、巴氯

芬等。无效者可局部注射A型肉毒素。精神症状明显者应予抗精神病药；抑郁症状明显者可用抗抑郁药；智力减退者可用促智药；舞蹈多动症状者可选用氟哌啶醇等；护肝药物可长期使用。

6. 中医药治疗　本病在中医学中属“肝风”、“颤病”、“积聚”、“水肿”、“痉病”、“狂病”等病范畴。其主要病机为先天禀赋不足，机体阴阳失和，脏腑功能失调，气血运化不畅，导致铜不能正常代谢排出，蓄积于体内而产生毒邪，诸证皆因之而起。主要有湿热内蕴证、痰瘀互结证、肝气郁结证、肝肾阴亏证、脾肾阳虚证等。临床可根据其具体证型应用中医方剂进行辨证治疗。

【预后】

本病的预后主要取决于发现及治疗的早晚、发现本病时肝功能损害的情况以及肝脏疾病进展的快慢。部分患者未获确诊即死于暴发性肝衰竭。多数患者病情持续进展，因严重肝硬化、肝功能衰竭或并发感染而死亡。自然病程4～5年，生存10年以上者极少见。自临床应用驱铜药治疗以来，预后有所改观。但不同的临床表型预后也有不同，脑型患者预后较好，而肝型或脑肝型预后较差。总之，绝大部分WD患者经过系统的中西医结合治疗，可以获得与正常健康人相似的工作学习生活，维持正常的寿命。

第四节　小舞蹈病

小舞蹈病(chorea minor)又称风湿性舞蹈病、感染性舞蹈病或Sydenham舞蹈病，多见于儿童和青少年，其临床特征为不自主的舞蹈样动作，肌张力降低，肌力下降和精神障碍等。

小舞蹈病目前已趋减少。据国外统计，在1940年前，儿科医院的住院病人中有0.9%因舞蹈病而入院，1950年后降至0.2%。随着我国居住和营养条件改善以及抗生素的进展及应用，风湿热的流行性显著降低，风湿性舞蹈病的发病率也明显下降。浙江大学医学院附属儿童医院儿科统计1970—1999年的30年间住院患者中风湿性舞蹈病仅18例。该病多见于5～15岁儿童，男女发病之比约为1:(2～3)。5岁以前或15岁以后起病者极少见。

知识链接

什么是风湿热

风湿热是一种常见的反复发作的急性或慢性全身性结缔组织炎症，主要累及心脏、关节、中枢神经系统、皮肤和皮下组织。临床表现以心肌炎和关节炎为主，可伴有发热、皮下小结和舞蹈病等。急性发作时通常以关节炎较为明显，但在此阶段风湿性心肌炎可造成病人死亡。急性发作后常遗留轻重不等的心脏损害，尤以瓣膜病变最为显著，形成慢性风湿性心脏瓣膜病。由于风湿热造成的关节损害可自行恢复，而心脏的损害常不可逆，因此多用“舔过关节，狠咬心脏”来形容风湿热。

【病因及发病机制】

本病与风湿热关系密切，往往是风湿热在神经系统的表现。多数人有A组链球

笔记

菌感染史。有约1/3的患者后来发生风湿性心脏病,多数患者在发病前后有风湿热的其他表现。部分患者出现血清抗神经元抗体增高。易感儿童经A组β溶血性链球菌感染后,产生相应抗体,这类抗体错误地识别了尾状核、丘脑下核神经元的抗原,引起炎症反应而致病。

【病理】

本病死亡率低,故病理研究少。病变弥散,无特异性。主要病理变化为大脑皮质、基底节、黑质、丘脑底核及小脑齿状核等处散在的可逆性炎性改变和神经细胞变性,偶亦可见到局部瘀斑样出血,有时脑组织可见栓塞性小梗死。软脑膜可有轻度炎性改变,血管周围有少量淋巴细胞浸润。90%尸解病例中发现有风湿性心脏病证据。

【临床表现】

多数为隐匿或亚急性起病,少数可急性起病。发病前常有上呼吸道感染、咽喉炎等A组β溶血性链球菌感染史。

1. 早期症状 早期症状常不明显,不易被发觉,表现为患儿比平时不安宁,容易激动,注意力分散,学习成绩退步,肢体动作笨拙,书写字迹歪斜,手中所持物体经常失落和步态不稳等。这时父母或老师常误认患儿有神经质或由顽皮所致。

2. 舞蹈症 上述症状日益加重,经过一段时间后即出现舞蹈样动作,表现为一种快速的、不规则的、跳动式的、无目的和无意义的不自主运动。常起于一肢,逐渐扩及一侧,再蔓延至对侧,若局限于一侧者称半侧舞蹈病。舞蹈样动作多以肢体的近端明显,且上肢往往重于下肢。上肢各关节交替发生伸直、屈曲、扭转等动作;手指不停屈伸和内收。伸手时出现特殊的姿势,腕关节屈曲,掌指关节过伸,手臂则旋前。两上肢平举或举臂过头时可出现手掌和前臂过度内旋,称为旋前肌征,此征于举臂过头时最为明显。与患者握手时,可发现其握力不均匀,时大时小,变动不已,称为"挤奶女工捏力征(sign of milkmaid's grip)"。下肢的不自主运动表现为步态颠簸,常常跌倒。躯干亦可绕脊柱卷曲或扭转。面肌的舞蹈样动作表现为装鬼脸、皱额、努嘴、眨眼、吐舌、挤眉等等,变幻不已,瞬间即过。舌肌、咀嚼肌、口唇、软腭及其他咽肌的不自主运动则引起舌头咬破,构语困难,以及咀嚼和吞咽障碍。头部亦可左右扭转或摆动。呼吸可因躯干肌与腹肌的不自主运动而变为不规则。不自主运动多是全身性的,常以上肢重于下肢或面部。有35%患者的不自主运动以一侧肢体更重或仅限于一侧肢体。舞蹈样动作可因情绪激动或做随意运动而加剧,平卧安静时减轻,睡眠时完全消失。自主动作可因不自主运动的突然发生而中断。肌张力过低,腱反射迟钝或消失,患者只能站着或坐着,不能行走,严重者俨若瘫痪,称麻痹性舞蹈病。

3. 精神障碍 精神改变轻重不等。多数患者有情绪不稳定,易兴奋而致失眠、躁动不安、抑郁等,亦可出现妄想、幻觉或冲动行为。噪声或强光刺激均可使患者躁动及舞蹈样动作加重。精神症状常随舞蹈样动作的恢复而消失。

4. 其他 全身症状可甚轻微或完全缺如。刚起病时可无发热,但至后期可出现发热、皮肤苍白及低血红蛋白性贫血等。伴有风湿性心脏病者可有心脏扩大或杂音,还可有急性风湿热的其他表现,如发热、关节炎、心肌炎和皮下结节等。

【辅助检查】

1. 典型病例可见外周血白细胞增加,血沉加快,C反应蛋白增高,抗链球菌溶血素"O"滴度增加,咽拭子培养检出A组溶血性链球菌。

2. 脑电图常呈轻度弥漫性慢波,为非特异性改变。

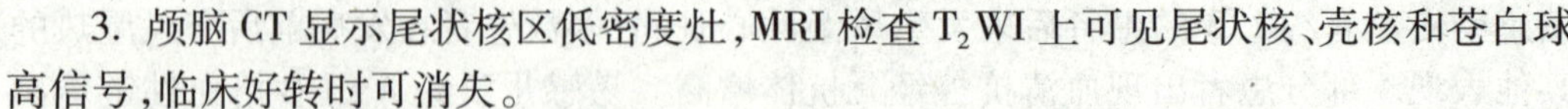

3. 颅脑 CT 显示尾状核区低密度灶，MRI 检查 T_2WI 上可见尾状核、壳核和苍白球高信号，临床好转时可消失。

【诊断及鉴别诊断】

1. 诊断要点　根据起病年龄，典型的舞蹈样动作、肌张力降低、肌力减退以及可能存在的急性风湿热的其他表现（如心肌炎、发热、皮下结节、血沉增快和白细胞增多等），MRI 显示基底节区 T_2WI 高信号等，诊断不难。

2. 鉴别诊断

（1）习惯性痉挛：也称习惯性动作，多见于儿童，无风湿热的典型症状。其异常运动特点是同一肌群快速的、刻板的、重复的、局限的不自主动作等，不伴有肌张力降低和情绪改变。

（2）抽动秽语综合征：见于儿童，表现快速、刻板的反复不规则的多发性肌肉抽动，常累及头面部、颈肌群和咽喉肌，伴有喉中发怪声或秽语。

（3）Huntington 舞蹈病：多见于中年以上，除舞蹈动作外，常有遗传史和痴呆，少数儿童期发病者多伴肌强直。

【治疗】

1. 一般处理　急性期需要卧床休息，并尽量避免声、光刺激。舞蹈样动作频繁者，在床边加软垫以防碰撞损伤。饮食以富营养及易于消化吸收的食物为主。

2. 病因处理　小舞蹈病是风湿热重要的临床表现之一。一旦确诊后应给予抗生素治疗以预防风湿性心脏病。急性期可予青霉素 40 万～80 万 U 肌内注射，14 天为 1 疗程。此后改为苄星青霉素 120 万 U，肌注，每月一次，持续 5 年，以预防风湿热复发。青霉素过敏者，可口服红霉素，同时服用糖皮质激素、阿司匹林等。

3. 对症治疗　对不自主运动，可用氟哌啶醇，自每次 0.5mg 开始，每天口服 2～3 次，以后逐渐增加至不自主运动控制为止。亦可选用氯丙嗪、苯巴比妥、地西泮，硝西泮或丁苯那嗪等。氟哌啶醇及氯丙嗪均有诱发肌张力障碍的可能，在用药中应严密观察。有严重躁动不安者，可予地西泮 10mg，静脉缓慢注射，或用氯丙嗪 25mg 肌内注射。上列各药的剂量应视儿童的年龄大小酌情增减。

4. 中医药治疗　本病在中医学中属“瘛疭”、“骨繇”等范畴，主要有气血亏虚证、肝肾阴虚证、风壅经络证、痰热风动证。分别予益气养血、濡养筋脉之人参养荣汤加减，滋补肝肾、养血息风之镇肝熄风汤，祛风通络、养血和营之大秦艽汤，清热化痰、平肝息风之羚角钩藤汤。

【预后】

本病预后良好，有自限性。约 50% 的病例在发病 3～6 个月后可自行缓解，但亦有持续 1 年以上者。1/5～1/3 的患者可在间隔不定的时间后再次复发，故应定期随访观察。女性患者可因初次妊娠中或口服避孕药复发，在妊娠期发作者称妊娠舞蹈病。间歇期在数周、数月或数年不等。伴发风湿性心脏病者预后较差。

第五节　抽动与抽动秽语综合征

抽动又称抽动障碍（tic disorder，TD），是一种突然、恒定、不自主、无目的、无痛、快速、短暂、无规律的肌肉活动。抽动秽语综合征（Gilles de la Tourette's syndrome，GTS；Tourette's syndrome，TS）是抽动或抽动障碍的临床主要类型，以多发性抽动和语言痉

笔记

挛为典型表现的运动障碍疾病。

2001 年美国学者 Kurlan 等研究报道青春期前有 1% 的人患抽动障碍。抽动秽语综合征是抽动障碍中最为严重的临床类型，在世界各国均有报道。1972 年美国国立卫生研究院（National Institute of Health，NIH）指出全美抽动秽语综合征患者不到 100 例，2000 年后发病率明显增加，按 2000 年人口统计资料美国有 53 000 ~ 530 000 名儿童患抽动秽语综合征；在英国，5 ~ 18 岁的抽动秽语综合征患儿有 64 000 ~ 106 000 名。中国温州学生人群患病率为 0.43%，而中国台湾地区学生人群患病率为 0.56%。

【病因及发病机制】

本病的病因及发病机制不明。抽动秽语综合征的形成涉及遗传、感染、围生期、神经生化、神经免疫及社会心理因素等多个方面，很难用哪一种因素来完全解释本病的特殊表现和严重程度。目前多数学者认为抽动秽语综合征可能是遗传与环境或非遗传因素共同作用的结果。其中神经生化异常在抽动秽语综合征的发生发展中担当重要角色。认为本病为多巴胺系统活动过度，或是纹状体的多巴胺突触后受体的超敏、阿片类等多种中枢神经系统递质参与代偿性调节有关，若不能进行有效代偿，多巴胺能的平衡和皮质环路的功能则无法进行正常工作，从而致病。

【病理】

有关抽动秽语综合征患者的神经病理报告甚少。最早抽动秽语综合征的尸检中发现，纹状体富含多巴胺的细胞群中有一种异常类型的细胞，这种改变可能是抽动秽语综合征的病理学基础。尸体解剖研究也表明，黑质-纹状体通路神经纤维的密度随着年龄的增大而改变，在青春前期达到高峰，随后开始下降。抽动障碍也是在青春前期最严重，随后开始减轻，这与抽动秽语综合征的基础是纹状体多巴胺改变的假说相符。

【临床表现】

本病为慢性病程，有家族遗传倾向，可发生于身体某一部位的某一组（群）肌肉，也可同时或先后出现在多个部位的多组（群）肌肉；可以表现为简单的肌肉抽动，也可呈现出复杂的肢体运动；其间隔期不定且反复发作，并常伴有注意力不集中、多动、强迫性动作或其他行为改变等。发病年龄一般在 10 岁左右，6 岁为高峰，多在 2 ~ 18 岁起病，至青春期逐渐减少。男性多见。

1. 首发症状　抽动秽语综合征起病形式多样，多有眨眼、清喉、嘴部抽动、手部抽动、耸鼻，以及耸肩、晃头、皱眉、斜眼、上肢动、下肢动、吸鼻、吭吭声等。

2. 基本症状　抽动是以快速、一个部位或多个部位、一组或多组肌肉同时出现肌肉活动为特点。不同部位的肌肉抽动临床表现不同：如发生于面部者常表现为眨眼、斜眼、眼球转动、皱眉、咧嘴、翘鼻、伸舌、张口、吸气、做鬼脸等；头颈部肌肉抽动则多为点头、转头、伸脖、耸肩、缩脖等；躯干部肌肉抽动则为挺胸、挺腹、转动腰臀等；上肢抽动表现为搓指、握拳、甩手、抬臂等；下肢部肌肉抽动表现为抖腿、跺脚、踮脚、蹲下跪地甚至步态异常；喉部肌肉抽动则为异常声音，如清嗓、吸鼻、干咳声、吼叫声、吭吭声，或随地吐唾沫，或不自主刻板重复同一秽语等。以上各组症状，可同时出现，也可先后出现。TS 的抽动特征是患者能主动抑制，这有别于其他不自主运动如舞蹈病、肌张力不全、手足徐动症和肌阵挛等。

抽动的另一特征是患者精神或体力活动集中在某件事物时（如玩游戏机、弹琴或打球）抽动消失或减轻。此外，抽动可因紧张兴奋、烦恼、疲劳和发热而加重。经一段

时间的紧张后放松时，抽动会增多。抽动于睡眠时消失。通常智力不受影响，神经系统检查除不自主运动外一般无其他阳性体征。

【辅助检查】

脑电图（EEG）多无特异性，多见慢波，部分表现为尖波、棘波、棘-慢波，可阵发性发作。颅脑 MRI 检查可发现抽动秽语综合征患者的尾状核体积明显缩小。SPECT 检查发现抽动秽语综合征儿童左尾状核、扣带回、右半球、左前额背侧、左眶额部灌注值显著降低，而中脑、右前额背侧和左前额背侧区域血流与发声抽动的严重程度呈正相关。神经心理学检查证实，抽动秽语综合征患儿的言语智商和操作智商之间存在显著差异，并且具有抽动秽语综合征患儿特定的认知缺陷。其注意力、记忆力、决策能力、信息处理加工能力、视觉空间组织能力、运动协调能力明显损害。

【诊断及鉴别诊断】

1. 诊断要点　根据病史和临床相关检查，直接细致观察抽动症状和一般行为表现，识别主要症状和次要症状，结合辅助检查如颅脑 MRI、脑电图及血清学检查，并排除引起类似症状的其他疾病，则可临床确诊。

2. 鉴别诊断

（1）局限性抽动：TS 是一定时间内同时出现多组肌群的抽动；局限性抽动是一组肌肉的单独抽动。后者抽动的种类不同，部位亦各异，无器质性病因。局限性抽动以面颈部肌肉抽动最为常见，表现为挤眼、龇牙、做怪相、扭脖、点头、喉中异常发声等；临床表现以一种抽动为主，形势较为固定、刻板，如单纯挤眼、清嗓等；病初的精神因素或保护动作可因时间较久没有及时纠正而延续下来。

（2）风湿性舞蹈病：风湿性舞蹈病的发病年龄多在 5～15 岁，女孩多见。常于链球菌感染后 2～6 个月发病，表现为肌肉抽动突然发生，与 TS 相比，持续时间长、幅度大、抽动不规则。四肢以身体躯干为中心的舞蹈样动作，无规律性，手足不停乱动，可伴面部肌肉抽动、口舌多动、肌张力减低等。部分患者可出现风湿热的临床症状、体征，血沉增快、抗链球菌溶血素“O”及黏蛋白水平增高。本病发病较快，为自限性疾病，抗感染治疗有效，若治疗不彻底而易复发。

【治疗】

1. 药物治疗　主要药物为氟哌啶醇、匹莫齐特、可乐定、利培酮、硫必利、甲氧氯普胺、氯米帕明、奥氮平、罗匹尼罗、肌苷、喹硫平等药物，应从小剂量开始，逐渐增加至有效剂量，症状控制后，应逐渐减量，并维持一段时间（3 个月或更长），可使许多患儿恢复正常。

2. 心理行为治疗　该病对人格的不良影响十分常见，因而患者会受到精神心理的高度影响。因此，在对因治疗、对症治疗的同时，应进行适当的精神心理和行为治疗。

3. 中医药治疗　本病在中医学中属“肝风”、“瘛疭”、“筋惕肉瞤”、“慢惊风”等范畴。本病病位在脑，与肝、脾、肾三脏功能失调密切相关，其中以肝失条达最为明显，导致风、火、痰、湿相搏，聚积体内，扰动脑神而发病。主要有肝亢风动证、痰火扰神证、脾虚肝旺证、阴虚风动证。分别予清肝泻火、息风止痉之龙胆泻肝汤；清火涤痰、平肝安神之礞石滚痰丸；扶土抑木、补脾平肝之四君子汤；滋水涵木、潜阳息风之大定风珠。

【预后】

经过积极、适当的治疗，抽动症状可在 4～6 个月内减轻并被控制。一般不影响学

笔记

习和正常生活，及时治疗至青春期大部分可逐渐缓解，只有少数延至成年，直至终身。近期发现TS也可自然缓解（7% ~19%），其抽动症状大多预后良好。大部分患者可拥有几近正常的生活，能胜任所从事的任何工作。男性患者预后较女性患者好。伴品行障碍的患者预后可能较差。

学习小结

1. 学习内容

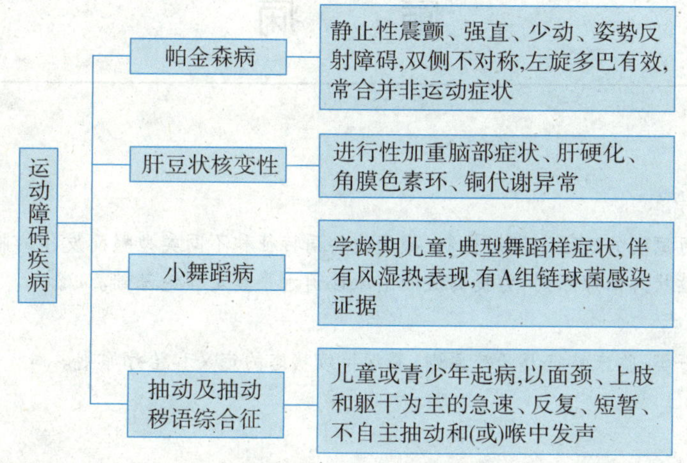

2. 学习方法

结合学习重点，复习锥体外系解剖、病理生理知识，理解锥体外系的概念、组成和功能，熟悉神经环路及神经递质在锥体外系疾病发病中的不同作用。采用归纳法，找出锥体外系疾病常见临床表现及其临床分类，总结出运动障碍疾病共同特征。通过分析方法，比较运动障碍常见疾病如帕金森病、肝豆状核变性、小舞蹈病、抽动及抽动秽语综合征等病种间的病因、发病机制，以及它们之间的相关联系，理解运动障碍疾病的病因及发病机制的复杂性、多重性和异质性，在明确诊断运动障碍疾病的基础上，掌握其治疗的手段、方法和策略。

（杨文明）

复习思考题

1. 运动障碍疾病影响的主要解剖部位及其临床特征有哪些？
2. 帕金森病的主要临床特征有哪些？
3. 如何理解帕金森病的治疗是一种艺术？
4. 遗传在肝豆状核变性起何作用？
5. 小舞蹈病与大舞蹈病的联系与区别是什么？
6. 如何理解抽动与抽动秽语综合征？

第八章

癫痫

学习目的

通过学习癫痫的病因和发病机制、癫痫的共同特征和不同类型癫痫发作的临床表现、癫痫及癫痫持续状态治疗原则，为提高癫痫临床诊治水平奠定理论基础。

学习要点

癫痫的分类、临床特征及治疗原则；癫痫持续状态的定义和治疗原则。

第一节 概 述

癫痫是大脑神经元高度同步化异常放电引起的皮质功能紊乱，可表现为运动、感觉、意识、精神或内脏等多方面功能障碍。全球癫痫患病人数达5000万人，我国现有900万以上癫痫患者，青少年和老年是癫痫发病的两个高峰年龄段。

知识链接

全球抗癫痫运动和中国癫痫防治管理项目

2006年，国际抗癫痫联盟(ILAE)和WHO共同发起了“全球抗癫痫运动”，并将6月28日定为“国际癫痫关爱日”。2015年WHO第136届执委会通过“全球癫痫负担和为应对其卫生、社会和公众知识影响在国家层面采取协调行动的必要性”的第8号决议，这是WHO执委会就癫痫议题第一次专门讨论并单独做出决议，是对国际抗癫痫事业有重要意义的历史性事件，我国在此过程中做出了关键的努力和贡献。为加强我国农村地区癫痫防治工作，卫生部特启动了“WHO/中国农村地区癫痫防治管理示范项目”，并颁布了《农村癫痫防治管理项目技术指导方案》，将中国癫痫防治提升到了一个极为重要的地位。

【病因及发病机制】

病因目前尚不完全清楚。病因已知的癫痫称为症状性或继发性癫痫，常见病因见表8-1；有些病因还在探索中，称为特发性癫痫以及隐源性癫痫，但是临床上也将由基因突变所致，需用分子生物学方法才能发现病因的癫痫仍称为特发性癫痫。

癫痫的发病机制仍不完全清楚，通常认为神经元异常放电及其扩布是癫痫的病变基础。异常放电的原因有离子异常跨膜运动，其发生与离子通道结构和功能异常有

表 8-1 癫痫的常见病因

年龄期	癫痫常见病因
新生儿及婴儿期	先天以及围生期因素（缺氧、窒息、头颅产伤）、遗传代谢性疾病、皮质发育异常所致的畸形及特发性
儿童以及青春期	特发性（与遗传因素有关）、先天以及围生期因素（缺氧、窒息、头颅产伤）、中枢神经系统感染、脑发育异常等
成人期	海马硬化、头颅外伤、脑肿瘤、中枢神经系统感染性因素等
老年期	脑血管意外、脑肿瘤、代谢性疾病、变性病等

关。调控离子通道的神经递质也是引起离子通道功能异常的主要原因。

【分类】

目前应用最广泛的癫痫分类是 ILAE 1981 年和 1989 年分别提出的癫痫发作和癫痫综合征的分类。1981 年方案是按每一种癫痫发作的形式及脑电图改变提出的（表 8-2），1989 年方案则根据癫痫的病因和解剖部位提出了癫痫和癫痫综合征的分类（表 8-3）。

表 8-2 ILAE 癫痫发作分类（1981 年）

1. 部分性发作
（1）单纯部分性发作：无意识障碍，可为运动、感觉（体感或特殊感觉）、自主神经、精神症状性发作。
（2）复杂部分性发作：有意识障碍，可为起始症状，也可由单纯部分性发作发展而来，并可伴有自动症等。
（3）部分继发全身性发作：由部分性发作起始发展为全面性发作。
2. 全面性发作
包括强直-阵挛、强直、阵挛、肌阵挛、失神（典型失神与非典型失神）、失张力发作。
3. 不能分类的发作

表 8-3 癫痫、癫痫综合征的国际分类（1989 年）

1. 与部位有关的（局灶性、部分性、局部性）癫痫和癫痫综合征	2. 全身性的癫痫和癫痫综合征
（1）特发性（起病与年龄有关）	（1）特发性的（起病与年龄有关）
1）伴中央-颞区棘波的良性儿童癫痫	1）良性家族性新生儿惊厥
2）伴枕叶阵发性放电的儿童良性癫痫	2）良性新生儿惊厥
3）原发性阅读性癫痫	3）良性婴儿肌阵挛癫痫
（2）症状性	4）儿童失神癫痫
1）儿童慢性进行性部分性连续性癫痫（Kojewnikow 综合征）	5）青少年失神癫痫
2）特殊诱导模式的症状性癫痫	6）青少年肌阵挛癫痫
3）颞叶癫痫	7）觉醒时 GTCS 癫痫
4）额叶癫痫	8）其他特发性全身性癫痫
5）顶叶癫痫	9）特殊诱导模式的症状性癫痫
6）枕叶癫痫	（2）隐源性的（按年龄顺序排列）
（3）隐源性	1）West 综合征
	2）Lennox-Gastaut 综合征
	3）肌阵挛起立不能性癫痫

续表

4）肌阵挛失神发作性癫痫	1）新生儿发作
（3）症状性的	2）婴儿严重肌阵挛癫痫
1）无特殊病因的	3）慢波睡眠期持续性慢波癫痫
2）早发性肌阵挛性脑病	4）获得性癫痫性失语（LKS）
3）大田原综合征	5）其他不能确定的癫痫
4）其他症状性全身性癫痫	（2）没有明确的全身性或局灶性特征的癫痫
5）有特殊病因的特异性综合征	4. 特殊综合征
6）如畸形、先天性代谢性异常	（1）热性惊厥
3. 未能确定为局限性或全身性的癫痫和癫痫综合征	（2）仅出现于急性代谢障碍或中毒情况的发作
（1）既有全身性又有部分性发作的癫痫	（3）孤立性发作或孤立的癫痫持续状态

第二节 癫痫的临床表现

【癫痫发作的临床表现】

癫痫都有发作性、短暂性、重复性、刻板性的共同临床特征。本节将详细介绍癫痫不同类型的临床表现。

1. 部分性发作（partial seizures） 早期的临床及脑电图（EEG）改变提示发作起源于大脑皮质的局灶性放电。根据是否伴有意识障碍，分为单纯部分性发作及复杂部分性发作，还包括部分继发全面性发作。

（1）单纯部分性发作（simple partial seizure）：发作时意识存在。根据放电起源和累及的部位不同，单纯部分性发作可表现为运动性、感觉性、自主神经性和精神性发作四类。

运动性发作是皮质运动区病灶诱发的癫痫，包括：①局灶性运动发作：根据运动皮质受累部位而出现相应的躯体局部的运动异常发作，严重者发作后可留下短暂性肢体瘫痪，称为Todd's瘫痪；②Jackson发作：异常运动从局部开始，沿皮质功能区移动，如从手指-腕部-前臂-肘-肩-口角-面部逐渐发展；③旋转性发作：双眼突然向一侧偏斜，继之头部不自主同向转动，伴有身体扭转，很少超过180°；④姿势性发作：发作时一侧上肢外展，肘部半屈，头向同侧扭转、眼睛注视着同侧；⑤语言性发作：不自主重复发作前的单音或单词，偶可有语言抑制。

感觉性发作包括：①躯体感觉性发作：表现为一侧面部、肢体或躯干的异常感觉，如麻木感、针刺感、电击感等。②特殊感觉性发作：视觉性发作可表现为暗点、黑朦、闪光、结构性视幻觉，放电起源于枕叶皮质；听觉性发作多为一些噪声或尖调的幻听；嗅觉性发作常表现为难闻、不愉快的嗅幻觉；味觉性发作以苦味或金属味较常见；眩晕性发作常表现为坠入空间的感觉或在空间漂浮的感觉。

自主神经性发作症状复杂多样，常表现为上腹部不适感或压迫感，"气往上冲"的感觉、肠鸣、尿失禁、出汗、起"鸡皮疙瘩"、瞳孔散大等。临床上单纯表现为自主神经症状的癫痫发作极少见，常常是继发或作为复杂部分性发作的一部分。精神性发作包括：①发作性记忆障碍：主要表现为似曾相识感（对生疏的人或环境觉得曾经见过或经历过），陌生感（对曾经经历过的事情感觉从来没有经历过），记忆性幻觉（对过去的

笔记

事件出现非常精细的回忆和重现）等；②发作性情感障碍：表现为极度愉快或不愉快的感觉，如欣快感、恐惧感、忧郁感等，恐惧感是最常见的症状，发作时常伴有自主神经症状；③发作性认知障碍：常表现为梦样状态、时间失真感、非真实感等；④发作性错觉：表现为视物变大或变小，变远或变近，物体形状改变；声音变大或变小，变远或变近；⑤发作性幻觉：包括躯体感觉性、视觉性、听觉性、嗅觉性或味觉性。

（2）复杂部分性发作（complex partial seizure，CPS）：发作时伴有不同程度的意识障碍。大多起源于颞叶内侧或边缘系统，但也可起源于其他部位，如额叶。根据放电起源不同、扩散途径和速度不同，复杂部分性发作主要表现为以下类型：①仅有意识障碍：表现为突然动作停止，呼之不应，不跌倒，发作后可继续原来的活动。其临床表现酷似失神发作，成人的"失神"发作几乎均是复杂部分性发作，但在小儿应与失神发作相鉴别，EEG 检查可以鉴别，其放电起源于颞叶。②意识障碍伴自动症：自动症是指在癫痫发作过程中或发作后，意识模糊的状态下，出现的一些不自主、无意识的动作，一般持续数分钟，个别可持续数小时，发作后常不能回忆。

常见的自动症有以下类型：口咽自动症表现为不自主的舔唇、咀嚼、吞咽动作、清喉等动作；姿势自动症表现为躯体的大幅度扭动，容易出现于睡眠中；手足自动症表现为简单重复的手部动作，如反复摸索、拍手、解衣扣、开关抽屉等；言语自动症表现为自言自语，多为重复简单词语或不完整句子。

（3）部分继发全面性发作（secondarily generalized tonic-clonic seizure）：先是单纯或复杂部分性发作，随后常继发全面强直-阵挛发作。

2. 全面性发作（generalized seizure）

（1）全面性强直-阵挛发作（generalized tonic-clonic seizure，GTCS）：以突发意识丧失，全身强直和抽搐为特征，典型的发作过程可分为强直期、阵挛期和发作后期。

（2）强直性发作（tonic seizure）：表现为发作性全身肌肉强烈持续收缩，肌肉僵直，使肢体和躯体固定在一定的紧张姿势。

（3）阵挛性发作（clonic seizure）：表现为发作性全身或者双侧肌肉有规律的收缩与松弛，导致肢体表现为有节律性的抽动。

（4）肌阵挛发作（myoclonic seizure）：表现为快速、短促、触电样肌肉收缩，可为全身动作，也可为局部动作。

（5）痉挛发作（spasms）：表现为突然、短暂的躯干肌和双侧肢体的强直性屈性或伸性收缩，多表现为发作性点头，偶有发作性后仰。其肌肉收缩的整个过程为 1～3 秒，常成簇发作。

（6）失张力发作（atonic seizure）：儿童期发病，多见于有弥漫性脑损害的患者。表现为双侧部分或全身肌肉张力突然丧失，而致垂颈、张口、肢体下垂，严重时猝倒发作，持续数秒至 1 分钟。

（7）失神发作（absence seizure）：分为典型失神和不典型失神，儿童期起病。①典型失神发作即小发作（petit mal），表现为突发突止的（5～10 秒）意识丧失和正在进行的动作中断，双眼凝视，手中物体可能坠落，但一般不会跌倒，事后不能回忆发作，每日发作数次至数百次。典型的 EEG 为双侧对称的 3Hz 棘-慢复合波，背景正常。②不典型失神发作的意识障碍发生及终止较典型者缓慢，持续时间多为 1～2 分钟，常伴肌张力减低，EEG 为 2～2.5Hz 不规则的棘-慢波或尖-慢波，背景活动异常。

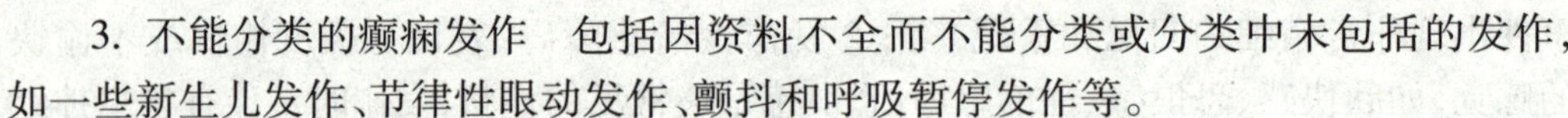

3. 不能分类的癫痫发作　包括因资料不全而不能分类或分类中未包括的发作，如一些新生儿发作、节律性眼动发作、颤抖和呼吸暂停发作等。

【癫痫综合征的临床表现】

ILAE 提出的癫痫综合征定义为有特殊病因，由特定的症状和体征组成的特定癫痫现象。以下介绍几种临床上常见的癫痫综合征。

1. 与部位有关的癫痫

(1) 特发性(起病与年龄有关)癫痫

1) 伴中央-颞区棘波的良性儿童癫痫(benign childhood epilepsy with centrotemporal spikes,BECT)：儿童期最常见的癫痫综合征，2～13 岁起病，9～10 岁为发病高峰。常夜间发病，表现为嘴角及一侧面部抽动或舌、口、面部麻木，偶可累及对侧肢体，甚至进展为全面强直-阵挛发作。EEG 为中央-颞区一侧或双侧高波幅棘波，有向对侧扩散的倾向。可不经治疗 16 岁前自愈。

2) 伴枕叶阵发性放电的儿童良性癫痫：好发年龄为 1～14 岁，高峰年龄为 4～5 岁。发作开始出现黑矇、闪光等视觉症状，随之出现眼肌阵挛、偏侧阵挛，也可合并全身强直-阵挛发作及自动症。EEG 示一侧或双侧枕区阵发性高波幅棘-慢波或尖波，反复以节律性形式发放，仅闭眼时可见。

(2) 症状性癫痫

1) 颞叶癫痫(temporal lobe epilepsy)：由颞叶病灶诱发的症状性癫痫，发作形式可为单纯部分性发作(主要为自主神经性和精神性)、复杂部分性发作(主要为口咽自动症)及继发全面性发作或其组合。发作持续时间超过 1 分钟，发作后意识模糊或嗜睡。40% 以上有热性惊厥史。

2) 额叶癫痫(frontal lobe epilepsy)：与颞叶癫痫一样，也可表现为单纯或复杂部分性发作，常有继发性全身性发作。该发作丛集性出现，每次发作时间短暂，刻板性突出，发作后往往无意识模糊的情况。

3) 枕叶癫痫(occipital lobe epilepsy)：主要为伴有视觉症状的单纯部分性发作，可有或无继发性全身性发作。阴性症状为盲点、黑矇，阳性症状如闪光、火花、幻视等。

4) 顶叶癫痫(parietal lobe epilepsy)：主要表现为感觉性单纯部分发作，如出现面部、手足麻木，烧灼样疼痛感。

(3) 隐源性癫痫：从癫痫发作类型、临床特征、常见部位推测其是继发性癫痫，但病因不明。

2. 全身性癫痫和癫痫综合征

(1) 特发性(起病与年龄有关)癫痫

1) 良性家族性新生儿惊厥(benign neonatal familial convulsion)：为常染色体显性遗传性疾病。出生后 2～3 天发病，表现为阵挛或呼吸暂停，脑电图无特异性改变。少数成年后发展为癫痫。

2) 良性新生儿惊厥(benign neonatal convulsion)：见于出生后 5 日左右，表现为频繁而短暂的阵挛或呼吸暂停性发作。脑电图为尖波和 δ 波交替出现。

3) 儿童失神癫痫(childhood absence epilepsy,CAE)：起病于 6～7 岁，和遗传因素密切相关，女孩多见。表现为频繁(一天数次至上百次)、短暂的典型失神发作；EEG 背景活动正常，发作期为双侧对称同步 3Hz 棘-慢波。

4）青少年肌阵挛癫痫（juvenile myoclonic epilepsy，JME）：青春期前后起病，男女无明显差异。80%以上出现全面性强直-阵挛发作，脑电图上可见广泛性棘-慢波，常有光敏性反应，多数对药物治疗反应良好。

（2）隐源性或症状性（cryptogenic or symptomatic）癫痫

1）Lennox-Gastaut 综合征：学龄前起病。以症状性癫痫多见，常有弥漫性脑损害伴精神发育迟滞。有多种发作形式，常见强直性发作、失张力发作、肌阵挛、失神发作和全面性强直-阵挛发作。每日发作可达数十次，易出现癫痫持续状态，大多预后不良。

2）West 综合征：又称婴儿痉挛症。1 岁以前发病，男性多见。有三大特征：肌阵挛性发作（典型表现为快速点头状痉挛、双上肢外展，下肢和躯干屈曲），精神发育迟滞和脑电图上高峰节律紊乱。一般预后不良。早期用 ACTH 或类固醇激素治疗，有一定疗效。

（3）症状性或继发性癫痫：包括无特殊病因的早期肌阵挛性癫痫性脑病、伴有暴发抑制的婴儿早期癫痫性脑病，其他症状性全身性癫痫和有特殊病因的癫痫。

3. 不能分类的癫痫

（1）婴儿重症肌阵挛性癫痫：也称为 Dravet 综合征。1 岁内发病，初期表现为在无先兆情况下全身或单侧阵挛，常伴意识障碍，以后有从局部开始的频繁肌阵挛，部分病人有局灶性发作或非典型失神，受累儿童有精神运动发育迟缓和其他神经功能缺失。

（2）Landau-Kleffner 综合征：也称获得性癫痫性失语。3～8 岁发病，男多于女，隐袭起病，进行性发展，病程中可有自发缓解和加重。

第三节　癫痫的诊断与鉴别诊断

癫痫诊断遵循五步原则：明确是否是癫痫，明确发作类型，明确癫痫综合征，明确癫痫的病因，确定残障和共患病。当患者发作具有癫痫的临床特征时，需要完善脑电图检查，并与其他非癫痫性发作性疾病鉴别（图 8-1）。临床上在明确为癫痫及其发作类型后，应结合发病年龄、发作类型、发作的时间规律和诱发因素、EEG 特征、影像学结果、家族史、既往史、对药物的反应及转归等资料，作出癫痫综合征类型的诊断，其对治疗选择、判断预后等方面具有重要意义。

【诊断】

（一）病史采集

完整的病史是诊断癫痫的主要依据，包括：发作史、出生史、生长发育史、热性惊厥病史、家族史等。

1. 发作史　由于癫痫是一种发作性的疾病，发作时间短暂，患者就医时绝大多数处于发作间期，因此须详细询问患者本人及其亲属或同事等目击者，尽可能获取详细而完整的发作史。

（1）首次发作的年龄：一些癫痫发作和癫痫综合征有特定的起病年龄范围。

（2）大发作前是否有先兆：应详细询问发作前是否有“先兆”，如恶心、心慌、胃气上升感、似曾相识感等。这些表现如果在发作前规律地出现，则提示这种发作可能有局灶的起源，而且发作前不变的先兆对病灶的定位也非常重要。

（3）发作时的详细过程：发作时有无意识丧失，有无肢体抽动，一侧还是两侧肢

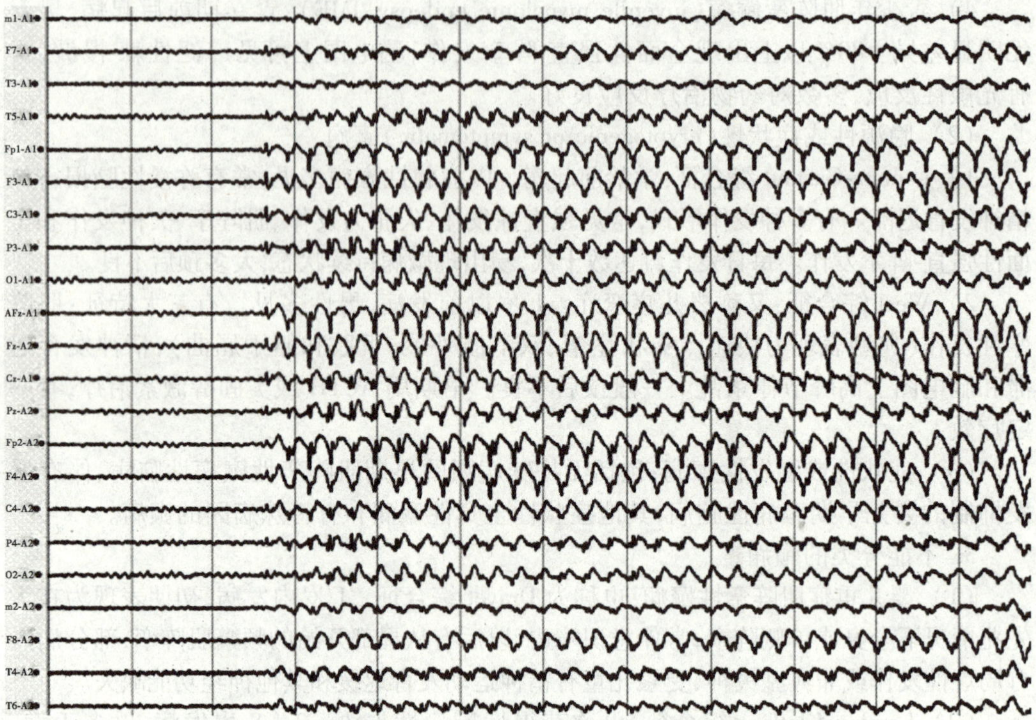

图 8-1　全面强直阵挛发作的脑电图

体抽动，发作的持续时间，发作后的状态等是癫痫诊断及分类的重要依据。

（4）发作频率：平均每月或每年能发作的次数既可评估发作的严重程度，也可作为今后治疗评估疗效的较好基础。

（5）发作有无诱因：对鉴别诊断、治疗和预防均有益。如连续熬夜数日健康人也可能引起抽搐发作，不要过早下结论，应继续随诊。

2. 家族史、出生史、热性惊厥史及生长发育史　如果家族中有癫痫患者，可为诊断提供积极的信息。出生史需了解患者是否足月出生、是否顺产、有无窒息或者产伤等情况，还应该询问母亲在怀孕期间患过何种疾病。有热性惊厥史的病人出现癫痫的几率较正常人高。生长发育史重点了解神经精神发育情况，包括运动、语言、智力等，对于癫痫的分类和确定具体的综合征有帮助。

3. 其他疾病史　是否有头颅外伤史、中枢系统感染史或者中枢神经系统肿瘤等明确的脑部损伤或者病变的病史，能够提示癫痫的病因。

（二）体格检查及辅助检查

体格查体重点应放在神经系统方面。辅助检查包括 EEG、脑磁图、CT、MRI、PET、SPECT、脑脊液检查等。其中 EEG 是辅助癫痫诊断最重要、最普及的客观手段，EEG 不但可以捕捉到癫痫发作期尖波、棘波、尖慢波或棘慢波等各种痫样放电，而其40% ~ 50% 癫痫患者在发作间期的首次脑电图检查也可见到痫样放电。但是癫痫的诊断不但依据 EEG，癫痫的临床发作是诊断癫痫的最核心依据。仅有 EEG 上的痫样放电不能诊断为癫痫。正常人群中也有约 1% 的人 EEG 上可能有痫样放电，痫样放电还可出现在其他非癫痫性疾病中。CT 和 MRI 能够发现颅内病变，可能找到癫痫发生的原因，尤其是 MRI 具有很高的空间分辨率，有利于海马硬化的发现。脑脊液检查主要为

笔记

排除颅内感染等疾病。这些检查是病因学诊断及术前评估的重要工具，应根据不同的临床要求和现实条件选择一种或者几种相应检查。

【鉴别诊断】

1. 晕厥 是短暂性全脑灌注不足导致短时间意识丧失和跌倒，偶可引起肢体强直阵挛性抽动或尿失禁。通常由精神紧张、精神受刺激、长时间过度疲劳、突然体位改变、闷热或拥挤的环境和疼痛刺激、排尿等因素诱发。发作前后通常伴有出冷汗、面色苍白、恶心、头重脚轻和乏力等症状，但不伴发作后意识模糊，除非脑缺血时间过长。

2. 癔病性发作 癔病性发作患者主诉较多，多有明显的情感诱因，发作时间长，有时可达数小时或更长，抽搐时瞳孔不散大，光反射灵敏，多伴有头部来回摇动或用力闭眼等，与癫痫的鉴别见表8-4。

表8-4 癔病性发作与癫痫发作的临床鉴别

临床特点	癔病性发作	癫痫
激惹性格	多见	少见
发作场合	有精神诱因及有人在场	任何情况下
发作特点	发作形式多样化、戏剧化，伴两眼紧闭，眼球乱动，面色苍白或发红，无摔伤、舌咬伤及尿失禁发作	突然及刻板式发作，两眼上翻或斜向一侧，面色青紫，有摔伤、舌咬伤及尿失禁
意识丧失	无	有
持续时间	长，可达数小时	短，数分钟
终止方式	需安慰及暗示治疗	自行停止
瞳孔	正常，对光发射存在	散大，对光反射消失
EEG	多正常	有癫痫样放电

3. 短暂性脑缺血发作（TIA） TIA发作若表现为一过性记忆丧失、幻觉、行为异常和短暂意识丧失，则易与复杂部分性发作相混淆，但患者既往无反复发作史，有动脉硬化，脑电图无痫样波等特点可用以鉴别。

4. 偏头痛 表现为全头或头的一部分剧烈疼痛，发作前可以有先兆，例如暗点或变形的暗点、失语、逐渐扩展的麻木和偏瘫。偏头痛与癫痫的鉴别见表8-5。

表8-5 偏头痛与癫痫的临床鉴别

临床特点	偏头痛	癫痫
先兆症状	持续时间较长	相对较短
视幻觉	多为闪光、暗点、偏盲视物模糊	除闪光、暗点外，有的为复杂视幻觉
主要症状	剧烈头痛，常伴恶心、呕吐	强直阵挛发作
意识丧失	少见	多见
持续时间	较长，几小时或几天	较短，几分钟
精神记忆障碍	无或少见	多见
EEG	非特异性慢波	癫痫样放电

笔记

第四节 癫痫的治疗

当前对癫痫治疗的主要手段仍是药物,80% 的患者通过药物治疗能够控制癫痫。仍有 20% ~30% 的患者对多种正规抗癫痫药物(AEDs)治疗无效,称为难治性癫痫,其中部分患者可考虑手术治疗或其他治疗。

【药物治疗】

1. 用药原则

(1)尽早治疗:一般来说,半年内发作两次以上者,一经诊断明确,就应用药;首次发作或者间隔半年以上发作一次者,可在告知 AEDs 可能的不良反应和不经治疗的可能后果后,根据患者及家属的意愿,酌情选择用或不用 AEDs。

(2)根据癫痫发作类型及癫痫综合征选药:见表 8-6。

表 8-6 根据发作类型的选药原则

发作类型	一线药物	可能加重发作的药物
全面强直阵挛发作	丙戊酸、拉莫三嗪、左乙拉西坦	
强直或失张力发作	丙戊酸	卡马西平、奥卡西平、加巴喷丁
失神发作	丙戊酸、拉莫三嗪	卡马西平、奥卡西平
肌阵挛发作	丙戊酸、左乙拉西坦	卡马西平、奥卡西平、苯妥英钠
局灶性发作	卡马西平、拉莫三嗪、奥卡西平、左乙拉西坦	

(3)尽量单药控制发作,如果病情需要 2 种或 2 种以上的 AEDs 联合应用,应掌握如下原则:①尽量避免将药理作用相同的药物合用;②尽量避开有相同不良反应药物的合用;③不能将多种药物联合作为广谱抗癫痫使用,仍需以癫痫发作类型为选药的依据。

(4)从小剂量开始,应缓慢增量至能最大程度地控制癫痫发作而无不良反应或不良反应很轻的最低有效剂量。

(5)坚持长期规则服药,以保证稳定血药浓度。一般应在服药后完全不发作 3 ~5 年后才考虑减量,经 1 ~2 年逐渐减量至停药,如减药过程中有复发趋势或 EEG 有明显恶化,应再恢复原剂量。

(6)换药要慎重。否定一种药物疗效,必须确认该药已达有效血药浓度,并排除联合用药中药物相互作用。换药时两种药物应有重叠用药期,待新药达稳态血药浓度(约 5 个半衰期)后再减停旧药。

(7)注意其他药物和 AEDs 之间的相互作用,根据相互作用适当调整用药间隔时间和用药的剂量。如磺胺、氟烷、利他灵等药物与 AEDs 是相同代谢途径,可抑制 AEDs 的代谢。口服抗凝剂、口服降糖药、三环类抗抑郁药等与苯妥英钠或丙戊酸钠等合用时,可提高后二者的血浆游离药物浓度,可能出现中毒症状。但是安定等肝酶诱导剂可加速 AEDs 的代谢,降低 AEDs 的血药浓度。

(8)症状性癫痫需针对病因治疗。如脑血管疾病继发的癫痫发作,除了抗癫痫

笔记

治疗外，脑血管病本身的治疗对癫痫的控制也很重要。

2. 常用的 AEDs 表 8-7 列举了常用 AEDs 的剂量、副作用，表 8-8 显示了 AEDs 的部分较为清楚的作用机制。

表 8-7 常用 AEDs 列举

AEDs	剂量[mg/(kg·d)]	半衰期	主要副作用
丙戊酸钠	15~50	8 小时	胃肠道反应，食欲亢进、肝功损害等
卡马西平	15~30	15 小时	嗜睡、皮疹、白细胞减少、肝功损害等
苯妥英钠	4~8	22 小时	齿龈增生、共济失调、皮疹、白细胞减少
苯巴比妥	4~6	4 日	多动、注意力不集中、皮疹
氯硝西泮	0.01~0.2	15~18 小时	嗜睡、共济失调、偶有皮疹、流涎
托吡酯	3~10	20~30 小时	嗜睡、反应慢、食欲减退、体重降低、肾结石
拉莫三嗪	5~15	20~30 小时	皮疹、嗜睡、头痛、共济失调、胃肠反应
加巴喷丁	20~50	5~7 小时	嗜睡、共济失调、眼震、暴怒等行为异常
左乙拉西坦	10~60	6~8 小时	头痛、困倦、易激惹、感染、类流感综合征

表 8-8 AEDs 的主要作用机制

主要分子生物学作用机制	AEDs
抑制电压门依赖性 Na^+ 通道	丙戊酸钠、卡马西平、苯妥英钠、托吡酯、拉莫三嗪、FBM 非氨酯
抑制 Na^+ 流通过非 NMDA 受体	托吡酯
抑制 Ca^{2+} 流通过 NMDA 受体	非氨酯
抑制低阈 T 型电压门依赖性 Ca^{2+} 通道	乙琥胺
增加 GABAA 受体介导的 Cl^- 流	苯二氮䓬类、苯巴比妥、托吡酯、非氨酯
抑制突触前膜 GABA 再摄入	噻加宾
借对 GABA 转氨酶的抑制增加脑内 GABA 浓度	丙戊酸钠
通过未明机制增加脑内 GABA	托吡酯、加巴喷丁
抑制脑内碳酸酐酶活性	托吡酯

3. 中医药治疗 中医认为心、肝、脾、肾多个脏腑的功能失常是癫痫的内因，风、火、痰、瘀、惊诸邪扰乱神明是其外因，肝肾阴虚、阴虚则阳亢、阳亢则肝风内动、亢而热盛、热盛化火为患，另外脾虚失运、清气不升、浊气不降则痰涎内结、痰迷心窍、心血不遂而瘀、瘀则经络不通、痰阻血瘀上扰清窍，终致癫痫发作。中医药治疗癫痫病的治疗原则是发作期以祛邪、开窍醒神为主，恢复期和休止期以祛邪补虚为主。祛邪宜以豁痰息风、开窍定痫法为主；补虚宜以健脾化痰，补益肝肾，养心安神法为主。治疗方法丰富多样，一般内治与外治结合，灵活多变，如药物、针灸、按摩、心理调适、饮食调理等

笔记

措施，往往根据病情选用几种方法配合应用。

【手术治疗】

两种正确选择、可耐受的AEDs经足够疗程及剂量的单药或联合用药仍未能控制发作的难治性癫痫患者占癫痫患者的20%～30%，经过严格的术前评估可以考虑手术治疗。

1. 手术适应证 起源于一侧的难治性复杂部分性发作，无其他大脑慢性进行性疾病，其病灶可以切除又不致产生严重神经功能障碍者，如肿瘤或其他病变。

2. 手术方式 ①颞前叶切除术：是治疗颞叶癫痫的一种经典手术。术后90%以上发作减轻，55%发作控制；②选择性杏仁核海马切除术：大多数颞叶癫痫的放电灶在杏仁核、海马区，术后87%发作减轻，62%消失；③颞叶以外皮质切除术：是治疗其他脑区局灶性癫痫的基本方法，平均有效率71%；④大脑半球切除术：目前已很少推荐采用；⑤胼胝体部分切断术：其理论依据是胼胝体是癫痫放电从一侧半球扩散至另一侧半球的主要通路，适于严重癫痫脑病、多灶性癫痫等，有效率为50%左右；⑥软脑膜下皮质横切术：理论基础是癫痫放电需要大量的并排皮质神经元间水平联系，而皮质神经元的正常功能则主要依赖于垂直传递。

知识链接

癫痫的其他治疗手段

20世纪初期还风行一种治疗癫痫的饮食疗法即生酮饮食，当时认为有效率达30%～50%。但是随着AEDs的不断问世，且其应用方便，生酮饮食疗法逐渐被冷落。近年生酮饮食再度受到关注，并发现其在难治性癫痫的治疗方面有一定疗效，但其治疗机制有待进一步研究。另外，迷走神经刺激术(VNS)是一项新兴的神经调控治疗技术，适用于不适于外科切除性手术或不接受开颅手术、且药物难以控制发作的癫痫患者。该技术损伤小，参数可体外调节。目前报道，其有效率(发作频率减少>50%)一般在45%～65%之间。

【预后】

80%患者经过正规药物治疗预后很好。但是不同类型的癫痫预后差异很大，20%～30%患者长期服药不能控制发作，发展为难治性癫痫。典型失神发作预后好，肌阵挛性癫痫伴脑部病变者常难以控制。总之，正确的诊断和分类，早期、合理的治疗有助于改善预后。

第五节 癫痫持续状态

【定义及分类】

癫痫持续状态是指一次癫痫发作持续时间超过30分钟，或连续两次发作，其间歇期意识障碍无恢复、总时间超过30分钟者。我国中枢神经系统感染所致癫痫持续状态比例最高，欧美国家的研究发现脑血管疾病是癫痫持续状态最主要的病因。

笔记

癫痫持续状态定义的时间窗

我国一直都沿用的30分钟作为癫痫持续状态定义的时间标准，而在欧美国家癫痫持续状态院前抢救的时间窗定在5~10分钟以内，因为目前的临床试验报告显示90%以上的癫痫发作持续时间在5分钟以内，超过5分钟易发展为癫痫持续状态。

【病因及发病机制】

癫痫持续状态常见病因包括颅内感染、脑血管疾病、突然停用AEDs、外伤、肿瘤等。但发病机制至今还不完全清楚，有观点认为GABA介导的、作用于GABA受体的正常抑制途径失效、兴奋性反馈环激活，导致大量神经元反复同步点燃，而进一步降低了GABA功能所致。

【诊断】

癫痫持续状态的诊断仍主要依据癫痫发作病史、发作的临床表现、发作时间窗、脑电图监测，也不难与其他疾病鉴别。

【治疗】

癫痫持续状态治疗的关键是尽快终止发作，同时通畅呼吸道，给氧，降温，监护生命体征，建立大静脉输液通路，对症治疗，维持生命体征和内环境的稳定，预防感染、脑水肿等。

控制发作可选用下列药物：

（1）安定：首选。成人首次静脉注射10~20mg，儿童0.3~0.5mg/kg，注射速度<2~5mg/min，若不能控制，15分钟后重复给药；或用100~200mg安定溶于5%葡萄糖盐水中，于12小时内缓慢静脉滴注。

（2）氯硝安定：成人静脉注射4mg，注射速度<2mg/min，如不能控制，10~15分钟后重复给药；仍无效，需采取其他措施。12小时内用量一般不超过8mg。

（3）苯妥英钠：成人静脉注射每次150~250mg，注射速度<50mg/min，必要时30分钟后可再次静注100~150mg，一日总量不超过500mg。

（4）苯巴比妥：成人静脉注射每次200~250mg，注射速度<60mg/min，必要时6小时后重复1次。极量每次250mg，每日500mg。

（5）丙戊酸钠注射液：15~30mg/kg静脉推注后，以1mg/(kg·h)速度维持。

（6）水合氯醛：10%水合氯醛20~30ml加等量植物油保留灌肠。

但用药中注意安定、氯硝安定和大剂量苯巴比妥可能引起的呼吸抑制。对于上述治疗不能控制者，推荐早期麻醉治疗。可酌情选用咪达唑仑0.05~0.4mg/(kg·h)，异丙酚1mg/kg，每3~5分钟重复1~2mg/kg，最大量为10mg/kg，维持1~10mg/(kg·h)，有条件者进行脑电图监测。终止发作后，仍需AEDs维持治疗。

癫痫持续状态的中医药治疗方法基本同癫痫治疗，已有很多有效临床报道，但机制不明。

【并发症】

癫痫持续状态常见的并发症如下：①酸中毒，当癫痫发作持续时间过长，会继发一系列代谢改变，最早的变化是血pH值明显下降；②心律失常，阵挛发作后去甲肾上腺

素及肾上腺素水平积聚升高可能是心律失常的主要原因；③脑水肿、脑疝，癫痫持续状态；④多器官衰竭，癫痫持续状态可导致全身多器官缺氧性损害；⑤电解质紊乱、糖代谢异常、高热、脱水等。

【预后】

癫痫持续状态的预后与治疗的早晚直接相关，若不及时治疗，死亡率和致残率很高。另外，病因也是其预后的决定因素。中枢神经系统感染、脑卒中、脑外伤、药物中毒等急性病因所致的癫痫持续状态一般难以控制，死亡率较高。特发性或者因中断AEDs引起的癫痫持续状态一般预后良好。

学习小结

1. 学习内容

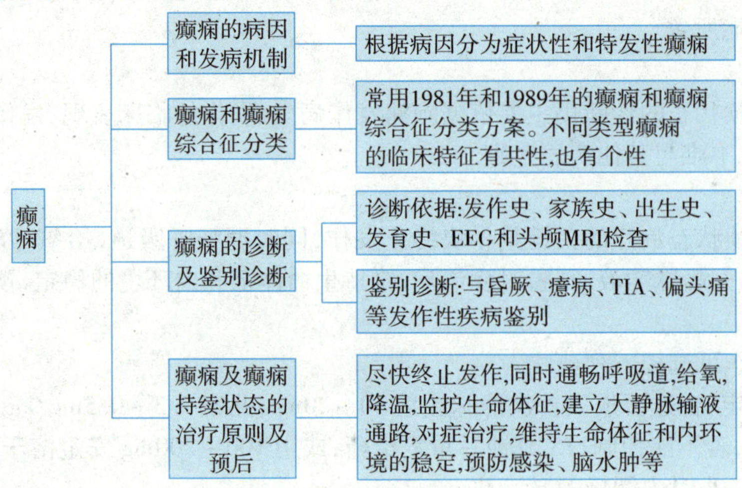

2. 学习方法

复习神经解剖知识，尤其是各脑区功能的基础知识；采取归纳和比较的方法，掌握各种类型癫痫和癫痫综合征临床特征中的共性和个性；熟悉癫痫和癫痫持续状态的治疗原则和常用的治疗药物；了解EEG和头颅MRI或CT在癫痫诊断中的重要意义。

（陈 蕾）

复习思考题

1. 癫痫临床表现的共同特征是什么？
2. 除卡马西平会加重肌阵挛发作外，还有哪些AEDs会加重癫痫发作？
3. 何谓癫痫持续状态及新观点？

笔记

第九章

头　痛

学习目的

通过学习临床上常见头痛的病因、发病机制、临床表现、诊断要点、鉴别诊断及防治原则，为提高头痛临床诊治水平奠定理论基础。

学习要点

头痛的分类，偏头痛、紧张型头痛、低颅压性头痛的临床表现、诊断及鉴别诊断、治疗与预防。

第一节　概　述

头痛(headache)是临床上常见的症状，一般指头颅上半部(即眉弓、耳郭上缘至枕外隆突连线以上)疼痛。据统计，我国90%以上的人群患过头痛。

头痛主要发生于受到刺激的颅内外对疼痛敏感的组织结构。颅外的痛觉敏感结构有头皮、皮下组织、帽状腱膜、颅骨骨膜、头颈部颅外动脉和肌肉，第2、3颈神经，眼、耳、牙齿和口鼻腔、鼻窦的黏膜等；颅内的痛觉敏感结构有颅底动脉、硬脑膜中动脉、颅底硬脑膜、静脉窦、丘脑感觉核以及传导头面部痛觉的脑神经(Ⅴ、Ⅸ、Ⅹ)。颅骨、脑实质、大部分硬脑膜、软脑膜、蛛网膜、脑室室管膜、脉络丛对疼痛均不敏感。

头痛的病因十分复杂，涉及多种颅内外疾病、功能性和精神性疾病以及全身疾病。产生头痛的主要机制有：①颅内外动脉的扩张或痉挛(如血管性头痛)；②颅内痛觉敏感组织被牵拉或者移位(牵引性头痛)；③颅内外痛敏组织炎症(如脑膜刺激性头痛)；④头颈部肌肉的收缩(紧张型头痛)；⑤传导痛觉的脑神经和颈神经病损或炎症(神经炎性疼痛)；⑥五官病变疼痛的扩散(牵扯性疼痛)；⑦高级神经功能障碍。

头痛的分类十分复杂。2013年国际头痛协会(International Headache Society，IHS)发表了国际头痛疾患分类第三版试用版(ICHD-3 beta)，分4大部分，包括3个主要分类，见表9-1。

头痛的诊断，首先是区别原发性头痛和继发性头痛，详细询问病史是关键。问诊的重点包括头痛起病的方式、部位、性质、出现及持续时间、频率、疼痛程度；有无先兆

笔记

表 9-1　头痛分类（ICHD-3 beta）

1. 原发性头痛	2.4 物质或其戒断所致的头痛
1.1 偏头痛	2.5 感染所致的头痛
1.2 紧张型头痛	2.6 内环境稳定失调疾患所致的头痛
1.3 三叉自主神经性头痛	2.7 头颅、颈、眼、耳、鼻、鼻窦、牙齿、口腔或其他头面部结构疾患所致的头痛或面痛
1.4 其他原发性头痛	2.8 精神疾患所致的头痛
2. 继发性头痛	3. 脑神经痛、其他面痛和其他头痛
2.1 头和（或）颈部外伤所致的头痛	3.1 脑神经痛和其他面痛
2.2 头颈部血管疾患所致的头痛	3.2 其他头痛疾患
2.3 非血管性颅内疾患所致的头痛	

症状及伴随症状；头痛诱发、加重或缓解因素、详细的治疗过程；患者的家族史、服药史、职业、睡眠和情绪状况等。在问诊的基础上，进行全面的内科和神经系统检查，根据患者的个体情况和可能的病因，有针对性地选用相关辅助检查（包括血细胞分析、尿液综合分析、大便常规检查、血液生化免疫检查、病原学检查和脑脊液检查等）、电生理检查（脑电图、肌电图和视觉诱发电位等）、经颅多普勒超声及影像学检查（CT、MRI、PET）等。

头痛的治疗，首先对病因明确的病例应尽早去除病因；对急性发作时的头痛治疗，主要在于减轻或终止头痛的发作；对偶发性头痛或因头痛产生的伴随症状如恶心、呕吐、眩晕等给予适当的对症治疗；对慢性反复发作的头痛，应给予预防治疗。

第二节　偏　头　痛

偏头痛（migraine）是临床常见的原发性头痛，为发作性神经-血管功能障碍，以反复发作的一侧或双侧搏动性头痛为特征，常伴有恶心、呕吐及畏光等。偏头痛在欧美国家患病率约为 20%，我国年患病率为 9.3%。女性多于男性，起病好发于 10～30 岁。世界卫生组织（WHO）发布的 2001 年世界卫生报告将常见疾病按健康寿命损失年（Years Lived with Disability，YLD）进行排列，偏头痛位列第 20 位，并将严重偏头痛定为最致残的慢性疾病，类同于痴呆、四肢瘫痪和严重精神病。

【病因及发病机制】

本病的病因尚不清楚，目前认为与遗传、内分泌、饮食以及精神因素有一定关系。大约 60% 偏头痛患者有头痛家族史，其亲属患偏头痛的风险是一般人群的 3～6 倍。多数偏头痛患者多在儿童和青春期发病，女性发作多在经前期或经期，妊娠期或绝经后减轻或消失。摄取某些食物如奶酪、红酒、巧克力（含酪氨酸、苯乙胺）、咖啡、茶（含咖啡因）、腌熏食品、泡菜（含亚硝酸盐和硝酸盐）、谷氨酸钠或服用利血平、血管扩张剂等药物后可诱发偏头痛的发作。此外，情绪刺激、头部外伤、饥饿、睡眠障碍、气候变化也可引起本病的发作。

偏头痛的发病机制至今仍未明了，主要有以下几种学说：

1. 血管学说　1938 年 Harold Wolff 等提出该学说，认为偏头痛由血管舒缩功能障碍引起，将偏头痛分为三期。初期（先兆期），累及颅内脑动脉痉挛性收缩，引起短暂性缺血而出现不同的先兆症状；第二期（血管扩张期），颅内、颅外血管过度扩张而产

生搏动性头痛；第三期（水肿期），血管壁局限性水肿，出现无菌性炎症，使搏动性头痛变为持续性。在这一学说中，血小板5-羟色胺（5-HT）的释放代谢起了很重要的作用。目前，此假说已被新近的影像学研究质疑。

2. 皮质扩散性抑制（CSD）学说　偏头痛发作中先兆或神经功能障碍发生可能是CSD引起。1944年Leao在动物实验中用脑电图观察到枕叶皮质受到有害刺激后出现局部脑电活动低落，并以2～5mm/min的速度缓慢自后向前扩展，伴随先有脑血流量及氧供增加而后出现扩展性局部低血流改变，称之为CSD。

3. 三叉神经血管学说　是目前解释偏头痛发病机制的主流学说。1984年Moskowitz等提出，将神经、血管和递质三者相结合。该学说认为偏头痛的发生，是由$5\text{-}HT_{1B/1D}$受体调节的三叉神经血管系统和与遗传有关的中枢神经系统内源性痛觉调节功能缺陷，加之各种伤害性刺激所致。偏头痛发作，颅内血管周围分布的三叉神经纤维受到刺激，释放P物质（SP）、降钙素基因相关肽（CGRP）、神经激肽（ANKA）等血管活性肽，形成以血管扩张、血浆蛋白渗出、肥大细胞脱颗粒等为特征的无菌性炎症。这种伤害性刺激沿着三叉神经传入纤维传至三叉神经核尾部，冲动达到延髓化学感受区，引起恶心、呕吐等症状；传入下丘脑，出现畏光症状；传入大脑皮质产生疼痛。在血管周围的三叉神经轴索中存在着与5-HT受体类似的抑制性受体，舒马普坦可与之结合，从而抑制神经源性炎症。

【临床表现】

偏头痛是一种反复发作的、搏动性的头痛，多呈单侧疼痛，常伴恶心和呕吐。少数典型者发作前有视觉、感觉和运动等先兆症状。头痛发作频率不定，从每周至每年1次至数次不等，间歇期正常。部分患者有家族史。同一患者可有不同类型的偏头痛发作。2013年国际头痛协会ICHD-3 beta对偏头痛分类见表9-2。

表9-2　偏头痛分类（ICHD-3 beta）

1.1 无先兆偏头痛	1.4.3 偏头痛性脑梗死
1.2 先兆偏头痛	1.4.4 偏头痛先兆触发的痫性发作
1.2.1 典型先兆偏头痛	1.5 可能的偏头痛
1.2.2 脑干先兆偏头痛	1.5.1 可能的无先兆偏头痛
1.2.3 偏瘫性偏头痛	1.5.2 可能的先兆偏头痛
1.2.4 视网膜性偏头痛	1.6 与偏头痛相关的阵发性综合征
1.3 慢性偏头痛	1.6.1 反复的胃肠道功能紊乱
1.4 偏头痛并发症	1.6.2 良性阵发性眩晕
1.4.1 偏头痛持续状态	1.6.3 良性阵发性斜颈
1.4.2 持续性先兆不伴脑梗死	

主要类型偏头痛的临床表现：

1. 无先兆偏头痛（migraine without aura）　旧称普通偏头痛，是偏头痛中最常见类型，约占80%，70%的患者有头痛家族史。反复发生的头痛，每次持续4～72小时。头痛的典型特征为偏侧分布、搏动性、中或重度程度、日常活动加重头痛，伴随恶心和（或）畏光、畏声。

2. 先兆偏头痛（migraine with aura）　以前称为典型偏头痛，约占10%，患者多有家族史。临床特点是头痛发作前有先兆症状。头痛部位、性质、伴随症状与无先兆偏

笔记

头痛相似，但持续时间较短、程度较重。临床上典型先兆偏头痛病例可分以下四期：

（1）前驱期：约60%患者在发作前数小时至数日出现前驱症状，表现为精神症状如激惹、抑郁、欣快、不安和倦怠等，或神经症状如畏光、畏声、嗅觉过敏以及厌食、腹泻、口渴等。

（2）先兆期：先兆症状常出现于头痛之前或伴随头痛发生，可持续数分钟至1小时，复杂性偏头痛病例的先兆症状持续时间较长。表现为单侧完全可逆的局灶性脑功能异常，如视觉、感觉、言语/语言症状或其他中枢神经系统症状，但不包括运动无力。视觉先兆最常见，约占90%，如闪光、暗点、视物变形、视野缺损和物体颜色改变等；其次为躯体感觉性障碍，如一侧肢体或（和）面部麻木、感觉异常等。

（3）头痛期：头痛常在先兆开始消退时出现，多为一侧眶上、眶后或额颞部搏动性头痛，可扩展至一侧头部或全头部。如果不治疗或治疗无效，一次头痛发作成人可持续4～72小时，儿童持续2～8小时；常伴有恶心、呕吐、畏光、畏声、厌食等症状。头痛可因活动而加重、睡眠后减轻。

（4）头痛后期：头痛缓解后仍有倦怠、烦躁、易怒、注意力不集中、情绪低落等症状，1～2日后缓解。

3. 偏瘫性偏头痛（hemiplegic migraine） 少见，分为家族性和散发性，两者临床表现相同，只是前者有家族史，为常染色体显性遗传。多起病于儿童或青少年期，常在成年后偏瘫发作停止，代之以其他类型的偏头痛。临床特点为头痛发作的同时或过后，出现同侧或对侧肢体的瘫痪，并可在头痛消退以后持续一段时间。在偏瘫对侧的大脑半球脑电图检查可出现慢波。

4. 脑干先兆偏头痛（Migraine with brainstem aura） 旧称基底型偏头痛，罕见。多见于青少年女性，与月经期有显著联系。先兆症状明确地起源于脑干，但无运动无力。可见复视、构音障碍、眩晕、耳鸣、听力下降、共济失调、意识障碍、双侧肢体感觉异常等。先兆症状通常持续10～30分钟，其后出现枕部搏动样头痛。

5. 可能与偏头痛相关的阵发性综合征（Episodic syndromes that may be associated with migraine） 旧称儿童周期性综合征，主要见于婴幼儿和低龄儿童，可视为偏头痛等位症。多数儿童成年后可出现偏头痛。该综合征发作时不伴头痛，分为反复的胃肠道功能紊乱、良性阵发性眩晕、良性阵发性斜颈3个亚型。反复的胃肠道功能紊乱，临床特点为反复的发作性腹痛和（或）腹部不适、恶心和（或）呕吐，每次持续数小时至数天，发作间期正常，胃肠道检查正常。良性阵发性眩晕，表现为无诱因的反复短暂发作性眩晕，常伴有眼球震颤或呕吐，有时会出现单侧的搏动样头痛，脑电图正常。良性阵发性斜颈，表现为反复发作的头向一侧倾斜，可伴有轻度的旋转，可自行缓解。

6. 慢性偏头痛 每月头痛≥15天，持续3个月以上，且每月至少有8天的头痛，具有偏头痛性头痛特点。

【诊断及鉴别诊断】

偏头痛的诊断主要依据家族史、临床特征以及通过辅助检查如头颅CT、MRI、MRA等排除了其他疾病。参照2013年IHS制定的ICHD-3 beta诊断标准：

1. 无先兆偏头痛诊断标准

（1）符合下述第（2）～（4）项，发作至少5次。

（2）未经治疗或治疗无效，每次发作持续4～72小时。

笔记

(3) 头痛至少具有以下2项特征:①偏侧性分布;②搏动性;③中或重度疼痛;④日常活动(如步行或上楼)加重头痛,或头痛导致日常活动受限。

(4) 头痛发作时至少伴有1项以下表现:①恶心和(或)呕吐;②畏光和畏声。

(5) 不是由其他疾病所致。

2. 先兆偏头痛诊断标准

(1) 符合下述第(2)~(3)项,发作至少2次。

(2) 至少有下列1项完全可逆的先兆症状:①视觉;②感觉;③言语和(或)语言;④运动;⑤脑干;⑥视网膜。

(3) 下列4项特征中至少有2项:①至少1种先兆症状逐渐进展≥5分钟和(或)两种或多种先兆症状接连出现;②每个先兆症状持续5~60分钟;③至少1个先兆症状是单侧的;④先兆伴随头痛或在先兆发生60分钟内发生头痛。

(4) 不是由其他疾病所致。

3. 典型先兆偏头痛诊断标准 典型先兆偏头痛诊断标准中第(1)、(3)和(4)与先兆偏头痛相同,第(2)项中仅包括完全可逆的视觉、感觉和(或)言语/语言先兆症状,但不包括运动、脑干或视网膜先兆症状。

偏头痛应与以下疾病鉴别:

1. 紧张型头痛(tension-type headache,TTH) 女性稍多见,表现为双侧枕额顶部或全头部持续性或发作性压迫性、紧束感的头痛,可扩散至颈、肩、背部,很少伴有恶心、呕吐,情绪障碍可加重头痛症状,体检无阳性体征。

2. 丛集性头痛(cluster headache) 又称组胺性头痛,临床少见,男性多于女性,患者大多没有家族史。头痛通常是每年1次或2次在春季和(或)秋季密集发作的特点。发作期通常持续数周至数月,在此期头痛呈成串发作,发作频度从隔日一次至每日发作数次,每次头痛发作持续15分钟~3小时。发作期后可有较长的缓解期。疼痛发作的部位、性质、程度、时间、形式都常有规律,表现为突然发作而无先兆的一侧眼眶、额颞部的尖锐爆炸样剧痛,常在午睡后或凌晨发作,患者可在睡眠中痛醒,伴有疼痛部位皮肤潮红、发热,痛侧球结膜充血、流泪、流涕等。在发作期,服用血管扩张剂以及过度紧张可诱发。

3. 非偏头痛性血管性头痛 高血压或低血压、脑动脉硬化症、颅内动脉瘤或血管畸形、慢性硬膜下血肿等均可出现类似偏头痛样的血管性头痛,但常无典型偏头痛发作过程。颅内动脉瘤和动静脉畸形可出现局限性神经功能障碍、癫痫发作或认知功能障碍,颅脑CT、MRI、MRA及DSA检查可显示病变,明确诊断。

【治疗】

偏头痛是目前无法根治但可以有效控制的疾患,教育患者保持健康的生活方式,鼓励患者做头痛日记。治疗目的,是尽快减轻或终止头痛发作,缓解伴发的症状,预防头痛的复发。治疗分为药物治疗和非药物治疗。治疗药物包括非特异性药物和偏头痛特异性药物。非药物治疗有心理行为治疗和物理治疗,可作为药物治疗的替代或补充。

1. 头痛发作期治疗

(1) 轻-中度头痛:宜在光线较暗的房间内安静休息。首先给予非甾体类抗炎药(non-steroidal anti-inflammatory drugs,NSAIDs),如阿司匹林300~1000mg/d,萘普生

500～1000mg/d 或布洛芬 200～800mg/d 等口服治疗。如果疗效不佳，再用偏头痛特异性治疗药物。亦可选用拟肾上腺素药物异美汀。服用单一的 NSAIDs 每月不宜超过 15 天，联合其他镇痛药每月不宜超过 10 天。

（2）中-重度头痛：首选特异性治疗药物。①5-HT_1受体非选择性激动剂麦角类制剂：适用于发作持续时间长或经常发作的患者，不推荐常规使用，如双氢麦角胺，1～3mg 口服，或 0.25～1mg 肌内注射。②5-$HT_{1B/1D}$受体选择性激动剂曲普坦类制剂：防止中枢敏化，在头痛之初尽早使用，如舒马曲普坦，25～50mg 口服，24 小时内总剂量不宜超过 300mg；或 6mg 皮下注射，1 小时内可重复给药，24 小时内不宜超过 12mg。佐米曲普坦，2.5～5.0mg 口服，2 小时后可重复，24 小时内不宜超过 10mg。以上药物每周用药不宜超过 2～3 天，因具有强力收缩血管作用，严重高血压、心脏病、孕妇禁忌。

（3）伴随症状治疗：伴恶心、呕吐者可给予甲氧氯普胺 10～20mg/d、多潘立酮20～30mg/d、异丙嗪 12.5～25mg 等镇吐；眩晕或头昏可给予眩晕停或东莨菪碱等治疗。

2. 预防性治疗

（1）诱因控制：消除或减少引起偏头痛的诱因，如避免强烈情绪刺激，尽量不服用血管扩张剂或利血平类药物，不进食红酒、含奶酪食物等。

（2）预防药物的应用：频繁发作、治疗性用药使用过度或无效者，可酌情给予下列药物治疗：①β-肾上腺素能受体阻滞剂：如普萘洛尔 20～120mg/d 口服，每日 2 次。②钙离子拮抗剂：氟桂利嗪 5～10mg，每晚睡前口服；或尼莫地平 20～40mg/次口服，每日 2～3 次。③抗组胺药物：如赛庚啶 4～20mg/次口服，每日 2～4 次。④其他药物：抗抑郁药（如阿米替林 50～100mg/d）、抗癫痫药（如丙戊酸钠 500～1000mg/d 和托吡酯 25～100mg/d）、非甾体抗炎药（如萘普生 500～1000mg/d、双氯芬酸钠 50～100mg/d）等。小量开始，缓慢增至有效剂量，至少应足量尝试 2～3 个月，获得满意疗效后维持治疗 6～12 个月后逐渐减量或停药。

3. 中医药治疗　中医药治疗偏头痛的有效性和安全性已经得到了广泛的认同。临床上以活血通络、调和气血，安神止痛、化痰降浊、平肝息风为主要治法，采用中药、针灸、推拿等疗法来缓解偏头痛的疼痛及预防发作，疗效显著。历代针灸取穴头部多选风池、丝竹空和率谷，配伍远部腧穴如足临泣、三阴交、外关、阳陵泉、合谷等。

【预后】

大多数的偏头痛预后都良好，偏头痛可随年龄的增长而症状逐渐缓解。儿童偏头痛的预后较成人偏头痛好，6 年后约 50% 儿童不再经历偏头痛，约 1/3 的偏头痛患者得到改善，而始于青春期以后的成人偏头痛常持续几十年。

第三节　紧张型头痛

紧张型头痛（Tension-type headache，TTH），又称肌收缩性头痛，指双侧枕、颈部或全头部的压迫性或紧缩性头痛。是慢性头痛中最常见的一种，全世界紧张型头痛患病率约 42%，其终身患病率为 37%～78%，我国年患病率 10.8%。

【病因及发病机制】

紧张型头痛的病因与发病机制尚未完全明确。可由枕颈部肌肉或肌筋膜结构收

笔记

缩导致缺血，以及中枢神经系统丘脑、脑干和脊髓中单胺能或 5-HT 系统的慢性或间断性功能障碍所致。情绪障碍、应激、紧张常加重病情。

【临床表现】

该病多发于 20～40 岁的青壮年，男性与女性的患病率之比约为 4∶5。紧张型头痛，表现为双侧枕颈部、额颞部或全头部轻中度头痛，性质呈压迫性或紧缩性，持续 30 分钟～7 天，不影响日常生活。多数患者伴有头昏、失眠、焦虑或抑郁等，不伴有恶心、呕吐，但可有畏光或畏声。疼痛部位肌肉可有触痛或紧张感。病程数日至数年不等。慢性紧张型头痛常由频繁阵发型演变而来。

2013 年国际头痛协会 ICHD-3 beta 根据发作频率和是否有颅骨膜压痛对紧张型头痛分类见表 9-3。

表 9-3　紧张型头痛分类（ICHD-3 beta）

2.1 稀疏阵发性紧张型头痛	2.3 慢性紧张型头痛
2.1.1 稀疏阵发性紧张型头痛伴颅骨膜压痛	2.3.1 慢性紧张型头痛伴颅骨膜压痛
2.1.2 稀疏阵发性紧张型头痛不伴颅骨膜压痛	2.3.2 慢性紧张型头痛不伴颅骨膜压痛
2.2 频繁阵发性紧张型头痛	2.4 可能的紧张型头痛
2.2.1 频繁阵发性紧张型头痛伴颅骨膜压痛	2.4.1 可能的稀疏阵发性紧张型头痛
2.2.2 频繁阵发性紧张型头痛不伴颅骨膜压痛	2.4.2 可能的频繁阵发性紧张型头痛
	2.4.3 可能的慢性紧张型头痛

【诊断及鉴别诊断】

根据病史及临床表现，对头痛部位、性质、频率和持续时间的描述，并排除脑部、颈部疾病，如颅内占位性病变、炎症、外伤以及颈椎病等，通常可确诊。

诊断可参照 ICHD-3 beta 标准：

1. 稀疏阵发性紧张型头痛诊断标准：

（1）符合下述第（2）～（4）项的发作至少 10 次，平均每月发作时间<1 天，每年发作时间<12 天。

（2）每次头痛发作持续 30 分钟～7 天。

（3）头痛至少具有以下 2 项特征：①双侧性分布；②性质为压迫感或紧束感（非搏动性）；③轻或中度疼痛；④日常活动（如步行或上楼）不会加重头痛。

（4）符合以下 2 项：①无恶心或呕吐；②畏光或畏声。

（5）不是由其他疾病所致。

2. 频繁阵发性紧张型头痛诊断标准：

（1）符合下述第（2）～（4）项的发作至少 10 次，平均每月发作时间 1～14 天，持续至少 3 个月，每年发作时间≥12 天但<180 天。

（2）每次头痛发作持续 30 分钟～7 天。

（3）头痛至少具有以下 2 项特征：①双侧分布；②压迫性或紧束感（非搏动性）；③轻至中度疼痛；④日常活动（如步行或上楼）不会加重头痛。

（4）符合以下 2 项：①无恶心或呕吐；②畏光或畏声。

（5）不是由其他疾病所致。

3. 慢性紧张型头痛诊断标准：

(1) 符合下述第(2)~(4)项的发作至少10次,平均每月发作时间≥15天,持续超过3个月,每年发作时间≥180天。

(2) 每次头痛发作持续30分钟~7天,或长期持续无缓解。

(3) 头痛至少具有以下2项特征:①双侧分布;②压迫性或紧束感(非搏动性);③轻至中度疼痛;④日常活动(如步行或上楼)不会加重头痛。

(4) 符合以下2项:①畏光或畏声中最多只有一项;②无恶心或呕吐。

(5) 不是由其他疾病所致。

紧张型头痛应与以下疾病鉴别:

1. 偏头痛 常见于中青年和儿童。头痛位于一侧颞额眶部,呈搏动性跳痛,常伴恶心及呕吐。头痛前可有视觉障碍等先兆症状,也可无任何先兆即开始偏侧头痛。一般历时数小时或数天,极少数患者呈偏头痛持续状态。少数患者可能同时存在无先兆偏头痛和紧张型头痛,头痛日记有助于发现。

2. 丛集性头痛 多见于中青年男性。头痛发作呈密集性、剧烈且无先兆。疼痛常位于一侧眶颞额部,重者波及全头部。发作时伴以颜面皮肤潮红、发热,痛侧球结膜充血、流泪等。午睡后或凌晨发作最常见,患者可在睡眠中痛醒。每次发作持续数十分钟至数小时,发作频度从隔日一次至每日发作数次。发作期通常持续7天~1年,其中间隔至少1个月的无痛期。

3. 三叉神经痛 本病好发于中老年人,以三叉神经第2、3支受累较多。表现为面部三叉神经分布区的发作性短暂剧痛,性质如刀割、烧灼或针刺样,常因洗脸、刷牙、说话、咀嚼而诱发。每次疼痛仅数秒钟,每天发作数次至数十次。

4. 颅内占位性疾病引起的头痛 头痛是由于颅内压增高所致,早期可被误诊为紧张型头痛。神经系统检查存在阳性体征,颅脑CT或MRI等检查可助鉴别。此类疾病包括颅内肿瘤、颅内转移癌、脑脓肿及脑寄生虫病等。

5. 颅内慢性感染引起的头痛 头痛为早期症状,一般伴有发热,病前有感染史,神经系统检查有阳性体征,腰穿脑脊液检查有异常。此类疾病包括结核性脑膜炎、真菌性脑膜炎、囊虫病性脑膜炎及梅毒性脑膜炎等。

6. 颅内压力异常所致的头痛 此类患者均以头痛为主,与紧张型头痛相似,可通过脑CT检查以及腰椎穿刺测量颅内压有助鉴别。此类疾病包括颅内低压综合征、良性颅内高压症及正常颅压脑积水。

【治疗】

紧张型头痛的治疗分为药物治疗和非药物治疗。

1. 药物治疗

(1) 急性发作期治疗:由于紧张型头痛的发病机制不清楚,治疗用药多与偏头痛相似,急性发作期选择非麻醉性止痛药以减轻症状,主要用非甾体抗炎类药(NSAIDs),如酮基布洛芬,25~50mg口服,每日3~4次;萘普生,通过抑制前列腺素合成而产生止痛抗炎作用,100~200mg口服,每日2~3次;普罗喹宗,其作用为抑制前列腺素系统,抑制血小板凝集,抑制5-HT释放,降低毛细血管通透性及抑制缓激肽,75~150mg口服,每日2~3次。

(2) 预防性治疗:适于频发性和慢性患者,可选用三环类抗抑郁药或肌肉松弛剂等。①阿米替林,三环类抗抑郁药,首选用于治疗慢性紧张型头痛伴抑郁症状的

笔记

患者。起始剂量为 10mg，每周加量 10mg，最大剂量 75mg/d，分次服用。抗抑郁药可根据病情应用，一般口服给药，并仅予短期应用，以防发生药物毒副作用。②盐酸乙哌立松，骨骼肌松弛药，可抑制肌张力过高，抑制疼痛反射活动，从而改善紧张型头痛的症状。150mg/d，分次服用，非常规使用。预防性用药应每 6～12 个月尝试减少用量至停药。

2. 非药物治疗　适于药物禁忌证范围或因长期服药后药物耐受者，或是孕妇及哺乳者。包括心理干预、经皮电刺激神经疗法、热疗等物理疗法。

3. 中医药治疗　近年来国内临床广泛采用中药、针灸以及推拿防治，治以疏肝平肝、祛风通络、解肌舒筋化痰，活血止痛，毒副作用较少，取得了较好的疗效。

【预后】

本病常可反复发作持续多年，一般预后良好。研究表明，频繁阵发性紧张型头痛和慢性紧张型头痛的预后良好。频繁阵发性紧张型头痛经治疗转为稀疏阵发性紧张型头痛或终止发作。部分慢性紧张型头痛疗效差，多与合并偏头痛、婚姻问题、睡眠障碍有关。

第四节　低颅压性头痛

低颅压性头痛（intracranial hypotension headache），是指脑脊液压力降低（<60mmH_2O）所致的头痛。

【病因及发病机制】

低颅压性头痛有原发性和继发性两种。原发性低颅压性头痛病因不明，可能与血管舒缩障碍引起侧脑室的脉络丛脑脊液分泌减少，或因上矢状窦的蛛网膜颗粒和脊髓的蛛网膜绒毛吸收增加有关，目前证实还与自发性脑脊液漏有关。继发性低颅压性头痛可由多种原因引起，如腰椎穿刺、颅脑外伤及手术、脑室分流术等使脑脊液漏出增多，或脱水、糖尿病酮症酸中毒、尿毒症、严重全身感染、颅内感染、过度换气和低血压等可使脑脊液产生减少。由于脑脊液量减少、压力降低、脑组织移位下沉使颅内痛敏结构特别是脑膜、血管、脑神经（主要是三叉、舌咽和迷走神经）等受到牵张而出现头痛。

【临床表现】

该病可见于各种年龄，原发性以体弱的女性多见，继发性的两性患病率无明显差异。头痛以枕、额部多见，呈缓慢加重的轻-中度钝痛或搏动样疼痛。头痛与体位变化有明显关系，立位时出现或加重，卧位时减轻或消失。头痛变化多在体位变化后 15 分钟内出现，常伴有恶心、呕吐、眩晕、耳鸣、视物模糊等症状，神经系统检查多无异常。继发于腰椎穿刺后的低颅压性头痛，通常发生于穿刺后数小时至 24 小时，2～3 天最剧烈，7～14 天消失。

【辅助检查】

1. 脑脊液检查　腰穿脑脊液压力<60mmH_2O，部分病例压力更低或测不出，放不出脑脊液，呈"干性穿刺"。少数病例脑脊液可见白细胞或红细胞轻度增多，或蛋白轻度增加，糖和氯化物水平正常。

2. 神经影像学检查　头颅 MRI 可见脑垂直移位，脑桥基底部倚在斜坡上，鞍上池

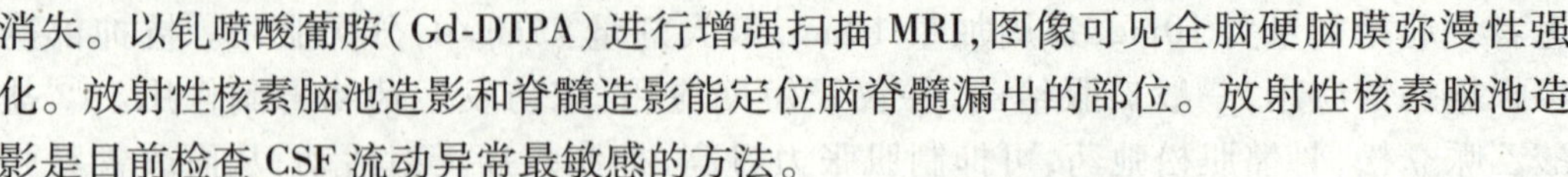

消失。以钆喷酸葡胺(Gd-DTPA)进行增强扫描 MRI,图像可见全脑硬脑膜弥漫性强化。放射性核素脑池造影和脊髓造影能定位脑脊髓漏出的部位。放射性核素脑池造影是目前检查 CSF 流动异常最敏感的方法。

【诊断及鉴别诊断】

诊断要点:根据体位性头痛的典型临床表现,可疑诊低颅压性头痛。行腰椎穿刺检查,脑脊液压力 $<60mmH_2O$ 即可确诊。

低颅压性头痛应与以下疾病鉴别:

1. 高颅压性头痛　头痛常伴有颅内高压综合征、眼底视神经乳头水肿,卧位时头痛不减轻,使用高渗脱水治疗后头痛缓解。

2. 其他疾病产生的体位性头痛　如脑和脊髓肿瘤、脑室梗阻综合征、脑静脉血栓形成、颈椎病、寄生虫感染等。

【治疗】

1. 病因治疗　病因明确者应针对病因给予处理,如控制感染、纠正脱水和治疗糖尿病酮症酸中毒等。

2. 药物治疗　咖啡因,可阻断腺苷酸受体,使颅内血管收缩,增加脑脊液压力,缓解头痛。如苯甲酸钠咖啡因,500mg 皮下或肌内注射。

3. 对症治疗　包括头低脚高位卧床休息,大量饮水,每日口服 3000～4000ml 生理盐水,每日静脉滴注低渗液或林格液 1000～2000ml,给予适量镇痛剂等。严重者可于鞘内注射无菌生理盐水,每次 20～30ml。

4. 特殊疗法　硬膜外血贴疗法,是用自体血 15～20ml 缓慢注入腰段或胸段硬膜外间隙,血液从注射点上下扩展数个椎间隙,可压迫硬膜囊和阻塞脑脊液漏出口,增加脑脊液压力,迅速缓解头痛,适于腰穿后头痛和自发性低颅压性头痛。

5. 中医药治疗　大多数医家认为低颅压性头痛属虚证,多由肾虚和气血不足导致,临床上治以补肾填精、补益气血、活血通络,常用的中药方剂有大补元煎、金匮肾气丸、补中益气汤、归脾汤、四物汤等。同时也可以采用针灸等治疗。

【预后】

本病预后较好,通常治疗后数天至数周内病情明显好转或完全恢复,一般无严重后果,但应注意病因治疗防止继发性颅内感染。

学习小结

1. 学习内容

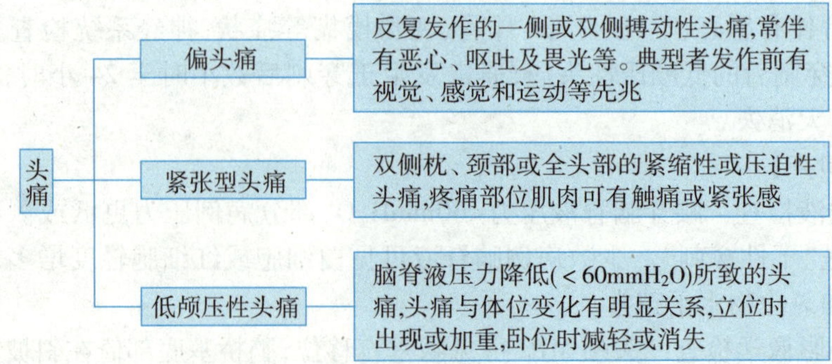

笔记

2. 学习方法

学习头痛的定义、头部的痛敏结构、发病机制、分类、诊断思路及治疗原则。通过分析和归纳的方法,掌握偏头痛的临床表现、诊断要点、鉴别诊断、治疗及预防,并熟悉紧张型头痛和低颅压性头痛的临床表现、诊断、治疗及预防。通过比较的方法,了解3种头痛的病因及发病机制。

（陈洪沛）

复习思考题

1. 试述头痛的诊断思路以及诊断流程。
2. 试述无先兆偏头痛、先兆偏头痛的诊断标准。
3. 试述典型先兆偏头痛的临床分期及表现。
4. 简述偏头痛的治疗。
5. 简述紧张型头痛的主要临床表现及其治疗。
6. 简述低颅压性头痛的主要临床表现及其治疗。
7. 如何鉴别偏头痛、紧张型头痛和丛集性头痛？

笔记

第十章

痴　　呆

学习目的

掌握阿尔茨海默病的临床表现、诊断标准，熟悉其他非阿尔茨海默病痴呆的典型临床表现，了解痴呆患者常见精神行为症状。

学习要点

痴呆的定义和分类；阿尔茨海默病的临床表现及诊断依据；阿尔茨海默病与血管性痴呆的鉴别。

第一节　概　　述

痴呆（dementia）是一种获得性认知障碍综合征，认知功能的恶化程度比正常衰老更加严重，通常表现为慢性进行性加重病程，影响患者的记忆、思维、定向、理解、计算、学习、语言和判断能力，意识水平不受影响。常伴有情绪控制和社会行为异常。

痴呆是老年人的常见疾病，65 岁以上人群痴呆患病率为 6% ~9.2%，平均 6.3%。截止 2008 年年底，我国老年人口已达 1.69 亿。65 岁以上老年人中痴呆患病率约为 7.8%，每年新增病例 100 万，痴呆人数已超过 1000 万，比欧盟痴呆人数的总和还多。到 2040 年，我国老年人口将增加到 4 亿，痴呆患者也将超过 2000 万，等于世界发达国家痴呆人数的总和，全球每 4 个痴呆患者中就有 1 个是中国人，防治形势十分严峻。由于本病的患病率和致残率高、病程长和花费多，给病人的家庭和社会带来了巨大负担和影响。

痴呆的病因包括变性病和非变性病，前者主要包括阿尔茨海默病、路易体病、额颞叶变性和帕金森病等；后者包括血管病、感染、代谢性疾病或中毒等因素。其中阿尔茨海默病所致痴呆最常见，占 60% ~80%，血管性痴呆占 12% ~20%，路易体痴呆占 10% ~20%，其他类型痴呆相对较少见。另一种根据临床症状特点进行的分类，根据脑病理的解剖部位将痴呆分为：①皮质型，如阿尔茨海默病，额颞叶痴呆；②皮质下型，如皮质下缺血性血管性痴呆，亨廷顿病，正常压力脑积水；③皮质-皮质下型，如路易体痴呆，皮质基底节变性；④多灶型，如克-雅病。皮质型痴呆主要表现为记忆力下降、视空间损害、失用和失认等症状，额叶皮质病变会表现为行为异常及人格改变。皮质下型痴呆主要表现为反应迟钝、思维僵化，伴随运动不能、强直，皮质延髓束或皮质脊髓

束受累症状。皮质-皮质下型痴呆主要表现为认知损害伴帕金森样症状。多灶型痴呆,如克-雅病(CJD),主要表现为快速进展的皮质-皮质下神经心理及神经缺损症状。

痴呆的治疗依赖于早期诊断。及时发现可逆的痴呆原因,对于改善预后非常关键,如正常压力脑积水、颅内占位性病变、维生素 B_{12} 缺乏、甲状腺功能减低、神经梅毒等。

第二节　阿尔茨海默病

阿尔茨海默病(Alzheimer's disease,AD)是一种以隐匿起病和进行性认知功能损害为临床特征的原发性神经变性病。本病由德国医生阿尔茨海默于1907年首先报道,他在一例进行性痴呆患者大脑内发现了大量的老年斑和神经纤维缠结,这两个发现成为该病的标志性病理改变。阿尔茨海默病是最常见的痴呆原因,占所有痴呆的60%～80%,我国65岁以上人群患病率约为4.8%。该病发病率随年龄增长而增加,65岁及以上人群年龄每增加5岁,其患病率增加1倍。本病通常为散发,女性略多于男性。约5%的阿尔茨海默病患者有明确痴呆家族史,尤其是65岁以前发病的患者。

【病因及发病机制】

阿尔茨海默病的直接病因目前尚未确定,其易感因素主要包括遗传因素、环境因素和基础疾病。AD的危险因素包括衰老、低受教育程度、中年时期高血压、肥胖及高胆固醇血症,低体力活动也被认为是AD发病的危险因素之一。APOE ε4等位基因的存在明显增加AD的发病风险,但它并不是家族性AD的主要突变基因,与家族性AD相关的基因包括淀粉样蛋白前体(APP)基因、早老素1(PS-1)基因和早老素2(PS-2)基因。

关于阿尔茨海默病的病因,目前主要存在淀粉样蛋白假说(Amyloid hypothesis)和Tau蛋白假说(Tau hypothesis)。淀粉样蛋白假说认为β淀粉样蛋白(amyloid beta,Aβ)具有神经毒性,可以与神经元受体结合,影响神经突触正常功能和神经传递。神经元内Tau蛋白被高度磷酸化后会破坏细胞骨架稳定性和神经元功能,在早期神经递质异常及最终的神经元死亡过程中均起到了关键作用。其他假说还包括胆碱能假说、氧化应激和神经炎症。尽管如此,多种假说只是部分解释了AD病理生理学一小部分,还有更多机制等待揭示。

【病理】

AD患者有广泛大脑皮质萎缩,以颞叶、顶叶、额叶为主,主要病理特征是老年斑(senile plaques,SP)、神经纤维缠结(neurofibrillary tangles,NFTs)、广泛的神经元丢失。老年斑的主要成分是Aβ,而NFTs的主要成分是过磷酸化Tau。尽管正常衰老者也可能出现上述病理,但AD患者受累脑区的数量更多。AD患者脑内出现路易小体(Lewy bodies)并不少见。此外,在携带APOE ε4等位基因的患者中,脑血管淀粉样变(cerebral amyloid angiopathy,CAA)也是一种常见的病理改变。

【临床表现】

AD起病隐匿,症状在几个月或几年内渐进发展,且有明确的记忆或其他认知功能恶化病史,如语言、执行功能、视空间能力、思维判断等。部分患者会同时伴有精神行为异常,如多疑、缄默或易激惹等。

1. 记忆障碍 常为AD的首发和突出症状，早期以近记忆力受损为主，随着病情进展，也可伴有远记忆力障碍。病人常抱怨记不住事，刚刚发生的事就会遗忘，重复问同样的问题，忘记约会。为了弥补记忆缺陷，AD患者会虚构一些与事实不符的事件，因此，有关病史的问题，一定要向家属或长期照料者确认。

2. 非记忆的认知症状 除记忆障碍外，最常见的认知障碍为语言障碍、视觉感知障碍和执行功能异常。语言障碍常表现为找词困难，不能讲完整的语句，自发语言减少（常需与抑郁相鉴别），或命名障碍，出现错语，交流能力减退，阅读理解受损。视觉感知障碍，常表现为空间认知障碍，包括在过去熟悉的地方迷路或不认家门，物体失认，面孔失认，或不能正常阅读。执行功能障碍，常表现为推理、判断和问题解决能力受损。

3. 精神行为症状 大约90%的AD患者在疾病过程中出现一种或多种精神或行为症状。精神症状包括焦虑、抑郁、幻觉和妄想等。行为症状常包括易激惹、喊叫、坐立不安、无目的地徘徊等。昼夜睡眠节律紊乱也非常常见，白天多睡，夜间无目的徘徊。部分患者有日落现象，即傍晚时认知和精神症状加重，而晨起相对清醒。精神行为症状明显增加照料者负担，常常是患者就医的原因。

AD病程早期，尽管记忆下降明显，可能伴其他认知损害，但患者的基本日常生活能自理，不需要他人的帮助。病程中期，认知损害更加广泛，记忆、语言、视空间等多项认知损害，社交或职业功能明显受损，部分个人生活需要他人帮助。病程晚期，丧失基本日常生活能力，起居完全依赖他人。

【辅助检查】

目前仍然主要通过临床病史、神经心理学检查及影像学检查进行临床诊断，生物标志物对诊断AD有帮助，但不是必需的。基因检测对于可疑家族性AD是必要的，不仅有利于诊断，同样有助于遗传学咨询。

1. 神经心理学检查 常用简易精神状况检查（mini-mental state examination，MMSE）辅助痴呆的诊断。评估时间、地点定向力，语言能力（复述、命名、理解指令、阅读与表达），计算与注意力，即刻与短时听觉词语记忆，结构模仿等认知领域。

2. 影像学检查 颅脑CT检查的主要目的是为了排除诊断，如正常压力脑积水、硬膜下血肿和头部外伤。CT有助于发现皮质萎缩、脑室扩大、脑回加深等，但类似改变很难与正常衰老鉴别。CT通常只有横断面成像，头颅MRI常规进行三个层面（横断面、矢状面和冠状面）成像，能对特定脑区进行重点检查，如冠状位成像有助于对海马进行评价，也可经三维重建进行海马体积测量（图10-1）。海马体积缩小是AD的特征性表现。使用PET可进行脑内淀粉样蛋白沉积或Tau病理显像，有助于早期诊断。

3. 脑脊液检查 脑脊液酶联免疫吸附实验（ELISA）检测用于临床表现不典型AD的鉴别诊断，脑脊液中总tau（t-tau）、磷酸化tau（p-tau）含量增加和$A\beta_{42}$含量下降支持AD的诊断。脑脊液tau水平与$A\beta_{42}$水平比值对诊断AD更具特异性价值。

4. 基因检测 为早发家族性痴呆病人检测淀粉样前体蛋白（APP）、早老素1（PS-1）或早老素2（PS-2）基因是有必要的，可以为患者及家属有关该病遗传方面的很多顾虑做出解释，也有利于做出长远健康规划。散发性AD患者中APOE ε4等位基因携带者明显增加，但该基因只是易感基因，尚不作为AD的诊断指标。临床工作中，不建议对无明显家族遗传倾向的痴呆患者进行基因检测。

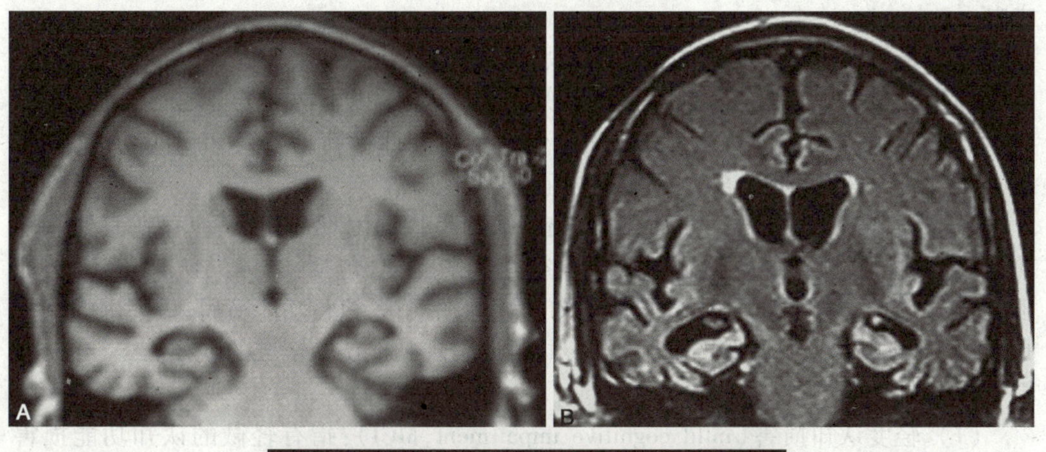

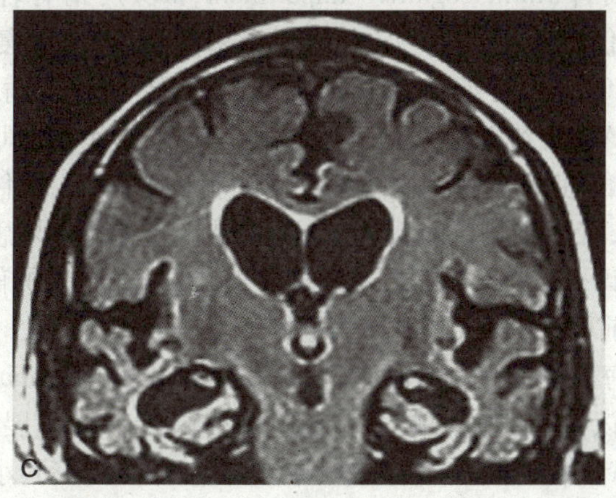

图 10-1 一例 57 岁男性 AD 患者 MRI 冠状位内侧颞叶结构的变化

A. 为初次就诊；B. 为 25 个月后随访；C. 为 50 个月后随访

【诊断及鉴别诊断】

1. 诊断要点 根据患者病史、临床表现、神经心理检测及结构影像学检查等，可以做出 AD 的临床诊断。诊断步骤通常包括确认痴呆综合征及分析痴呆的病因。目前 AD 临床诊断标准主要源于《国际疾病分类》（ICD-10），美国《精神障碍诊断和统计手册》（DSM-5）和美国阿尔茨海默病学会。

阿尔茨海默病学会推荐的痴呆诊断标准如下，即当具备以下认知或行为症状时可以诊断为痴呆：

（1）干扰了工作或日常生活能力；

（2）与以往水平相比出现下降；

（3）无法用谵妄或其他精神疾病来解释；

（4）认知或行为症状至少包括以下 2 项：①学习及记忆新知识的能力受损；②推理能力、处理复杂任务的能力和判断力障碍；③视空间能力障碍；④语言功能受损；⑤人格、行为举止改变。

美国阿尔茨海默病学会推荐的临床 AD 诊断标准，即核心临床诊断标准如下：凡符合上述痴呆诊断标准，并具有以下特点者，可以诊断为 AD：

（1）隐匿起病，症状缓慢进展，长达数月乃至数年，并非发生于数小时或数天

之内。

（2）报告或观察到明确的认知功能恶化史。

（3）通过病史和检查发现明显的认知损害，表现为以下两种类型之一：

1）遗忘症状：AD 最常见表现，症状包括学习和回忆新近习得知识的功能受损，还应至少具备一项其他认知功能受损的证据。

2）非遗忘症状：①语言障碍：最突出的缺损是找词困难，同时还应存在其他认知功能缺损；②视觉障碍：最突出的缺损是空间认知受损，包括：物体失认、面容识别损害、动作失认、失读，同时还表现其他认知区域的缺损；③执行功能障碍：最突出的缺损是推理、判断以及解决问题的能力受损，同时还表现其他认知区域的缺损。

2. 鉴别诊断

（1）轻度认知损害（mild cognitive impairment，MCI）：指有轻微的认知功能损害（通常是记忆力但不仅限于记忆力）但未达到痴呆的程度，完成复杂工具性日常生活能力有一定困难。MCI 是一个轻度认知损害综合征，不是一个病因分类，但通常是由于 AD 所致，也称为 AD 所致 MCI。MCI 被认为是正常和痴呆之间的过渡阶段。

（2）抑郁症：抑郁症以心境持续低落及兴趣丧失为特征，因伴有思维迟缓和意志消沉，主动交流减少，沉默少言，而容易与 AD 相混淆。可疑痴呆患者需常规进行抑郁筛查，进行抑郁量表评分，有助于将二者区分。值得注意的是，抑郁与痴呆可以合并存在，也可能是 AD 的前驱症状，或是 AD 的危险因素。

（3）非阿尔茨海默病痴呆：①血管性痴呆（vascular dementia，VaD），认知损害与脑血管事件相关，以认知功能突然减退，或呈波动样、阶梯样进展，精神运动迟缓和执行功能异常为主要特征，常伴有二便失禁、尿频尿急、情绪波动、小步态等皮质下缺血症状；②路易体痴呆（dementia with Lewy body，DLB），以认知波动、视幻觉和帕金森综合征为临床特点；③额颞叶痴呆（frontotemporal dementia，FTD），早期出现人格改变、行为异常、有重复和刻板语言，但记忆力和计算力损害的程度较轻或症状出现的相对较晚；④正常压力脑积水（normal pressure hydrocephalus，NPH）表现步态异常、尿失禁和痴呆三联征，下肢运动症状常为首发症状，认知症状出现较晚。

【治疗】

目前 AD 是一个无法治愈的疾病，并不意味着是一个无药可医的疾病。早期诊断、早期治疗能够改善认知和精神行为症状，改善患者的生活质量，减少照料者负担。

1. 胆碱酯酶抑制剂　胆碱酯酶抑制剂是一种通过抑制胆碱酯酶的活性，减少乙酰胆碱的降解，从而改善 AD 患者症状的药物，可用于轻、中及重度 AD。他克林因是第一代胆碱酯酶抑制剂，现已因不良反应被停用。多奈哌齐是第二代胆碱酯酶抑制剂，也是继他克林之后被 FDA 批准用于 AD 治疗的第二个药物，可以改善 AD 患者的认知功能、日常生活能力、总体印象。多奈哌齐（donepezil），每天睡前服用 5mg，维持治疗，或 4～6 周后加至 10mg。病情较重的患者建议更大剂量，但剂量增加与疗效增加不相关。常见的不良反应是腹泻、恶心等消化道症状，少见的不良反应有兴奋、意识混乱、抑郁、心动过缓、血压增高、血压降低或直立性低血压等，反应多为轻中度，严重不良反应很少见。同类药物还包括卡巴拉汀（rivastigmine）和加兰他敏（galantamine），两药均需滴定至维持剂量。卡巴拉汀，起始 1.5mg，2 次/日，最大维持剂量 6mg，2 次/日。加兰他敏，起始 4mg，2 次/日，最大维持剂量 12mg，2 次/日。卡巴拉汀及加兰他

笔记

敏均要求同餐服用。

2. 谷氨酸受体拮抗剂 美金刚(memantine)是一种中度亲和性、非竞争性的N-甲基-D-天(门)冬氨酸(NMDA)受体拮抗剂,阻断突触间谷氨酸盐水平升高引起的NMDA受体的病理活性,预防由此导致的神经元功能障碍。适用于中度及重度阿尔茨海默病患者。成人每日最大维持剂量为20mg,为了减少副作用的发生,在治疗前3周应按每周递增5mg的方法逐渐滴定至维持剂量。通常日剂量分两次给药,由于半衰期较长,也可单次给药。

3. 抗精神病药、抗抑郁药及抗焦虑药 此类药物的使用目的是为缓解AD伴有的抑郁、焦虑或其他精神行为症状。合并抑郁或焦虑的AD患者可给予5-羟色胺再摄取抑制剂,如氟西汀、舍曲林等。丁螺环酮是一种新型抗焦虑药,无明显镇静作用,可用于缓解焦虑症状。妄想、幻觉等精神病性症状通常先予胆碱酯酶抑制剂和美金刚单独或联合治疗,如果不能缓解症状者,再考虑小剂量、短疗程应用非典型抗精神病药。此类药物包括奥氮平、利培酮、喹硫平等。

4. 心理社会治疗 心理社会治疗是对药物治疗的重要补充。鼓励患者多参加社交及日常活动,为其提供必要的协助,但不要替代患者完成任务。改善患者的居住环境,对室内进行必要的布置,制造一个安全、熟悉、温馨的环境。家居设备应便于使用。患者外出,应随身携带家庭联系卡以防走失。

5. 中医药治疗 AD患者常见脾肾亏虚、痰浊蒙窍和瘀阻脑络等证候,根据辨证施治原则,临床上可以采用补肾、健脾、化痰、通络治法治疗AD,如还少丹、归脾汤、洗心汤和通窍活血汤及针刺疗法。

6. 其他 银杏叶提取物、石杉碱甲具有改善阿尔茨海默病患者认知功能的作用,也有研究认为他们的作用与安慰剂无明显差异。银杏叶提取物具有一定抗氧化及抗炎作用,常与其他抗痴呆药合用。石杉碱甲属于胆碱酯酶抑制剂,不应与多奈哌齐等同类药合用,会增加不良反应风险。

【预后】

AD是一种进行性神经变性疾病,现有的药物治疗不能阻止疾病进展。AD型痴呆明确诊断后的期望寿命为7~10年,但个体之间存在较大差异。少于3%的人可以存活超过14年。合并疾病与期望寿命有一定关系,如合并冠心病、糖尿病预后更差。患者多死于并发症,如营养不良、肺部感染和压疮等。

第三节 血管性痴呆

血管性痴呆(vascular dementia, VaD)是因脑血管疾病所致的认知功能障碍,是老年人第2常见的痴呆原因。我国65岁以上人群VaD患病率约为1.1%,约占所有痴呆的22%。单纯的VaD仅8.1%~9.9%,多数与阿尔茨海默病混合存在,随年龄增加,合并AD的比率更大。70岁以上AD与VaD混合者占全部痴呆的比率约为23.3%。

【病因及发病机制】

血管性痴呆的常见危险因素包括年龄增加、脑卒中、糖尿病、高血压、高胆固醇血症、冠脉搭桥术等。高血压、糖尿病等均属血管危险因素,是引起动脉粥样硬化或小动

脉硬化的主要原因。中年时期的血管危险因素与晚年痴呆发病关系更密切。血管性痴呆的病因与急性脑血管事件密切相关，脑组织突然断流、缺血或出血性损伤，致大量细胞死亡和神经通路破坏，神经递质变化。

由于血管性痴呆存在不同的亚型，如多发梗死性痴呆、小血管病性痴呆、缺血低灌注等。因此，不同痴呆亚型病因存在差异。多发急性缺血性卒中是多发梗死性痴呆的主要原因。除多发梗死外，关键部位的单一梗死也会出现痴呆。长期慢性缺血也是一部分血管性痴呆的原因，如皮质下缺血性血管性痴呆。血管性痴呆患者除血管病外，存在 tau 及淀粉样病理，只是没有 AD 严重。同样地，血管性痴呆患者也存在胆碱能缺乏。血管病通过什么机制引起的痴呆是目前血管性痴呆研究亟待解决的问题之一。

【病理】

脑血管病变是 VaD 的病理特征之一，脑实质可见出血或缺血性病变，以缺血性多见。常见病理改变包括多发腔隙性病变、大面积梗死灶及动脉粥样硬化等。脑组织病变可为弥漫性、局限性或多灶性。多发性梗死灶及皮质下缺血使脑组织容积明显减少，侧脑室扩大，可见弥漫性脑萎缩，或与缺血部位相应的局限性脑萎缩。出血引起的 VaD，如果部位在皮质下，多与高血压动脉硬化有关，如果处于皮层，多为淀粉样血管病（Cerebral amyloid angiopathy，CAA）所致。

【临床表现】

多数血管性痴呆有脑卒中病史，或卒中后突然出现严重的失语，注意力、执行功能下降等认知损害。有些血管性痴呆患者缺少明确的卒中病史，但影像学检查可以发现既往多次梗死灶，或存在严重的白质脱髓鞘。血管性痴呆的认知损害常为波动性，表现为“时好时坏”；认知损害多呈斑片状、非全面的认知损害，即某些认知损害严重，但某些方面认知功能相对保留。但是，上述特征仅在疾病早期或中期表现明显，随着病情进展，临床表型与其他痴呆难于区分。血管性痴呆常伴有皮质下症状，如行动迟缓、膀胱直肠症状、抑郁或焦虑等，神经体征比神经变性病更常见，如肌张力增高、病理征等。

VaD 是一个异质性认知障碍，常见的亚型有：①大血管性痴呆，如多发梗死性痴呆（MID），单个关键部位梗死性痴呆（strategic single-infarct dementia）；②小血管性痴呆，如皮层下动脉硬化脑病（Binswanger 病）、常染色体显性遗传病合并皮质下梗死和白质脑病（CADASIL）、淀粉样脑血管病；③低灌注性痴呆；④出血性痴呆。临床诊断时应根据这些亚型的损害部位、临床病史及神经影像学表现进行综合分析，确定属于哪种类型的血管性痴呆。

多发梗死性痴呆源于大动脉血栓或心源性栓塞，常表现为语言障碍、阅读困难、失用、失认和注意力下降。关键部位梗死性痴呆通常累及丘脑、额叶白质、基底节、角回，出现记忆力下降、命名困难、书写障碍、阅读障碍、计算力下降、结构性失用或失定向。小血管性痴呆是由穿支动脉病变所致，表现为淡漠、精神运动迟缓、动作缓慢、记忆力下降、定向力下降、注意力下降、常伴尿失禁和排便障碍。低灌注性痴呆源于分水岭梗死或缺血易感部位（如丘脑）缺血性损伤。出血性痴呆指由任何原因出血所致的痴呆，如硬膜下出血、蛛网膜下腔出血、脑出血等。

【辅助检查】

1. 神经影像学检查 头颅 CT 可显示双侧半球多发性梗死灶，对出血病灶非常敏

笔记

感，但对小梗死灶及皮质下白质病变缺乏敏感性。头颅 MRI 检查对小的梗死灶及白质缺血改变非常敏感，且可以进行不同层面的成像，有助于鉴别诊断。对可疑 CAA 的患者应进行 T_2WI 或 SWI 序列扫描，可以发现常规成像不能发现的皮质多发微出血灶。MRI 检查对占位性病变的检出率明显高于 CT 检查，有助于排除诊断。

2. 神经心理学检查　需要对所有认知区域进行评价，包括注意力、定向力、语言、记忆、空间结构、操作能力和执行功能等，可发现认知功能损害。其他如神经精神症状、抑郁状态和脑缺血评分等也是常规检查项目。

【诊断及鉴别诊断】

1. 诊断要点　根据患者病史、临床表现、神经心理检测及结构影像学检查等，可以做出血管性痴呆的诊断。根据 1993 年 NINDS-AIREN 血管性痴呆诊断标准，凡具备以下特征者，可临床诊断为"很可能的"血管性痴呆(probable VaD)：

(1) 符合痴呆诊断标准：认知功能较以往减退，最好由临床和神经心理测试确认。且功能缺损足以影响患者日常生活，而不单纯是由卒中所致的躯体障碍引起。

(2) 脑血管病：神经病学检查存在局灶性体征，如偏瘫、中枢性面瘫、病理征、感觉缺失、偏盲、构音障碍等。脑部影像学检查有相关脑血管疾病证据，包括多个大血管梗死，或单个关键部位梗死(角回、丘脑、基底前脑、大脑前动脉和大脑后动脉供血区)，多发基底节和白质腔隙性病灶，或广泛脑室周围缺血性白质损害，或上述病变共存。

(3) 以上两种情况具有相关性，至少有下列一项或两项：①痴呆发生在明确的卒中后 3 个月内；②突发的认知功能减退，或波动样、阶梯样进展的认知功能缺损。

2. 鉴别诊断

(1) 阿尔茨海默病：二者在病史上存在一定差异，AD 的认知障碍进行性加重，而 VaD 表现为波动或阶梯样进展。VaD 多为突然发生或突然加重，存在稳定期，而 AD 表现为隐袭性发病和渐进加重，一般缺乏稳定期(表 10-1)。

表 10-1　阿尔茨海默病与血管性痴呆的鉴别要点

项目	阿尔茨海默病(AD)	血管性痴呆(VaD)
发病特点	隐匿起病，渐进加重	突然起病，波动或阶梯样加重
记忆损害	常有，常为首发症状	常有，不一定是首发症状
损害范围	全面受损	斑片样，部分损害而部分保留
执行功能障碍	无或轻	有且显著
步态障碍	直到病情严重时出现	早期即可出现
尿频	早期无	常有
情绪不稳	早期无	常有
精神症状	早期少见	常见
局灶神经体征	常无	常有
血管危险因素	有	常有
脑血管病史	可有	有

笔记

(2) 伴皮质下梗死和白质脑病的常染色体显性遗传性脑动脉病(cerebral autosomal-dominant arteriopathy with subcortical infarcts and leukoencephalopathy,CADASIL):是一种遗传性脑血管病,一般在40~50岁发病,与19号染色体的Notch3基因突变有关。突出特点是偏头痛及反复短暂脑缺血发作(TIA)或脑卒中发作,但患者常缺少血管危险因素。核磁检查脑白质区域可见多灶弥漫性T_1低信号及T_2高信号。皮肤活检发现嗜锇颗粒(granular osmiophilic material,GOM)或Notch 3抗体免疫染色有助于做出临床诊断。

(3) 肿瘤所致痴呆(brain tumor-associated dementia):肿瘤所致痴呆不是痴呆的常见原因,但是发病特征容易与血管性痴呆相混。肿瘤所致痴呆常突然发病,进展相对较快,出现找词困难、语言障碍、注意力障碍、执行功能障碍,但记忆力受损不明显,可伴有头痛、二便症状及运动症状。

【治疗】

本病的治疗宜采取综合措施,包括三个治疗策略,一是控制血管危险因素,中年时期即应积极控制危险因素,二是预防脑血管病复发,三是治疗痴呆症状。

1. 控制血管危险因素　将血压控制在适当水平,减少脑梗死发生。对于VaD伴高血压的患者,收缩压控制在135~150mmHg,可改善认知功能,血压过低会使症状加重。

2. 脑血管病的一级、二级预防　抗血小板聚集如阿司匹林50~100mg/d或氯吡格雷75mg/d;活血化瘀中药制剂如三七总皂苷、银杏叶提取物、葛根素和川芎嗪(甲基吡嗪)等,可改善脑血液循环,有助于降低再次卒中风险。

3. 改善痴呆的治疗　目前改善血管性痴呆症状的药物与治疗AD的药物相似,主要为胆碱酯酶抑制剂、谷氨酸受体拮抗剂和尼莫地平。

(1) 胆碱酯酶抑制剂:多奈哌齐对认知功能、日常生活能力、整体功能均具有相对长期的疗效,对血管性痴呆伴有的行为精神症状也有改善作用。此药的耐受性良好,4周左右起效,维持剂量5~10mg/d,大剂量不良反应更常见。此类药物还包括卡巴拉汀、加兰他敏。

(2) 谷氨酸受体拮抗剂:美金刚推荐维持剂量是20mg/d,可改善轻中度VaD患者的认知功能,对小血管病性痴呆可能更有效。美金刚对VaD认知功能具有改善作用的证据不如多奈哌齐等胆碱酯酶抑制剂,因此建议选择性使用。

(3) 其他药物:尼莫地平能改善皮质下血管性痴呆的认知症状和总体印象,可能对于小血管病所致的痴呆疗效更好。尼麦角林可以增加脑血流量并具有一定的胆碱能效应,60mg/d可以改善VaD患者的认知功能和总体印象。

4. 康复治疗　认知康复、言语训练等康复措施有助于改善社交能力,提高生活质量。

【预后】

VaD常分为平台期、波动期和下滑期,且常交替出现。平台期病情相对稳定,认知功能长期保持稳定,无明显进展。波动期常因再次卒中或感染等因素使病情波动。下滑期属于病程后期,病情恶化阶段。血管性痴呆的预后与血管病类型及是否合并阿尔茨海默病有一定关系。

第四节 路易体痴呆

路易体痴呆(dementia with Lewy body,DLB)是以波动性认知功能障碍、视幻觉和帕金森综合征为临床特点,以路易小体为病理特征的神经变性病。路易小体最早由德国学者 Friedrich Heinrich Lewy 于 1912 年在一例帕金森病患者脑干黑质细胞内发现。1961 年日本学者 Haruo Okazaki 等在一例重度痴呆患者皮层神经元中发现了路易小体,才开始探讨其与痴呆之间的关系。DLB 占所有尸检痴呆病例的 15% ~25%,是仅次于阿尔茨海默病的第 2 个引起痴呆的神经变性病,与血管性痴呆比率相当。本病多发于老年人,起病年龄为 50 ~83 岁,出现临床症状的平均年龄为 75 岁,男性略多于女性,很少有家族遗传病史。

【病因及发病机制】

DLB 多为散发,极少数呈家族型,部分家族型与 α-突触核蛋白基因(SNCA)有关,但并非全部如此。遗传因素在散发型 DLB 的发病过程中也很重要,诊断为 DLB 的患者具有痴呆家族史的比率明显增加。葡萄糖脑苷脂酶基因(GBA1)突变、APOE ε4 基因、早老素 1 基因突变增加 DLB 发病风险。然而单一基因携带并不导致临床症状,因此,遗传因素只是发病的参与因素,更直接的病因仍有待研究。

尽管发病机制上游环节不是十分清楚,脑结构改变和神经递质变化还是为理解 DLB 的临床症状提供了帮助。脑皮质胆碱乙酰转移酶(choline acetyltransferase,ChAT)显著降低,甚至比 AD 的还要明显。此外,DLB 存在尾状核、黑质多巴胺水平下降,程度比 PD 轻但比 AD 严重。除神经递质外,多巴胺受体及 5-羟色胺受体异常与 DLB 的幻觉等精神症状有关。

【病理】

大脑皮质和皮质下大量的神经元胞质内出现路易小体是本病的特征性病理改变。路易小体通常分为两种类型,即脑干型和皮质型。DLB 既存在皮质型路易小体,也存在脑干型路易小体。二者在形态上存在差别,皮质型缺少脑干型的环状边缘,常规 HE 染色显示不太明显,通常需要免疫组化方法染色。无论哪种类型均以 α-突触核蛋白、泛素为主要成分。DLB 受累皮质主要位于前额叶、颞叶、扣带回和岛叶,皮质下部位主要包括黑质、蓝斑、迷走神经背核、中缝核、Meynert 基底核、杏仁核等。除路易小体外,多数 DLB 合并存在淀粉样斑块,比 PD 重但比 AD 轻。很少存在 AD 特征性病理神经纤维缠结。

【临床表现】

本病临床特点是存在进行性痴呆、波动性认知障碍、生动的视幻觉以及帕金森综合征。其他具有提示性作用的表现有:快速动眼(REM)睡眠行为异常、神经抑制剂高度敏感性、分子神经影像学显示基底节多巴胺转运体摄取减少。

1. 进行性痴呆　进行性加重的认知功能损害常较 AD 发展更快,注意力、警觉性、视空间能力、词语流畅性等方面的损害较突出,也常合并记忆力减退,但不如 AD 出现早且突出。

2. 波动性认知障碍　波动性认知障碍是路易体痴呆的一个核心特征,照料者通常表述为“有时清楚有时糊涂”,其中以注意力和警觉性下降的波动最具特征性,表现

为白天困倦多睡，在安静环境下更容易出现。认知波动可发生在一天之中，也可在数天或数周内出现波动。

3. 形象生动的视幻觉 视幻觉是路易体痴呆最常见的精神症状，占路易体痴呆的54.32%，发病初期即报告视幻觉的路易体痴呆的比率为51.29%。视幻觉也是AD常见的精神症状（22.96%），但发病时的视幻觉发生率为13.55%，远低于路易体痴呆。

4. 帕金森样症状 发病时即出现帕金森样症状的病例比率为10%～78%。随着疾病进展，帕金森样症状逐渐明显，而早期缺乏帕金森症状时是误诊的一个主要原因。与原发性帕金森病相比，路易体痴呆的锥体外系症状有以下特点：①轴性肌张力增高，表情呆滞、步态不稳和姿势异常表现更突出；②双侧对称性改变多见；③震颤少见；④对左旋多巴反应差。

5. 对神经安定剂高度敏感 约50%的路易体痴呆患者对神经安定剂呈现高敏反应，主要表现为骤然发生的帕金森综合征加重、意识状态改变、恶性高热等，具有极高的致残率和致死率，可使患者的死亡率增加2～3倍。

6. 其他 约1/3的路易体痴呆患者有反复发生的跌倒、晕厥以及短暂的意识丧失。睡眠障碍常在痴呆及帕金森综合征起病前多年即存在，使用氯硝西泮后症状多能改善。睡眠脑电图出现快速动眼期异常对诊断有一定价值。

【辅助检查】

1. 神经心理学检查 神经心理学检查通常包括总体认知功能和特殊认知域检查。总体认知功能评估有助于确认痴呆综合征。值得注意的是，虽然早期注意力障碍、视空间功能和执行功能下降与DLB相关，但是单纯心理学检查并不能十分明确地将DLB与AD区分。

2. 影像学检查 结构神经影像学（CT/MRI）在路易体痴呆临床诊断中作用远不如在阿尔茨海默病和血管性痴呆中那样明确，更多在于排除其他疾病。功能神经影像学（PET/SPECT）由于受技术限制，仅在少数大学教学医院使用，示踪剂放射显像可以间接反映出功能蛋白缺乏或病理蛋白的沉积，因此具有很好的疾病特异性。DaT-SCAN SPECT显示基底节多巴胺转运蛋白减少有助于路易体痴呆与阿尔茨海默病和正常人群的区分

3. 多导睡眠图 多导睡眠图（polysomnogram，PSG）有助于发现快速动眼睡眠行为异常，做为DLB诊断的支持证据。

【诊断及鉴别诊断】

1. 诊断要点 DLB国际共识标准于1996年首次发表，目前使用的是2005年修订版本，该临床诊断标准包括必需症状、核心特征、提示特征和支持特征。

（1）必需症状：进行性认知功能下降，并且足以影响到日常社会或职业功能。典型表现为注意力、执行功能和视空间能力障碍，早期可能无明显或持久的记忆损害。

（2）核心特征（具备2条核心症状可诊断为很可能的路易体痴呆，具备1条可诊断为可能的路易体痴呆）：①认知功能波动，注意力和警觉性波动最明显；②反复出现形象生动的视幻觉；③自发帕金森综合征。

（3）提示特征（具备1项或以上核心特征，同时具备1项或以上提示特征可诊断为“很可能的路易体痴呆”；若无核心特征，具备1项或以上提示特征可诊断为“可能

的路易体痴呆”；仅有提示特征不能诊断“很可能的路易体痴呆”）：①快速眼动相睡眠行为异常，可能早于痴呆或帕金森病样症状数年；②对神经抑制药物极度敏感；③SPECT和PET显像提示基底节多巴胺转运体摄取减少。

（4）支持特征（通常会出现，但无诊断特异性）：①反复跌倒和晕厥；②短暂的、难以解释的意识丧失；③严重自主神经功能异常，如直立性低血压、尿失禁；④其他形式的幻觉；⑤系统性妄想；⑥抑郁。

2. 鉴别诊断

（1）帕金森病痴呆：DLB与帕金森病痴呆在临床和病理表现上均有许多重叠，临床上常根据锥体外系症状和痴呆出现的时间顺序来区分二者。如果痴呆在锥体外系症状1年后出现，倾向于诊断为帕金森病痴呆。反之，痴呆若发生于锥体外系症状前或者后1年内则倾向于诊断为DLB。另有学者支持以下观点：如痴呆症状出现早且为疾病的突出症状，考虑为DLB；若认知障碍是随典型的帕金森病症状出现，并且逐渐加重，则考虑为帕金森病痴呆。此外，早期帕金森病痴呆的视幻觉较少出现，且部分是药物治疗的副作用。

（2）阿尔茨海默病：隐袭起病，进行性智能衰退，多伴有人格改变，无明显波动性认知功能障碍及形象生动视幻觉。AD的锥体外系症状出现较晚。FDG-PET显示顶叶皮质和扣带回后部代谢降低及PIB-PET显示额、顶叶或海马Aβ沉积增多支持AD的诊断。

（3）血管性痴呆：多有脑卒中病史，急性起病，或表现为阶梯样进展或波动样病程，常见局灶性神经功能缺损体征，影像学可明确显示多发梗死灶、白质病变等血管病损害表现，缺少海马体积或内侧颞叶萎缩等AD表现，也无枕叶明显葡萄糖代谢率降低等DLB特征性表现。

【治疗】

路易体痴呆的治疗包括药物治疗和非药物治疗。路易体痴呆注意力和警觉性下降，伴视空间能力下降，舒适安全的环境可以防止跌倒，明亮的室内环境对改善注意力有帮助。另外，避免改变居住环境，熟悉的环境会让患者更舒适，减少环境改变带来的不安全感，减少精神行为症状的波动。药物治疗的目标主要包括改善运动症状、认知症状及精神症状三个方面。

1. 运动症状的药物治疗　路易体痴呆的运动症状以行动迟缓和肌肉僵硬为表现，震颤少见，对多巴胺反应差。基于以上特点，建议小剂量单一左旋多巴疗法用于治疗路易体痴呆的运动症状。

2. 认知症状的药物治疗　路易体痴呆脑内存在胆碱能缺乏，提高脑内乙酰胆碱水平的药物可以改善路易体痴呆的认知和精神症状。此类药物包括卡巴拉汀、多奈哌齐和加兰他敏，但加兰他敏的临床研究较少。

3. 精神症状的药物治疗　视幻觉伴认知功能损害时，应首选胆碱酯酶抑制剂。路易体痴呆的幻觉、妄想、淡漠、焦虑等症状最易因胆碱酯酶抑制治疗而改善，多奈哌齐、加兰他敏与卡巴拉汀具有相似的作用。经足疗程治疗后仍不能缓解时，再选择非典型抗精神病药。因路易体痴呆接受经典抗精神病药（如氟哌啶醇）可能引起严重的神经抑制反应，应避免使用。尽管非典型抗精神病药（如喹硫平）的总体不良反应已经明显减少，但路易体痴呆患者使用时仍需十分小心。

【预后】

临床诊断后的存活时间与阿尔茨海默病类似,一般为5~10年,病人多死于并发症。

第五节 额颞叶痴呆

额颞叶痴呆(frontotemporal dementia,FTD)是以行为异常及语言障碍为主要表现的神经变性痴呆,是一种相对少见的痴呆类型。我国尚无本病的流行数据,据西方国家数据显示,本病发病年龄为40~80岁,以45~64岁发病最为常见,欧美国家FTD发病率每年为2.7~4.0/10万人,在45~64岁人群中,15~22/10万人,男性和女性FTD的患病率相当,患者平均生存期为6.6~11年。

【病因及发病机制】

FTD的病因及发病机制尚不清楚,可能与遗传有很大关系,40%~50% FTD患者有一个家庭成员受影响。与FTD相关的突变基因包括MAPT,GRN或C9ORF72等。

【病理】

FTD神经病理学特点是额叶、颞叶前部萎缩,通常没有纹状体、杏仁核和海马的萎缩,但严重病例也会出现。FTD存在以下3类主要病理学改变,即FTLD-TAU,FTLD-TDP和FTLD-FUS。FTLD-TAU患者存在皮质广泛胶质细胞增生,细胞核内或胞浆内有tau蛋白阳性包涵体(Pick小体)和肿胀的神经细胞(Pick细胞),缺少海绵样变或微空泡变性。其他患者表现为额颞叶皮层及海马齿状回胞浆或细胞核内出现泛素(ubiquitin)阳性包涵体,或可见泛素阳性神经突起,被称为泛素阳性FTD(FTLD-U),进一步研究又区分出TDP-43阳性(FTLD-TDP)和FUS阳性(FTLD-FUS)两个病理类型。

【临床表现】

性格改变和社交行为异常是发病初期及整个疾病过程中的显著特征,而工具使用、记忆力、视空间功能相对保留。以性格和行为症状为突出表现的额颞叶痴呆称为行为变异型(behavioral variant FTD,bvFTD)。显著的语言功能障碍是FTD常见的另一类综合征,根据语言障碍表现不同,又分为进行性非流利性失语(progressive nonfluent aphasia,PNFA)和语义性痴呆(semantic dementia,SD)。无论是语言症状首发或是行为症状首发,随着病情进展,两类症状会出现重叠。额颞叶痴呆也常与肌萎缩侧索硬化(amyotrophic lateral sclerosis,ALS)同时存在,为FTD与运动神经元病(motor neuron disease,MND)共病(FTD-MND)。

1. 行为症状　情感改变、缺乏关注和洞察力是FTD的主要特征。缺少正常的社交情感反应,如悲伤、同情心、同理心等,不能感知别人的想法,冲动控制障碍等。其他特征还包括刻板行为(运动怪癖、重复语言)及进食习惯改变(暴食、偏好甜食)。此类患者的认知损害主要表现为执行功能障碍,表现为计划、判断、解决问题、组织能力等方面的损害。相反,语言文字、视觉感知、视空间及记忆功能相对保留。FTD的测试特点是不能按照指令完成任务、注意力不集中和冲动行为。

2. 语言症状　以行为症状为首发的FTD,初期语言症状不明显,随着疾病进展,患者可出现刻板语言、模仿语言、重复语言和失语症,最终出现缄默症。语义性痴呆和进行性非流利性失语则以语言输出或听理解障碍为主要表现。SD患者早期语言流利性和发音正常,不能理解词语的意思,找词困难比较突出。PNFA表现为突出的语言

笔记

产生障碍，语速减慢，患者努力表达但说不出来，或出现口吃等。

3. 神经病学症状 早期缺乏神经体征，病情进展后可出现吸吮反射、强握反射等原始反射，也会出现运动缓慢、强直等锥体外系损害症状，合并运动神经元病的患者会出现肌萎缩等相应运动神经元损害症状。

【辅助检查】

常规血液检查对 FTD 诊断没有太多帮助，有益的辅助检查主要是神经影像学和神经心理学检查。

1. 影像学检查 CT 或 MRI 有助于发现额叶和颞叶萎缩，颞叶萎缩在冠状位 MRI 上更容易被发现。在疾病早期无明显结构异常时，SPECT 显示不对称性额、颞叶血流减少，PET 显示腹内侧前额皮层代谢率减低有助于疾病的早期诊断。

2. 神经心理学测试 除影像学检查外，FTD 最特异性的检查就是神经心理测试。测试领域应该包括执行功能、语言能力、注意力及计算力等。神经精神问卷（Neuropsychiatric Inventory，NPI）有助于评估 FTD 精神行为症状的程度。但是，伴严重失语症的 FTD 患者完成测试较困难。

3. 其他 早期脑电图（EEG）多正常。遗传检查可发现多种 tau 蛋白基因突变有助于确诊。

【诊断及鉴别诊断】

1. 诊断要点 由 Neary 及同事提出的额颞叶痴呆共识标准使用最广泛，目前是 bvFTD 临床诊断的主要依据，也可参考由 McKhann 及同事提出的三种亚型 FTD 临床诊断标准。Neary 及同事制订的 FTD 共识标准诊断要素如下：

（1）核心诊断特征：①隐袭起病，并逐渐进展；②早期社会人际交往能力下降；③早期个人行为调控能力下降；④早期出现情感迟钝；⑤早期出现自知力缺失。

（2）支持诊断特征：①行为异常：不注意个人卫生和不修边幅；精神刻板，缺乏灵活性；注意力不集中；进食增加和饮食习惯改变；刻板行为；使用行为异常。②语言：语言输出变化（主要包括不主动讲话，语言减少，语言断续）；刻板语言；模仿语言；持续语言；缄默不语。③体征：原始反射；失禁；运动不能、僵直和震颤；血压偏低、血压不稳。④检查：神经心理学提示显著的额叶功能损害，无明显的遗忘、失语或空间感知障碍；尽管临床表现明显的痴呆但脑电图检查仍然正常；颅脑影像发现明显额叶和（或）前颞叶异常。FTD 的临床诊断特征见表 10-2。

表 10-2 额颞叶痴呆临床诊断特征概要

性别分布（男：女）	约 50：50
发病年龄（岁）	45～65（范围：21～85）
病程（年）	6～8（额颞叶痴呆-运动神经元病为 3 年）
家族史	通常有，40%～50% 有家族史
主要症状	行为改变
认知特点	执行功能障碍，语言功能障碍
神经系统体征	一般早期不出现；晚期出现帕金森病样症状；小部分出现运动神经元病表现
神经影像学	额颞叶异常；功能影像学更明显

笔记

2. 鉴别诊断 本病当与阿尔茨海默病鉴别，尤其是非典型阿尔茨海默病。阿尔茨海默病通常伴有明显的记忆损害，而早期 FTD 通常记忆功能保留。FTD 的行为异常较突出，认知领域损害范围较 AD 窄，不似 AD 的全面的认知衰退。当 AD 表现为突出额叶症状时，从临床角度将二者鉴别较困难，可通过脑脊液检查或分子影像学(PIB-PET)加以鉴别。

【治疗】

额颞叶痴呆的药物治疗目前非常有限。胆碱酯酶抑制剂或美金刚在额颞叶痴呆中的使用证据不足。刻板行为有时用三环类抗抑郁药(SSRIs)治疗有效。额颞叶痴呆患者需要社会、家庭、志愿服务等多方面的支持，减少照料者及家庭负担。

【预后】

与所有痴呆一样，FTD 患者的预期寿命会缩短，行为及认知症状进行性加重，从发病到死亡的中位生存期为 6 ~8 年，但个体间差异较大，存活 10 年以上者比率也不少。

学习小结

1. 学习内容

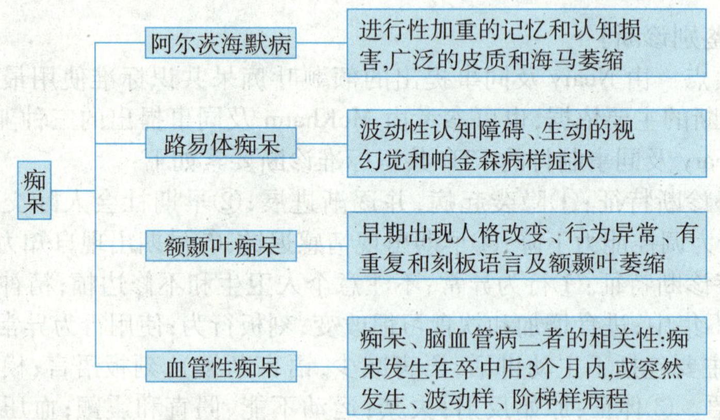

2. 学习方法

复习人类记忆和认知功能的心理生理基础知识，理解痴呆的共性临床表现，如记忆力减退、语言障碍、执行功能障碍等。通过比较，掌握不同原因痴呆的发病特点和临床诊断核心特征，如阿尔茨海默病的进行性加重的记忆力下降，路易体痴呆的波动性认知障碍及视幻觉，额颞叶痴呆的性格行为异常、显著的失语症，血管性痴呆的卒中相关的认知减退、波动或阶梯样进展的临床过程。了解不同痴呆之间可能存在的共性机制，了解常用药物的效应基础，指导临床精确用药。

(时 晶)

复习思考题

1. 痴呆的定义及其分类是什么？
2. 阿尔茨海默病的病理特征和主要临床表现是什么？
3. 阿尔茨海默病的核心临床诊断标准是什么？
4. 阿尔茨海默病和血管性痴呆鉴别要点有哪些？

笔记

第十一章

神经肌肉接头疾病

学习目的

通过学习神经肌肉接头疾病的病因、发病机制、临床表现、辅助检查、诊断及鉴别诊断、治疗，为提高神经肌肉接头疾病临床诊治水平奠定理论基础。

学习要点

神经肌肉接头的结构和生理功能，及其疾病的分类。重症肌无力和 Lambert-Eaton 肌无力综合征的概念、病因、发病机制、临床表现、诊断及治疗。

第一节　概　述

神经肌肉接头(neuromuscular junction，NMJ)亦称神经肌肉突触，是神经与肌肉结合处高度分化的特殊结构，由神经末梢(突触前膜)、肌膜终板(突触后膜)和间隙(突触间隙)组成。神经末梢含有大量的突触囊泡，囊泡内储存大量的乙酰胆碱(acetylcholine，ACh)。突触后膜的终板含有许多皱褶，在褶皱的嵴上分布着大量的乙酰胆碱受体(acetylcholine receptor，AChR)。AChR 分子量为250kD，由2α、β、γ、δ 共4种同源亚单位构成五聚体跨膜糖蛋白。突触间隙非常狭小，其间充满细胞外液，内含 ACh 酯酶，可以降解 ACh。当神经冲动到达神经末梢时，钙通道开放，钙离子内流使突触囊泡与突触前膜融合，囊泡中的 ACh 释放入突触间隙，约1/3的 ACh 弥散到突触后膜时，二分子的 ACh 与一分子的 AChR 结合，引起细胞膜钾、钠离子通透性的改变，Na^+内流，K^+外流，导致肌细胞膜去极化，产生终板电位，当终板电位积累到一定强度时，产生肌纤维的动作电位，这时终池部的 Ca^{2+}大量渗入肌纤维内，发生兴奋-收缩耦联，引起骨骼肌收缩。另1/3ACh 到达 AChR 前被突触间隙中的 ACh 酯酶水解，生成乙酸和胆碱，二者可被突触前膜摄取重新合成 ACh。其余1/3ACh 释放后即被突触前膜重新摄取，准备再次释放。NMJ 的传递过程是电学和化学传递相结合的复杂过程。

当 NMJ 间传递功能障碍时就可以产生 NMJ 疾病。其发病机制包括突触前膜病变造成 ACh 合成和释放障碍、突触间隙中乙酰胆碱酯酶活性和含量异常、突触后膜 AChR 病变等。引起的疾病包括肉毒杆菌中毒、有机磷中毒、重症肌无力和 Lambert-Eaton 肌无力综合征等。本章主要介绍后两种疾病。

笔记

第二节　重症肌无力

重症肌无力(myasthenia gravis,MG)是一种累及NMJ突触后膜AChR,主要由乙酰胆碱受体抗体(acetylcholine receptor antibody,AChR-Ab)介导,细胞免疫依赖,并有补体参与的获得性自身免疫性疾病。临床主要表现为受累骨骼肌极易疲劳,经休息或用胆碱酯酶抑制剂(cholinesterase inhibitors,ChEI)治疗后可部分恢复。患病率为50/10万,我国南方发病率较高。

【病因及发病机制】

MG是获得性自身免疫性疾病,主要依据有:①实验性自身免疫性重症肌无力(experimental autoimmune myasthenia gravis,EAMG)动物模型的建立:早在1973年Patrick和Lindstrom应用从电鳗电器官提取纯化的AChR作为抗原,与福氏完全佐剂一起主动免疫家兔而成功地制成了MG动物模型,此后还有不少学者用大鼠等动物复制出EAMG动物模型。在它们的血清中可检测到AChR-Ab,并证明这些抗体可与突触后膜的AChR相结合,用免疫荧光法检测EAMG的突触后膜,发现AChR数目大量减少。②被动转移性EAMG动物模型的建立:将MG患者或EAMG动物的血清输入小鼠、家兔等动物可诱导出MG模型。③80%~90%的MG患者血清中可以检测到特异性的AChR-Ab,抗体水平与病情的严重程度相一致,经血浆置换降低血清AChR-Ab水平可使肌无力症状得到暂时改善。④80% MG患者有胸腺肥大,淋巴滤泡增生,10%~20%的患者有胸腺瘤。胸腺切除后70%患者的临床症状可得到改善或痊愈。⑤MG患者常合并甲状腺功能亢进、甲状腺炎、系统性红斑狼疮、类风湿关节炎等其他自身免疫性疾病。当AChR本应与ACh结合的特异性部位成为AChR-Ab结合位点时,AChR-Ab可以直接竞争性抑制ACh与AChR结合,也可以间接干扰ACh与AChR结合。同时在MG的发病中,细胞免疫也发挥了一定的作用。AChR-Ab与AChR的结合还可以激活补体从而降解AChR和改变其结构,导致突触后膜上的AChR数量大量减少。最终,NMJ的传递功能发生障碍,当连续的神经冲动到来时,不能产生引起肌纤维收缩的动作电位,从而出现以易病态疲劳为特征的肌无力症状。引起MG免疫应答的始动环节仍不清楚。

部分MG患者与内分泌功能紊乱有关。少数MG患者有家族性。

【病理】

1. 胸腺　80%的MG患者有胸腺增生,腺体有淋巴细胞增殖,生发中心增多;10%~20%合并胸腺瘤,形态上有淋巴细胞型、上皮细胞型及混合型。

2. NMJ　电镜下可见突触间隙加宽,突触后膜皱褶减少、变平坦。免疫电镜可见AChR明显减少,IgG-C_3-AChR免疫复合物沉积等。

3. 肌纤维　主要表现为局灶性炎性改变,可见肌纤维凝固、坏死、肿胀,肌纤维间和小血管周围可见淋巴细胞浸润,称为“淋巴溢”。可见散在失神经性肌萎缩。

【临床表现】

任何年龄均可发病。总体上女性多于男性,男∶女约为1∶1.5。有两个发病年龄高峰:第一个在20~40岁,以女性较多;第二个在40~60岁,以男性多见,多合并胸腺瘤。少数患者有家族史。

笔记

1. 诱因　常见的有感染、手术、精神创伤、全身性疾病、过度疲劳、妊娠、分娩等，有时甚至诱发 MG 危象。

2. 受累骨骼肌病态疲劳　连续运动后出现严重的肌无力甚至瘫痪，休息后可好转。肌无力于下午或傍晚劳累后加重，晨起或休息后减轻，此种现象称为“晨轻暮重”。

3. 受累肌的分布和表现　全身骨骼肌均可受累，但以脑神经支配的肌肉受累更为多见，且往往最先受累。肌无力常从一组肌群开始，范围逐步扩大，受累范围不能按神经分布解释。眼外肌受累：常为首发症状，表现为一侧或双侧眼外肌麻痹，如上睑下垂、斜视和复视，严重者眼球运动明显受限，甚至眼球固定，但瞳孔括约肌不受累。面部肌肉受累：出现表情淡漠、苦笑面容、鼓腮及吹气不能。口咽部肌肉受累：出现连续咀嚼无力、饮水呛咳、吞咽困难、构音障碍。胸锁乳突肌和斜方肌受累：表现为颈软、抬头困难、转颈、耸肩无力。四肢肌肉受累：以近端肌无力为重，表现为抬臂、梳头、上楼梯困难，腱反射通常不受影响。感觉正常。

4. MG 危象　指 MG 患者因呼吸肌受累出现呼吸困难，不能维持正常的换气功能，监测血氧饱和度低于 90%，动脉血气分析 PaO_2<60mmHg，伴有或不伴有 $PaCO_2$>50mmHg 的危重状况，患者出现发绀、昏迷等。当 MG 危象发生时，如不及时采用呼吸机辅助通气等措施，往往会造成病人死亡，是 MG 致死的主要原因。心肌受累者偶可引起突然死亡。大约 10% 的 MG 患者会发生危象。常见的诱因包括呼吸道感染、分娩、手术（包括胸腺切除术）、精神紧张、全身疾病、药物使用不当等。根据 MG 危象发生的原因可分为三种情况：①肌无力危象（myasthenic crisis）：最为常见，系由疾病本身发展和 ChEI 不足所致，肌注新斯的明后症状减轻；②胆碱能危象（cholinergic crisis）：很少见，由于 ChEI 过量引起，患者除肌无力加重外，伴有明显的胆碱能中毒的症状，如肌束颤动及毒蕈碱样反应，肌注新斯的明后症状加重；③反拗危象（brittle crisis）：由于感染、中毒及电解质紊乱等造成对 ChEI 不敏感引起，ChEI 无效。

5. 病程　呈波动性，缓解与复发交替出现，晚期患者即使休息后亦不能完全恢复，多数患者迁延数年至数十年，靠药物维持，少数患者可自然缓解。

【临床分型】

按改良 Osserman 分型法分为：

Ⅰ型（眼肌型）：占 15%～20%。病变仅限于眼外肌。

$Ⅱ_A$型（轻度全身型）：约占 30%。可累及四肢、眼外肌肉，程度较轻，无明显咽喉肌受累。

$Ⅱ_B$型（中度全身型）：约占 25%。四肢肌肉明显受累，除伴有眼外肌麻痹外，还有较明显的咽喉肌受累症状，但一般无呼吸肌受累表现。

Ⅲ型（急性重症型）：约占 15%。急性起病，进展快，常在数周或数月内累及延髓肌、呼吸肌等，出现球麻痹、呼吸肌麻痹，导致 MG 危象。

Ⅳ型（迟发重症型）：约占 10%。多在 2 年内由Ⅰ、$Ⅱ_A$、$Ⅱ_B$型发展而来，症状同Ⅲ型。

Ⅴ型（肌萎缩型）：仅见少数患者。患者肌无力伴肌萎缩。

另外，还有儿童型 MG、少年型 MG 等，多数患者仅累及眼外肌。

笔记

【辅助检查】

1. 血、尿、脑脊液常规检查正常。

2. 重复神经电刺激(repetitive nerve stimulation,RNS) 为常用的检查方法,具有确诊价值。应注意在停用 ChEI 17 小时后进行,否则可出现假阴性。方法:以低频(3～5Hz)和高频(10Hz 以上)重复刺激尺神经、正中神经和副神经等运动神经。MG 的典型改变为第 5 个动作电位的波幅比第 1 个波幅在低频刺激时递减 10% 以上或高频刺激时递减 30% 以上。

3. 单纤维肌电图(single fibre electromyography,SFEMG) 通过特殊的单纤维针电极测定“颤抖”来判断 NMJ 的功能,MG 患者出现“颤抖”增宽,严重时出现阻滞。

4. AChR-Ab 滴度测定 85% 以上全身型 MG 患者的血清 AChR-Ab 滴度升高,但眼肌型 MG 患者的 AChR-Ab 升高不明显。

5. 胸腺 CT、MRI 检查 可见胸腺增生和肥大。

6. 其他检查 部分患者可出现抗核抗体、类风湿因子、甲状腺抗体等阳性。少数 MG 患者有甲状腺功能亢进,T_3、T_4升高。

【诊断及鉴别诊断】

1. 诊断要点 依据《中国重症肌无力诊断和治疗指南 2015》中的 MG 诊断标准:①临床表现:某些特定的横纹肌群肌无力呈斑片状分布,表现出波动性和易疲劳性;肌无力症状晨轻暮重,持续活动后加重,休息后缓解、好转。通常以眼外肌受累最常见。②药理学表现:新斯的明试验阳性。③电生理学特征:低频重复神经电刺激(RNS)波幅递减 10% 以上;单纤维肌电图(SFEMG)测定的“颤抖”增宽、伴或不伴有阻滞。④血清学特征:多数全身型 MG 患者血中可检测到 AChR-Ab,或在极少部分 MG 患者中可检测到抗-MuSK(肌肉特异性酪氨酸激酶)抗体、抗 LRP-4(低密度脂蛋白受体相关蛋白 4)抗体。在具有 MG 典型临床特征的基础上,具备药理学特征和(或)神经电生理学特征,临床上则可诊断为 MG。有条件的单位可检测患者血清抗 AChR 抗体等,有助于进一步明确诊断。需除外其他疾病。

以下两项试验有助于 MG 的诊断:

(1) 疲劳试验(Jolly 试验):使可疑病变的肌肉连续或重复收缩,如嘱患者持续上视、两臂持续平举、连续眨眼后出现相应的病态疲劳症状,休息后可恢复。

(2) 新斯的明(neostigmine)试验:新斯的明 0.5～1mg 肌内注射,20 分钟后肌无力症状明显减轻者为阳性。必要时同时注射阿托品 0.5mg 以对抗新斯的明的毒蕈碱样作用。

2. 鉴别诊断

(1) Lambert-Eaton 肌无力综合征:多见于男性,约 2/3 患者伴发肿瘤,尤其是燕麦细胞型支气管肺癌。临床表现为四肢近端肌无力。此病患者虽然活动后即感疲劳,但短暂用力收缩后肌力反而增强,而持续收缩后又呈疲劳状态,脑神经支配的肌肉很少受累。新斯的明试验可阳性,但不如 MG 敏感;低频 RNES 时波幅变化不大,但高频 RNES 波幅增高可达 200% 以上;血清 AChR-Ab 阴性;用盐酸胍治疗可使 ACh 释放增加而使症状改善。

(2) 肉毒杆菌中毒:多有肉毒杆菌中毒的流行病学史,临床表现为对称性脑神经损害和骨骼肌瘫痪,新斯的明试验阴性。

笔记

(3) 眼肌营养不良症:应与眼肌型 MG 相鉴别。本病多隐匿起病,青年男性多见,症状无波动,新斯的明试验阴性,ChEI 治疗无效。

(4) 延髓麻痹:应与因延髓肌受累的 MG 相鉴别。本病是由后组脑神经受损而出现咽喉肌无力的表现,但多有其他神经体征,病情进行性加重无波动,疲劳试验和新斯的明试验阴性,ChEI 治疗无效。

(5) 多发性肌炎:表现为四肢近端肌无力,多伴有肌肉压痛、发热等,血清肌酶增高,肌活检可见炎性改变。

【治疗】

1. 药物治疗

(1) ChEI:通过抑制胆碱酯酶,使 ACh 的水解减少,局部 ACh 含量增加,从而改善 NMJ 间的传递功能,增加肌力。应从小剂量开始,逐步加量,以能维持日常生活功能为宜,做到个体化治疗。常见的副作用包括腹痛、腹泻、出汗、肌肉跳动、瞳孔缩小等毒蕈碱样作用,可注射阿托品加以对抗。

1) 溴化吡啶斯的明(pyridostigmine bromide):最常用。片剂,60mg/片。成人口服最大剂量为 60~120mg/次,3~4 次/日。应在饭前 30~40 分钟服用,口服 2 小时达高峰,作用时间为 6~8 小时。该药作用时间较长、不良反应较少。

2) 安贝氯铵(ambenonium):片剂 5mg/片、10mg/片。抗胆碱酯酶作用较强,持续作用时间较长,但副作用大,安全系数较小。一般剂量为 5~10mg/次,2~4 次/日。

3) 新斯的明(neostigmine):针剂 0.5mg/支,0.5~1mg/次,每天注射数次或遵医嘱。该药起效快、作用时间短,主要用于治疗肌无力危象及诊断性试验。片剂 15mg/片,15~30mg/次,3~4 次/日,较少使用。

4) 辅助药物:氯化钾、麻黄碱可加强 ChEI 的作用。

(2) 免疫抑制剂

1) 肾上腺皮质激素:具有抑制自身免疫反应,减少 AChR-Ab 的生成作用。适用于各种类型的 MG,尤其适用于胸腺切除前后、病情恶化不宜或拒绝胸腺切除,以及儿童型、眼肌型 MG 患者。①递减法(冲击疗法):甲泼尼龙(methylprednisolone,MPL)1000mg 静脉滴注,1 次/日,连用 3~5 日,随后改为地塞米松 10~20mg 静脉滴注,1 次/日,连用 7~10 日。临床症状稳定改善后,停用地塞米松,改为泼尼松 60~100mg 每晨顿服。当症状基本消失后,逐渐减量至 10~20mg 长期维持,至少 1 年以上。若病情波动,则需随时调整剂量。也可一开始就口服泼尼松每天 60~80mg,症状缓解后逐渐减量。大剂量类固醇激素治疗初期可使病情加重,甚至出现危象,应予注意。因此,这一方法适用于住院病例已用气管插管或呼吸机的 MG 患者。②递增法:从小剂量开始,每晨顿服泼尼松 10~20mg,每周递增 10mg,直至每晨顿服 60~80mg,待症状稳定改善 4~5 日后,逐渐减量,以后的治疗同递减法。此方法可避免用药初期病情加重。

长期应用肾上腺皮质激素者易出现胃溃疡出血、血糖升高、库欣综合征、股骨头坏死、骨质疏松等,应注意防治。

2) 化学性免疫抑制剂:适用于对肾上腺糖皮质激素疗效不佳或不能耐受,或有肾上腺糖皮质激素治疗禁忌证者。应注意的药物不良反应包括骨髓抑制、脱发、胃肠道反应、出血性膀胱炎、肝肾功能损害等。①环磷酰胺:成人口服 50mg/次,2~3 次/日,或 200mg/次,2~3 次/周静脉注射。儿童口服 3~5mg/(kg·d);②硫唑嘌呤:口

笔记

服每次25～100mg,2次/日;③环孢素A:口服6mg/(kg·d)。

3)禁用和慎用药物:致NMJ传递障碍药物:氨基糖苷类抗生素、新霉素、多黏菌素、巴龙霉素等;降低肌膜兴奋性药物:奎宁、奎尼丁等;另外,吗啡、安定、苯巴比妥、苯妥英钠、普萘洛尔等药物也应禁用或慎用。

2. 胸腺治疗

(1)胸腺切除:具有去除MG患者自身免疫反应的始动抗原,减少参与自身免疫反应的T细胞、B细胞和细胞因子。适用于伴有胸腺肥大和高AChR-Ab效价患者、伴胸腺瘤的各型患者、20～30岁发病的年轻女性全身型患者、对ChEI治疗疗效不满意患者。约70%的MG患者术后症状缓解或治愈。

(2)胸腺放射治疗:对不适合做胸腺切除术患者可行胸腺深部X线或^{60}Co放射治疗。

3. 血浆置换　能清除MG患者血浆中AChR-Ab、补体及免疫复合物。每次交换血浆量约2000ml,隔日1次,3～5次为一疗程。起效快,但疗效持续时间较短,与免疫抑制剂合用可延长缓解期。这一治疗方法仅适用于危象和难治性MG。不良反应包括钙丢失、变态反应、血液系统并发症、感染及心血管并发症、出血倾向、血源性肝炎等。

4. 免疫球蛋白治疗　静脉注射大剂量IgG可以干扰AChR-Ab与AChR的结合从而保护AChR不被抗体阻断。IgG 0.4g/(kg·d)静脉滴注,5日为一疗程。不良反应有发热、头痛、皮疹等。本疗法应与其他免疫抑制剂合用。

5. 危象的治疗　危象是MG患者最危急的状态,需要紧急处理。不论何种危象,治疗原则基本一样。①确保呼吸道通畅:当自主呼吸不能维持正常的通气功能时,应尽早进行气管插管或气管切开,应用人工呼吸器辅助呼吸;②积极控制感染:选用足量合适的抗生素;③暂停使用ChEI,以减少气道内的分泌物;④静脉注射肾上腺皮质激素或大剂量IgG,必要时进行血浆置换;⑤加强护理。

6. 中医药治疗

(1)中医治疗:本病在中医学中属"痿证"、"垂睑"、"视歧"、"大气下陷"、"头倾"等范畴,其病因病机为脾胃虚损,主要有脾胃气虚证,脾肾阳虚证,肝肾阴虚证,气血两虚证,分别予益气升阳、调补脾胃之补中益气汤;温补脾肾之右归丸;滋补肝肾之左归丸;益气养血之八珍汤。

(2)针刺疗法:本病病位在"脾胃",与肝、脾、肾密切相关。临床多选取阳明经及局部取穴针刺治疗,可配合耳针治疗。

干细胞移植治疗MG的由来

自体外周血干细胞移植治疗MG:Schulenburg等于2002年报道了1例MG患者的自体外周血干细胞移植治疗,并随访6个月,取得了较好的临床疗效,此后国内也陆续开展了这一治疗方法的临床应用研究。干细胞移植治疗的机制:可能起到免疫摧毁和重建的作用,在免疫重建的过程中有可能排除自身反应性T细胞,或诱导产生对自身抗原如AChR等的免疫耐受。虽然干细胞移植用于临床治疗MG的时间不是太长,大部分病例随访时间也较短,仍有复发病例的报道,但总体来说是安全有效的,有着良好的发展前景。

笔记

【预后】

MG 患者一般预后良好。但危象的病死率较高，最高时曾经达到 15.4% ~50%，随着治疗研究的进展，病死率已明显下降。

第三节　Lambert-Eaton 肌无力综合征

Lambert-Eaton 肌无力综合征（Lambert-Eaton myasthenia syndrome，LEMS）也称为肌无力综合征、类重症肌无力等。由 Anderson 等于 1953 年首先报道，而 Lambert 和 Eaton 于 1957 年将该综合征确立为一个独立的疾病实体。LEMS 是一组累及 NMJ 突触前膜 ACh 释放部位的自身免疫性疾病。约 2/3 患者伴发恶性肿瘤，也可伴发于其他自身免疫性疾病。多数患者的神经症状早于肿瘤症状，潜伏期最长可达 5 年以上。

【病因及发病机制】

近年来的研究发现，69% ~95% 的 LEMS 患者可检测到电压依赖型钙通道蛋白（VGCC）抗体。此抗体主要与运动神经末梢上的 P/Q 型 VGCC 相结合，发生免疫反应，从而减少突触膜上的 Ca^{2+} 通道数量，降低 Ca^{2+} 内流，导致神经末梢 ACh 囊泡释放异常，ACh 释放减少，引起动作电位下降，出现肌无力症状。小细胞肺癌中含有高浓度的 VGCC，可刺激机体产生抗 VGCC 抗体，从而致病。因此，目前认为 LEMS 是由 VGCC 致敏的自身免疫性疾病。

【临床表现】

1. 一般特征　男性多见，男女之比约为 4.7∶1。多于 40 岁以后发病。约 2/3 伴有恶性肿瘤，如小细胞肺癌、胃癌、前列腺癌和直肠癌等，以小细胞肺癌最为多见，约 60% 小细胞肺癌患者伴有 LEMS。部分患者伴发于自身免疫性疾病，如系统性红斑狼疮、干燥综合征、甲状腺功能亢进等。

2. 肌无力特征　以四肢及躯干部肌肉受累为主，下肢重于上肢，近端重于远端，常合并膝、踝反射消失。脑神经支配的肌群较少受累。受累肌肉用力收缩后肌力可短暂性增强，而持久的肌肉收缩后又出现肌力减退。

3. 其他　口干、肌肉疼痛，部分患者还伴有体位性低血压、阳痿、便秘、少汗、唾液和泪液减少等自主神经症状。

【辅助检查】

1. 新斯的明试验　可阳性，但不如 MG 敏感。

2. RNES　低频刺激时波幅变化不大或下降，高频刺激时波幅可增高达 2 倍以上。波幅增高 2 倍以上为阳性，是由于高频刺激使 ACh 释放增加所致。

3. 血清抗体检测　血清中 P/Q 型 VGCC 抗体的检出是诊断本病的重要免疫学指标，肿瘤相关 LEMS 患者的抗体阳性率可达 100%，非肿瘤相关 LEMS 患者的抗体阳性率约为 90%，但目前检测尚未普及。LEMS 患者血清 AChR-Ab 水平一般不增高。

4. 其他　胸片、肺 CT、腹部及前列腺等 B 超检查，以发现潜在的恶性肿瘤。

【诊断及鉴别诊断】

中老年男性恶性肿瘤患者出现肌无力和易疲劳症状，检查患肌短暂用力收缩后肌力反而增强，持续收缩后又呈病态疲劳；新斯的明试验不敏感；高频 RNES 呈特异性反应；血清 AChR-Ab 阴性，通常即可诊断。当肌无力等症状发生于无肿瘤及自身免疫性

笔记

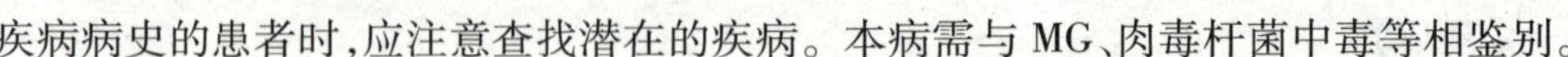

疾病病史的患者时,应注意查找潜在的疾病。本病需与 MG、肉毒杆菌中毒等相鉴别。

【治疗】

基本上与 MG 类似。

1. 病因治疗 主要是针对肿瘤,包括手术切除、放疗及化疗等。

2. 氨基吡啶类药物 是通过延长神经末梢的电压依赖钙通道的活性,促进 Ca^{2+} 的内流及 ACh 的释放,从而改善症状,治疗药物有 3,4-二氨基吡啶(3,4-diaminopyridine)。

3. ChEI 溴化吡啶斯的明可改善部分患者的症状。

4. 免疫抑制剂 多数患者有一定的疗效。

5. 血浆置换及 IgG 静脉滴注 也是可选择的有效疗法,如盐酸胍可使 Ach 释放增加而使症状改善。

6. 中医治疗 本病在中医学中属"痿证"、"骨繇"等范畴,其病因为脾胃虚损,气虚血瘀。主要有脾胃虚损证,肝肾阴虚证,瘀血阻络证,分别予益气升阳、调补脾胃之补中益气汤;滋补肝肾之左归丸;行气活血、散瘀通络之血府逐瘀汤。

学习小结

1. 学习内容

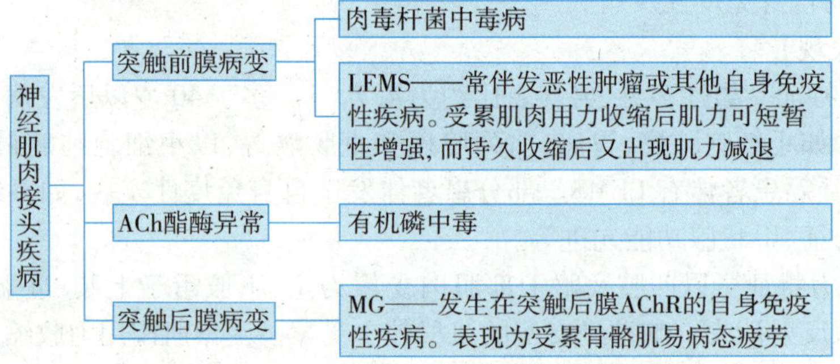

2. 学习方法

复习 NMJ 的结构和生理功能,了解疾病的病理基础及分类。通过对发病机制的了解,可以归纳出 MG 和 LEMS 的不同临床表现,前者表现为受累骨骼肌易病态疲劳,后者表现为受累肌肉用力收缩后肌力可短暂性增强,而持久收缩后又出现肌力减退。还可采取一些辅助检查手段帮助诊断及鉴别诊断,如 RNES、抗体的测定等。治疗上总体可归纳为两类,包括胸腺切除、肿瘤切除、免疫抑制剂治疗等治本的方法及采用 ChEI、血浆置换等治标的方法。

(侯 群)

复习思考题

1. 什么是 NMJ 疾病?主要包括哪些疾病?
2. MG 的临床特征是什么?如何治疗?
3. LEMS 的肌无力特征是什么?它与恶性肿瘤间的关系如何?

笔记

第十二章

肌肉疾病

学习目的

通过学习肌肉疾病的概述和几种常见肌肉疾病的发病机制、临床表现、诊断和治疗，为提高肌肉疾病临床诊治水平奠定基础。

学习要点

进行性肌营养不良症的分型和临床表现；周期性瘫痪的临床表现与治疗；多发性肌炎的临床表现、诊断与治疗。

第一节　概　述

肌肉疾病(muscular diseases)是指骨骼肌疾病，主要包括周期性瘫痪、多发性肌炎、进行性肌营养不良症、强直性肌营养不良症、线粒体肌病等。

【骨骼肌的解剖和生理】

骨骼肌是躯体运动的效应器官，也是人体能量代谢的主要器官。一块骨骼肌由许多肌束组成，一条肌束由数百至数千根纵向排列的肌纤维组成。一根肌纤维为一个肌细胞，其细胞膜(肌膜)具有兴奋传递功能；细胞核位于肌膜下，数目可达数百个；细胞浆(肌浆)含有线粒体、溶酶体等细胞器，以及许多肌原纤维。每根肌原纤维均有数百个相间的明带(I带)和暗带(A带)，明带由肌动蛋白组成，暗带由肌球蛋白组成。明带中央有一条色深的线为Z线，相邻两个Z线之间的一段肌原纤维称为肌节，也即两个半节的明带和一个暗带组成一个肌节，肌节是肌肉收缩的最小单位，每根肌原纤维均由数百个肌节组成。

骨骼肌受运动神经支配，运动神经通过神经-肌肉突触传递兴奋，引起肌纤维收缩，许多肌纤维的同时收缩引起肌肉兴奋和收缩，肌肉的收缩需要自身代谢所产生三磷酸腺苷以提供能量。

【发病机制】

1. 肌细胞膜电位异常　如周期性瘫痪、强直性肌营养不良症等，由于肌膜离子通道功能异常引起膜电位异常而发病。

2. 能量代谢障碍　如线粒体肌病、脂质代谢性肌病、糖原累积症等，因影响肌肉的能量代谢而发病。

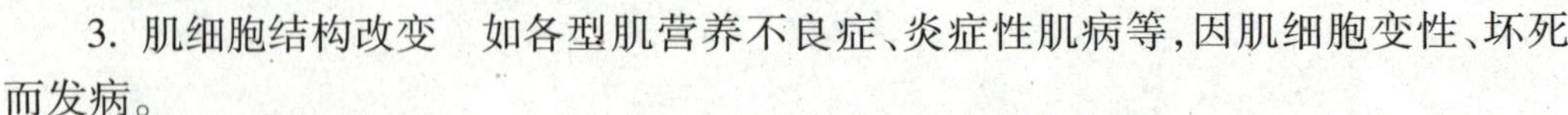

3. 肌细胞结构改变 如各型肌营养不良症、炎症性肌病等，因肌细胞变性、坏死而发病。

【临床表现】

肌肉疾病的临床表现可概括为：①肌无力：肌源性肌无力常不按神经分布范围出现，多呈对称性，以肢体近端受累较为明显，但也有以肢体远端受累为主或近、远端同时受累；②肌萎缩：一般肌萎缩多伴有肌无力，但两者在程度上有的并不一致；③肌肉肥大与假性肥大：假性肥大属病理性肥大，是由于肌纤维破坏导致脂肪和结缔组织反应性增生所致，见于进行性肌营养不良症；④肌肉疼痛、压痛：最常见于炎性肌肉疾病；⑤肌强直：见于强直性肌营养不良症，反复多次活动或温暖后肌强直症状减轻。

【辅助检查】

主要的辅助检查有：①血清肌酶测定：包括肌酸激酶(CK)、乳酸脱氢酶(LDH)、天冬氨酸氨基转移酶(AST)、丙氨酸氨基转移酶(ALT)等。其中CK最敏感，是肌纤维坏死的重要生化指标。②肌电图：具有典型的肌源性损害表现。③肌肉MRI：MRI对肌肉观察可检出和区别肌肉的各种信号改变，从而判断病变的性质、范围和程度。④肌肉活检：是诊断肌肉疾病的最重要方法。⑤基因检测：可阐明遗传性肌肉疾病的病因和发病机制，还可通过基因检测进行早期诊断、症状前诊断或产前诊断，以达到早期预防和治疗目的。

【诊断和治疗】

肌肉疾病的诊断应结合病史、症状和体征、辅助检查如生化检查、肌电图和肌肉活检。治疗包括：①针对病因和发病机制治疗：如周期性瘫痪根据低钾型或高钾型分别予以补钾或降钾治疗，多发性肌炎予以皮质类固醇激素等免疫调节剂。②对症和支持治疗：尤其对于一些尚无有效治疗的疾病对症和支持治疗有积极作用。③中医药治疗：根据中医病因病机辨证治疗。

第二节 进行性肌营养不良症

进行性肌营养不良症(progressive muscular dystrophy，PMD)是一组遗传性肌肉变性疾病。其临床特征为缓慢进行性加重的对称性肌无力和肌肉萎缩，无感觉障碍。病变累及肢体肌、躯干肌和头面肌，少数累及心肌。根据遗传方式、起病年龄、受累肌肉分布、病程进展速度及预后等分为不同的临床类型：①假肥大型肌营养不良症，包括Duchenne型肌营养不良症(Duchenne muscular dystrophy，DMD)和Becker型肌营养不良症(Becker muscular dystrophy，BMD)；②面肩肱型肌营养不良症(facioscapulohumeral muscular dystrophy，FSHD)；③肢带型肌营养不良症(limb-girdle muscular dystrophy，LGMD)；④埃-德型肌营养不良症(Emery-Dreifuss muscular dystrophy，EDMD)；⑤其他类型：包括眼咽型肌营养不良症(oculopharyngeal muscular dystrophy)、远端型肌营养不良症(distal muscular dystrophy)等。其中以DMD最多见，其次为BMD、FSHD和LGMD。

【病因与发病机制】

各种类型的进行性肌营养不良症，其病变基因位置、突变类型和遗传方式均不相同，发病机制也不一样。因而，每一种类型的进行性肌营养不良症均是一种独立的遗传病。

笔记

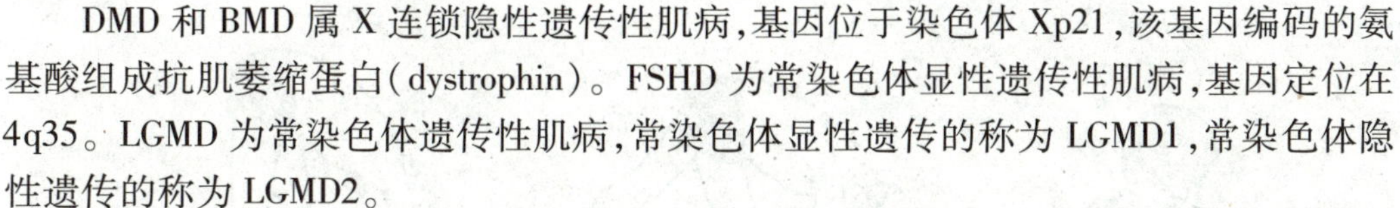

DMD 和 BMD 属 X 连锁隐性遗传性肌病，基因位于染色体 Xp21，该基因编码的氨基酸组成抗肌萎缩蛋白（dystrophin）。FSHD 为常染色体显性遗传性肌病，基因定位在 4q35。LGMD 为常染色体遗传性肌病，常染色体显性遗传的称为 LGMD1，常染色体隐性遗传的称为 LGMD2。

【病理】

各种类型的进行性肌营养不良症患者肌肉的基本病理改变是肌纤维变性、坏死、萎缩和再生，肌膜核内移增多；肌细胞萎缩与代偿性增大呈镶嵌分布，萎缩的肌纤维间有大量的脂肪细胞和结缔组织增生。电镜下，肌原纤维排列紊乱或断裂，Z 线破坏或消失，肌细胞膜有锯齿状改变。采用免疫组化方法通过相应的抗体可以检测肌细胞中特异性蛋白改变，对诊断有决定性意义，如 DMD 患者可见抗肌萎缩蛋白缺失或异常。

【临床表现】

（一）假肥大型肌营养不良症

属 X 连锁隐性遗传病，根据发病年龄和疾病发展规律分为 DMD 和 BMD。

1. Duchenne 型肌营养不良症（DMD）　我国最常见的 X 连锁隐性遗传性肌病，女性为致病基因携带者，有约 1/3 的患儿是 DMD 基因新突变所致。患者几乎均为男性儿童，女性罕见发病。此型患者起病早，可在子宫内即发病，婴儿期可表现为开始走路较晚，易跌跤。多数在 3 岁以后隐匿出现骨盆带肌肉无力，表现为走路慢，跑、跳等均不及同龄小孩。之后，症状缓慢进行性加重，步行易跌倒，上楼及蹲下后起立均感困难。腰椎过度前凸，两腿分开，行走时骨盆向两侧上下摆动，呈“鸭步”步态。患儿从仰卧位起立时，由于腹肌和髂腰肌无力，必须先翻转为俯卧位，依次屈膝关节和髋关节，并用手支撑躯干成俯跪位，然后以两手及双腿共同支撑躯干，再用手按压膝部以辅助股四头肌，身体呈深鞠躬位，最后双手攀附下肢缓慢地站立，此称 Gower 征（图 12-1）。肩胛带肌肉往往同时受累，以致穿衣、举臂等动作均感困难。肩胛带松弛形成游离肩，臂前举时前锯肌和斜方肌无力不能固定肩胛骨内缘，肩胛骨呈翼状竖起于背部，形成“翼状肩”（图 12-2）。绝大部分患儿伴有肌肉假性肥大，以腓肠肌最明显，三角肌、臀肌、股四头肌等也有假肥大改变。病情后期，下肢、上肢、骨盆带、肩胛带肌肉萎缩，跟腱挛缩，双足下垂。12～13 岁多不能行走，活动能力丧失。心肌受累较为多见，可有心律不齐、心脏扩大、心瓣膜关闭不全等表现；呼吸肌受累可出现呼吸变浅，咳嗽无力。患者腱反射消失，感觉正常，部分患儿智能低下。多数患者在 20～30 岁因肺炎、心力衰竭等而死亡。

2. Becker 型肌营养不良症（BMD）　临床表现与 DMD 相似。不同之处在于 BMD 起病年龄稍迟，一般 5～15 岁起病；病情较轻，进展速度缓慢，12 岁以后尚能行走，心脏很少受累，智力正常；存活期长，接近正常生命年限。

（二）面肩肱型肌营养不良症（FSHD）

属常染色体显性遗传病。一般 5～20 岁发病，患者面部和肩胛带肌肉最先受累，表现为面部表情少，眼睑闭合无力，皱眉、吹哨、露齿、鼓腮困难，常有口轮匝肌假性肥大，以致上下嘴唇增厚而微翘；颈部肌肉萎缩和举臂困难，两臂平举时可见颈肌悬吊肩胛而呈特殊的“翼状肩”、“游离肩”或“衣架样肩胛”。病变逐渐延至三角肌、肱二头肌、肱三头肌和胸大肌上半部，晚期才累及躯干和骨盆带肌群，可见三角肌、腓肠肌假性肥大。心肌受累罕见。病情进展缓慢，约 20% 患者需坐轮椅，生命年限接近正常。

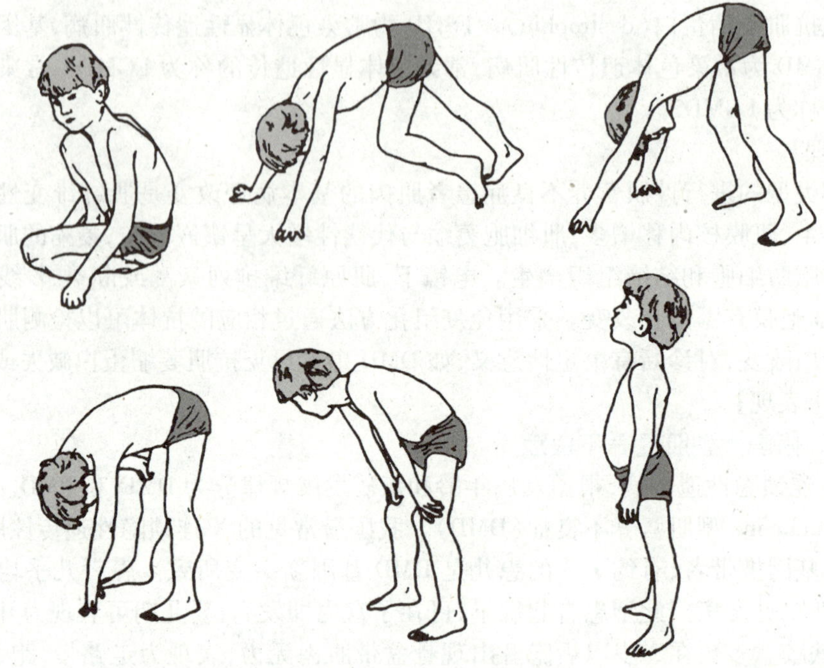

图 12-1 Gower 征

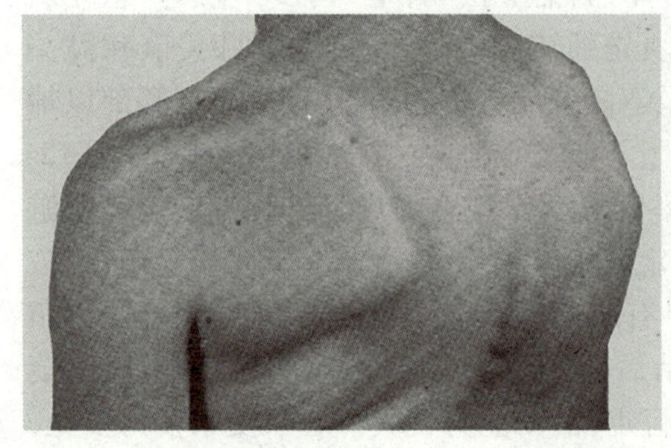

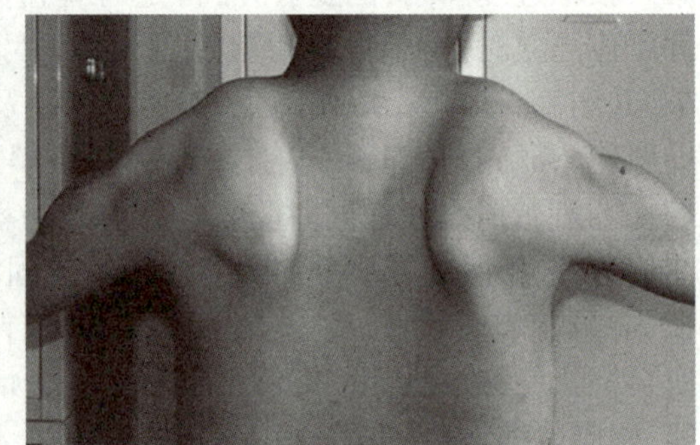

图 12-2 “翼状肩”

（三）肢带型肌营养不良症（LGMD）

该病为一组性质不同的常染色体显性、隐性遗传病，散发病例也较多。10 ~ 20 岁发病，首发症状多为骨盆带肌肉萎缩无力、腰椎前凸、鸭步，下肢近端无力，出现上楼困难，可有腓肠肌假性肥大。逐渐发生肩胛带肌肉萎缩无力，抬臂、梳头困难，翼状肩。面肌一般不受累。病情缓慢进展，平均起病后 20 年左右丧失劳动力。与显性遗传者相比，隐性遗传患者较常见，发病早，病情重。

（四）埃-德型肌营养不良症（EDMD）

属 X 连锁隐性遗传病。5 ~ 15 岁发病，上肢近端及肩胛带肌首先受累出现萎缩无力，继之累及骨盆带及下肢肌群，一般以胫骨前肌、腓骨肌无力和萎缩最为明显。主要特征为早期出现肘部屈曲挛缩和跟腱缩短、颈部前屈受限、脊柱强直而弯腰转身困难。不伴肌肉假性肥大，常伴有不同程度的心脏损害，病情进展慢，可因心脏传导阻滞而突然死亡。

笔记

（五）其他类型

眼咽型肌营养不良症属常染色体显性遗传病，40 岁左右起病，主要症状为对称性上睑下垂和眼球运动障碍，以及逐渐出现的吞咽、构音困难，进展十分缓慢。

远端型肌营养不良症亦属常染色体显性遗传病，10～50 岁起病，主要症状为四肢远端肌肉萎缩无力，以伸肌群最明显。

【辅助检查】

1. 血清酶学检测　血清肌酸激酶（CK）、肌红蛋白（Mb）、乳酸脱氢酶（LDH）、丙酮酸激酶（PK）、丙氨酸氨基转移酶（ALT）、天冬氨酸氨基转移酶（AST）等均可升高，其中 CK 及 Mb 最为敏感。不同的临床类型和病程者血清肌酶的升高率和升高幅度差异较大，以早期 DMD、BMD 和 LGMD 者升高最显著。

2. 肌电图检查　具有典型的肌源性损害的表现。静息时可见纤颤波和正锐波；轻收缩时可见运动单位时限缩短，波幅减低，多相波增多；大力收缩时可见强直样放电及病理干扰相。神经传导速度正常。

3. 心电图检查　DMD、EDMD 患者常有心肌损害、心律失常和心脏传导阻滞等异常表现。

4. 肌肉 MRI 检查　MRI 在各型病变中显示有轻重不等的肌肉信号改变，且与临床症状及病程相关。

5. 肌肉活检　大多数患者的肌肉活检均表现为肌肉坏死和再生，间质脂肪和结缔组织增生的共性特点。采用免疫组化方法使用特异性抗体可以检测肌细胞中的特定蛋白质是否存在，可以诊断和鉴别不同类型的进行性肌营养不良症。

6. 基因检测　可采用 PCR、MLPA、印迹杂交、DNA 测序等方法检测基因突变，进行基因诊断。

【诊断及鉴别诊断】

1. 诊断要点　根据典型的临床症状和体征、生化检查、肌电图和肌肉活检等特点，如有遗传家族史则诊断不难确定。必要时还可进行基因检测或采用特异性抗体对肌肉组织进行免疫组化检测，以明确诊断。

2. 鉴别诊断

（1）少年型近端脊肌萎缩症：一般为幼年至青春期起病，表现为进行性肢体近端肌无力和萎缩，多伴有肌束震颤。肌电图提示神经源性损害，有巨大电位。不难鉴别。

（2）多发性肌炎：一般进展较快，肌无力的程度比肌萎缩明显，常有肌痛，未见肌肉假性肥大及家族遗传史，且应用糖皮质激素治疗效果较好。肌肉活检符合肌炎改变，可资鉴别。

（3）重症肌无力：肌力弱呈波动性和易疲劳性特点，新斯的明试验阳性，肌电图的低频重复电刺激出现递减现象，与眼咽型肌营养不良症可鉴别。

【治疗】

进行性肌营养不良症迄今无特异性治疗，只能对症治疗及支持治疗。此外，做好遗传咨询、提高基因携带者的检出率以及产前诊断和选择性流产，可以减少和预防本病的发生。

1. 对症和支持治疗　包括维生素 E、肌苷、肌生注射液、加兰他敏及三磷腺苷等。

2. 糖皮质激素可以暂时改善 DMD 患者症状。

3. 基因治疗及干细胞移植治疗有望成为有效的治疗方法。

4. 中医药治疗　中医认为本病与“先天之本”肾的关系最密切，同时疾病的进展又与“后天之本”脾胃的气血生化功能息息相关，故中医辨证施治以调补脾肾为主要原则。中成药可选用金匮肾气丸、健步虎潜丸、补中益气丸、八珍丸等。配合针灸及按摩，对患者各关节进行充分被动运动，可延缓更严重的肌无力、肌萎缩和关节挛缩的发生。

5. 康复治疗　物理治疗和作业治疗可预防及改善脊柱畸形和关节挛缩，对维持躯体运动功能很重要。

【预后】

进行性肌营养不良症由于没有特效的治疗方法，病情逐渐进展，多数预后差。DMD 患者 20 多岁死于肺炎或心力衰竭。BMD、FSHD、眼咽型和远端型肌营养不良症患者的预后较好，部分患者可接近正常生命年限。

第三节　周期性瘫痪

周期性瘫痪（periodic paralysis）是一组与钾离子代谢有关的肌病，临床上以反复发作的骨骼肌弛缓性瘫痪为特征。肌无力可持续数小时或数周，发作间歇期完全正常。根据发作时血清钾的浓度，分为低钾型、高钾型和正常钾型三类，临床中以低钾型多见。由甲状腺功能亢进、醛固酮增多症、肾衰竭和代谢性疾病所致低钾而瘫痪者称为继发性周期性瘫痪。本节介绍低钾型和高钾型周期性瘫痪。

一、低钾型周期性瘫痪

低钾型周期性瘫痪（hypokalemic periodic paralysis）临床上以发作性肌无力、血清钾降低、补钾后能迅速缓解为特征。为常染色体显性遗传或散发的疾病，我国以散发多见。

【病因及发病机制】

低钾型周期性瘫痪的致病基因位于 1 号染色体长臂（1q31），为编码肌细胞钙离子通道 α-1 亚单位的基因突变而致病。α-1 亚单位基因编码肌细胞二氢吡啶敏感的 L 型钙离子通道蛋白，通过调控肌质网钙离子的释放而影响肌肉兴奋-收缩耦联。肌无力在饱餐后休息中或激烈活动后休息中最容易发作，注射胰岛素、肾上腺素或者大量葡萄糖也能诱发。

发病机制尚不清楚，普遍认为与钾离子浓度在骨骼肌细胞膜内、外的波动有关。当肌膜两侧钾离子浓度比例正常时，才能维持正常静息电位，对乙酰胆碱的去极化产生正常反应。当细胞外钾离子浓度降低时，肌膜处于轻度去极化状态，肌细胞兴奋性降低，出现肌肉瘫痪。也有学者认为此时肌膜持续缓慢去极化，不能有效激活 Na^+ 通道，出现去极化阻滞。

【病理】

主要变化是肌浆网空泡化，肌原纤维被圆形和卵圆形空泡分隔，空泡内含透明的液体及少数糖原颗粒。电镜下可见空泡由肌浆网终末池和横管系统扩张所致。发作间歇期上述病理改变可恢复，但不完全，故肌纤维间仍可见数目不等的小空泡。

【临床表现】

1. 任何年龄均可发病，男女比例约为3∶1，以20～40岁男性多见，随年龄增长有自发缓解趋势。

2. 常于饱餐后夜间睡眠中或清晨起床时发现肢体对称性无力或完全瘫痪。肌无力一般于数小时至1～2天内达到高峰，常为双侧对称，下肢重于上肢，近端重于远端。瘫痪肢体肌张力低，腱反射减弱或消失。可伴有颈肌无力，但脑神经支配的肌肉一般不受累，膀胱直肠括约肌很少受累。少数严重病例可发生呼吸肌麻痹、心动过速或过缓等心律失常而危及生命。部分患者有主观感觉异常，如酸痛、麻木等，但无感觉障碍的客观体征。

3. 每次发作持续数小时至数日，长则1周左右，最早受累的肌肉最先恢复。发作频率不等，一般数周或数月一次，个别病例每天均有发作，也有数年一次甚至终身仅发作一次。发作间期一切正常。

4. 饱餐、酗酒、高钠盐饮食、高碳水化合物饮食、疲劳、寒冷、精神刺激等均可诱发或加重该病。伴甲状腺功能亢进的周期性瘫痪发作频率较高，每次持续时间短，常在数小时至1天之内。甲亢控制后，发作频率减少。

【辅助检查】

1. 血清钾检测　发作期常低于3.5mmol/L，间歇期正常。

2. 心电图检查　呈典型的低钾型改变，U波出现，T波低平或倒置，P-R间期和Q-T间期延长，QRS波增宽，ST段下降。

3. 肌电图检查　运动单位电位时限短、波幅低，完全瘫痪时运动单位电位消失，电刺激无反应。膜静息电位低于正常。

【诊断及鉴别诊断】

1. 诊断要点　根据突发的四肢弛缓性瘫痪，近端为主，无脑神经支配肌肉损害，无感觉障碍，结合检查发现低血钾，心电图呈低钾型改变，补钾后迅速好转等不难诊断。有家族史者更支持诊断。

2. 鉴别诊断

(1) 高钾型周期性瘫痪：本病一般在10岁以前发病，尤以白天运动后发作频率较高。肌无力症状持续时间短，血钾增高，可自行缓解，或降血钾治疗后好转。

(2) 重症肌无力：本病症状呈波动性，晨轻暮重，疲劳试验及新斯的明试验阳性。血清钾正常，肌电图重复神经电刺激检查可鉴别。

(3) 吉兰-巴雷综合征：本病呈四肢弛缓性瘫痪，伴有周围性感觉障碍和脑神经损害，脑脊液蛋白-细胞分离现象，肌电图示神经源性损害，不难鉴别。

(4) 癔症性瘫痪：起病较急，富于暗示性，多有明显的精神因素；被动活动常有明显抵抗，腱反射活跃，检查未见器质性损害神经体征。

(5) 继发性低血钾：散发病例应与可反复引起低血钾的疾病鉴别，如甲亢、原发性醛固酮增多症、肾小管酸中毒、失钾性肾炎、腹泻、药源性低钾麻痹等。这些疾病均有原发病的其他特殊症状可资鉴别。

【治疗】

1. 治疗以口服补钾为主。急性发作时可口服氯化钾，每日5～15g，先顿服10%氯化钾40～50ml，余量在24小时内分次口服。严重病例或不耐受口服者可以静脉滴

注氯化钾以纠正低血钾状态，一般每小时滴注氯化钾不超过0.75g。

2. 对发作频繁者，发作间期可口服钾盐1g，3次/日；或螺旋内酯200mg，2次/日以预防发作。低钠高钾饮食也有助于减少发作。

3. 呼吸肌麻痹者应予辅助呼吸，严重心律失常者应积极纠正。伴有甲状腺功能亢进者应进行相应治疗。

4. 应避免各种诱因，如避免过度劳累、寒冷及精神刺激，平时少食多餐，忌浓缩高碳水化合物饮食，并限制钠盐。

5. 中医药治疗　本病在中医学中属“痿病”范畴。中医病因病机与肝肾亏虚、脾虚失运、湿邪浸淫、阴伤气耗等有关。治疗分别予补益肝肾，强壮筋骨之虎潜丸；益气补脾，健运升清之补中益气汤；健脾渗湿，扶正祛邪之参苓白术散；益气养血之八珍汤。

【预后】

预后良好，随年龄增长发作次数趋于减少。

二、高钾型周期性瘫痪

高钾型周期性瘫痪为常染色体显性遗传病，1951年由Tyler首先报道，较少见，基本上限于北欧国家。

【病因及发病机制】

高钾型周期性瘫痪的致病基因位于第17号染色体长臂(17q23)，由于骨骼肌膜钠通道的α-亚单位基因(SCN4A)的点突变，导致氨基酸的改变，如Thr704Met、Ser906Thr等，引起膜对钠的通透性增加或肌细胞内钾、钠转换能力缺陷。具体发病机制尚不清楚，瘫痪发作时，钠内流增加，钾离子从肌细胞内转移到细胞外，使细胞外钾离子浓度升高；由于钠的持续内流，膜不能正常复极而呈持续去极化，肌细胞膜正常兴奋性消失，产生肌无力。

【病理】

肌肉活组织检查与低钾型周期性瘫痪的改变相同。

【临床表现】

1. 多在10岁前起病，男性居多，饥饿、寒冷、剧烈运动和钾盐摄入可诱发肌无力发作。

2. 肌无力从下肢近端开始，然后影响到上肢、颈部肌和脑神经支配肌肉，呼吸肌偶可累及。瘫痪程度一般较轻，但常伴有肌肉痛性痉挛；部分病人伴有眼外肌、面肌、舌肌、手肌的强直发作，肢体放入冷水中容易出现肌肉僵硬；无感觉障碍。每次持续时间短，约数分钟到1小时。发作频率为每天数次到每年数次。

【辅助检查】

1. 生化检查　血清钾发作时浓度升高甚至达7～8mmol/L，尿钾排出增加，血清酶如肌酸激酶(CK)可正常或升高。

2. 心电图检查　呈高血钾改变，如T波高尖、P波降低或消失，QRS波改变等。

3. 肌电图检查　可见纤颤电位和肌强直电位，在肌无力高峰时，肌电图可呈电静息，随意运动或电刺激均无动作电位出现。

【诊断及鉴别诊断】

1. 诊断要点　根据发作性肌无力伴肌强直，无感觉障碍和高级神经活动异常，血钾含量增高及家族史，易于诊断。

2. 鉴别诊断 应注意与低钾型周期性瘫痪和正常钾型周期性瘫痪相鉴别。另外尚需与肾功能不全、肾上腺皮质功能下降、醛固酮缺乏症和药物性高血钾瘫痪鉴别。

【治疗】

1. 多数患者症状较轻，不必特殊处理。

2. 严重发作时可用10%葡萄糖酸钙静注，或者10%葡萄糖500ml加胰岛素10～20U静滴以降低血钾。也可用呋塞米排钾。

3. 预防发作可给予高碳水化合物饮食，勿过度劳累，避免寒冷刺激，或口服氢氯噻嗪等药物帮助排钾。

4. 中医药治疗 与低钾型周期性瘫痪相同。

【预后】

多数病例在30岁左右趋于好转，逐渐终止发作。

第四节 多发性肌炎

多发性肌炎（polymyositis，PM）是一组由多种病因引起的骨骼肌炎症性疾病，临床上急性或亚急性起病，主要表现为对称性四肢近端肌肉无力伴压痛，血清肌酶增高。若病变同时累及皮肤时称为皮肌炎（dermatomyositis，DM）。

【病因及发病机制】

PM和DM确切病因尚不明确，可能与免疫异常、病毒感染和遗传因素有关。PM发病主要与细胞毒性介导的免疫反应有关，T淋巴细胞可直接导致肌纤维的破坏，而细胞间黏附分子、白细胞介素α-1与炎性细胞的浸润有关。DM发病机制则主要与体液免疫异常有关，肌组织内微血管直接受累，其上可见IgM、IgG和C_3、C_{5b-9}膜攻击复合物形成。推测DM可能是一种补体介导的微血管病，肌纤维的损害是继发改变。

目前尚不清楚可直接诱发PM和DM的自身免疫异常因素，可能病毒感染后启动机体对某些病毒肽段的免疫应答，而肌细胞中的某些蛋白的肽段结构与这些病毒肽段相似，通过交叉免疫启动自身免疫反应，或某种病原体感染机体后，改变了肌纤维或内皮细胞的抗原性，引发免疫反应。此外，遗传因素可能增加易患性，在高加索人中，HLA-DR52几乎见于所有PM患者，约半数患者与HLA-DR3相关；也有关于多发性肌炎家族的报道。

【病理】

PM主要为骨骼肌的炎性改变，肌纤维变性、坏死、萎缩、再生和炎症细胞浸润，浸润的炎症细胞主要是$CD8^+$T淋巴细胞、单核细胞和少量B淋巴细胞，呈灶状或散在分布于肌内膜，也可位于肌束膜和血管周围。DM主要为束周肌纤维萎缩、微血管病变和炎症细胞浸润，浸润的炎症细胞主要是$CD4^+$T淋巴细胞和B细胞，主要聚集在肌束膜和血管周围。晚期PM和DM的肌纤维多破坏消失，完全被纤维组织取代。

【临床表现】

发病年龄不限，但儿童和成人多见，女性多于男性。发病前可有低热或感染史，起病呈急性或亚急性，病情逐渐加重，几周或几月达高峰。

1. 肌肉无力 首发症状通常为对称性四肢近端无力，表现为上下楼、起蹲、双臂

笔记

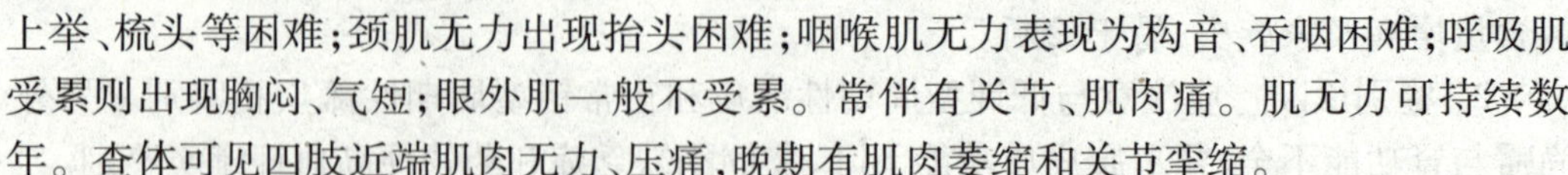

上举、梳头等困难；颈肌无力出现抬头困难；咽喉肌无力表现为构音、吞咽困难；呼吸肌受累则出现胸闷、气短；眼外肌一般不受累。常伴有关节、肌肉痛。肌无力可持续数年。查体可见四肢近端肌肉无力、压痛，晚期有肌肉萎缩和关节挛缩。

2. 皮肤损害　DM 患者可见皮肤损害，皮疹多先于或与肌肉无力同时出现。典型的皮疹为眶周和上下眼睑水肿性淡紫色斑，以及四肢关节伸面水肿性红斑（Gottron 征），其他皮肤损害还包括日光过敏性皮疹、面部蝶形红斑等。

3. 其他临床表现　消化道受累出现恶心、呕吐、痉挛性腹痛。心脏受累出现晕厥、心律失常、心衰。肾脏受累出现蛋白尿和血尿。约 1/3 患者合并其他自身免疫性疾病，如类风湿关节炎、系统性红斑狼疮。少数患者伴发恶性肿瘤，多见于 50 岁以上者。

【辅助检查】

1. 生化检查　急性期周围血白细胞增高，血沉增快；绝大多数患者血清 CK、LDH 等肌酶明显增高，增高程度与病变严重程度相关。24 小时尿肌酸增高，这是肌炎活动期的一个指标，部分病人出现肌红蛋白尿，提示肌肉急性坏死。1/3 患者类风湿因子和抗核抗体阳性。

2. 肌电图检查　可见自发性纤颤电位和正向尖波，多相波增多，呈肌源性损害表现。

3. 肌肉活检　可见不同程度的肌肉坏死、再生和炎症细胞浸润；皮肌炎者可见明显血管病变，血管周围有炎性细胞浸润。

【诊断及鉴别诊断】

1. 诊断要点　本病诊断主要依据：①四肢近端肌无力伴压痛，颈肌、咽喉肌均可受累；②血清肌酶增高，特别是 CK 增高明显；③肌电图呈肌源性损害；④肌肉活检可见肌纤维坏死、再生及炎症细胞浸润。符合上述 4 条者可以确诊为多发性肌炎。具有上述 3 条以上并伴有典型皮疹者可以诊断皮肌炎。

2. 鉴别诊断

（1）肢带型肌营养不良：有四肢近端肌无力，但不伴有肌肉压痛；血清肌酶增高、肌肉活检示脂肪变性而无明显的炎症细胞浸润等特点，可与本病相鉴别。

（2）重症肌无力：多发性肌炎借助血清 CK 常明显增高，病情无明显波动，抗胆碱酯酶药物治疗不敏感，与重症肌无力鉴别。

【治疗】

急性期应卧床休息，适当体疗以防止并发症和肌肉挛缩。

1. 皮质类固醇激素　治疗多发性肌炎的首选药物。泼尼松 1～1.5mg/（kg·d），清晨顿服，最大剂量 100mg/d；一般治疗 4～6 周后临床症状改善，CK 下降接近正常。之后逐渐减量，一般每 2 周减 5mg，至 30mg/d 时改为每 4～8 周减少 2.5～5mg，最后维持量 10～20mg/d，维持 1～2 年。急性重症患者可首选大剂量甲泼尼龙 1000mg 静滴，1 次/天，连用 3～5 天，然后逐步减量。应特别注意皮质类固醇激素剂量不足时症状不易控制，减量太快症状易波动；同时注意长期使用激素应预防其不良反应，予以低糖、低盐、高蛋白饮食，适当使用抗酸剂保护胃黏膜，注意补钾、补钙。

2. 免疫抑制剂　当激素治疗不满意时加用，首选甲氨蝶呤，其次为硫唑嘌呤、环磷酰胺、环孢素 A。用药期间注意白细胞减少和定期监测肝肾功能。

笔记

3. 免疫球蛋白 急性期与其他治疗联合使用,效果较好。免疫球蛋白1g/(kg·d)静滴,连续2天;或0.4g/(kg·d)静滴,连续5天。4个月为一疗程,不良反应为恶心、呕吐、头晕,能自行缓解。

4. 中医药治疗 本病在中医学中属“痿病”、“痹证”等范畴,中医病因病机与湿热浸淫、脾胃虚弱、肝肾阴虚等有关。治疗分别予清热利湿,通利筋脉之四妙汤;益气健脾,以资化源之参苓白术散;滋补肝肾之六味地黄丸。

【预后】

皮质类固醇激素治疗者预后良好,约半数患者可基本痊愈。儿童预后较好,伴肿瘤的老年患者预后差。

学习小结

1. 学习内容

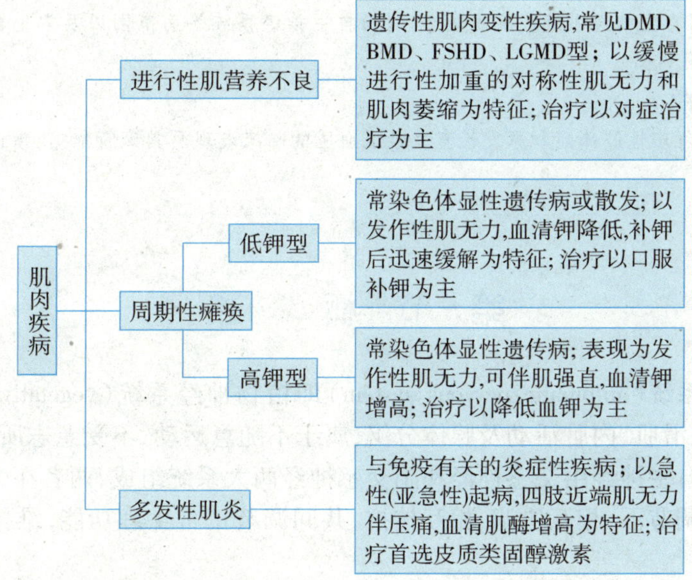

2. 学习方法

复习骨骼肌的解剖和生理,熟悉肌肉疾病的共性知识。通过分析对比各种肌肉疾病的病因和发病机制,临床特点和辅助检查、治疗和预后,掌握疾病的诊断和鉴别诊断以及治疗。

(张云云)

复习思考题

1. 试述假肥大型肌营养不良症的分型与临床表现。
2. 低钾型周期性瘫痪的诊断是什么?
3. 多发性肌炎的诊断要点和治疗是什么?

笔记

第十三章

自主神经系统疾病

学习目的

通过学习自主神经系统疾病的概念，明确自主神经系统疾病范围以及常见自主神经系统疾病。

学习要点

雷诺病、红斑性肢痛症和原发性直立性低血压的临床表现及其诊断依据，雷诺病与雷诺现象的鉴别。

第一节 概　　述

自主神经系统（automatic nervous system）即植物神经系统（vegetative system），主要支配心肌、平滑肌、内脏活动及腺体分泌，属于不随意运动，不受意志所控制，所以称为自主神经。自主神经由交感神经和副交感神经两大系统组成，两者在大脑皮质及下丘脑的支配和调节下，相互协调、相互拮抗，共同调节正常生理功能，维持机体内环境的稳定。

自主神经系统是神经系统不可分割的一部分，它与全身内脏、血管、腺体、糖、水、盐、脂肪代谢以及体温、睡眠、血压调节等均有关系，因此中枢或周围神经病变时常常伴有自主神经功能障碍的症状，而全身各系统的病变时也有自主神经功能障碍的表现。本章主要介绍常见的以自主神经功能障碍为突出表现的疾病。

第二节 雷　诺　病

雷诺病（Reynaud disease，RD）又称肢端动脉痉挛病，是阵发性肢端小动脉痉挛而引起的局部缺血现象，多见于青年女性，寒冷或情绪激动可诱发。表现为四肢末端（手指为主）对称性皮肤苍白、发绀、继之皮肤发红，伴感觉异常（指或趾疼痛）。

【病因及发病机制】

雷诺病病因及发病机制不清。可能与以下因素有关：

1. 交感神经功能紊乱　当受到寒冷等刺激时，指、趾血管痉挛性或功能性闭塞引起肢端局部缺血，皮肤苍白；血管扩张时局部血液淤滞引起皮肤发绀。

笔记

2. 血管敏感性因素　肢端动脉本身对寒冷的敏感性增加所致。

3. 血管壁结构因素　血管壁组织结构改变可引起正常血管收缩或对血中肾上腺素出现异常反应。

4. 遗传因素　某些患者的家系中常有血管痉挛现象的亲属。

【病理】

早期或病情较轻者，指（趾）动脉壁可无明显病理改变。后期或病情严重者可发现小动脉内膜增生、肌层纤维化、血管壁增厚、管腔狭窄，甚至少数患者管腔闭塞或血栓形成，并伴有局部组织营养障碍。随着血栓的形成和机化，毛细血管纡曲、扭转，动脉痉挛性狭窄，静脉则呈扩张充血状态。

【临床表现】

多发于20～30岁的青年女性，男女比例约为1∶5，大多为冬季发病。寒冷、情绪变化可诱发，出现四肢末端（手指为主）对称性皮肤苍白、发绀、继之皮肤发红，伴感觉异常（指或趾疼痛）。

典型临床表现发作可分为三期：①缺血期：当环境温度降低或情绪激动时，两侧手指或足趾、鼻尖、外耳对称性地从末端开始苍白、僵冷，肢端皮温降低同时，皮肤出冷汗，常伴有蚁行感、麻木感或疼痛感，常持续数分钟至数小时。②缺氧期：局部缺血期继续，同样有感觉障碍和皮温降低，肢端青紫，疼痛，持续数小时至数日后消退或转入充血期。③充血期：动脉充血，温度上升，皮肤潮红，然后恢复正常。也有部分患者开始即出现青紫而无苍白或苍白后即转为潮红，也可由苍白或青紫之后即恢复正常。

查体除指（趾）发凉、手部多汗外，其余多正常。桡动脉、尺动脉、足背动脉及胫后动脉搏动均存在。

该病早期仅1～2个手指受累，后期则多个手指受累并累及足趾、鼻尖、外耳、面颊、舌、口唇、胸部及乳头等。晚期指尖偶有溃疡或坏疽，肌肉可有轻度萎缩。

【辅助检查】

1. 激发试验

（1）冷水试验：指（趾）浸入4℃冷水中1分钟，75%可诱发颜色变化，或将全身暴露于寒冷环境，同时将手浸于10～15℃水中，发作的阳性率更高。

（2）握拳试验：双手握拳1.5分钟松开手指后，部分患者可出现发作时的颜色改变。

2. 彩色多普勒超声　寒冷刺激时可出现手指的血流量减少。

3. 指动脉造影　分别在冷刺激前后做指动脉造影，如发现血管痉挛，可动脉内注射盐酸妥拉唑啉后再次造影，观察血管痉挛是否缓解。造影可以显示动脉内膜粗糙、管腔狭窄，偶见动脉闭塞。

4. 其他　血沉应作为常规检查，如增快则支持继发性雷诺现象。

【诊断及鉴别诊断】

1. 诊断要点

（1）典型的临床表现即寒冷及情绪改变可诱发，双侧受累，以手指多见，界限分明的苍白、青紫及潮红等变化；典型发病年龄、性别。

（2）病史2年以上。

（3）无其他引起血管痉挛发作疾病的证据。

2. 鉴别诊断　雷诺现象(Reynaud phenomenon,RP):是指继发于其他疾病的肢端动脉痉挛现象,常见于血栓闭塞性脉管炎、自体免疫性疾患(硬皮病、皮肌炎、系统性红斑狼疮、类风湿关节炎及结节性动脉炎)等,亦可见于脊髓空洞症、前斜角肌综合征和铅、砷中毒性周围神经炎患者(表13-1)。

表13-1　雷诺病与雷诺现象的鉴别

特点	雷诺病	雷诺现象
起病	10~20多岁	30~40岁
性别	绝大多数为女性	男性发病较多
严重程度	较轻	较严重
组织坏死	少见	常见
分布	对称、双手和双足	非对称
甲皱毛细血管	正常	扩张,管腔不规则,血管样增大
病因	不明	结缔组织病,血管性及神经血管性疾病 高凝状态,血液病,肿瘤,药物,损伤等

【治疗】

治疗的目的是预防发作,缓解症状,防止肢端损伤发生溃疡。尽量减少肢体暴露在寒冷中的机会,最好在气候温暖和干燥的环境工作;避免精神紧张和情绪激动;加强锻炼,提高机体耐寒能力。

1. 预防发作　①注意保暖,不限于手足,注意全身保暖;②避免指(趾)损伤及引起溃疡;③吸烟者应绝对戒烟;④有条件时可做理疗,冷、热交替治疗。

2. 药物治疗　经一般治疗无效,血管痉挛发作影响患者日常生活或工作,以及出现了指(趾)营养性病变时应考虑药物治疗。

(1) 钙通道拮抗剂:能使血管扩张,增加血流量。硝苯地平:为治疗首选药物,口服每次10~20mg,3次/日。不良反应为面部发红、发热、头痛、踝部水肿、心动过速等。为减轻不良反应可使用硝苯地平缓释剂,如不能应用缓释剂可选用尹拉地平或氨氯地平。

(2) 血管扩张剂:长期以来一直作为主要治疗药物,对原发性者疗效较好,对病情较重的患者疗效较差。①草酸萘呋胺:用法:口服每次0.2g,3次/日;②烟酸肌醇酯:可缩短发作时间及减少发作次数,但服药3个月后疗效才明显,用法为0.6g/次,每天三次口服;③利血平:0.25mg/d,分3次口服,也可动脉内给药,但疗效并不优于口服;④甲基多巴:可用于痉挛明显或踝部水肿者,250mg,口服,3次/日;⑤盐酸妥拉唑啉:口服每次25~50mg,3次/日,局部如有疼痛或溃疡形成,用药后无不良反应可加至100mg,3次/日;⑥罂粟碱:口服每次30~60mg,3次/日。

(3) 前列腺素:前列环素(PGI_2)和前列地尔(PGE_2)具有较强的扩张血管和抗血小板聚集作用,对难治者疗效较好。PGI_2类药如:伊洛前列素,用法为每分钟0.5~2μg/kg,静滴持续5~12小时,3~5天为一个疗程,大多数患者疗效可持续6周到半年。此药目前作为治疗的次选。

(4) 其他药物治疗:严重坏疽继发感染者,应合理使用抗生素治疗。伴发严重硬

笔记

皮病的患者可用低分子右旋糖酐静脉滴注。巴比妥类镇静药及甲状腺素也有减轻动脉痉挛作用。充血期的治疗主要以调整自主神经药物为主，常用药物有B族维生素及谷维素等。

(5) 中医药治疗：以活血温阳为主，可用黄芪桂枝五物汤等。

(6) 针灸治疗：通络活血，取穴：极泉、阳池、照海、三阴交。配穴：上肢病变加手三里、内关、小海、十宣；下肢病变加环跳、秩边、阳陵泉。手十宣和足趾尖用消毒三棱针点刺出血，余穴运用灸法及温针灸法。

3. 其他治疗　①外科治疗：对病情严重、难治性患者，可考虑下肢交感神经切除术，或应用长效普鲁卡因阻滞；②血浆置换治疗；③条件反射和生物反馈疗法等。

第三节　红斑性肢痛症

红斑性肢痛症（erythromelalgia）是一种以肢端皮肤阵发性、非感染性皮温升高、潮红、肿胀，并产生剧烈的灼热样疼痛的阵发性血管扩张性疾病，以足趾、足底为著，环境温度升高可诱发或加剧，温度降低可使疼痛缓解。

【病因及发病机制】

本病通常分为原发性红斑肢痛症、继发性红斑肢痛症和遗传性红斑肢痛症。原发性可在任何年龄起病；继发性则多见于红细胞增多症、血小板增多症等血液系统疾病和自身性免疫性疾病，也可见于多发性硬化、脊髓疾病、糖尿病、AIDS等疾病；遗传性红斑性肢痛症是常染色体显性遗传性疾病，多有家族史。

本病的病因和发病机制尚不清楚。目前研究表明，由于微循环调节功能障碍，毛细血管前括约肌持续收缩，动静脉短路，局部血液灌注量增加，营养通路血管内灌注量不足，引起局部组织缺血缺氧，最终出现患处组织高灌注和缺血缺氧并存的现象，引起皮肤红肿、温度升高和剧痛，组织代谢产物使血管扩张，灌注增加，进一步加重症状。

【临床表现】

多见于青年，夏季发病，冬季缓解。

(1) 表现为双侧肢端对称出现皮肤阵发性皮温升高，皮肤潮红、肿胀和剧烈疼痛。疼痛为阵发性烧灼痛，以夜间加重、次数增多，可持续数分钟、数小时或数日。疼痛以双足最为常见，少数患者可以仅见于单侧。

(2) 温热、活动、肢端下垂或长时间站立可引起或加剧疼痛发作。冷水浸足、休息或抬高患肢，疼痛可减轻和缓解。因此患者喜欢温度较低的环境，不愿穿袜或戴手套。病情进展缓慢。

(3) 严重患者可因营养障碍而出现溃疡或坏疽。病变区可有感觉过敏，一般无感觉障碍和运动障碍。

(4) 体检：发作期可见患处皮肤血管扩张，潮红，压之红色可暂时消失，温度升高，轻度肿胀和多汗，足背动脉与胫后动脉搏动略增强。反复发作者可见皮肤与指甲变厚。

【诊断及鉴别诊断】

1. 诊断要点

(1) 成年期发病，出现肢端对称性以足为主的阵发性红、肿、热、痛。

（2）无局部感染及炎症。

（3）受热、站立和运动后疼痛加剧，冷敷、休息后疼痛减轻。

（4）原发性及遗传性需排除可引起继发性红斑性肢痛症的原发病。

2. 鉴别诊断　对于每个首发病例，应积极排除血栓闭塞性脉管炎、糖尿病周围神经病及雷诺病等。红斑性肢痛症有时是红细胞增多症、血小板增多症等疾病的首发症状，应注意鉴别。

（1）雷诺病：多见于青年女性，是由肢端局部缺血所致，寒冷是主要诱因。临床表现主要为苍白、发绀、潮红及局部温度低。

（2）血栓闭塞性脉管炎：多见于中青年男性，20～40岁发病，多在寒冷季节发病，主要表现为血流不足的症状。可分为局部缺血期、营养障碍期及坏疽期。出现间歇性跛行、皮肤苍白、发绀及足背动脉搏动减弱（或消失）、足部干性坏疽、溃疡等表现，疼痛较剧烈。

（3）糖尿病周围神经病：起病缓慢，可累及任何周围神经，一般下肢重于上肢，以疼痛感觉障碍为主，夜间明显。

（4）小腿红斑病：寒冷为发病诱因，红斑以小腿为主，无明显疼痛。

【治疗】

1. 一般治疗　急性期应卧床休息，抬高患肢，局部冷敷可暂时缓解疼痛。急性期后，应避免过热和任何刺激引起的局部血管扩张。

2. 药物治疗

（1）阿司匹林：对继发于血小板增多症等血液疾病的红斑性肢痛症患者，可口服小剂量阿司匹林50～100mg/d。

（2）5-羟色胺再摄取抑制剂：部分患者对此类药物极为敏感，如文拉法辛（venlafaxine）口服18.75～75mg，2次/日，或舍曲林口服25～200mg，1次/日。

（3）前列腺素：可松弛毛细血管前括约肌，改善营养通路内的血液循环，缓解症状，口服米索前列醇（misoprostol）400μg，2次/日或PGE_1、PGI_2静滴，从小剂量开始，逐渐增大剂量。

（4）β-受体阻滞剂：普萘洛尔（propranolol），20～30mg，口服，3次/日。可减轻大部分患者疼痛。

（5）三环类抗抑郁药物（阿米替林、丙米嗪）、钙通道拮抗剂（尼莫地平、地尔硫䓬）、加巴喷丁、氯硝西泮、血管收缩剂、激素、自主神经调节剂、维生素类及利血平与氯丙嗪联合应用等也对红斑性肢痛症患者有治疗作用。

（6）中医药治疗：中医学中无此专有病名，一般归属于“血痹”等范畴，以疏肝行气，清热理血为原则，如加味龙胆泻肝汤等；局部可以应用清热解毒凉血中草药外敷患处。

（7）针灸疗法：以活血凉血通络为法，病变在下肢取三阴交、昆仑、太冲、内庭、侠溪等；病变在上肢取曲池、外关、合谷、内关等，针用泻法。体质较弱者可加温针灸。

3. 物理疗法　用超声波或超短波治疗，也可用短波紫外线照射的方法。

4. 封闭疗法　方法有：①踝上环状封闭；②骶部硬膜外封闭；③腰交感神经节阻滞。

5. 外科治疗　个别病例各种治疗无效的、疼痛明显的可选外科手术治疗。

笔记

6. 对于继发性红斑性肢痛症患者,应同时积极治疗原发疾病。

学习小结

1. 学习内容

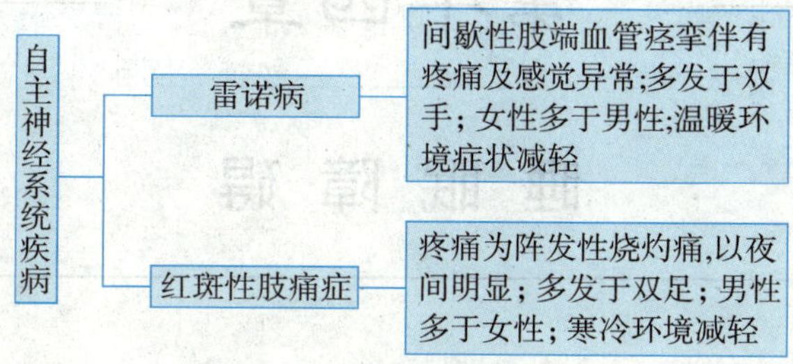

2. 学习方法

自主神经系统疾病以自主神经功能障碍为突出表现,常见的有雷诺病和红斑性肢痛症。应掌握鉴别,前者多发于青年女性,后者多见于青年。雷诺病治疗的目的是预防发作,缓解症状,防止肢端溃疡的发生,重点是与雷诺现象的鉴别;红斑性肢痛症特征为肢端皮肤阵发性、非感染性皮温升高、潮红、肿胀,并产生剧烈的灼热样疼痛,以足趾、足底为著,环境温度升高可诱发或加剧,温度降低可使疼痛缓解,有时是红细胞增多症、血小板增多症等疾病的首发症状,应注意鉴别,急性期应卧床休息,抬高患肢,局部冷敷可暂时缓解疼痛,急性期后,应避免过热和任何引起局部血管扩张的刺激。

（孟向文）

复习思考题

1. 雷诺病与雷诺现象有何区别？雷诺病的临床表现是什么？如何防治？
2. 红斑性肢痛症的诊断依据是什么？

第十四章

睡眠障碍

学习目的

通过学习常见睡眠障碍的病因及发病机制和病理特征，为临床睡眠障碍的诊断、鉴别诊断及治疗提供思路。

学习要点

睡眠障碍的病因及发病机制和病理特征、诊断及鉴别诊断。

第一节　概　述

睡眠是维持机体健康必不可少的生理过程。如果睡眠障碍性疾病不及时控制，将会导致机体产生一系列的病理生理变化，诱发严重的躯体和心理疾病。睡眠障碍已经成为当今社会极为普遍的一种疾病。引起睡眠障碍的原因包括生理、心理、环境因素、精神疾病、躯体疾病以及药物等。《睡眠障碍国际分类》第2版（ICSD-2）中，睡眠障碍包括8大类：失眠；睡眠相关呼吸障碍；中枢性过度睡眠；昼夜节律性睡眠障碍；异态睡眠；睡眠相关运动障碍；孤立的症状、表面上正常的变型和未解决的问题；其他睡眠障碍。

第二节　失　眠　症

失眠症（insomnia）通常指患者对睡眠时间和（或）睡眠质量不满足并影响日间社会功能的一种主观体验，是最常见的睡眠障碍性疾患。

【病因及分类】

失眠按病因可分为原发性失眠和继发性失眠两类，原发性失眠通常缺少明确病因，或在排除可能引起失眠的病因后仍遗留失眠症状，主要包括心理生理性失眠、特发性失眠和主观性失眠3种类型。原发性失眠缺乏特异性指标，当可能引起失眠的病因被排除或治愈后仍遗留失眠症状时可考虑为原发性失眠。继发性失眠可由躯体疾病、精神障碍、滥用药物等原因引起，与睡眠呼吸紊乱、睡眠运动障碍等疾病相关。失眠常与其他疾病同时发生，有时难以确定这些疾病与失眠之间的因果关系，故近年来提出共病性失眠的概念，用以描述那些同时伴随其他疾病的失眠。

失眠按病程分为急性失眠（病程<1 个月）、亚急性失眠（病程≥1 个月，<6 个月）、慢性失眠（病程≥6 个月）。

【临床表现】

失眠主要临床表现为入睡困难（入睡时间超过 30 分钟）、睡眠维持障碍（整夜觉醒次数≥2 次）、早醒、睡眠质量下降和总睡眠时间减少（通常少于 6 小时），同时伴有日间功能障碍。

【诊断】

诊断标准

根据《睡眠障碍国际分类》第 2 版（ICSD-2）诊断标准如下：

1. 主诉入睡困难、睡眠维持困难、早醒、长期非恢复性睡眠，或者睡眠质量不佳。对于儿童睡眠障碍通常由其看护者发现，主要表现为就初始时抗拒或者不能独自入睡。

2. 上述睡眠障碍发生在有充分机会和条件睡眠的情况下。

3. 患者至少具有下列 1 条与夜间睡眠障碍相关的日间功能损害：

（1）疲劳或者乏力。

（2）注意力不集中或记忆力下降。

（3）社交或职业能力下降或者学习能力下降。

（4）情绪不稳或易激惹。

（5）日间困倦。

（6）生活或工作动力、精力不足。

（7）工作或驾驶时有发生错误/事故的倾向。

（8）因睡眠不足导致紧张性头痛或胃肠道症状。

（9）对睡眠的担心和焦虑等。

【评估与辅助检查】

失眠的检查主要有 3 个方面，临床评估、量表测评及客观评估。

1. 临床评估　详细的病史采集，临床医师需仔细询问病史，包括具体的睡眠情况、用药史及可能存在的物质依赖，进行体格检查及精神心理状态评估。

2. 量表测评　包括自评与他评失眠相关测评量表：嗜睡量表（ESS）、失眠严重程度指数（ISI）、匹兹堡睡眠质量指数量表（PSQI）、抑郁量表（BECK）、状态特质焦虑问卷（STAI）、疲劳严重程度量表、生活质量问卷（SF-36）、睡眠信仰和态度问卷。

3. 客观评估　数字多导睡眠监测（polysomnography，PSG）主要用于睡眠障碍的评估和鉴别诊断。对慢性失眠患者鉴别诊断时可以进行 PSG 监测。多导睡眠潜伏期试验用于发作性睡病及日间睡眠过度等疾病的诊断与鉴别诊断。体动记录仪可以在无 PSG 监测条件下作为替代手段评估患者夜间睡眠时间和睡眠模式。

【治疗】

失眠症的治疗方法应从病因着手，对症治疗。现代医学对失眠的治疗方法多种多样，主要分为认知和行为治疗与药物治疗。

1. 认知和行为治疗　对于入睡困难性失眠、睡眠维持障碍性失眠和非恢复性睡眠障碍，认知和行为治疗是安全有效的，且应该作为失眠的初始治疗。

（1）认知疗法（cognitive therapy）：采用心理治疗的方法，让患者对睡眠和睡眠的

作用形成一个正面且恰当的概念，从而重新建立认知通路。

（2）认知行为疗法（cognitive behavioral therapy of insomnia，CBTI）：认知疗法和行为疗法的结合。其中行为疗法的组成包括刺激控制疗法和（或）睡眠限制疗法联合应用/不联合应用放松疗法。

（3）睡眠卫生：帮助患者养成良好的睡眠卫生习惯，是一种常用方法，但尚无肯定证据证明单独进行睡眠卫生教育是一种有效的治疗方法。

（4）放松疗法（relaxation therapy，RT）：包括逐步肌肉放松及引导式意象放松，对于入睡困难性失眠和睡眠维持障碍性失眠均有帮助。

（5）刺激控制疗法（stimulus control therapy，SCT）：采用床和睡眠之间的正面联想取代负面联想。

（6）睡眠限制疗法（sleep restriction therapy，SRT）：通过限制睡眠来提高睡眠的持续性和加强睡眠的驱动力。

（7）矛盾意向：指导患者被动保持清醒，避免任何想要入睡的努力（意象），目的在于减弱行为焦虑。

（8）生物反馈：训练患者通过视觉或听觉的反馈，控制一些生理变化，目的在于减低对身体的激发。

2. 药物治疗

应用原则：从最低有效剂量开始、间断给药、短期服药、减药缓慢和逐渐停药。临床上常用药物分为苯二氮䓬受体激动药、抗抑郁药、褪黑激素受体激动药、其他药物等。

（1）苯二氮䓬受体激动药 BZRAs：分为传统的苯二氮䓬类药物和新型的非苯二氮䓬类药物。其中苯二氮䓬类药物是目前使用最广泛的催眠药，此类药物可以缩短睡眠潜伏时间、减少觉醒次数和时间、增加睡眠总时间。包括艾司唑仑、氟西泮、替马西泮、三唑仑、地西泮、劳拉西泮等。此类药物根据半衰期可分短效、中效和长效：①短效类（半衰期<6 小时）：用于治疗入睡困难性失眠，如三唑仑 0. 125～0. 25mg，睡前口服，但该药为一类精神药品，非一线催眠药物。②中效类（半衰期 6～24 小时）：可以用于治疗入睡困难或睡眠维持障碍性失眠，艾司唑仑 1～2mg，睡前口服，替马西泮 15～30mg，睡前口服。③长效类（半衰期>24 小时）：用于睡眠维持障碍性失眠，但会增加日间镇静和其他残存效应。氯硝西泮 0. 25～0. 5mg，睡前口服，劳拉西泮 0. 5～1. 0mg，睡前口服，氟西泮 15～30mg，睡前口服。非苯二氮䓬类药物：具有起效快、半衰期短，且次晨没有宿醉症状、药物依赖和停药反跳少等优点，是目前推荐治疗失眠的一线药物。包括：①唑吡坦：10mg 睡前口服，最大剂量 10mg，对睡眠潜伏期和总睡眠时间起改善作用，亦能改善睡眠效率；②扎来普隆：10mg 睡前口服，最大剂量 20mg，可有效减少睡眠潜伏期；③艾司佐匹克隆：2～3mg 睡前口服，最大剂量 3mg，可显著减少睡眠潜伏期和改善睡眠维持衡量指标。

（2）褪黑激素受体激动药：雷美替胺 8mg，睡前 30 分钟口服，可有效地减少睡眠潜伏期、提高总睡眠时间和睡眠效率。

（3）镇静性抗抑郁药：部分抗抑郁药具有催眠镇静作用，在失眠伴抑郁、焦虑心境时应用较为有效。曲唑酮常用剂量是 25～100mg，每晚临睡前给药；米氮平 7. 5～15mg，每晚临睡前给药；多塞平 3～6mg，每晚临睡前给药。

笔记

（4）其他药物：抗惊厥药物加巴喷丁，对其他药物无反应或者耐受的患者可以作为一种催眠药物选择，常用剂量是睡前口服300～900mg；抗组胺药物苯海拉明和多拉西敏是非处方助眠药物中最主要的一类，但其疗效证据有限。

3. 中医药治疗　本病在中医学中属"不寐"范畴，基本病机为阳盛阴衰，阴阳失交。主要有肝火扰心、痰热扰心、心脾两虚、心肾不交、心胆气虚等证，分别予疏肝泻火之龙胆泻肝汤、清化痰热之黄连温胆汤、补益心脾之归脾汤、滋肾益阴之六味地黄丸、益气镇惊之安神定志丸。针灸在百会、四神聪、安眠、神门基础上配以内关、太冲、三阴交等，随证加减，疗效肯定。

【预后】

单纯性或病程较短的失眠症患者预后相对较好，但病程较长失眠的患者容易并发焦虑症或抑郁症，长期处于睡眠不足状态，还会引起感知方面变化，如视野变化、幻视、免疫功能降低、消化功能和性功能减退、记忆力下降、脾气变得暴躁、性格改变，也会诱发高血压、冠心病、中风、糖尿病，妇女导致皮肤干燥、月经失调等疾病，预后较差。

知识链接

失眠症与抑郁、焦虑

失眠症除心理生理性失眠外，还常见于抑郁和焦虑障碍相关失眠。抑郁障碍相关失眠突出表现为情绪低落和缺乏动力，常主诉高兴不起来、心情压抑、兴趣索然、悲伤、沮丧、孤独、疲劳无力、注意力不集中、学习能力下降，对工作无热情和信心，对未来悲伤失望，自我评价过低，对周围环境冷淡，疏远亲友。睡眠障碍典型为早醒，也可有入睡困难、易醒等。焦虑障碍相关失眠患者的失眠障碍常为焦虑的主要症状，典型表现为入睡困难或易醒伴多梦，从梦中惊醒后出现恐惧感，使患者始终担心而无法入睡或不能持续睡眠。

知识拓展

失眠症非药物治疗研究

现在对失眠症的治疗更倾向于对非药物治疗的研究。包括非药物治疗方法的适应证、疗效和治疗机制，以及继续研究的方向等，都是医学界重视的问题。非药物治疗，适用于许多类型的功能性失眠，包括心理生理性失眠、环境和不良习惯性失眠、睡眠时相延迟综合征和睡眠时相提前综合征。其中，睡眠行为教育、认知治疗、松弛反应训练和调节行为是非药物治疗手段的基础。睡眠约束、光疗可治疗老年人睡眠时相提前综合征，光疗还可以治疗其他功能性和非器质性失眠，控制刺激训练可治疗环境和不良习惯性失眠。

第三节　发作性睡病

发作性睡病（narcolepsy）又称 Gelineau 综合征，是一种原因不明的慢性中枢神经系统功能障碍性疾病。根据《中国发作性睡病诊断与治疗指南》的诊断标准，将其临床表现分为日间过度睡眠（excessive daytime sleepiness EDS）、猝倒发作（cataplexy attacks）、夜间睡眠障碍（nocturnal sleep disturbance）三方面及一系列伴随症状。

【病因及发病机制】

（一）病因

本病的病因迄今尚不清楚，但有遗传易感倾向，少数报道有逐代传递倾向。患者的一级亲属中患病危险是正常人的10～40倍。易感基因位于6号染色体上的人白细胞抗原（HLA）等位基因DQA1＊0102、DQB1＊0602、DRB1＊1501。DRB1＊1501与某些自身免疫疾病有关，也有人认为发作性睡病是一种自身免疫性疾病，但这一观点有待于进一步证实。

（二）发病机制

正常睡眠由非快速眼球运动（non-rapid eye movement，NREM）睡眠和快速眼球运动（rapid eye movement，REM）睡眠组成。该病的病理生理学基础主要是REM睡眠周期的紊乱及睡眠结构的改变，即在觉醒时插入了REM睡眠。近年来在神经递质、免疫、遗传等方面的研究表明，脑干的单胺能神经元，特别是蓝斑的去甲肾上腺素能神经元和中缝核的5-羟色胺能神经元在REM睡眠和NREM睡眠转换中起重要作用，分别被称为REM"开"和"关"神经元。发作性睡病与"开"和"关"神经元之间的功能失衡有关。此外，"REM-开"神经元不仅对REM睡眠有启动作用，而且有侧支投射经延髓到脊髓来抑制运动神经元，造成肌肉瘫痪，形成猝倒发作。

【临床表现】

发作性睡病的3个主要临床表现为日间过度睡眠、猝倒发作和夜间睡眠障碍。此外可伴有肥胖、性早熟、睡眠呼吸暂停综合征、代谢综合征、嗅觉缺陷及心理障碍等。发作性睡病通常于10～30岁起病，很少在5岁以前和50岁以后发病。

1. 日间过度睡眠（EDS） 是发作性睡病的主要症状。表现为白天突然发生的不可克制的睡眠发作，可以发生在静息时，也可以在一些运动如上课、驾驶、乘坐汽车、看电视等情况下发生，甚至在吃饭、走路、洗澡时都可能出现。睡眠持续时间从几分钟至数小时不等。随着时间的推移和年龄的增长，症状可以减轻但不会消失。

2. 猝倒发作 是此病的特征性症状。猝倒出现于病理性睡眠之后的数月至数年，其诱因大多数为情绪因素，最常见的是兴奋性情绪，少数为低落情绪，体育活动也可诱发。表现为在觉醒时突然躯体随意肌失去张力而摔倒，持续几秒钟至几分钟，但无意识丧失，与癫痫的失神发作不同。

3. 夜间睡眠障碍 夜间睡眠障碍包括夜间睡眠中断、觉醒次数和时间增多、睡眠效率下降、睡眠瘫痪、入睡前幻觉、梦魇、异态睡眠，以及REM睡眠期行为障碍等。其中最具特征性的是入睡前幻觉和睡眠瘫痪。入睡前幻觉是觉醒-睡眠转换期的梦境样体验，常常是复杂的、生动的和梦一样的经历，似于梦境的稀奇古怪的画面，但对外界环境的意识通常存在。睡眠瘫痪是发生于睡眠开始或临近觉醒时的数秒至数分钟内，表现为肢体不能活动，不能言语，发作时意识清楚，患者常有濒死感，通常可被轻刺激所终止。

4. 伴随症状 向心型肥胖、性早熟、睡眠呼吸暂停综合征、REM睡眠期行为障碍（RBD）、焦虑或抑郁、偏头痛。

【诊断及鉴别诊断】

1. 诊断 根据ICSD-3的分类标准，发作性睡病可分为发作性睡病1型和发作性睡病2型，具体诊断标准如下：

笔记

（1）发作性睡病1型的诊断标准

1）患者存在白天难以遏制的困倦和睡眠发作，症状持续至少3个月以上。

2）满足以下1项或2项条件：①有猝倒发作（符合定义的基本特征）。经过标准的多次小睡潜伏期试验（MSLT）检查平均睡眠潜伏期≤8分钟，且出现≥2次睡眠始发REM睡眠现象（SOREMPs）。推荐MSLT检查前进行夜间多导睡眠图（nPSG）检查。nPSG出现SOREMP可以替代1次白天MSLT中的SOREMP。②免疫反应法检测脑脊液中Hcrt-1浓度≤110pg/ml或<正常参考值的1/3。

（2）发作性睡病2型的诊断标准

1）患者存在白天难以遏制的困倦和睡眠发作，症状持续至少3个月以上；

2）标准MSLT检查平均睡眠潜伏期≤8分钟，且出现≥2次SOREMPs，推荐MSLT检查前进行nPSG检查，nPSG出现SOREMP可以替代1次白天MSLT中的SOREMP；

3）无猝倒发作；

4）脑脊液中Hcrt-1浓度没有进行检测，或免疫反应法测量值>110pg/ml或>正常参考值的1/3；

5）嗜睡症状和（或）MSLT结果无法用其他睡眠障碍如睡眠不足、OSAS、睡眠时相延迟障碍、药物使用或撤药所解释。

2. 鉴别诊断

（1）原发性睡眠过多症：本病与发作性睡病症状相似，但日间睡眠发作并非难以抗拒，无其他伴发症状，入睡后持续时间较长，日夜睡眠时间均明显增加，睡眠程度深，觉醒困难。本病PSG为正常REM睡眠潜伏期，而发作性睡病REM睡眠潜伏期缩短。

（2）Kleine-Levin综合征：或称青少年周期性嗜睡贪食症，为一种原因不明、少见的发作性疾病，表现为周期性发作性睡眠过多，可持续数天至1周，少数可达数周。伴有善饥多食，食量3倍于正常人，常在醒后出现兴奋、躁动、冲动行为等精神症状，每年可发作3～4次。起病多在10～20岁，男性较多，成人后可自愈。

（3）癫痫复杂部分发作：由于约50%发作性睡病病人可出现有自动行为和遗忘，易被误诊为复杂部分性发作，但复杂部分性发作无不可抗拒的睡眠发作及猝倒症等表现。而且发作性睡病的自动行为多为病人熟知的日常活动，更具有目的指向，多导睡眠描记及脑电图均有助于鉴别。

【辅助检查】

1. 神经电生理检查

（1）数字多导睡眠监测（PSG）：发作性睡病的PSG特点为入睡潜伏期缩短、出现睡眠起始快速眼动（SOREMP）、入睡后觉醒增加、睡眠效率下降、微觉醒次数增多、睡眠期周期性肢体运动增加、REM睡眠期眼动指数增高、REM睡眠期肌张力失弛缓以及非快速眼球运动期睡眠增加、3期睡眠减少等。

（2）多次睡眠潜伏时间试验（multiple sleep latency test，MSLT）：通常PSG监测后次日白天进行4～5次小睡检查。发作性睡病的诊断要求在小睡试验中出现2次或更多次睡眠始发快速眼动期，但MSLT阴性并不能完全排除诊断，必要时需要重复MSLT检查。

（3）清醒维持试验（maintenance of wakefulness test，MWT）：MWT用于评估受试

笔记

者在白天极少感觉刺激环境中保持觉醒的能力，不是发作性睡病的诊断性试验。通过MWT评估其白天保持觉醒的能力，避免从事危险性职业，并且可以作为药物疗效或不良反应的评价指标。

2. 脑脊液Hcrt-1监测　脑脊液中Hcrt-1含量为发作性睡病1型的诊断标准。脑脊液中Hcrt-1浓度≤110pg/ml或<正常参考值的1/3时诊断为发作性睡病1型。

3. 基因亚型　大量研究发现发作性睡病与人类白细胞抗原DQB1*0602、DRB1*1501关系密切，发作性睡病患者DQB1*0602阳性率高达98%，而普通人群检出率为12%～38%，这些基因位点的检测对于发作性睡病病理机制的研究具有启发意义，但不是诊断发作性睡病的必要条件。

【治疗】

发作性睡病的总体治疗目标为：①通过心理行为疗法和药物治疗减少白天过度睡眠、控制猝倒发作、改善夜间睡眠；②调适心理行为，帮助患者尽可能恢复日常生活和社会功能；③尽可能减少发作性睡病伴随的症状或疾病；④减少和避免药物干预带来的不良反应。虽然心理行为干预缺少循证研究证据，但临床经验提示，心理行为干预与药物治疗同等重要，值得推荐。

（一）一般治疗

首先是合理安排作息时间，强调有规律的工作和休息，尽量保证夜间获得充足睡眠。调整饮食习惯，减少糖类摄取量，夜间睡眠前禁用含有咖啡因的饮料。避免情绪激动和过度紧张。学会控制自己的情绪，避免过分兴奋、激动、愤怒，以减少猝倒发作。有心理症状的患者尤其以抑郁、自卑较为常见者，应给予有效的心理干预。

（二）药物治疗

1. 中枢神经兴奋剂　作用机制是对网状激活系统产生激活作用，而发挥很强的兴奋效果。对于治疗过度睡意与睡眠发作有效。

（1）传统中枢兴奋剂：可以促进多巴胺的释放、增加突触间隙去甲肾上腺素及5-羟色胺的水平，同时抑制这些神经递质的再摄取，并增强食欲素对脑干上行网状激活系统（ARAS）的兴奋作用，提高觉醒程度。①苯丙胺（amphetamine，安非他明），包括左旋苯丙胺、右旋苯丙胺、甲基苯丙胺，苯丙胺（10～60mg/d）对发作性睡病的日间过度嗜睡非常有效，常用剂量为5～10mg，每天3～5次，通常耐受性良好不会导致夜间失眠；②哌醋甲酯（methylphenidate，利他林），主要抑制单胺类（主要为多巴胺）神经递质的再摄取，但对单胺的储存作用不明显，每天3次空腹服用10～20mg；③匹莫林（Pemoline），维持兴奋作用类似于哌醋甲酯，但较之弱，半衰期较长，达16～18小时，10～30mg，每日两次，最大量每日80mg。

（2）新型中枢兴奋剂：莫达非尼（modafinil）：是目前应用最广泛的用于改善日间嗜睡的药物，但其催醒机制尚不明确。成人每日清晨200mg顿服，1～2周起始剂量每日早上100～200mg，常用剂量为100～400mg/d，每日早上1次或早中分次服用（尤其是针对下午也嗜睡的患者）。

2. 抗抑郁药　用于治疗猝倒发作、睡眠瘫痪、入睡前幻觉。

（1）传统三环类抗抑郁药：包括丙咪嗪和氯丙咪嗪等都是最早用于治疗发作性猝倒的药物。通过抑制单胺的再摄取而抑制异常快速动眼睡眠（REM）的发生，从而改善猝倒症状。其疗效可靠，但特异性不强。氯丙咪嗪、去甲丙咪嗪：常用剂量为25～

笔记

75mg/d，一般低剂量即有效。

（2）新型的抗抑郁药：5-羟色胺再摄取抑制剂为高选择性 5-HT 再摄取抑制剂，可用于猝倒发作的治疗，但需要更高的剂量，且疗效偏低。如氟西汀（20～60mg）、氟伏沙明（25～200mg/d）、西酞普兰（20mg/d），均用于治疗发作性睡病，能明显减少猝倒发作（50%～100%）。文拉法辛 75～300mg/d，可以控制猝倒与日间过度嗜睡，缓释制剂可以维持一天的疗效。

（三）中医中药治疗

中医治疗主要注重调理患者脏腑阴阳的平衡，从患者的体质入手，进行整体调理。临床上可选用补中益气汤为基础方加减治疗发作性睡病，旨在补中益气、升发清阳，使精明之府得清阳之荣，以达补脾升阳之功；涤痰汤及藿朴夏苓汤加减以利湿涤痰；镇心醒睡益智方以镇心醒神；肾气丸加味以温补肾阳，化痰开窍等。

【预后】

在大多数病例，发作性睡眠和猝倒通常伴随患者的一生。其发作性睡眠的严重程度一旦发生很少减轻，而猝倒、睡眠瘫痪和入睡前幻觉在 1/3 患者中会随着年龄的增加而缓解或消失。发作性睡病是一种致残性的疾病，它影响到生活的每一方面。

知识链接

发作性睡病的由来

1880 年 Gelineau 首先用“发作性睡病（narcolepsy）”一词来完整描述了一个白天过度睡眠（excessive daytime sleepiness，EDS）、发作性睡眠和情绪诱发的发作性肌肉无力的患者。1902 年 Loewenfeld 也注意到了发作性睡眠和情绪激动时躯体肌肉的麻痹无力，1916 年 Henneberg 将此命名为“暴发性抑制”，1926 年 Adie 将此称为“猝倒”。1928 年 Kinnier Wil-son 首次使用了“睡眠瘫痪”这一词汇来描述入睡或者将醒时的发作性随意运动不能。1927 年 Lher-mitte 和 Toumay 首次注意到了发作性睡病患者入睡前的生动而令人恐惧的幻觉。最后这四组症状组成了临床四联征——发作性睡眠、猝倒、睡眠瘫痪和入睡前幻觉。

知识拓展

Orexin 与发作性睡病

目前，Orexin 缺乏导致发作性睡病的观点已被人们普遍接受。测定患者 CSF 中 orexin 含量将成为诊断发作性睡病的重要依据，orexin 替代治疗亦具有很好的临床应用前景。但是，除了在发作性睡病动物模型中，orexin 替代治疗取得了明显疗效外，经静脉、脑池内和鼻腔内治疗的效果均令人失望。具有高选择性地作用于 OX1R 和 OX2R 的小分子 orexin 肽以及非肽类 orexin 受体激动剂将成为最有希望的治疗药物。

第四节　不安腿综合征

不安腿综合征（Restless Legs Syndrome，RLS）是一种常见的神经系统感觉运动障碍性疾病，主要表现为静息状态下双下肢难以形容的感觉异常与不适，有活动双腿的

笔记

强烈愿望，患者不断被迫敲打下肢以减轻痛苦，常在夜间休息时加重。该病可严重影响患者的睡眠、显著降低其生活质量。

【病因及发病机制】

(一) 病因

目前多将不安腿综合征分为原发性和继发性两种类型，原发性 RLS 病因尚不清楚，目前多认为可能与遗传、脑内多巴胺功能异常有关。继发性 RLS 多由一些疾病而继发，继发性 RLS 原因包括肾衰竭、妊娠、铁缺乏(伴或不伴贫血)及某些药物等。根据文献报道由Ⅲ型脊髓小脑共济失调继发者占45%、Ⅱ型腓骨肌萎缩症占37%、缺铁性贫血占24%、尿毒症占17.3%、妊娠妇女占11.5%、胃手术后占11.3%、震颤麻痹占6.7%、糖尿病占1%。

(二) 发病机制

RLS 的发病机制尚未明确，可能与下列学说有关：

1. 内源性阿片释放 应用外源性阿片类物质与内源性阿片竞争性结合对本病治疗有效，因此认为内源性阿片释放是本病的机制之一。

2. 血管因素 Ekbom 提出，RLS 是由于血管疾病导致腿部代谢产物的堆积所致，腿部运动可促进血液循环，使症状减轻。因此认为血管疾病所致肢体血液循环障碍可能是 RLS 的病因之一。

3. 铁缺乏 铁缺乏是不安腿综合征发病的一个重要原因，研究证明 RLS 患者体内缺乏铁，补充铁剂有效。MRI 技术和脑脊液相关蛋白分析显示，RLS 患者黑质-纹状体 A9 区、间脑 A11 区和第三脑室 A14 区铁含量减少。

4. 多巴胺能神经元损害 目前较公认的机制之一是中枢神经系统非黑质-纹状体系统多巴胺神经元损害，如间脑 A11 区、第三脑室旁 A14 区、视上核和视交叉多巴胺能神经元以及脊髓多巴胺能神经元的损伤。

5. 遗传因素 55%~92%原发性不安腿综合征患者有阳性家族史，呈常染色体显性遗传，主要可疑基因位点有 12q、14q、19q 等。

【临床表现】

1. RLS 在各年龄组皆可发病，但更多见于 40 岁以上的成人，男女比例约为 1∶2。

2. 患者有强烈活动双腿的愿望，常伴各种不适的感觉症状。症状在安静时明显，长时间的坐、卧及夜间易发生，活动、捶打后可缓解症状。

3. 肢体远端不适感是本病的特征之一。主要表现为各种形式的感觉异常，如酸、麻、胀、痛、蚁走、蠕动、烧灼、疼痛、痉挛等。少数患者疼痛明显，常被误诊为慢性疼痛性疾病，感觉症状可累及踝部、膝部或整个下肢，近一半患者可累及上肢。

4. 80%以上的 RLS 患者出现睡眠周期性肢体运动(periodic limb movements in sleep，PLMS)，表现为睡眠时节律性重复出现刻板典型的大足趾背屈、距骨小腿关节(踝关节)背屈，有时表现为膝关节或踝关节屈曲。PLMS 指数(睡眠中每小时 PLM 的发作次数)>5 往往被认为是诊断 PLMS 的客观指标。

5. 由于夜间不适感明显，加之 PLMS 影响睡眠，95%的患者合并睡眠障碍。

【诊断及鉴别诊断】

(一) 诊断标准

根据 ICSD-2 提供的诊断标准，需符合以下 5 项：

1. 患者有强烈下肢活动欲望，常伴随下肢不适或不愉快的感觉。

2. 活动欲望或不愉快的感觉，在静息或不活动，如躺着或者坐着时出现或者加重。

3. 活动欲望或不愉快感，在运动（走动、伸展或持续活动）后部分或全部缓解。

4. 傍晚和夜晚，活动欲望及不愉快感觉加重，或只在傍晚或夜晚发生。

5. 不能被其他现存睡眠障碍、内科疾病、神经病变、药物或物质使用更好地解释。

（二）支持性临床特征

1. 家族史　50%～60%有家族病史。

2. 对多巴胺能药物的反应　所有RLS患者，至少最初使用左旋多巴或左旋多巴胺受体激动药治疗是有效的。

3. 周期性肢体运动（清醒或睡眠状态）。

（三）鉴别诊断

RLS应注意与周期性肢体运动障碍、睡眠痉挛、神经病变、体位性不适、抗神经病药静坐不能相鉴别。

1. 周期性肢体运动障碍　指周期性肢体运动（PLM）导致的临床睡眠紊乱（睡眠维持困难性失眠、白天嗜睡或疲劳），且临床症状不能用其他原发性睡眠疾病更好地解释。

2. 睡眠痉挛　通常是睡眠起始阶段单发的全身痉挛，无异常感觉。

3. 神经病变　可表现为下肢或足部疼痛和（或）烧灼感，常伴有神经系统检查异常，无活动欲望。神经病变疼痛通常不能通过活动或揉搓减轻。疼痛症状白天明显，夜间可能加重。RLS与神经病变可并存。

4. 体位性不适　是为了减轻卧床期间神经受压、肢体血流受限或组织牵拉造成不适所引起的体动。体位性不适也可以表现为疼痛，随体位变动而改善。

5. 抗神经病药静坐不能　是一组不由自主的运动，而不是感觉异常，特征为不自在的面部或者四肢运动（如身体摇摆），原地踏步，或四肢运动，但在夜间或休息时不会加重。有规律抗神经病药物（吩噻嗪）和其他多巴胺阻滞药（甲氧氯普胺）药物使用史。

【辅助检查】

1. 血液化验　肾功能、甲状腺功能、血清铁水平、总血清铁结合力、转铁蛋白饱和度及铁蛋白水平，其中铁蛋白是最有意义的单一检测项目。

2. 多导睡眠监测（PSG）　是目前唯一有效的客观指标，80%～90%RLS患者PSG可见睡眠周期性肢体运动（PLMS），且PLMS指数>5。

【治疗】

1. 非药物治疗　对于轻度和间歇发作的不安腿综合征患者，非药物治疗可能有效，这些治疗包括四肢伸展、四肢冷疗或热疗法（温水浴）及避免饮酒或咖啡因。如果铁储备不足，补充铁剂可改善RLS症状。

2. 多巴胺能药物

(1) 左旋多巴（LD）类药物：睡前50～100mg口服能够明显改善症状，减少周期性肢动，减少夜间觉醒次数而提高睡眠质量，减少白天困倦感。该类药非常有效且起效快，但作用时间短，仅于服药后3～4小时内有效，可能清晨存在症状反跳；连续使

用,特别是大剂量(大于 200mg/d),常常导致症状恶化。

(2) 多巴胺受体激动药(DA):此类药有更长的清除半衰期,效果较好,且不需要夜间重复给药。非麦角胺类 DA 普拉克索和罗匹尼罗(ropinirole)可用于中、重度 RLS 的治疗。这 2 种药起效慢,需在症状出现前 2 小时服药,从小剂量起始服用(普拉克索 0.125mg,罗匹尼罗 0.25mg),最大剂量普拉克索 1.5mg/d,罗匹尼洛 4.0mg/d,分 2~3 次服用。

3. 抗惊厥药物　推荐使用加巴喷丁,可以作为疼痛相关性 RLS 的首选,起始 300mg,有效剂量可能需要 900~1500mg。

4. 苯二氮䓬类　可以用于轻度与失眠有关的 RLS,或与其他药物合用,氯硝西泮起始剂量 0.25mg,有效剂量 0.25~1mg,最大剂量 2mg/d。

5. 阿片类药物　适用于用药剂量较大或不能耐受多巴胺受体激动药的患者。常规剂量为曲马多 50~100mg,羟考酮 5~15mg,美沙酮 5~15mg。

6. 其他药物　包括可乐定、烟酸肌醇酯、潘生丁或尼莫地平等血管扩张剂也曾被用于治疗 RLS,对某些患者也有效。

7. 中医治疗　本病在中医学中属"虚劳"范畴,基本病机为五脏气、血、阴、阳亏虚。主要有心气、血、阴、阳虚;肝血、阴虚;脾气、阳虚;肺气、阴虚;肾气、阴、阳虚等证。分别予辨证治疗。

【预后】

目前现代医学尚无治疗不安腿综合征的特效疗法,一般都是扩张血管、镇静安眠类的药物,只是对症治疗,时间长易产生耐药性,故预后不良。部分患者症状可以减轻或消失数年,多数患者症状会持续终身,但是可以通过治疗获得缓解,也有许多患者症状加重甚至引起病情恶化、反跳、药物耐受等并发症。

知识链接

RLS 的病因

RLS 病因尚不十分明确,多数学者认为,本病是由于局部组织血液循环障碍导致组织缺氧及代谢产物蓄积,使末梢神经感觉障碍或自主神经功能失调而成,如见于神经紧张、焦虑、抑郁患者。目前临床及实验室研究多提示黑质-纹状体中枢性多巴胺系统功能紊乱导致中枢神经系统正常兴奋抑制失调为其可能的病理机制。

RLS 神经症状原因追溯

有研究运用双拇指对比触诊检查发现:多数 RLS 患者存在不同程度的腰 4/5 或腰 5/骶 1 椎棘间或患侧椎旁深压痛或发胀感。从症状学角度来说,RLS 的发生可能与腰骶部特定部位的骨或软组织结构出现某种程度的损伤,刺激或嵌压了相邻的神经组织有关。神经纤维局部因机械性压迫或局部缺血,可使神经发生脱髓鞘改变,致神经传导功能受损。由于支配下肢的感觉、运动神经来源于腰、骶神经丛,因此腰骶部神经受到损伤或刺激后,所支配的下肢各部位可出现相应的临床症状。

笔记

学习小结

1. 学习内容

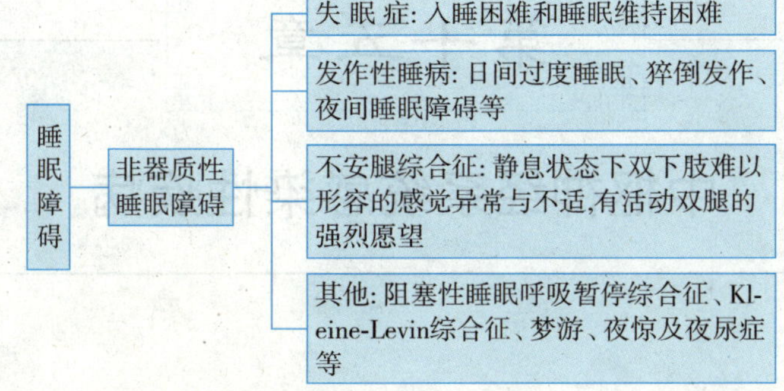

2. 学习方法

复习睡眠的生理,采取归纳方法,寻找睡眠障碍的相关临床表现,通过分析和比较方法,领会常见睡眠障碍如失眠症、多发性睡病、不安腿综合征的病因及发病机制、临床特征、诊断及鉴别诊断。

(陈 理)

复习思考题

1. 失眠症的分类及药物治疗原则是什么?
2. 发作性睡病的临床表现及鉴别诊断有哪些?
3. 不安腿综合征的定义及临床表现是什么?

笔记

第十五章

中枢神经系统感染性疾病

学习目的

学习4类中枢神经系统感染性疾病的感染途径、发病机制、病理、临床表现、诊断要点和治疗原则，为提高中枢神经系统感染疾病的临床诊治水平奠定理论基础。

学习要点

病毒感染、细菌感染以及真菌感染的临床表现、诊断依据及治疗原则。

第一节 概　述

中枢神经系统(central nervous system, CNS)感染是各种生物性病原体侵犯CNS引起的急性或慢性CNS炎症性疾病。可侵犯脑膜，也可侵犯脑实质致脑膜炎或脑炎。感染途径主要有血行感染，直接感染和逆行感染3种。本章将介绍病毒、细菌、真菌和朊病毒所致的CNS感染性疾病。

第二节 病毒感染

引起CNS感染的病毒很多，如单纯疱疹病毒、水痘-带状疱疹病毒、EB病毒、柯萨奇病毒、HIV病毒等。本节主要介绍单纯疱疹病毒性脑炎和脑膜炎。

一、单纯疱疹病毒性脑炎

单纯疱疹病毒性脑炎(Herpes Simplex Virus Encephalitis, HSE)是由单纯疱疹病毒(Herpes simplex virus, HSV)引起的急性CNS炎症，是成人病毒性脑炎中最常见的类型。

【病因及发病机制】

HSV是嗜神经DNA病毒，有HSV-Ⅰ和HSV-Ⅱ两型。90%由HSV-Ⅰ引起，HSV-Ⅰ可潜伏在三叉神经半月节和颈上神经节，当机体免疫功能降低时，潜伏的病毒被激活增殖，沿三叉神经或其他神经轴突进入脑内发生脑炎。6%～15%由HSV-Ⅱ所致，原发感染主要在生殖系统，成人通过性传播经血行入脑，新生儿在分娩过程中接触母体产道内含病毒分泌物感染。

笔记

【病理】

HSE 病理改变大致分两期。早期炎症水肿期，为不对称性的额、颞叶炎症反应和水肿。晚期出血坏死期，为额、颞叶出血、坏死。镜下见病灶边缘的细胞核内嗜酸性 Cowdry A 型包涵体是本病最具特征的病理改变。

【临床表现】

HSV-Ⅰ脑炎多见于成人。急性起病，1/4 患者有口唇疱疹史，发热、肌痛、头痛、恶心、呕吐等前驱症状。早期多表现为精神行为异常，还可出现脑实质受损的局灶症状，如失语、偏瘫、共济失调等。HSV-Ⅱ脑炎多见于新生儿。多急性暴发起病，出现广泛的内脏坏死而脑炎症状不突出。

【辅助检查】

1. 血细胞分析　白细胞及中性粒细胞增高，血沉增快；做血清病毒抗原、抗体检查可有阳性发现。

2. 脑脊液检查　压力正常或轻中度增高；白细胞增加（50～500）×10^6/L，以淋巴或单核细胞增高为主；蛋白轻至中度增高，一般低于 1.5g/L；糖和氯化物正常；病毒抗原、抗体检查可有阳性发现。

3. 脑电图　常表现为弥漫性高波幅慢波，伴有局灶性尖波或棘慢波周期性发放，以颞、额区异常明显。

4. 神经影像学检查　颅脑 CT 多在起病后 6～7 天才显示额、颞叶边界不清的低密度区，可混杂高密度出血影。头颅 MRI 早期可发现额、颞区异常信号。

5. HSV 抗原或特异性抗体测定　抗体检测多在病毒感染 2 周左右进行。

【诊断及鉴别诊断】

1. 诊断要点　下述前五项改变即可诊断，后两项异常更支持诊断：①有口唇或生殖器疱疹史，发热、咳嗽等上呼吸道感染前驱症状；②起病急，高热等感染征象突出；③脑实质损害表现；④脑脊液常规检查符合病毒感染特点；⑤脑电图提示有局灶性慢波及癫痫样放电；⑥头颅影像学显示额、颞叶软化灶；⑦血清或脑脊液病毒抗原、抗体检查有阳性发现。

2. 鉴别诊断

（1）其他病毒性脑炎及非病毒性脑炎：包括乙型病毒脑炎、麻疹病毒脑炎、化脓性脑炎、结核性脑炎、自身免疫性脑炎等。除从临床特点上区分外，主要依靠脑脊液特征性改变，血清或脑脊液病毒抗原、抗体检查。

（2）脑脓肿：除颅内脓肿外尚有身体其他部位存在化脓性病灶，增强后的脑 CT 显示特征性的脓肿腔。

（3）急性炎性脱髓鞘性脑病：影像学可发现与脑室关系密切的脑白质脱髓鞘病灶，而 HSE 主要病变在灰质。

【治疗】

治疗原则：尽早抗病毒，减轻炎症反应、降颅压、防止并发症。

1. 抗病毒治疗　首选阿昔洛韦，10～15mg/(kg·d)，1 次/8h 静滴，连用 14～21 天。主要副作用是骨髓抑制和肾脏损害，停药后多可恢复。

2. 免疫治疗　干扰素具有广谱抗病毒活性。α-干扰素肌注 60×10^6IU/d，连用 30 天。β-干扰素可全身用药和鞘内注射。肾上腺皮质激素酌情使用可以改善病毒引起的变态反应性脑损害。

3. 对症治疗　脑水肿、颅内高压者可用甘露醇、地塞米松等脱水治疗；对于高热、抽搐、精神错乱、躁动不安等，分别予降温、抗痉、镇静等处理。

4. 中医药治疗　中医学将本病分为温热毒邪，侵袭卫表，气营两燔，热盛动风，痰气瘀结等证型。治疗上针对不同证型分别用银翘散加减、清瘟败毒饮加减、羚角钩藤饮加减、温胆汤加减等治疗。

知识链接

自身免疫性脑炎

近年来日益受到重视的自身免疫性脑炎（AE）泛指一大类由于免疫系统针对中枢神经系统抗原产生反应而导致的疾病，以急性或亚急性发作的癫痫、认知障碍及精神症状为主要临床特点。随着神经免疫学及自身抗体血清学检测技术的进步，以前许多考虑为病毒性脑炎的患者可以明确诊断为 AE。尤其在国外研究中，做为 AE 一个亚型的抗 NMDA 受体脑炎发病率远高于单纯疱疹病毒、西尼罗病毒以及水疱-带状疱疹病毒所致的脑炎，是确诊脑炎的第 1 位病因，但国内尚缺乏相关流行病学资料。

【预后】

及早治疗，存活率可达 70% 以上，不治疗病死率达 80%。存活者中尚有 30% 左右遗留神经系统后遗症。

二、病毒性脑膜炎

病毒性脑膜炎（viral meningitis）是由各种病毒感染引起的自限性软脑膜弥漫性炎症。多急性起病，以发热、头痛、脑膜刺激征为主要临床表现。

【病因及发病机制】

能引起脑膜炎的病毒有肠道病毒、流行性腮腺炎病毒、HSV、水痘-带状疱疹病毒和 EB 病毒等。最常见感染方式是血源性播散，也可直接从原发灶或从颅骨骨折处波及脑膜。

【病理】

病毒性脑膜炎主要侵犯软脑膜和脑室脉络丛，可见少许淋巴细胞浸润，血管充血，很少累及血管壁，一般不伴有脑实质改变。

【临床表现】

各种病毒所引起脑膜炎的临床表现相似，儿童和青少年多见，呈急性或亚急性起病，病程常持续 2 周，表现为发热、头痛、恶心、呕吐、全身乏力，脑膜刺激征阳性，不伴有脑、脊髓损伤。

【辅助检查】

1. 脑脊液检查　基本同 HSE 脑脊液改变。

2. 血清检查　病毒抗原或特异性抗体测定。

3. 影像学检查　颅脑 CT 或 MRI 检查多无阳性发现。

【诊断及鉴别诊断】

根据急性或亚急性起病，发热、头痛、脑膜刺激征阳性及脑脊液特点即可诊断本病，仍需根据脑脊液特点与其他 CNS 感染性疾病鉴别。

【治疗及预后】

本病为自限性疾病。患者需休息，多饮水，对症处理，严重者可使用抗病毒药物。

第三节　细菌感染

一、化脓性脑膜炎

化脓性脑膜炎（purulent meningitis）是由细菌感染引起的脑膜化脓性炎症，为严重的颅内感染性疾病。好发于婴幼儿、儿童和老年人。

【病因及发病机制】

化脓性脑膜炎最常见的致病菌有脑膜炎双球菌、肺炎双球菌和流行性嗜血杆菌等。主要传播途径为血行播散，经肺或椎静脉丛侵入颅内。其次，由附近病灶如中耳炎、乳突炎等向颅内扩散，或因颅脑外伤直接侵入颅内。

【病理】

各种致病菌引起的急性化脓性脑膜炎的基本病理改变是软脑膜炎、脑膜血管充血和炎性细胞浸润。脓性渗出物阻塞蛛网膜颗粒或脑池，影响脑脊液的吸收和循环，可造成交通性或梗阻性脑积水。

【临床表现】

呈暴发性或急性起病；早期表现为畏寒、发热及上呼吸道感染症状；逐渐出现颅内压增高表现，脑膜刺激征阳性，脑实质受累出现意识障碍、偏瘫、失语、精神症状等；脑膜炎双球菌感染可出现皮肤的瘀点状出血或瘀斑。但是，婴幼儿、老年人和免疫功能低下患者可仅有低热、轻度行为改变和轻微的脑膜炎体征。

【辅助检查】

1. 血细胞分析　急性期白细胞增多，中性粒细胞占 80% ~90%；血沉增快。

2. 脑脊液检查　压力增高，外观混浊或呈脓性，白细胞数增多（100 ~2000）$\times 10^6$/L，以中性粒细胞为主，蛋白增高，糖和氯化物降低；细菌涂片或培养可检出病原菌。

3. 影像学检查　进展期 CT 扫描可见基底池、脉络丛、半球沟裂密度增高；增强扫描可见脑膜呈带状或脑回状强化。后期 MRI 可见硬脑膜下积液、脑脓肿、脑室扩大等。

【诊断及鉴别诊断】

1. 诊断要点　①有局灶或全身化脓性感染的病史；②急性起病，以发热、头痛、呕吐、意识障碍、抽搐为主要临床表现，可伴有神经系统局灶症状；③脑脊液符合细菌感染的特点，细菌涂片和培养可检出病原菌。

2. 鉴别诊断　本病应根据脑脊液及影像学检查等与病毒性脑膜炎、结核性脑膜炎和真菌性脑膜炎相鉴别，同时还要注意与其他病因引起的昏迷相鉴别。

【治疗】

化脓性脑膜炎的治疗首先是针对病原菌选取足量敏感的抗生素，并防治感染性休克，维持血压、防止脑疝。

1. 抗菌治疗　病原菌未明确的应根据经验选用广谱抗生素。如果经验用药3天以上仍无缓解，应重新评估并及时更换抗生素治疗。如病原菌明确了，应立即根据病原菌选用敏感抗生素。

2. 激素治疗　暴发感染的成人，伴有严重菌血症及急性肾功能不全，可在抗菌治疗同时适当加用皮质类固醇激素，如地塞米松10～20mg/d，静滴3～5天。

3. 对症治疗　酌情给予脱水、降温、止痛及预防并发症等。合并颅内脓肿者，必要时行立体定向脓肿抽吸术或短期内施行脑室引流。

4. 中医药治疗　中医学认为本病系暑热疫毒之邪引起，由表入里多传变迅速，临床多表现为卫气同病、气营两燔和热陷营血的证候，分别可予银翘散合白虎汤、清瘟解毒饮加减、犀角地黄汤加减等治疗。

【预后】

由于抗生素的广泛应用，多数化脓性脑膜炎预后良好，但如治疗不及时，少数可留有脑积水、眼肌麻痹等后遗症。

二、结核性脑膜炎

结核性脑膜炎（Tuberculous meningitis，TBM）是由结核分枝杆菌引起的软脑膜和脊髓膜的慢性纤维素性渗出性炎症，常继发于体内其他器官结核病后。其发病率呈全球上升趋势。

【病因及发病机制】

结核性脑膜炎大多由人型结核分枝杆菌感染所致，少数为牛型结核分枝杆菌感染。主要感染途径为血行播散或血行经脉络膜丛播散到脑脊髓膜；也可是脊柱结核病灶直接蔓延至软脑膜，形成结核性脑脊髓膜炎。患者多在免疫功能低下或发生变态反应时感染结核杆菌或体内潜伏的结核菌重新激活所致。

【病理】

结核性脑膜炎主要侵犯颅底软脑膜，有时累及脑神经，出现神经麻痹。病变性质为慢性纤维素性渗出性炎症，可侵犯血管，形成结核性血管内膜炎或血管炎，致使管腔狭小，甚或导致脑梗死。

【临床表现】

儿童及青壮年发病较多。起病隐袭，病程缓慢，初期表现为低热、食欲减退、恶心、乏力等结核中毒症状。数日后可出现颅内高压、脑膜刺激征、脑实质、脑神经损害等神经系统症状。脑神经损害以动眼神经、展神经、面神经和视神经受损为主，主要是颅内炎性渗出物的侵蚀、粘连所致。

【辅助检查】

1. 脑脊液检查　压力增高，外观多微黄，放置后表面可形成薄膜。细胞数增高（50～500）$\times 10^6$/L，以淋巴细胞为主，蛋白增高，糖和氯化物减低。抗酸染色可发现结

笔记

核分枝杆菌。

2. 影像学检查　颅脑 CT、MRI 可显示脑基底池渗出及脑实质病变，也可出现结核球、脑积水所致的脑室扩大，以及血管病变所致的脑梗死病灶。

【诊断及鉴别诊断】

1. 诊断要点　密切的结核接触史或身体其他部位有结核灶，出现上述临床表现，脑脊液检查有结核特征性改变或涂片发现结核杆菌即可确诊。通常仅 45% ~70% 患者脑脊液结核杆菌培养呈阳性，且阳性结果 6 ~8 周后才出现。

2. 鉴别诊断　应与化脓性脑膜炎、新型隐球菌性脑膜炎等颅内感染及脑膜癌病鉴别。

【治疗】

遵循早期用药、合理选药、联合用药、系统治疗的原则。治疗过程应定期复查脑脊液以监测抗结核药物疗效。

1. 抗结核药物治疗　异烟肼、利福平、吡嗪酰胺、链霉素和乙胺丁醇等是抗结核最有效的一线药物（表 15-1）。治疗一般主张至少选择 3 种药物联合治疗，总疗程 9 ~12 个月。合并蛛网膜下腔粘连者或病情顽固者，在全身用药的基础上，可联合地塞米松鞘内注射。在用药过程中应注意药物的副作用，如肝功能损伤、前庭神经损伤、视力下降等。

表 15-1　抗结核主要一线药物用法

药物	儿童每日用量（mg/kg）	成人日常用量（mg）	每日给药次数	用药途径	药理作用机制
异烟肼	10 ~20	600，qd	1	静脉/口服	细胞内外杀菌
利福平	10 ~20	450 ~600，qd	1	口服	细胞内外杀菌
吡嗪酰胺	20 ~30	750，bid	3	口服	细胞内杀菌
链霉素	20 ~30	750，qd	1	肌注	细胞外杀菌
乙胺丁醇	15 ~20	750，qd	1	口服	抑菌药

2. 激素　对中毒症状明显，高热持续不退，有蛛网膜下腔粘连者，在充分抗结核基础上可给予激素治疗，减少并发症、提高存活率。成人常用地塞米松 10 ~20mg/d 或泼尼松 1mg/（kg · d）静脉滴注。

3. 对症治疗　加强营养，增强抵抗力；有颅内高压者给予甘露醇、呋塞米等脱水治疗。

4. 中医药治疗　中医认为本病因感受时邪，入里化火、生痰、生风所致。主要分为痰火闭窍、瘀阻脑络、阴虚风动、气阴两虚等证型，分别从清热化痰开窍、活血化瘀通络、滋阴息风、益气养阴等方面着手治疗。

【预后】

本病预后取决于病情的轻重、治疗是否及时和彻底。25% 患者遗留或多或少的神经系统并发症，婴幼儿及老年人一般预后较差。

笔记

第四节　真菌感染

引起颅内感染的真菌有新型隐球菌、白色念珠菌、毛霉菌、头孢菌等。本节重点介绍最常见的新型隐球菌感染所致的新型隐球菌脑膜炎(cryptococcus meningitis)。

【病因及发病机制】

隐球菌是一种土壤真菌,含有病菌的尘土是人类感染新型隐球菌主要传染源。致病菌从呼吸道侵入人体,先在肺部形成胶冻样结节病灶。当机体免疫力下降,经血行播散进入CNS,在脑膜和脑实质内大量增殖,形成炎性肉芽肿。

【病理】

肉眼可见脑肿胀、脑膜充血并广泛增厚;蛛网膜下腔可见胶冻状渗出物;沿脑沟或脑池可见小肉芽肿或小脓肿,偶有脑深部组织较大的肉芽肿或囊肿。镜下见脑膜有炎性渗出物,以淋巴细胞和单核细胞浸润为主。

【临床表现】

多隐袭起病,病程迁延,也有少数急性起病,部分患者出现反复发作。早期有不规则低热,或表现为轻度间歇性头痛,而后逐渐加重,出现高颅压、脑膜刺激征,长期高颅压可出现多脑神经损害。病情进展较快的患者可很快出现意识障碍。

【辅助检查】

1. 脑脊液检查　压力增高,多在200mmH_2O以上。细胞数增加(10~500)×10^6/L,以淋巴细胞为主,蛋白轻或中度增加,糖和氯化物降低。脑脊液墨汁染色可发现新型隐球菌。

2. 影像学检查　颅脑CT或MRI检查可见脑积水及脑内肉芽肿。但是约半数患者头颅CT可完全正常。

【诊断及鉴别诊断】

1. 诊断要点　根据亚急性起病,临床以脑膜炎表现为特征,脑脊液有特征性改变,影像学发现有脑膜增强反应和脑实质内的局限性炎性病灶。近期有接受大剂量激素治疗、免疫功能低下、恶性肿瘤等病史,临床需考虑隐球菌性脑膜炎。但确切诊断必须依靠脑脊液涂片或培养找到新型隐球菌。

2. 鉴别诊断　隐球菌性脑膜炎需与其他颅内感染性疾病鉴别。与隐球菌性脑膜炎最易混淆的是结核性脑膜炎,只有通过脑脊液病原学检查结果才能最后确诊。

【治疗】

1. 抗真菌治疗

(1) 两性霉素B:首选。首次小剂量、逐渐加量至维持剂量。静滴首剂1mg/d,每日以2~5mg递增,最大剂量可达1mg/(kg·d)。副作用大,如肾功能损害、静脉炎和血小板减少等。

(2) 氟康唑:为广谱抗真菌药,不良反应发生率低,毒性较低,易透过血-脑屏障,但不宜与两性霉素B合用。首剂400mg/d,以后每日200~400mg,分两次静滴。脑脊液培养转阴后,继续治疗8~10周。

(3) 5-氟胞嘧啶:与两性霉素B合用时具有协同作用,减少两性霉素B用量。副作用为食欲下降、恶心、白细胞与血小板减少、皮疹、肾功能损害。口服和静脉用量为每日50～150mg/kg，分3～4次口服或2～3次静滴。

2. 对症治疗　脱水降颅压、止痛、保护视神经和防止脑疝发生、全身营养支持是最重要的对症治疗。当药物不能控制颅内高压时，应考虑手术治疗。大剂量脱水治疗时应注意保持水、电解质平衡。

3. 中医药治疗　本病的病因病机是感受外邪，湿热邪毒郁滞，气机不畅，正邪相搏，上扰清窍，或肝肾阴虚，虚风内动所致。可予藿朴夏苓汤加减，以化湿宣表。

【预后】

40%患者遗留不同程度的神经系统后遗症。免疫功能低下患者死亡率达50%以上。预后不良的主要原因有延误治疗，伴有慢性或严重基础疾病。

第五节　朊蛋白病

朊蛋白病（Prion disease）是由异常朊蛋白（PrP^{SC}）所致的一种人畜共患的CNS慢性非炎性致死性疾病。

【病因及发病机制】

朊蛋白是一种特殊的具有传染性的蛋白。健康人CNS细胞表面也存在朊蛋白，称为PrP^{C}，是保持神经系统信息传递不可缺少的物质。朊蛋白病发病的关键机制是宿主正常的、能被蛋白酶水解的PrP^{C}转变成异常的不能被蛋白酶水解的致病性朊蛋白PrP^{SC}，并沉积于脑。人类朊蛋白病因有两个方面：一方面为外源性朊蛋白的感染，主要为携带朊蛋白的动物和少数的医源性感染；另一方面为遗传的朊蛋白基因突变引起。

【治疗和预后】

该类疾病西医无有效治疗，可对症处治，死亡率100%。中医将该病分为气虚血瘀、痰浊阻络、阴虚风动等症型，据报道补阳还五汤加减、定痫丸加减、镇肝熄风汤加减对该病有一定控制作用。

一、克-雅病

克-雅病（Creutzfeldt-Jakob disease，CJD）是人类最常见的朊蛋白病，表现为精神障碍、痴呆、帕金森样表现、共济失调、肌阵挛、肌萎缩等慢性、进展性疾病，又称为皮质-纹状体-脊髓变性。

【病理】

以大脑神经细胞脱失、星形胶质细胞增生、灰质海绵状变性为主要改变。主要分布在大脑皮质、纹状体、丘脑、脑干上段和小脑分子层神经细胞的树突。

【临床表现】

本病多散发，家族遗传性约15%，部分为医源性。好发于50～70岁人群。临床表现分为3期：①初期，以精神和智力障碍为主。如乏力、注意力不集中、失眠、记忆困难等。②中期，大脑皮质、锥体外系、锥体束及小脑受损的症状交替出现，约2/3出现肌阵挛。③晚期，尿失禁、无动性缄默或去皮质强直。

【辅助检查】

1. 血、脑脊液检查　血细胞分析、脑脊液常规、生化检查均正常。

2. 脑电图　疾病早期脑电图可正常，中期以后90%患者出现弥漫性慢波，伴有典

型的周期性每秒1～2次的三相波。

3. PrP免疫检测　血液、脑脊液或脑组织行免疫组织化学检测都可检出PrP。脑脊液中14-3-3蛋白免疫测定也是诊断CJD的一个客观指标,总敏感度为96%,特异性为80%。

4. 影像学检查　急性发病或病程较短的CJD,颅脑影像学检查可完全正常。病程较长的CJD可发现不同程度的脑萎缩,严重者伴有脑室扩大。

【诊断】

诊断要点:①进行性痴呆;②典型脑电图表现,即1～2次/秒的典型三相波;③至少有以下两种以上的症状表现:肌阵挛、视觉障碍、小脑性共济失调、锥体束征或锥体外系征、无动性缄默;④特征性神经病理改变;⑤免疫学检测PrP阳性。具备以上5条即可确诊,只具备前3条很可能为CJD,如果一级亲属中已有CJD患者则为家族性CJD,否则为散发性或医源性CJD。

二、其他人类朊蛋白病

其他已明确的人类朊蛋白病,包括三种:Gerstmann-Straussler-Scheinker病、致死性家族性失眠症和Kuru病,其中Kuru病已经绝迹,不作介绍。

(一) Gerstmann-Straussler-Scheinker病

Gerstmann-Straussler-Scheinker病(GSS)是一种罕见的以慢性进行性小脑共济失调、构音障碍和痴呆为主要表现的常染色体显性遗传朊蛋白病。

【病理】

肉眼可见小脑萎缩。病理为大脑弥漫性形态多样的PrP淀粉样蛋白斑块。

【临床表现】

平均发病年龄45岁。以小脑共济失调、锥体束征和痴呆为主要临床表现。病情进展缓慢,病程长,平均可持续5年左右。

【辅助检查】

有价值的辅助检查主要是脑电图,在疾病晚期可出现与CJD相似的特征性改变,即在慢波背景上出现1～2Hz周期性棘波、尖波或三相波。此外,晚期颅脑CT和MRI可表现出小脑、脑桥、延髓病变。

【诊断】

诊断要点:有家族史情况下,出现进行性小脑性共济失调,锥体束征,痴呆发生较晚或不明显,结合脑电图特征性三相波,肌电图可检查出腰骶肌群呈神经源性损害,而上肢正常即可诊断本病。

(二) 致死性家族性失眠症

致死性家族性失眠症(Fatal familial insomnia,FFI)是一种常染色体显性遗传性朊蛋白病,为进行性、致死性的中枢神经系统变性。临床表现为顽固性的失眠、自主神经功能及随意运动障碍。脑电图可有特殊表现,即睡眠期脑电图出现梭形波,快速眼运动相异常;觉醒期脑电图表现为进行性扁平背景活动。本病无特殊治疗,平均存活时间为14个月。

学习小结

1. 学习内容

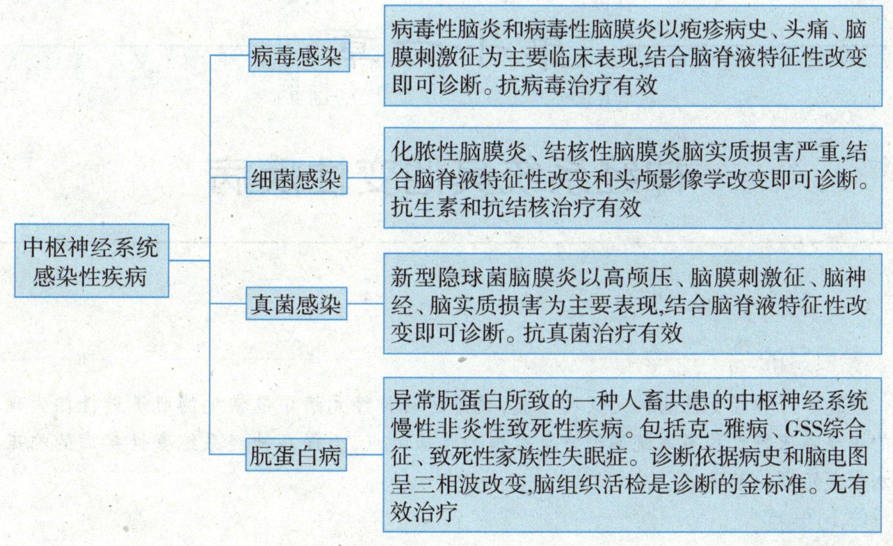

2. 学习方法

学习中枢神经系统感染性疾病的病因、传播途径、发病机制及病理改变,比较并归纳各种感染的临床特征、脑脊液及脑电图特征性改变、治疗和预后。

（陈　蕾）

复习思考题

1. 单纯疱疹性病毒性脑炎(HSE)的主要临床表现是什么?
2. 老年人结核性脑膜炎有哪些特点?
3. 何谓朊蛋白病?其特征性病理改变是什么?

笔记

第十六章

神经系统其他变性疾病

学习目的

通过学习神经变性病的定义和分类，熟悉运动神经元病中最常见的肌萎缩性侧索硬化型的主要临床特点和多系统萎缩常见类型的临床特点，为提高神经系统变性疾病的临床诊治水平奠定理论基础。

学习要点

神经变性病的定义和分类；运动神经元病肌萎缩性侧索硬化型的主要临床特点；多系统萎缩三个亚型的主要表现。

神经系统变性疾病是遗传性或尚未确定的内源性因素引起的进行性神经细胞变性，导致运动功能障碍、自主神经障碍和认知功能障碍的一类疾病。本组疾病有许多共同点：病理表现为神经元丧失、非特异性组织及细胞反应；临床多为隐袭起病，呈缓慢进展，病程较长，部分病例可有家族遗传史，无有效的治疗方法。

神经系统变性疾病种类较多，主要有认知障碍性疾病如阿尔茨海默病、路易体痴呆、额颞叶痴呆等，运动障碍性疾病如帕金森病、运动神经元病、进行性核上性麻痹、纹状体变性等，多系统变性如多系统萎缩。属于认知障碍性疾病的阿尔茨海默病和运动障碍性疾病的帕金森病请参考专门章节，本章主要叙述运动神经元病和多系统萎缩。

第一节　运动神经元病

运动神经元病（motor neuron disease，MND）是一组病因未明的选择性侵犯脊髓前角细胞、脑干后组运动神经元、皮质锥体细胞及锥体束的慢性进行性神经变性疾病。临床上为上、下运动神经元受损症状体征并存，表现为延髓球神经、肢体、胸部、腹部肌肉进行性无力、萎缩，其他脑功能如动眼神经和括约肌功能一般很少受影响。肌萎缩性侧索硬化（amyotrophic lateral sclerosis，ALS）是临床最常见的运动神经元病类型，呈全球性分布，年发病率约 2/10 万，人群患病率（4～6）/10 万，90% 以上为散发病例。成人 MND 通常在 30～60 岁起病，男性多见。20%～50% 的 MND 患者会发生认知损害，而有 5%～15% 的患者会发生额颞叶型痴呆。MND 患者的死亡原因多为呼吸衰竭，从出现临床症状到死亡的时间平均为 2～4 年，但有 5%～10% 的患者可以生存 10 年或更长。

【病因及发病机制】

5%～10%的患者有遗传性，称为家族性肌萎缩性侧索硬化(familial amyotrophic lateral sclerosis，FALS)，成人型属常染色体显性遗传，青年型为常染色体显性或隐性遗传，临床上与散发病例难以区别。家族性 ALS 患者的平均发病年龄为 43～52 岁，而散发性患者为 58～63 岁。90%以上为散发病例。个人发生 ALS 的风险是 1/350～500，男性、年龄以及遗传倾向是主要的危险因素。目前研究已确定常染色体显性遗传型与铜/锌超氧化物歧化酶(SOD1)基因突变有关，突变基因位于 21 号染色体长臂(21q22.1-22.2)，常染色体隐性遗传型突变基因位于 2q33-q35，但这些基因突变患者仅占 FALS 的 20%，其他 ALS 基因尚待确定。

散发性病例的病因及发病机制不清，尚未发现确切的环境危险因素，可能与下列因素相关：①中毒因素：兴奋性毒性神经递质如谷氨酸盐的摄取减少，可能参与神经元的死亡导致 ALS 发病；②免疫因素：抗甲状腺原抗体、GM1 抗体和 L-型钙通道蛋白抗体等多种抗体可能选择性以运动神经元为靶细胞；③病毒感染：ALS 可能与脊髓灰质炎样病毒性感染有关，但患者的脑脊液、血清及神经组织均未发现病毒或相关抗原及抗体。

【病理】

本病最显著特征是运动神经元选择性死亡，舌下、舌咽、迷走和副神经等最常受累，动眼神经核和骶髓支配膀胱、直肠括约肌的副交感神经元一般不受累。

ALS 病理诊断的标准：运动皮质的大锥体细胞消失，脊髓前角和脑干的运动神经元脱失并出现异常的细胞病理改变，皮质脊髓束变性和脱髓鞘改变。

【临床表现】

临床上根据功能缺损分布(四肢或延髓肌)及性质(上、下运动神经元)。MND 一般分为以下四种类型：

1. 肌萎缩性侧索硬化(amyotrophic lateral sclerosis，ALS) 肌萎缩性侧索硬化是最常见的类型，脊髓前角细胞、脑干后组神经核及锥体束受累，无论最初累及上或下运动神经元，最后均表现肢体和延髓上、下运动神经元损害并存。①多在 40 岁以后发病，男性多于女性；首发症状常为手指运动不灵或力弱，随后大小鱼际肌和蚓状肌等小肌肉萎缩，渐向前臂、上臂及肩胛带肌发展，萎缩肌群出现粗大肌束颤动；伸肌无力较屈肌显著，颈膨大前角细胞严重受损，上肢腱反射消失，双上肢同时或先后相隔数月出现；与此同时或先后出现下肢痉挛性瘫痪、剪刀步态、肌张力增高、腱反射亢进和 Babinski 征阳性等，少数病例从下肢起病，渐渐延及双上肢。②延髓麻痹通常晚期出现，即使脑干功能严重障碍，眼外肌也不影响，不累及括约肌。③可有主观感觉异常如麻木、疼痛等，但即使疾病晚期也无客观感觉障碍。④病程持续进展，最终因呼吸肌麻痹或并发呼吸道感染死亡。本病生存期短者数月，长者 10 余年，平均 3～5 年。

2. 进行性脊肌萎缩(progressive spinal muscular atrophy，PSMA) 仅由脊髓前角细胞变性所致。①发病年龄约 30 岁，稍早于 ALS，男性多见。②隐袭起病，表现肌无力、肌萎缩和肌束震颤等肢体下运动神经元功能缺损症状体征；首发症状常为一手或双手小肌肉萎缩、无力，逐渐累及前臂、上臂和肩胛带肌，远端萎缩明显，肌张力和腱反射减弱，无感觉障碍，括约肌功能不受累。③波及延髓而发生延髓麻痹者存活时间短，常死于肺部感染。

笔记

3. 进行性延髓麻痹(progressive bulbar palsy,PBP)　病变主要侵及延髓和脑桥运动神经核。①多在中年后发病,表现饮水呛咳,吞咽困难,咀嚼、咳嗽和呼吸无力,构音障碍;上腭低垂、咽反射消失、咽部唾液积存、舌肌明显萎缩伴肌束震颤。②皮质延髓束受累出现下颌反射亢进,后期伴强哭强笑,表现真性与假性延髓麻痹并存。③进展较快,预后不良,多在1~3年死于呼吸肌麻痹和肺部感染。

4. 原发性侧索硬化(primary lateral sclerosis,PLS)　极罕见,选择性损害皮质脊髓束,导致肢体上运动神经元功能缺损。①中年或更晚起病,首发症状为双下肢对称的痉挛无力,缓慢进展,逐渐波及双上肢,出现四肢肌张力增高、腱反射亢进及病理征,无肌萎缩,不伴肌束震颤,感觉正常;②皮质延髓束变性出现假性延髓麻痹,伴情绪不稳、强哭强笑;③多为缓慢进行性病程,偶有长期生存报告。

不管最初的起病形式如何,ALS、PSMA、PBP和PLS现在都被认为是相关的疾病。PSMA和PBP通常都会最终进展为ALS。MND是否为单一病因、表型不同的疾病尚不完全清楚,但ALS肯定是其中最为常见和最易识别的表型。

【辅助检查】

1. 神经电生理检查　肌电图呈典型神经源性改变。静息状态下可见纤颤电位、正锐波,有时可见束颤电位;小力收缩时运动单位电位时限增宽、波幅增大、多相波增加,大力收缩呈现单纯相。神经传导速度正常。运动诱发电位有助于确定上运动神经元损害。

2. 肌肉活检　有助于诊断,但无特异性,早期为神经源性肌萎缩,晚期在光镜下与肌源性肌萎缩不易鉴别。

3. 神经影像学检查　CT和MRI可见大脑皮质不同程度的萎缩,40%的ALS患者MRI在T_2加权像上皮质出现高信号。PET可显示患者大脑葡萄糖代谢降低,尤其可见于感觉运动皮质和基底节。

4. 其他　生化、脑脊液检查多无异常,肌酸磷酸激酶(CK)活性可轻度异常。

【诊断及鉴别诊断】

目前,ALS的临床诊断仍主要依靠病史及临床表现,肌电图检查对早期明确诊断非常重要。实验室检查及影像学检查,如MRI,虽不能作为主要诊断依据,但在排除其他潜在可治性疾病的方面非常有用。

经典的ALS诊断标准是El Escorial标准(El Escorial criteria,EEC),此标准最早发表于1994年,1998年经Brooks等人进行了修改,本标准虽有较高的准确性,但经其诊断的病人多处于疾病晚期。鉴于其敏感性较低,De Carvalho等人在2008年对El Escorial标准进行修改(即Awaji标准),此标准强调肌电图结果与临床症状具有同样的诊断价值,修订后的新标准敏感性较前标准有所增加。

上述两个标准均遵循ALS一般性诊断原则A和B:

A:诊断肌萎缩侧索硬化需具备以下特征:①临床、电生理或神经病理检查证实存在下运动神经元变性;②临床检查证实存在上运动神经元变性;③病史或检查证实症状或体征进展加重,可以局限于单个部位,或从一个部位扩展至其他部位。

B:除外以下情况:①电生理或病理检查发现存在可引起上或下运动神经元变性的其他疾病;②神经影像学发现存在可引起临床和电生理异常的其他疾病。

1. 诊断要点　根据中年以后隐袭起病,慢性进行性病程,表现为肌无力、肌萎缩

笔记

和肌束震颤，伴腱反射亢进、病理征等上、下运动神经元受累征象，无感觉障碍，典型神经源性改变肌电图，通常可临床诊断。

EEC 诊断标准在 ALS 一般性诊断原则（A+B）基础上，根据临床特征分为不同的诊断类别，即临床肯定的（definite）、临床很可能的（probable）、临床很可能实验室支持的及临床可能的（possible）。临床确定的（definite）ALS：单纯通过临床症状判断同时存在上、下运动神经元损害表现，涉及延髓+至少 2 个脊髓部位，或存在上下运动神经元损害表现，损害部位涉及 3 个脊髓区域；临床很可能的（probable）ALS：单纯通过临床症状判断同时存在上、下运动神经元损害表现，损害区域涉及至少 2 个部位，同时某些上运动神经元症状高于下运动神经元症状。

2. 鉴别诊断　非典型病例需要与下列疾病相鉴别：

（1）脊肌萎缩（spinal muscular atrophy，SMA）：选择性累及下运动神经元的常染色体隐性遗传病，致病基因定位于 5 号染色体长臂近端运动神经元维存（survival motor neuron，SMN）基因，编码蛋白对穿越核膜的 RNA 复合物形成和运输有重要作用。病变以脊髓前角细胞为主，易误诊为进行性脊肌萎缩（PSMA）。SMA 为遗传性疾病，肌无力和肌萎缩多从四肢近端开始，根据年龄分为婴儿型（SMA-Ⅰ型），慢性儿童型（SMA-Ⅱ型），青少年型（SMA-Ⅲ型）；婴儿型进展较快，青少年型和成年型进展缓慢，可存活 20 年。

（2）脊髓型颈椎病：椎骨骨质增生和椎间盘退行性病变导致脊髓压迫性损伤。发病年龄和临床表现与 MND 相似，呈慢性进行性病程，两者鉴别有时困难。颈椎病肌萎缩局限于上肢，常伴感觉减退，可有括约肌功能障碍，肌束震颤少见，无延髓麻痹；胸锁乳突肌肌电图检查常无异常，ALS 异常率可高达 94%，有助于鉴别。

（3）多灶性运动神经病（multifocal motor neuropathy，MMN）：称多灶性脱髓鞘性运动神经病，是慢性进展的区域性下运动神经元损害，肌无力呈不对称分布，上肢为主，不伴锥体束受损表现，感觉障碍罕见，伴多灶性运动传导阻滞（MCBs）和纤颤波，血清单克隆或多克隆抗神经节苷酯 GM1 抗体滴度升高，静脉注射免疫球蛋白可有戏剧性疗效。MMN 与 PSMA 发病机制和预后不同，鉴别诊断非常重要，阶段运动神经传导测定（inching 技术）是最重要的鉴别手段。

（4）X-连锁脊髓球部肌萎缩病（肯尼迪病）：X-连锁的下运动神经元病，男性中年起病，进行性肢体和球部肌肉无力和萎缩，可伴有男子女性型乳房和生育能力下降，锥体束通常不受累，部分患者有轻微感觉性神经病。本病为 X 染色体上雄性激素受体基因第一个外显子的三核苷酸（CAG）重复序列扩增，从外周血提取 DNA 可以检出，CAG 重复数量与本病发病年龄存在负相关。

（5）脊髓空洞症：见双手小肌肉萎缩、肌束震颤、锥体束征和延髓麻痹等，进展很慢，常见节段性分离性痛温觉缺失，多合并 Arnold-Chiari 畸形等。MRI 可以显示空洞。

（6）良性肌束震颤：常人有时可见广泛粗大的肌束震颤，没有肌无力和肌萎缩，肌电图正常。

【治疗】

MND 的治疗应包括病因治疗、对症治疗和非药物支持治疗。遗憾的是目前本病尚无有效的治疗方法。

1. 病因治疗　利鲁唑（riluzole）是目前唯一经循证医学证据支持的可能对疾病有

笔记

益的病因治疗药物。可通过减少中枢神经系统内谷氨酸释放，减低兴奋性毒性作用，推迟 ALS 患者发生呼吸功能障碍时间及延长存活时间，但不能改善运动功能和肌力。适用于轻中度患者，但价格较昂贵。成人剂量 50mg 口服，2 次/天。

2. 对症治疗　本病患者易产生流涎、束颤、痉挛、疼痛及吞咽困难和营养障碍，最终呼吸衰竭而死亡。故对症治疗对改善患者的生活质量非常重要。如流涎多可给予抗胆碱药如山莨菪碱、阿托品和安坦等；肌痉挛可给予安定、氯苯胺丁酸、氯唑沙宗等；应积极预防肺部感染。支架或扶车可以提高患者运动能力，被动运动和物理疗法可防止肢体挛缩。呼吸肌肌力减弱很容易导致呼吸困难，需要考虑在用力肺活量测量值下降之前使用非侵入性通气治疗。

3. 心理治疗　在意识始终清醒的前提下，从健康者逐渐走向本病的终末期，对每一个患者都是一种精神上和心灵上的巨大挑战，发现和认识与疾病相随的神经心理反应并予以正确的处理，是本病治疗过程中不可分割的组成部分。

4. 支持治疗　对保证患者足够营养和改善全身状况颇为重要。严重吞咽困难需给予半流食，通过胃管鼻饲或经皮胃造瘘术维持正常营养和水分摄入。当患者出现呼吸困难时，呼吸支持可延长患者生命，家庭可以经口或鼻正压通气缓解较年轻患者的高碳酸血症和低氧血症，晚期严重呼吸困难患者需依靠气管切开维持通气。新近发明的可产生人工咳嗽的呼吸装置对患者非常有益，可有效地清理呼吸道，防止吸入性肺炎的发生。

5. 中医药治疗　尽管目前中医药治疗本病还缺乏循证医学证据的支持，但临床实践中，轻中度患者采取中医药、颈项部针刺治疗，在改善症状方面有一定效果，但需要辨证用药、选穴处方。

【预后】

本病在预后方面的高恶性程度，使患者和医师容易对疾病产生消极悲观的态度。然而，虽然当前的治疗还是不充分的，但这些治疗对于改善患者舒适性、功能和安全性是有很大帮助的。

第二节　多系统萎缩

多系统萎缩（multiple system atrophy，MSA）是一组原因不明的散发性成年起病的进行性神经系统变性疾病，主要累及锥体外系、小脑、自主神经、脑干和脊髓等多部位。本病由 Graham 和 Oppenheimer 于 1969 年首先提出，它包括以帕金森病样症状为主的纹状体-黑质变性（striatonigral degeneration，SND）、以小脑症状为主的橄榄体-脑桥-小脑萎缩（olivopontocerebellar atrophy，OPCA）和以自主神经系统的功能障碍为突出表现的 Shy-Drager 综合征（SDS）等三部分。随着本病特征性病理标志物——少突胶质细胞包涵体的发现，每一部分都有特征性临床症状，随着病情发展，各部分由于损害部位不同组合，临床症状可出现交替重叠，最终发展为三个系统全部受损的病理和临床表现。最新的流行病学研究表明 40 岁以上人群 MSA 患病率约为 7.8/10 万，其发病平均年龄为 60 岁，约 1/3 的病人最初误诊为特发性帕金森综合征，MSA 的高发病年龄为 52.5 ~55 岁。男女发病率基本持平。

【病因及发病机制】

病因不清。在神经胶质细胞，特别是少突胶质细胞等胞浆内发现包涵体，免疫组

笔记

化研究发现，这些包涵体内含有免疫活性的细胞周期依赖性激酶、有丝分裂原活化蛋白激酶等。少突胶质细胞包涵体在 MSA 的不同亚型中均有发现，具有较强特异性，其分布范围、密度与病变的严重程度呈正相关，它从病理学上证实了 SND、OPCA 和 SDS 综合征是具有不同临床表现的同一组疾病，现已成为确诊 MSA 的病理学指标。此外，MSA 的发病机制还可能与神经元凋亡和酶代谢异常相关。

【病理】

本组疾病共同的病理特征是，中枢神经系统广泛的神经元萎缩、变性、脱失及反应性胶质增生等。MSA 病变主要分布于小脑 Purkinje 细胞、脑桥核、下橄榄核、尾状核、壳核、苍白球、黑质、蓝斑、前庭核、迷走神经背核、脊髓前角细胞交感及副交感神经核、胸髓中间外侧核等。白质中存在寡树突神经胶质缠结样嗜银包涵体，皮质脊髓束变性及髓鞘脱失，骶髓 Onuf 核严重变性。63% 的 MSA 患者多巴胺受体缺失，小脑型 MSA 可见小脑、脑干萎缩。

此外，在胶质细胞中有 α-突触核蛋白（α-synuclein）的聚集，此蛋白被认为是少突胶质细胞包涵体的主要成分。由于 α-突触核蛋白也是路易体的主要成分，可见于部分帕金森病、路易体痴呆及极少数有成簇路易体聚集的阿尔茨海默病患者，这说明 MSA 与这些变性病之间可能有一定的相关性。但是，少突胶质细胞包涵体的 α-突触核蛋白在大多数阿尔茨海默病和进行性核上性麻痹患者中发现的 tau 蛋白不同，且病理表现缺乏老年斑和神经原纤维缠结，而后两者是阿尔茨海默病的特征性病理改变，所以 MSA 是具有特征性病理改变的一组疾病。

【临床表现】

MSA 临床表型复杂多样，主要包括帕金森综合征（87% ~98%）、以宽步基共济失调性步态为特点的小脑征（36% ~64%）自主神经功能障碍和锥体系统功能损害（30% ~50%）等。临床上，依据主要症状，MSA 可分为三个亚型：MSA-P 型，以帕金森病样症状为主要表现，即以往所称 SND；MSA-C 型，以小脑症状为主要表现，即以往所称 OPCA；MSA-A 型，以自主神经功能障碍为主要表现，即 SDS。

1. MSA-P 型　本型临床较少见。中年起病，男性多见。

主要表现为帕金森病样症状，如进行性肌强直、运动迟缓、步态障碍。震颤很轻或缺如，可有位置性震颤，表现酷似帕金森病，但大部分患者用左旋多巴治疗无效。随着病情发展出现步态不稳、共济失调等小脑体征，以及尿频、尿急、尿失禁、尿潴留、发汗障碍、体位性晕厥和性功能不全等自主神经功能障碍。

CT 显示双侧壳核低密度灶。MRI 显示壳核、苍白球 T_2 低信号，提示铁沉着早期病例可与帕金森病区别。PET 显示壳核和尾状核 ^{18}F-6-fluorodopar 和 ^{11}C-nomifensin 提取较正常减低，而帕金森病这两种显像相对正常。

2. MSA-C 型　本型一般为成年起病，男女均可受累，缓慢进展。以明显的脑桥及小脑萎缩为病理特点，多为散发病例，部分病例呈家族性发病，为常染色体显性遗传，称为家族性 OPCA。

主要表现为小脑症状，如明显步态不稳、基底加宽、眼球震颤和意向性震颤，后期出现肌张力增高、腱反射亢进、巴宾斯基征阳性等锥体束征，波及延髓肌出现吞咽困难、呛咳、构音障碍和舌肌束颤。可见僵直、震颤、运动迟缓等锥体外系症状。可有性功能不良、尿失禁、晕厥，以及视神经萎缩等。

笔记

病程晚期MRI可清晰显示小脑、脑干萎缩，第四脑室和脑池扩大。

3. MSA-A型　本型与节前交感神经元变性有关，即以往所称的SDS。一般中年起病，男性较多，发病隐袭，进展缓慢。

特征性临床表现是进行性自主神经功能异常，常合并帕金森病、小脑性共济失调、锥体束征或下运动神经元体征如肌萎缩等。①体位性低血压，晕厥和一般无心率改变为较常见的先兆症状。早期症状轻，直立时出现头晕、眼花和下肢发软，较重者眩晕、体位不稳，严重者直立即发生晕厥，需要长期卧床。②其他自主神经功能损害，如性欲减退、阳痿等，便秘或顽固性腹泻、尿失禁或尿潴留，局部或全身无汗或汗出不对称，体表温度异常等；颈交感神经麻痹可引起瞳孔不等大、眼睑下垂、虹膜萎缩及霍夫曼征阳性；迷走神经背核受损可引起声音嘶哑、吞咽困难和心跳骤停而猝死。③部分病人可见四肢肌强直、动作减少、行动迟缓等类帕金森病表现；眼球震颤、构音困难和共济失调等小脑症状；病理征及假延髓球麻痹等锥体束损害的症状体征。

【辅助检查】

1. 卧立位血压检测　需对可疑MSA的患者常规行卧立位血压检测，分别测量平卧位及由卧位站起后不同时间的血压，同时测量心率变化，卧位时血压正常，站立时血压下降20～40mmHg或以上而心率无明显变化者为阳性。

2. 神经电生理检查　肛门括约肌肌电图能反映Onuf核的变化，不论分型、分期是否有泌尿及肛门直肠功能异常，均可有较高的阳性率，有助于本病的早期诊断。此外，多导睡眠仪（PSG）在几乎所有的患者中可检测到REM睡眠行为异常。

3. 影像学检查　MRI显示的主要异常征象有：①幕下结构的异常，表现为脑干形态变细，小脑体积变小，沟裂增宽加深，半球小叶变细变直呈枯树枝状。脑池和脑室扩大，脑桥小脑中角以及小脑T_2WI对称高信号。“十字征”是T_2WI上脑桥十字形异常高信号影（图16-1），对MSA-C的诊断有重要意义；②基底节的异常，表现为壳核萎缩、壳核背外缘T_2WI低信号或外侧缘缝隙样高信号，这种“壳核裂隙征”改变多不对称，临床上有助于早期诊断，特别是MSA-P的诊断。

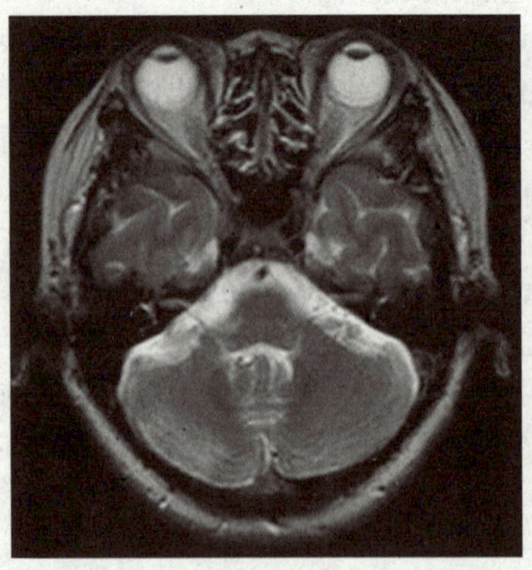

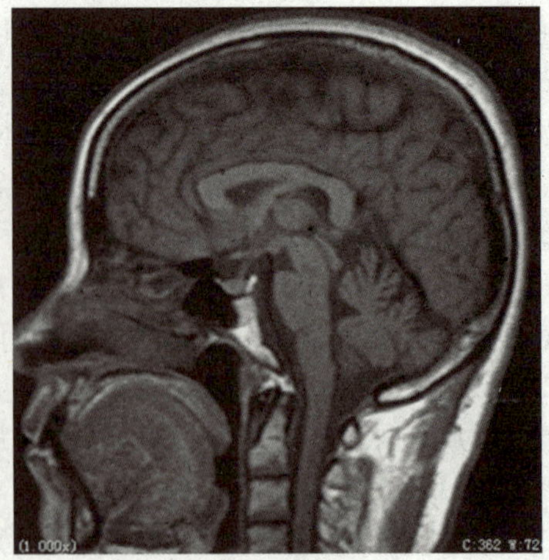

图16-1　一例55岁女性MSA-C患者T_2加权像

左图显示脑桥部位的“十字征”，右图显示小脑蚓部萎缩

笔记

至少20%的MSA患者可以有上述MRI表现。PET也可发现中枢神经系统纹状体、黑质、橄榄、脑桥和小脑等多处代谢降低。

4. 量表评估　目前评估本病严重程度和检测病情变化多采用欧洲MSA研究组于2004年建立的“统一多系统萎缩评估量表(unified MSA rating scale, UMSARS)”，此量表不仅有助于对患者进行及时准确的诊断和病情监测，而且其量化指标也使多中心研究成为可能，为神经保护干预治疗临床试验提供了较为可靠的评估手段。

【诊断及鉴别诊断】

1. 诊断要点　目前世界范围内应用最多的诊断标准是2008年由美国学者Gilman等组织制定的MSA诊断标准，尸检病理研究证实，本标准具有很高的早期诊断价值及临床诊断准确性。Gilman诊断标准提出MSA有4组临床特征，包括：

(1) 自主神经功能障碍：表现为体位性低血压(收缩压下降30mmHg或舒张压下降15mmHg)和(或)小便失禁(持续的不自觉部分或全部膀胱排空，伴男性勃起功能障碍)。

(2) 帕金森病样症状：表现为运动减少，加上强直、姿势不稳或位置和(或)静止性震颤3项中至少1项。

(3) 小脑性共济失调：表现为小脑性共济失调性步态，加上共济失调性构音障碍、肢体性共济失调或持续侧视诱发的眼震3项中至少1项。

(4) 锥体束功能障碍：表现为巴氏征阳性、腱反射亢进。

依据上述4种临床特征，MSA的诊断标准如下：

(1) 可能的多系统萎缩(possible MSA)：有一组临床特征加上另外两个分属不同系统的体征，但如果该临床特征为帕金森病样症状，对左旋多巴反应差可当作一个体征，即只需附加一个体征。

(2) 很可能的多系统萎缩(probable MSA)：第一组临床特征加上对多巴胺反应差的帕金森病样症状或小脑性共济失调。

(3) 确定的多系统萎缩(definite MSA)：需神经病理学检查证实存在广泛分布的异常折叠的α突触核蛋白(alpha-synuclein, α-Syn)阳性的寡树突胶质细胞包涵体。

2. 鉴别诊断

(1) 老年性体位性低血压(senile postural hypotension, SPH)：为单纯的自主神经功能障碍，不伴帕金森病样症状和小脑症状，与老年人血压增高以及老年人对血浆去甲肾上腺素随体位改变的反应增强有关，常由低血容量性、药物性、排尿性等低血压反应诱发。

(2) 帕金森病(Parkinson's disease, PD)：主要由于黑质纹状体系统多巴胺神经细胞脱失引起，临床表现为静止性震颤、僵直、少动。可一侧起病，随后发展至双侧。帕金森病可有自主神经功能不全，但不如MSA严重，且多巴胺类制剂对其有较好疗效。MSA虽有帕金森病样症状，但以僵直为主而少有震颤，临床上有时区分困难。

(3)进行性核上性麻痹(progressive supranuclear palsy, PSP)：有类似帕金森病样症状，表现步态不稳、步距增宽、肢体震颤、语言含糊和吞咽困难，可合并认知功能障碍，对多巴胺类制剂反应较差。但其肌张力障碍主要是轴性增高，有较强特征性的临床表现如站立和行走中身体向后倾倒和双眼垂直性注视麻痹等。MRI检查显示中脑顶盖部和四叠体区明显萎缩，可见“蜂鸟征”(图16-2)。

笔记

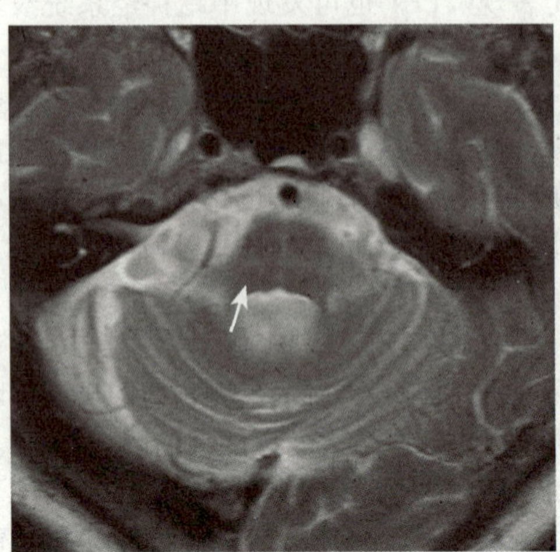
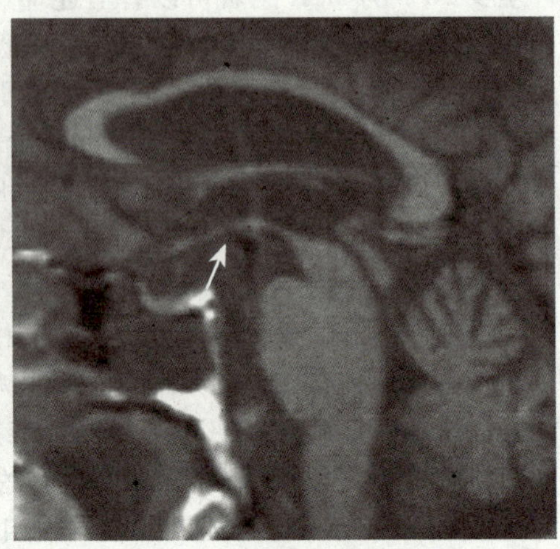

图16-2　一例54岁男性MSA-C型患者MRI的冠状位T_2加权像和一例70岁女性PSP患者MRI矢状位T_2加权像

左图显示上脑桥的十字形异常高信号影(白色箭头所指),右图显示上橄榄、脑桥、小脑萎缩,呈蜂鸟嘴改变(白色箭头所指)

【治疗】

MSA目前尚无特效疗法,主要以对症治疗、精神护理为主。

1. 帕金森病样运动障碍　尽管患者对左旋多巴反应较差是MSA诊断标准的一条,但至少在疾病的初期其有效性仍可达到40%以上。因此,在未出现反应低下时使用的目标剂量可以达到1g/d;同时,也可给予单胺氧化酶抑制剂或多巴胺受体激动剂,不过疗效同样有限。然而,经常因过度的体位性低血压、恶心或困倦而限制左旋多巴的剂量,甚至需要多潘立酮改善,因此推荐以100mg、每日3次的初始剂量缓慢滴定到目标剂量,即200~250mg,每日1次。偶尔,对多巴胺药物无反应的MSA患者在撤用此类药物后会有显著的、迟发性运动功能恶化,因此,不建议多巴胺药物的快速或完全停药,除非有严重的副作用发生。

2. 自主神经功能障碍　体位性低血压可采取物理手段,如穿紧身衣、弹力袜、腹绷带等,以及适当高盐饮食及多饮水增加血容量。若用药物治疗,可试用α1肾上腺素受体激动剂盐酸米多君(midodrine)口服,可提高患者收缩压,改善因血容量不足引起的头晕及体位性低血压。开始为每次2.5mg,每日2~3次,口服用量酌情增减。

3. 中医药治疗　可以采取辨证施治进行治疗。中医认为,自主神经功能障碍表现的汗出、湿冷、血压低下、阳痿为肾阳亏虚、不能温养所致,行动减少、动作缓慢、肌肉僵硬为肝血亏虚,筋膜失养所致。可选用温补肾阳和滋肝养血中药治疗,如熟地、山茱萸、巴戟天、枸杞、人参、麦冬、五味子等治疗,有一定疗效。

4. 非药物疗法　康复职业疗法,即:通过参加一些工作活动以增进和维持健康、防避病废、评估行为特点、治疗和训练躯体或精神疾病患者的方法。这类疗法被认为可以促进MSA患者的日常生活能力;物理疗法也被证明有利于患者步态及平衡功能的保持。

【预后】

本病一经确诊，多数患者预后不良。其中，泌尿系统感染是本病死亡的主要原因。常于病后7.3~9.3年死亡，在出现运动症状后，80%的患者将在5年内卧床不起，只有20%的患者生存期可超过12年，其平均生存时间为6年。

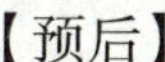

学习小结

1. 学习内容

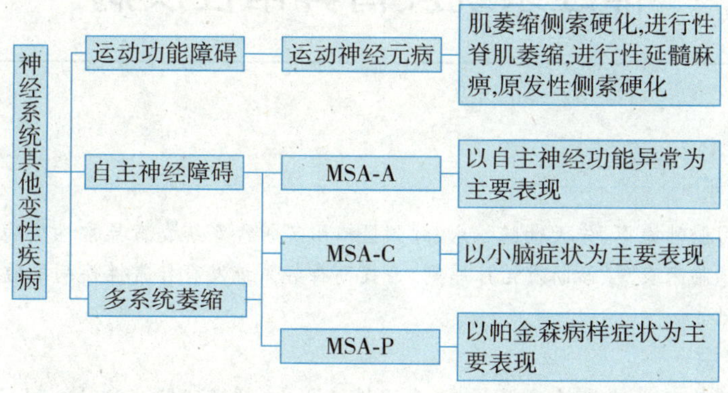

2. 学习方法

通过归纳，掌握所有神经变性病的临床分类及其病理特点。通过分析，熟悉运动神经元病的分类、发病特点和肌萎缩性侧索硬化的主要临床特点。通过比较，认识多系统萎缩三个亚型的临床核心特征，如MSA-P型以帕金森病样症状为主要表现，MSA-C型以小脑症状为主要表现，MSA-A型以自主神经功能障碍为主要表现。通过归纳比较，了解运动神经元病或多系统萎缩目前都尚无特效疗法，少数多系统萎缩患者病初用大剂量美多芭可缓解帕金森病样症状，中医药、针刺疗法治疗自主神经功能障碍有一定的疗效。

（时　晶）

复习思考题

1. 肌萎缩性侧索硬化的主要临床特点是什么？
2. 运动神经元病应与哪些疾病进行鉴别，如何鉴别？
3. 多系统萎缩常见类型的临床特点是什么？

第十七章

神经系统发育异常性疾病

学习目的

通过学习脑性瘫痪、先天性脑积水、颅颈区畸形等神经系统发育异常性疾病的病因及发病机制、病理、临床表现、诊断及治疗原则，为提高神经系统发育异常性疾病的临床诊治水平奠定理论基础。

学习要点

脑性瘫痪的定义、临床表现及治疗；先天性脑积水、颅底凹陷症和 Arnold-Chiari 畸形的定义、临床表现。

第一节 概　述

神经系统发育异常性疾病（developmental diseases of the nervous system）也称神经系统先天性疾病，是指在神经系统发育旺盛的妊娠前 3 个月内，胎儿易受母体内外环境各种致病因素的侵袭，引起神经系统发育障碍、迟滞或缺陷，造成出生后神经组织及其覆盖被膜和颅骨的各种畸形和功能异常。

神经系统发育异常性疾病的病因复杂，可能是在胚胎发育期，母体内外环境各种有害因素（如感染、药物、辐射、躯体疾病、社会心理因素等）对胚胎发育产生了影响，造成胎儿发育异常。

第二节 脑 性 瘫 痪

脑性瘫痪（cerebral palsy）是一组持续存在的中枢性运动和姿势发育障碍、活动受限综合征，是由于发育中的胎儿或婴幼儿脑部非进行性损伤所致。脑性瘫痪常伴有感觉、知觉、认知、交流和行为障碍，以及癫痫和继发性肌肉、骨骼问题。

【病因及发病机制】

病因复杂，可发生在出生前、围生期及出生后。

1. 出生前　胚胎期脑发育异常，孕妇妊娠期间患重症感染、严重营养缺乏等，皆可影响胎儿脑发育，而致永久性脑损害。

2. 围生期　早产、缺氧、颅内出血等均可引起本病。早产为最主要的脑瘫致病因

素，且出生体重愈低，胎龄愈小，发病率则愈高。

3. 出生后　中枢神经系统感染、头部外伤、重症窒息等均可引起脑性瘫痪。

【病理】

最常见为弥漫性不同程度大脑皮质发育不良或萎缩性脑叶硬化，其次为大脑白质局限性硬化和巨大的脑穿通畸形。脑内可有点状或局灶性出血。

【临床表现】

脑性瘫痪临床表现各异，以运动障碍为特征，主要为锥体系统损伤所致，可见不同程度的瘫痪、肌张力增高、腱反射亢进和病理征阳性等。可出现小脑、脑干、脊髓等损伤症状，亦可伴癫痫发作、视听障碍、行为异常及认知障碍等。临床上可分为以下数种类型：

1. 痉挛型脑瘫　占脑瘫患儿的60%～70%，是脑瘫中最常见的一类。主要是以锥体系受损为主，牵张反射亢进是本型的特征。分为痉挛型四肢瘫、痉挛型双瘫、痉挛型偏瘫三种类型。①痉挛型四肢瘫：病人常表现为四肢肌张力增高，上肢背伸、内收、内旋，拇指内收，躯干前屈，下肢内收、内旋、交叉、膝关节屈曲、剪刀步、尖足、足内外翻，拱背坐，腱反射亢进、踝阵挛、折刀征和锥体束征等；②痉挛型双瘫：症状同痉挛型四肢瘫，主要表现为双下肢痉挛及功能障碍重于双上肢；③痉挛型偏瘫：症状同痉挛型四肢瘫，表现在一侧肢体。

2. 强直型脑瘫　临床查体可见其伸张反射呈特殊亢进状态，腱反射正常或减弱，常伴有智力及语言障碍。

3. 不随意运动型脑瘫　以锥体外系受损为主，该型最明显特征是非对称性姿势，头部和四肢出现不随意运动，该型肌张力可高可低，可随年龄改变。

4. 共济失调型脑瘫　以小脑受损为主，以小脑功能障碍为主要特征。

5. 混合型脑瘫　具有两型以上的特点。

【辅助检查】

1. 颅脑 MRI、CT 扫描　是脑瘫诊断有力的支持，可了解脑瘫患儿颅内结构是否异常。MRI 在病因学诊断上优于 CT；弥散加权成像（DWI）可以提供早期脑瘫患儿的影像信息。

2. 脑电图检查　疑为惊厥或癫痫发作者可做脑电图检测。

3. 脑诱发电位检测　可发现患儿的视听功能异常。

4. 智力及语言等相关检查　可发现患儿智力、语言等异常。

【诊断及鉴别诊断】

1. 诊断要点　目前主要依靠脑性瘫痪的临床症状与体征进行诊断。根据2015年中国脑性瘫痪康复指南拟定的诊断标准如下：

必备条件：

（1）中枢性运动障碍持续存在：婴幼儿脑发育早期发生运动功能障碍，或显著发育落后。功能障碍是持久性、非进行性，但并非一成不变。

（2）运动和姿势发育异常：包括动态和静态，以及卧位、坐位和立位时的姿势异常，运动时出现运动模式的异常。

（3）反射发育异常：主要表现有原始反射延缓消失和立直反射及平衡反应的延迟出现或不出现，可有病理反射阳性。

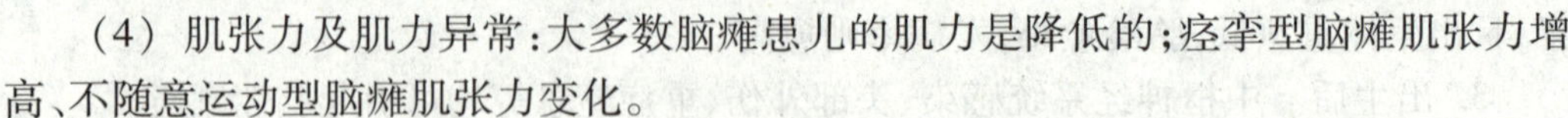

（4）肌张力及肌力异常：大多数脑瘫患儿的肌力是降低的；痉挛型脑瘫肌张力增高、不随意运动型脑瘫肌张力变化。

参考条件：

（1）有引起脑瘫的病因学依据。

（2）可有头颅影像学佐证（52%～92%）。

脑瘫的诊断应具备以上四个必备条件，参考条件可帮助寻找病因。

2. 鉴别诊断

（1）遗传性痉挛性截瘫：多有家族史，儿童期起病，进展缓慢，可伴有弓形足畸形，并无智能障碍。

（2）Louis-Barr 综合征：又称共济失调毛细血管扩张综合征，病因不明，属常染色体隐性遗传性疾病，病程呈进行性，除锥体外系症状以外，可伴有眼-结膜-毛细血管扩张。

（3）小脑退行性病变：具有共济运动障碍的表现随年龄增长而加剧的特点。

（4）先天性肌张力不全：与迟缓型双侧脑瘫相似，都有肌张力低下，但先天性肌张力不全患者肌腱反射消失，无智能障碍，也无不自主运动和其他锥体束损害征。

【治疗】

脑性瘫痪迄今尚无有效的病因学治疗。

1. 康复训练及物理治疗　通过对患儿现有能力的鉴定，制定综合性治疗方案，给予康复、理疗等治疗，以提高患儿的智能，使其运动功能达到最大程度的改善。

2. 药物治疗　主要应用对症治疗的药物，如合并癫痫发作者，可给予抗癫痫药物治疗等。亦可应用促进脑代谢的脑神经细胞营养药物，以利于患儿神经功能的恢复。

3. 高压氧治疗　有循证医学证据表明高压氧疗法可以改善新生儿缺血缺氧脑病（HIE）预后、降低死亡率，推测高压氧疗法对脑瘫患儿也是安全有益的。

4. 中医药治疗　本病在中医学中归属“五迟”、“五软”等范畴，病因或由先天禀赋不足，或后天失于濡养，或难产窒息、药物损害等致病。主要分为肝肾不足证、心脾两亏证，可根据不同临床证型，予以补肾养肝、健脾养心的中药制剂及针刺治疗。

第三节　先天性脑积水

先天性脑积水（congenital hydrocephalus），也称婴儿性脑积水，是由于脑脊液分泌过多、循环受阻或吸收障碍，导致脑脊液在脑室系统及蛛网膜下腔内积存不断增长，继发脑室扩张、颅内压增高及脑实质萎缩。

【病因及发病机制】

临床可分为交通性脑积水和阻塞性脑积水两类：

1. 交通性脑积水　脑脊液能从脑室系统至蛛网膜下腔，但脑脊液吸收功能障碍。

2. 阻塞性脑积水　脑脊液梗阻在脑室系统之内，多伴有脑室扩张。大多数先天性脑积水为阻塞性脑积水。

【病理】

病理上突出特点为脑室扩张，脑实质相应变薄，脑回平坦，脑沟变浅，胼胝体、锥体束、基底节、四叠体等因长期受压而萎缩。

笔记

【临床表现】

本病早期可不影响患儿的生长发育，晚期可出现生长停顿、智力低下、表情呆滞，严重者呈现痉挛性瘫痪、共济失调或去大脑强直。部分病情发展到一定时期即自行停止，而称之为“静止性脑积水”。主要临床表现如下：

1. 头颅形态异常　头颅呈进行性异常增大是本病最重要的体征。患儿头颅与躯干生长比例失衡，呈现出头颅大、颜面小、前额突出、下颌尖细的容貌。

2. 颅内压改变　由于颅内压增高及静脉回流受阻，可见患儿前囟扩大、张力增高、颅缝裂开，头皮静脉明显怒张，颅骨变薄，呈现特殊头形，且叩诊时出现破壶音（MacEwen 征）。

3. 神经功能障碍　若第三脑室后部松果体侧隐窝扩张明显，压迫中脑顶盖部时，可出现眼肌麻痹，表现双眼球向下旋转，上部巩膜时常暴露，可见眼球下半部被下眼睑遮盖，称之为“落日征”，是先天性脑积水的特有体征。

【辅助检查】

1. 头围一般测量三个径　三径异常增大：

（1）周径：自眉间至枕外粗隆间，为最大头围。

（2）前后径：自眉间沿矢状线至枕外粗隆。

（3）横径：两耳孔经前囟连线。

2. 影像学检查

（1）头颅平片：颅腔扩大，颅骨变薄，颅缝分离，前后囟扩大。

（2）颅脑 CT：交通性脑积水可见额区及额顶区蛛网膜下腔增宽，鞍上池等基底池增大。梗阻性脑积水时脑室系统扩大，脑实质显著变薄。

（3）MRI 扫描：可清晰显示颅脑影像，为明确脑积水的病变部位及性质提供直接的影像依据。

【诊断及鉴别诊断】

根据患儿出生后头颅进行性异常增大、颅内压增高症状、特征性“落日征”、叩诊破壶音等不难诊断。头部 CT、MRI 检查可进一步明确病因，确诊本病。

本病应注意与以下疾病相鉴别，如巨脑症、佝偻病、婴儿硬膜下血肿等。

【治疗】

本病应以手术治疗为主，尤其对进展性脑积水更应尽早手术。

1. 手术治疗　是主要治疗手段，包括解除病变部位梗阻及脑脊液分流术。

2. 药物治疗　一般作为暂时对症或手术治疗的辅助治疗，不宜长期使用。

3. 中医药治疗　本病在中医学中归属“解颅”范畴。发病原因有虚有实，亦有虚中夹实。主要有肾气亏损证、肾虚肝旺证、脾虚水泛证、热毒壅滞证，分别予以补肾益髓之补肾地黄丸、益肾平肝之知柏地黄丸合三甲复脉汤、补脾利水之附子理中丸合五苓散、清热通络之集成沆瀣丹。

第四节　颅颈区畸形

颅颈区畸形是指发生于颅底、枕骨大孔和上位颈椎区的畸形，伴或不伴有神经系统损害。在胚胎发育的过程中，颅颈区神经管闭合最晚，故此处最易发生先天性畸形。

包括扁平颅底、颅底凹陷症、小脑扁桃体下疝畸形、颈椎融合、寰椎枕化和寰枢椎脱位等。在临床中以前三种最为多见。

一、扁平颅底

扁平颅底是指颅前窝、颅中窝和颅后窝的颅底部，特别是鞍背至枕大孔前缘处，自颅腔内向上凸，使颅底变得扁平，蝶骨体长轴与枕骨斜坡构成的颅底角度变大超过 145°。扁平颅底为颅颈区较常见的先天性骨畸形，常与颅底凹陷症合并存在。

【病因及发病机制】

本病多为原发性先天性发育缺陷，少数有遗传因素存在。如不伴有其他畸形合并存在，不损害颅底骨质或周围支持组织，病理上可无明显变化。

【临床表现】

扁平颅底单独存在时可无临床症状，或仅有短颈、蹼状颈等外观。

【辅助检查】

头颅 X 线侧位片测量：

1. 颅底角测量　指颅骨侧位片上由鼻根至蝶鞍中心连线与蝶鞍中心向枕骨大孔前缘连线所形成的夹角，成人正常值为 125°～145°。

2. Boogard 角测量　指枕骨大孔的平面与斜坡之间的角度，成人正常值为 119°～131°。

【诊断及鉴别诊断】

临床诊断主要根据头颅 X 线侧位片测量颅底角或 Boogard 角做出诊断。颅底角超过 145°或 Boogard 角超过 131°对扁平颅底有诊断意义。

【治疗】

1. 单纯扁平颅底无须治疗。

2. 中医药治疗　辨证施治，以扶正祛邪。

二、颅底凹陷症

颅底凹陷症（basilar invagination）是临床常见的颅颈区畸形，常伴有椎动脉供血不足表现。

【病因及发病机制】

本病主要因枕骨大孔狭窄、颅后窝变小，引起延髓、小脑、高位颈髓、后组脑神经和颈神经根受压迫或刺激，影响椎动脉供血和脑脊液循环，从而出现各种神经症状和体征。若脑脊液循环通路受阻，则可现梗阻性脑积水。颅内压增高可致小脑扁桃体下疝导致死亡。

【临床表现】

成年后起病，进展缓慢，逐渐加重；常伴有短颈、蹼颈、后发际低、头颈部活动受限等异常外观；临床多表现为枕骨大孔区综合征症状与体征：

1. 颈神经根症状　枕项部疼痛，一侧或双侧上肢麻木、肌无力、肌萎缩、腱反射减弱或消失等。

2. 后组脑神经症状　吞咽困难、饮水呛咳、声音嘶哑、舌肌萎缩等。

3. 高位颈髓及延髓症状　四肢乏力或瘫痪、锥体束征、感觉障碍、吞咽及呼吸困难等。

4. 小脑症状 常见为眼球震颤,晚期可见小脑性共济失调。

5. 颅内压增高症状 早期一般无颅内压增高征象,晚期由于脑脊液循环障碍可见头痛、呕吐、视神经乳头水肿等颅内压增高症状,可合并小脑扁桃体下疝或出现椎-基底动脉供血不足等表现。

【辅助检查】

1. 头颅 X 线平片测量 测量枢椎齿状突的位置是确诊本病的重要依据。

2. 颅脑 CT 检查 可见脑室扩大、脑积水等异常表现。

3. MRI 扫描 可发现中脑导水管狭窄、小脑扁桃体下疝及延髓、脊髓空洞症等畸形。

【诊断及鉴别诊断】

根据临床表现症状及体征,可作出诊断。颅脑 CT 或 MRI 检查可提供重要依据,尤其 MRI 扫描有助于本病的早期诊断。

本病应与延髓、脊髓空洞症,后颅窝或枕骨大孔区占位性病变,多发性硬化等疾病相鉴别。

【治疗】

1. 手术治疗 对有脑脊液循环通路受阻、颅内压增高者,头颅 X 线平片示合并寰枢椎脱位者,应以手术治疗为主。

2. 中医药治疗 无临床症状或症状轻微者,可考虑应用中医药保守治疗,观察病情变化。

三、小脑扁桃体下疝畸形

小脑扁桃体下疝畸形又称 Arnold-Chiari 畸形,主要为枕骨大孔区先天性发育异常,颅后窝容积变小,小脑扁桃体、延髓下段及第四脑室下部疝入到颈椎椎管内,引起枕大池变小或闭塞,蛛网膜粘连肥厚等改变。

【病因及发病机制】

本病病因不清,可能与胚胎第 3 个月时,神经组织过度生长或脑组织发育不良及脑室系统与蛛网膜下腔之间脑脊液动力学紊乱有关。常合并枕部脑膜脑膨出、第四脑室囊肿、小脑发育不全、脊椎裂、脊髓脊膜膨出、脊髓空洞症等多种畸形。

【临床表现】

临床上依据畸形的特点及轻重程度可分为 Chiari Ⅰ型、Ⅱ型、Ⅲ型、Ⅳ型,Ⅰ型多见于儿童与成人,Ⅱ型多见于婴儿,Ⅲ型多在新生儿期发病,Ⅳ型罕见,在婴儿期发病。

女性多于男性,多以发作性头部或颈枕部疼痛为首发症状。随病情进展,可伴随颈枕部疼痛出现延髓、上颈髓受压,脑神经、颈神经、小脑损伤及颅内压增高等症状。

【辅助检查】

1. 颅脑 MRI 扫描 可清晰直观地显示小脑扁桃体下疝,以及继发囊肿、脑积水、脊髓空洞症等,是诊断的重要依据。

2. 头颅颈椎 X 线片检查 可显示枕骨大孔区、头颅、颈椎骨畸形异常,如颅裂、脊椎裂、寰枢区畸形。

【诊断及鉴别诊断】

根据患者的发病年龄、临床症状及体征,特别是 MRI 影像学征象,可明确诊断。

本病应与颈椎病、脊髓空洞症、运动神经元病、多发性硬化及小脑性共济失调等疾病相鉴别。

【治疗】

1. 手术治疗　Arnold-Chiari 畸形的主要治疗手段为手术治疗，其目的在于解除压迫与粘连，缓解症状。

2. 对症治疗　对于病情较轻或仅有颈枕部疼痛的患者保守对症治疗，通常能起到止痛、改善症状的作用，但对减轻神经损害无作用。

3. 中医药、针灸治疗　适当地应用中医药、针灸治疗，在一定程度上能够对神经功能的恢复起到促进作用。

学习小结

1. 学习内容

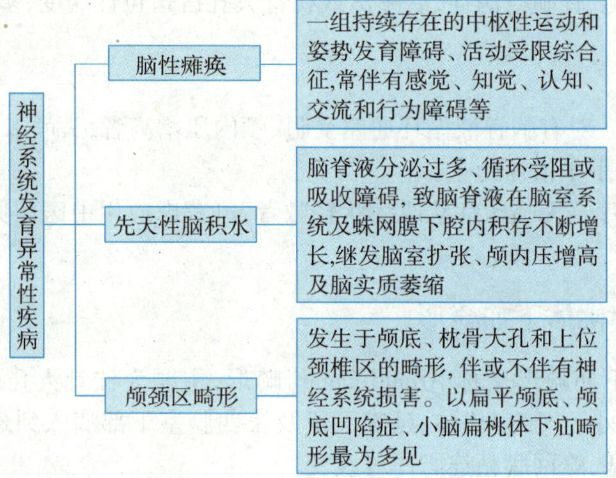

2. 学习方法

采取比较方法，领会脑性瘫痪、先天性脑积水、颅颈区畸形等神经系统发育异常性疾病的病因及发病机制、病理、治疗原则。通过归纳、分析方法，掌握脑性瘫痪、先天性脑积水的临床表现、诊断及鉴别诊断。

（孙忠人）

复习思考题

1. 脑性瘫痪的临床类型有哪些？
2. 试述脑性瘫痪各临床类型的主要临床表现特点。

第十八章

神经系统遗传性疾病

学习目的

学习遗传性共济失调和腓骨肌萎缩症的病因及发病机制、诊断要点，为提高神经系统遗传性疾病的临床诊断水平提供理论基础。

学习要点

遗传性共济失调和腓骨肌萎缩症的病因及发病机制、常见类型、临床表现及诊断要点。

第一节 概 述

神经系统遗传性疾病是由于生殖细胞或受精卵里的遗传物质在数量、结构或功能上发生改变，使发育的个体出现以神经系统功能缺陷为主要临床表现的疾病。

神经系统遗传性疾病是人类遗传性疾病的重要组成部分，在遗传性疾病中 80% 累及神经系统。神经系统遗传性疾病具有种类多、发病率低、家族性和终生性的特征。

第二节 遗传性共济失调

遗传性共济失调（hereditary ataxia，HA）是一组以慢性进行性侵犯小脑、脑干及脊髓为特征的遗传变性病，常具有遗传背景，以共济失调为特征性表现，以小脑损害为主要病理改变。本组疾病症状复杂且交叉重叠，分类困难，传统分为：脊髓型、小脑型和脊髓小脑型。

【病因及发病机制】

本病病因迄今未明，可能与 DNA 修复功能缺陷、生化缺陷、免疫障碍、红细胞膜异常等有关。

1. 脊髓型遗传性共济失调 又称 Friedreich 型共济失调（Friedreich ataxia，FRDA），系 9 号染色体长臂（9q13-21.1）frataxin 基因非编码区 GAA 三核苷酸重复序列异常扩增所致。正常人 GAA 重复扩增 42 次以下，病人异常扩增 66～1700 次，形成异常螺旋结构抑制基因的转录。

2. 小脑型共济失调（cerebellar ataxia，CA） 以橄榄-脑桥-小脑萎缩常见，为常染色体显性遗传，近年来部分亚型基因已被克隆和测序，显示因致病基因三核苷酸（如

CAG)重复序列动态突变,拷贝数逐代增加致发病。

3. 脊髓小脑型共济失调(spinocerebellar ataxia,SCA)　是较常见的神经系统遗传病,分子遗传学研究已定位了29种基因型,克隆了15个疾病基因,其中SCA_3/MJD基因型最常见。

【病理】

1. FRDA　可见整个脊髓发育细小,主要为脊髓后索、脊髓小脑束、皮质脊髓束及后根神经节严重变性和继发性胶质增生,胸段损害最严重。晚期可见锥体束变性。脊髓侧束、脑干内前庭、耳蜗等神经核内可见散在退行性变。

2. CA　病理改变常累及小脑及其传入和传出径路。肉眼见延髓橄榄核、脑桥腹侧、小脑半球、小脑中脚及部分小脑下脚明显萎缩。显微镜下见小脑浦肯野细胞、节细胞和脑桥灰质神经元脱失、变性。

3. SCA　共同的病理改变主要是小脑、脑干和脊髓变性、萎缩,动眼神经、舌下神经、脊髓前角细胞等均可累及。

【临床表现】

1. FRDA　首发症状为进展性共济失调步态,步态蹒跚、左右摇晃和易于跌倒;渐而累及上肢,出现动作笨拙和意向性震颤;在早期阶段膝腱反射和踝反射消失,出现小脑性构音障碍甚至呈暴发性语言,亦可见舞蹈样及假性手足徐动症状。查体可见跟膝胫试验和闭目难立征阳性。

2. CA　最初表现为步态不稳和平衡障碍,渐而四肢随意运动缓慢而不灵活,精细动作欠准确,肌张力减低或增强。语言含糊不清,头及躯干摇摆,构音障碍,亦可见"软腭震颤",吞咽困难,眼震,眼肌及面肌瘫痪。

3. SCA　常以下肢共济失调为首发症状表现,走路摇晃、突然跌倒和言语含糊不清,以及双手笨拙、意向性震颤、眼球震颤、痴呆和远端肌萎缩等;查体可见肌张力障碍、腱反射亢进、病理征阳性、痉挛步态及振动觉丧失等。

【诊断及鉴别诊断】

1. 诊断要点　本病的诊断主要依据两个共同特征。一是缓慢发生(少数是急性发作或间歇发生)和进行性的对称性共济失调,合并不同的神经系统及神经系统以外的症状,这些往往是诊断不同类型疾病的主要依据;二是遗传家族史。诊断的一般顺序是:首先确定患者的主要特征是共济失调并收集家族史资料,其次排除非遗传性病因,并检测有无特定的生化异常,最后做基因学检测。

(1) FRDA:①青少年期起病,进展缓慢;②下肢有明显的共济失调症状和体征,伴有膝、踝反射消失,Babinski征阳性和深感觉障碍;③常有骨骼畸形(弓形足、脊柱侧弯或后凸),心脏病变,部分伴有糖尿病,可有白内障、蓝巩膜、听力下降;④心电图和超声心动图异常改变,血脂升高或糖耐量试验异常,肌电图示神经感觉传导速度减慢,CT或MRI示脊髓变细;⑤应与遗传性痉挛性共济失调及各种不典型FRDA相鉴别;⑥属常染色体隐性遗传,可有阳性家族史;⑦基因诊断,检测9q13~21.1内CAA重复扩增突变有助于确诊。

(2) CA:①起病较迟,多在30~60岁起病,有常染色体显性遗传家族史;②进行性加重的共济失调,醉酒样步态,部分伴有吞咽困难、言语障碍、情绪不稳等;③双下肢无力,肌张力增高,腱反射亢进或减退,可有病理反射阳性;④无心脏异常及弓形足,骨骼影像学检查正常;⑤排除其他类型共济失调及脑瘫、运动神经元疾病、癌性小脑共济

笔记

失调。

（3）SCA：①发病年龄较晚，有常染色体显性遗传家族史；②缓慢进展并加重的共济失调，可伴有构音障碍、锥体束征等；③MRI 检查示小脑、脑干萎缩；④排除其他累及小脑和脑干变性的疾病。

2. 鉴别诊断

（1）多发性硬化：可见多发病灶，可有脊髓和小脑病变，出现小脑性共济失调及锥体束征，但病程常缓解与复发相交替，脑脊液中免疫球蛋白增高。头颅 CT 或 MRI 可见病损部位有斑块异常信号，可对称性散发于脑室周围、大脑中央白质区、脑干和小脑等。

（2）小脑肿瘤：多见于儿童，缓慢起病的小脑性共济失调，但易发生颅内压增高症状和体征，且无遗传史。头颅 CT 或 MRI 检查可见小脑区域内肿瘤病灶。

【治疗】

本组疾病尚无特效治疗，目前以药物对症治疗、支持疗法及功能训练为主。主要目标是减轻症状、缓解病情进展、维持日常生活自理能力。具体如下：

1. 西医治疗

（1）FRDA：轻症病人可用支持疗法和功能训练，重症可行矫形手术如肌腱切断术以纠正足部畸形。药物治疗可选用促神经细胞代谢剂胞二磷胆碱或毒扁豆碱。

（2）CA：注重预防，如进行产前诊断以避免患儿出生。药物治疗如胞二磷胆碱、毒扁豆碱以促进乙酰胆碱合成或增强乙酰胆碱作用，氯硝安定缓解肌阵挛性小脑协调障碍。

（3）SCA：药物治疗可选用左旋多巴缓解强直等锥体外系症状，毒扁豆碱或胞二磷胆碱促进乙酰胆碱合成或增强乙酰胆碱作用，氯苯胺丁酸减轻痉挛，金刚烷胺改善共济失调。

2. 中医药治疗　本病在中医学中属“痿证”、“痿躄”、“颤证”等范畴，基本病机为肝风内动，筋脉失养。主要有风阳内动、痰热风动、气血亏虚、髓海不足、阳气虚衰等证，可分别予以镇肝息风之镇肝熄风汤，清热化痰之导痰汤，益气养血之人参养荣汤，填精补髓之龟鹿二仙膏，补肾助阳之地黄饮子。

【预后】

本组疾病因缺乏有效治疗方法，故预后不佳。脊髓型进展缓慢，患者可在出现症状 5 年内不能独立行走，10～20 年内卧床不起，有症状后平均患病期约 25 年，平均死亡年龄约 35 岁。

知识链接

小脑型共济失调起源

小脑型共济失调以橄榄脑桥萎缩最常见。本病由 Mendel（1891）首先描述一例 28 岁男性病人，表现为肢体及步态共济失调、吞咽困难和构音障碍，但反射保留。18 年后尸检发现小脑明显萎缩，主要累及小脑中脚（桥臂）、脑桥和橄榄核，齿状核和小脑上角受累较轻。Dejerine 和 Andre-Thomas（1900）报道类似 Mendel 的散发病例，尸检所见与 Menzel 病例相似，但脊髓正常，首次将本病命名为橄榄脑桥小脑萎缩。

笔记

知识拓展

遗传性共济失调的基因定位

运用分子生物学技术进行基因突变分析和连锁分析是目前研究的热点。已明确基因定位的隐性遗传性共济失调有：Friedreich 共济失调（FA）的基因突变是位于 9q13-q21.1 上 X-25 基因的 GAA 三核苷酸重复序列的扩增；共济失调毛细血管扩张症（AT）位于 11q22-23 的基因突变使相关蛋白失活；Charlevoix-Saguenay 常染色体隐性遗传性痉挛性共济失调（ARSACS）定位于 13q11，与 γ-肌聚糖基因间隔区的多态性连锁等。

第三节　腓骨肌萎缩症

腓骨肌萎缩症又称 Charcot-Marie-Tooth disease（CMT），亦称为遗传性运动感觉性周围神经病（hereditary motor and sensory neuropathy，HMSN），是一组临床表型相同的遗传异质性疾病。本病的显著特点是对称性、缓慢进行性、髓鞘脱失和轴索变性不成比例。根据神经传导速度（NCV）的不同，CMT 分为 CMT1 型（脱髓鞘型）和 CMT2 型（轴突型）。

【病因及发病机制】

1. CMT1 型　主要为常染色体显性遗传，少部分为常染色体隐性遗传、X-性连锁显性遗传和 X-性连锁隐性遗传。CMT1A 基因位于染色体 17p11.2-12，该基因的重复突变导致 PMP22 基因过度表达引起髓鞘脱失或再生；CMT1B 基因位于染色体 1q22-23，主要为 PMP22 基因的点突变（编码髓鞘 Po 蛋白）。

2. CMT2 型　主要为常染色体显性遗传。CMT2A 基因定位于染色体 1p35-36，突变基因是 KIF1B 和 MFN2；CMT2B 定位于 3q13-22，突变基因是 Rab-7；CMT2C 定位于 5q；CMT2D 定位于 7p14，突变基因是 GARS，编码甘氨酰 tRNA 合成酶。

【病理】

CMT 周围神经轴突和髓鞘均受累，远端重于近端。CMT1 型神经纤维呈对称性节段性脱髓鞘，部分髓鞘增生，施万细胞和成纤维细胞增生形成“洋葱头”样结构，神经粗大，导致运动、感觉神经传导速度减慢。CMT2 型为轴突变性，不损伤感觉神经元，运动感觉传导速度改变不明显，前角细胞数量轻度减少，累及感觉后根纤维时薄束变性比楔束严重，自主神经保持相对完整，肌肉呈失神经支配改变，为簇状萎缩。

【临床表现】

1. CMT1 型　多在儿童晚期或青春期发病，开始部位常为足和小腿，首先累及趾长伸肌、腓骨肌和足固有肌，产生马蹄内翻足、爪形趾和锤状趾畸形，常伴弓形足和脊柱侧弯，腓肠肌神经变性行走时垂足，呈跨阈步态。病情进一步发展可累及小腿全部肌群和大腿的下 1/3，呈倒立的香槟酒瓶状，称“鹤腿”。深、浅感觉减退呈手套-袜套样改变，受累肢体腱反射减弱或消失。

2. CMT2 型　发病较晚，成年开始出现肌萎缩，症状及出现部位与 CMT1 型相似，但程度较轻。

笔记

【辅助检查】

1. 电生理学检查　CMT1 型为神经传导速度明显减慢，CMT2 型为神经传导速度轻度减慢或正常。

2. 神经活检　CMT1 型的周围神经改变主要是脱髓和 Schwann 细胞增生形成“洋葱头”样改变，CMT2 型主要是轴突变性。

【诊断及鉴别诊断】

1. 诊断要点

（1）儿童晚期或青春期出现缓慢进行性对称性双下肢无力；

（2）“鹤腿”、垂足、弓形足，可有脊柱侧弯，伴感觉障碍，腱反射减弱或消失；

（3）常有家族遗传病史；

（4）周围神经运动传导速度减慢，神经活检可见脱髓鞘或轴索变性；

（5）基因检测 CMT1A 型基因重复及相应基因点突变。

2. CMT1 型

（1）在 10 岁以内发病，慢性进展性病程，严重程度不同，周围神经对称性进行性变性导致肢体远端肌无力和肌萎缩，自足和下肢开始，CMT1 出现内翻马蹄足和爪形足畸形，数月至数年波及手肌和前臂肌，伴或不伴感觉缺失，常伴脊柱侧弯、垂足，呈跨阈步态，病程缓慢，病程长时期稳定，部分病人虽有基因突变，但不出现肌无力和肌萎缩，仅有弓形足或神经传导速度减慢，甚至无临床症状。

（2）检查可见小腿和大腿下 1/3 肌萎缩，形似鹤腿，或倒立的香槟酒瓶状，手肌萎缩变成爪形状，可波及前臂肌，受累肢体腱反射减弱或消失，深浅感觉减退呈手套、袜套样分布，伴自主神经功能障碍和营养障碍，约 50% 的病例可触及神经变粗，脑神经通常不受累。

（3）运动 NCV 减慢为 38m/s 以下（正常 50m/s），CSF 蛋白正常或轻度增高，肌活检可见神经源性肌萎缩，神经活检显示周围神经脱髓鞘和 Schwann 细胞增生形成洋葱头样结构。

3. CMT2 型

（1）发病晚，成年开始出现肌萎缩，症状及出现部位与 CMT1 型相似，程度较轻。

（2）运动 NCV 正常或接近正常，CSF 蛋白正常或轻度增高，神经活检主要为轴突变性。

4. 鉴别诊断

（1）遗传性共济失调伴肌萎缩（hereditary ataxia with muscular atrophy）：又称 Roussy-Levy 综合征。儿童期缓慢起病，表现为腓骨肌萎缩，弓形足和脊柱侧弯，四肢腱反射减弱或消失，肌电图运动传导速度减慢，需与 CMT 鉴别，但患者同时有站立不稳，震颤等小脑体征。

（2）慢性进行性远端型脊肌萎缩症：多于 15～30 岁发病，起病隐袭，遗传形式可以为常显、常隐及散发病例。可表现为肢体远端对称性肌无力和肌萎缩，多以手部小肌肉萎缩开始，无感觉及营养障碍。

【治疗】

1. 西医治疗　本病目前西医尚无特殊治疗，主要是对症和支持疗法，垂足和足畸形可做矫形手术或穿矫形鞋。药物治疗可用维生素类促进病变神经功能改善。注意

保暖，勿过度劳累。

2. 中医药治疗　针灸、推拿等可增强肌肉伸缩功能。临床多以行气活血，濡养筋脉。取穴常以手阳明、足阳明经穴及夹脊穴为主，如肩髃、曲池、手三里、合谷、髀关、伏兔、足三里、三阴交及颈、腰夹脊等。

【预后】

本病预后一般较好，病程进展极其缓慢，大多数患者发病后仍能存活数十年，对症治疗可提高患者生存质量。本病可因心脏损害引起急性心衰而导致猝死。

知识链接

CMT 的分型

CMT 最早的分型方式是 Dyck 分型，即 1968 年 Dyck 等根据电生理和病理学表现将 CMT 分为两型：CMTⅠ型（脱髓鞘型），具有运动和感觉神经传导速度中重度减慢，正中神经运动传导速度（MNCV）<38m/s，周围神经活检显示广泛节段性脱髓鞘和髓鞘再生，呈"洋葱头"样改变等特征；CMTⅡ型（神经元型），其运动 NCV 正常或轻度减慢，MNCV>38m/s，轴索变性和丢失，没有节段性脱髓鞘和"洋葱头"样改变。CMTⅠ：CMTⅡ约为2∶1。

知识拓展

CMT 治疗进展

随着对 CMT 特别是 CMT1A 的深入研究，发现某些药物可能有助于治疗 CMT。如维生素 E 可通过减轻对神经系统的过氧化损伤从而改善患者的症状。分子机制研究发现维生素 C 可以修复 CMT 患者受损的神经，并抑制突变基因的表达，从而使 CMT1A 大鼠模型运动功能明显改善且使寿命显著延长。

学习小结

1. 学习内容

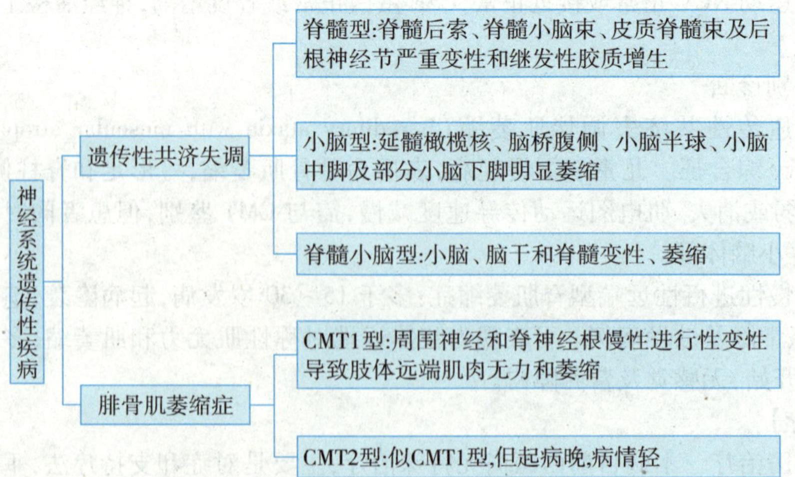

2. 学习方法

复习神经系统解剖,分析神经系统遗传性疾病的表现,通过分析和比较方法,熟悉遗传性共济失调、腓骨肌萎缩症不同类型的诊断及鉴别诊断。

（陈　理）

复习思考题

1. 遗传性共济失调各型的临床表现有哪些?
2. 腓骨肌萎缩症的临床表现有哪些?

附篇

第一章

神经病学的临床方法

学习目的

通过病史采集、神经系统检查方法及相关知识的学习，为提高临床神经系统疾病的诊断能力奠定基础。

学习要点

神经系统疾病的病史采集方法及其与一般内科疾病病史采集的不同；神经系统体格检查的内容、顺序及方法；体格检查的临床意义。

第一节 病史采集

在神经系统疾病的诊断中，尤其是对疾病的定性诊断，病史采集十分重要。某些神经系统疾病如偏头痛、三叉神经痛、晕厥及原发性癫痫发作等，在发作间歇期常查不到阳性体征，病史可能是诊断的唯一线索。故完整准确的病史资料是诊断疾病的重要依据。神经系统病史的采集方法与一般内科疾病相同，亦包括现病史、既往史、个人史和家族史等。

一、现病史

现病史是病史中最重要的部分，是对疾病进行临床分析和诊断的最重要途径。病史采集过程中应重点询问以下几方面问题：症状发生情况，包括初发症状的发生时间、发病形式（急性、亚急性或慢性；发作性、间歇性或周期性）和可能原因或诱因；症状特点包括症状的性质、部位、范围和严重程度；症状发展和演变情况；伴随症状及其相互关联；既往诊治情况；与现病有关的躯体疾病情况；是否合并存在心、肝、肺、肾等重要器官疾病，以及与现病发生、发展和变化的关系。

神经系统常见症状：

1\. 头痛　头痛是神经系统最常见的症状，也是几乎每个人都有过的体验，询问病史需重点了解头痛的部位、发作形式、性质、程度、伴发症状、先兆症状、头痛与体位姿

势、情绪波动、劳累程度和季节、饮食的关系等。

2. 抽搐 应重点询问抽搐初发年龄、诱发因素、发作先兆、抽搐部位、抽搐形式、伴随症状、抽搐后状态、发作频率、以往诊断和治疗情况等。

3. 瘫痪 应注意询问瘫痪起病形式、部位、性质和程度、伴随症状如有无肢体麻木、疼痛、抽搐和肌肉萎缩等,以及括约肌功能障碍和阳痿等。

4. 感觉异常 如麻木、冷热感、蚁行感、针刺感和电击感等,注意分布的范围、发作性或持续性,以及加重的因素。

5. 视力障碍 应注意询问视力障碍发生的情况、持续时间、具体表现,是否伴有复视或眼震。

6. 眩晕 眩晕是一种主观症状,患者感到自身或周围物体旋转、飘浮或翻滚。询问时应注意与头晕或头昏相鉴别:头晕是头重脚轻、眼花和站立不稳感,但无外界物体或自身位置变化的错觉。头昏是脑子昏昏沉沉,而无视物旋转。对眩晕的患者,应询问有无恶心、呕吐、出汗、耳鸣和听力减退、心慌、血压和脉搏的改变,以及发作的诱因、持续的时间以及眩晕和体位的关系。

7. 意识障碍 重点询问意识障碍发生的诱因、发生的频率和持续时间、有无心血管和呼吸系统症状、有无四肢抽搐、舌咬伤、尿便失禁等伴随症状、意识丧失转醒后有无后遗症状。

8. 睡眠障碍 患者是思睡还是失眠。如有失眠,应询问是入睡困难、易醒还是早醒,是否存在多梦或醒后再睡困难,以及失眠的诱因或影响因素等。

9. 疼痛 疼痛是神经系统常见症状,应了解疼痛部位、性质、是急性疼痛还是慢性疼痛,是发作性还是持续性,疼痛影响因素以及伴随症状等。

二、既往史

既往史的采集同内科疾病一样,但应特别注意与神经系统疾病相关的病史,如脑血管病、高血压病、心脏病、糖尿病、结核病、风湿病、肿瘤、血液病、中毒、头部外伤以及手术史。除了曾经明确诊断的疾病外,还应注意询问曾经发生但未接受诊治的疾病表现。须对发生时间、详细过程和治疗情况加以记录。对婴幼儿患者还应询问胚胎期和出生时情况。

三、个人史

询问的基本内容包括出生地、居住地、文化程度、职业、是否到过疫区、生活习惯和性格特点等。对儿童患者应询问围生期和生长发育情况。对女性患者应询问月经史和婚育史。此外,还需要进一步了解可能接触的化学物质、嗜烟和(或)嗜酒的情况,是否存在药物或毒物依赖、有无冶游史等。

四、家族史

许多神经系统疾病是遗传造成或与遗传相关,故询问家族史对诊断有重要价值。神经系统遗传病发生在有血缘关系的家族成员中,常可出现相似疾病,如同胞中有两个以上在相近年龄出现相似疾病时,应考虑到遗传病的可能。

笔记

第二节 神经系统检查

病史采集完成之后，即开始对患者进行神经系统体格检查和全身体格检查。神经系统体格检查包括一般检查、脑神经、运动系统、感觉系统、反射、自主神经系统等内容。神经系统体格检查应当与全身体格检查同步进行。先对患者的精神状态进行检查；脑神经检查应与面部检查同时进行；肢体运动、感觉和反射检查，应与皮肤、关节和脉搏的检查同时进行。一般情况下，应按身体部位自上而下的顺序进行检查。对于肢体而言，可按运动、感觉和反射的顺序来检查。如果患者病情较重或处于昏迷状态，在必要的重点检查后应立即抢救，待病人病情稳定后再做补充检查。

一、一般检查

在某些情况下神经系统症状是全身性疾病表现的一部分，因此不能忽视全身体格检查。有关全身体格检查的详细内容和方法可参阅诊断学，本节仅简述与神经系统疾病关系密切的部分。

1. 生命体征　检查体温、心率、呼吸及血压。

2. 意识状态检查　详见本书意识状态检查。

3. 精神状态检查　观察受检者是否有认知、情感、意志和行为异常。并从记忆力、语言能力、注意力、定向力、计算力等方面判断有无智能障碍。

4. 皮肤检查　有无瘀斑、皮疹、条纹、毛细血管扩张等。

5. 头面部检查　观察有无头颅畸形、局部肿块或压痛。注意有无面部发育异常、眼睑浮肿、眼球突出、巩膜黄染、结膜充血、外耳道分泌物、鼻窦和乳突压痛等，其中眼底检查见脑神经检查。

6. 颈部检查　注意有无颈部血管杂音、痉挛性斜颈和强迫头位等，颈动脉或椎动脉狭窄的患者可在颈部闻及血管杂音；颅底凹陷患者可有短颈、发际低等表现。检查有无脑膜刺激征，检查方法见本章脑膜刺激征检查。

7. 胸背部检查　进行心肺的叩诊与听诊，乳腺及淋巴结检查。

8. 腹部检查　进行肝脾和淋巴结检查，肠鸣音及血管杂音检查。

9. 直肠和泌尿生殖系统检查　有无大便带血，有无肿块或触痛，阴毛分布情况等。

10. 脊柱和四肢　重点观察脊柱有无活动受限、前凸、后凸、侧弯等。有无肢端肥大、四肢有无疼痛或放射痛。四肢运动检查见本章运动功能检查。

通过 Lasegue 征确定有无神经根受刺激表现：受检者仰卧，双下肢伸直，检查者一手置于受检者膝关节部保持下肢伸直，另一手握足跟部将下肢抬起，正常可抬高 70°以上，如抬高不到 30°出现由上而下的放射性疼痛，为 Lasegue 征阳性。见于坐骨神经痛、腰椎间盘突出症或腰骶神经根病变等。

二、脑神经检查

脑神经(cranial nerve)检查是神经系统检查的重要组成部分，具有重要的定位诊断价值。

笔记

（一）嗅神经（olfactory nerve）

嗅神经是特殊的感觉神经，嗅觉通过鼻腔上部嗅黏膜的嗅细胞传向嗅球。

检查者先询问受检者有无嗅幻觉等主观嗅觉障碍。然后让受检者闭目，闭塞其一侧鼻孔，用松节油、杏仁等挥发性物质或香皂、牙膏和香烟等置于患者受检鼻孔，令其说出是何种气味。注意醋酸、酒精和福尔马林等刺激性物质可刺激三叉神经末梢，不宜用于嗅觉检查。

临床意义：嗅觉障碍常表现为嗅觉减退或缺失，偶可嗅觉过敏或嗅觉倒错。①一侧或两侧嗅觉丧失多由于鼻腔局部（嗅神经和鼻部）病变所致；嗅沟脑膜瘤等压迫嗅球、嗅束可引起单侧嗅觉减退或缺失；头部外伤伴有嗅觉失灵应考虑前颅凹颅底骨折。②颞叶嗅中枢病变不引起嗅觉丧失，可引起幻嗅发作。③嗅觉过敏多见于癔病。

（二）视神经（optic nerve）

视神经通过神经节细胞将视网膜感受细胞的神经冲动传向视觉中枢。视神经检查主要内容有视力、视野、眼底等。

1. 视力　代表视网膜黄斑中心凹的视敏度，分为远视力和近视力，分别用国际远视力表或近视力表检查。视力明显减退者，可在不同的距离让其辨识手指数目，视力更差者，可在眼前试其有无光感。

2. 视野　是眼球向前方正视时所能看到的空间范围，可反映周边视力。①大体视野测定：嘱患者双眼注视检查者的双眼，检查者将双手向外伸出约50cm，高于眼水平30cm，并伸出双食指，此时检查者双手指应出现在患者双上颞侧视野。问患者哪一侧手指在动，是左、右还是双侧。然后在眼水平以下30cm重复本动作。若检查者双手运动而患者只看到一侧，即存在视野缺损。②单眼视野测定：采用手动法（对向法）粗略测试，患者与检查者相距约60cm对面而坐，测试患者左眼时患者应遮住右眼，用左眼注视检查者右眼，检查者遮住自己的左眼，检查者用食指或示标在两人中间等距离处，分别从上、下、颞侧、鼻侧、颞上、颞下、鼻上、鼻下八个方向自周围向中心移动，嘱患者看到食指或示标后立即告知。检查者以自己的视野作为标准而与患者比较，即可测知患者的视野有无缺损。

3. 眼底　可不散瞳用眼底镜直接检查。检查时受检者背光而坐，眼球正视前方，检查右眼时检查者站在受检者右侧，右手持眼底镜用右眼观察眼底；左眼恰相反。检查应记录视神经乳头的形状、大小、色泽、边缘，以及视网膜血管有无动脉硬化，视网膜有无出血、渗出等。

临床意义：单眼失明急性发病者，病变应在视交叉前，如视神经乳头充血、水肿，多为视神经乳头炎，无充血、水肿者多为球后视神经炎；双眼原发性视神经萎缩且伴有双颞侧偏盲者，病变在视交叉，多由垂体瘤、颅咽管瘤、视交叉蛛网膜炎引起；双眼视神经乳头水肿，如为急性发病且视力障碍者，多为视神经乳头炎，如为慢性发病且不伴有明显视力障碍者，提示颅高压；一眼呈视神经萎缩而另一眼呈视神经乳头水肿者常因鞍旁或一侧额叶底面的肿瘤引起；完全性同侧偏盲者病变在对侧视束、外侧膝状体、膝距束及枕叶之间；上1/4同侧偏盲者病变多在对侧颞叶，下1/4同侧偏盲的病变多在对侧顶叶。

（三）动眼神经（oculomotor nerve）、滑车神经（trochlear nerve）及展神经（abducent nerve）

动眼神经支配眼球的内直肌、上直肌、下直肌、下斜肌、上睑提肌、睫状肌及瞳孔括

笔记

约肌。滑车神经支配上斜肌。展神经支配外直肌。三组神经共同支配眼球运动，故称眼外肌运动神经，可同时检查。

检查者嘱受检者向正前方平视，观察其眼裂大小，是否对称，有无上睑下垂，眼球位置，有无斜视。令受检者头部保持不动，其眼球注视前方约一尺处检查者的手指，并随其做上、下、左、右和旋转运动，观察有无运动受限，然后再检查受检者双侧瞳孔大小、形状及边缘，并进行两侧对比。用电筒分别照射双侧瞳孔，观察受光线直接照射的瞳孔是否收缩，此为“直接对光反射”，再将两眼以不透明纸板隔开，当照射一侧瞳孔而另一侧未被照射的瞳孔也收缩时称为“间接对光反射”。嘱受检者双眼注视远方，此时其瞳孔应开大，令其迅速将视线注视近前方，此时其瞳孔应很快缩小，称为瞳孔调节反射。当受检者平视远方后突然将视线注视自己鼻根部的近物时，两眼内聚，称为辐辏反射。

临床意义：一侧动眼神经麻痹时，可出现同侧上睑下垂、眼球转向外下方，有外斜视和复视，向内、向上、向下活动均受限，瞳孔散大，直接、间接对光反射及调节辐辏反射均丧失。急性颅内压增高伴有动眼神经麻痹时，应考虑海马回疝。慢性颅内压增高并发动眼神经麻痹时无定位意义，称为假定位征。滑车神经麻痹时眼球向下外转动受限，当向下注视时复视更为明显，患者常感下楼困难。展神经麻痹时眼球不能外展，出现内斜视和复视。动眼、滑车、展神经全麻痹时眼球固定于中央位，同时上睑下垂、瞳孔散大、对光反射消失，提示病变在眶上裂附近。一侧瞳孔缩小且眼裂变小，眼球轻微内陷，并伴有同侧面部少汗或无汗现象，称为霍纳（Horner）综合征，提示病变在脑干被盖部或 $C_8 \sim T_1$ 脊髓侧角及其发出纤维终止的交感神经节等处。瞳孔直接对光反射消失而调节反射存在称为阿-罗瞳孔，多发性硬化、神经梅毒可呈现此种瞳孔。松果体区肿瘤压迫四叠体上丘，早期可出现双眼不能向上注视，晚期上下视均不能。如受检者一侧动眼神经麻痹合并对侧半身瘫痪，常示同侧中脑的病变，如双眼同向注视障碍常表示同侧脑桥或对侧额叶的凝视中枢受累。

（四）三叉神经（trigeminal nerve）

三叉神经是混合神经，运动纤维支配咬肌、颞肌及翼内、外肌，三叉神经感觉支主管面部皮肤及口腔、鼻黏膜的痛、温、触觉。检查内容包括感觉、运动和反射三个方面。

检查者用针、棉签及盛冷热水的试管分别测试面部皮肤的痛觉、温觉及触觉。两侧及内外对比。注意区分周围性与核性感觉障碍，前者（眼支、上颌支、下颌支）病变区各种感觉缺失，后者呈葱皮样分离性感觉障碍。观察受检者的咀嚼肌和颞肌有无萎缩，然后用手触按受检者的咀嚼肌和颞肌，让受检者做咀嚼动作，比较两侧肌力。再嘱受检者张口，观察下颌有无偏斜。

检查角膜反射时，检查者用细棉絮轻触受检者角膜外缘，正常表现为双眼瞬目动作；受试侧瞬目称为直接角膜反射，对侧瞬目为间接角膜反射；角膜反射通路为：角膜→三叉神经眼支→三叉神经感觉主核→双侧面神经核→面神经→眼轮匝肌；如受试侧三叉神经麻痹，双侧角膜反射消失，健侧受试双侧角膜反射存在；检查下颌反射时，令受检者略微张口，检查者将左手食指横放在受检者下颌中部，检查者用叩诊锤叩击食指，引起下颌上提。

临床意义：三叉神经刺激性病变时，受损分布区可有剧烈疼痛，称为三叉神经痛。三叉神经损伤时，同侧面部浅感觉障碍和颞肌、咀嚼肌萎缩、肌力减弱，角膜反射消失，

笔记

张口时下颌偏向患侧。常见海绵窦病变、颅底或桥小脑角肿瘤和脑桥病变等。双侧皮质延髓束病变时下颌反射亢进。

（五）面神经（facial nerve）

面神经是混合神经，以支配面部表情肌运动为主，尚有部分味觉纤维支配舌前2/3的味觉。

检查内容如下：

1. 运动　让受检者做抬额、皱眉、闭眼、示齿、鼓腮和吹哨等动作，观察额纹、眼裂、鼻唇沟及口角两侧是否对称。疑有轻度面肌瘫痪时，可嘱患者用力闭眼和鼓腮并加以阻力。眼轮匝肌用力收缩时，受检者可见睫毛不能被眼睑完全包裹而有部分睫毛露出，或可触及眼睑肌收缩时的震颤，称睫毛征（eyelash sign）。

2. 味觉　嘱受检者伸舌，检查者以棉签蘸少许蔗糖水、盐水、醋或奎宁溶液，分别轻涂于一侧舌前2/3处，受检者不能讲话、缩舌和吞咽，用手指出事先写在纸上的甜、咸、酸、苦四个字之一。先试可疑侧，再试对侧，每试一种溶液需用温水漱口。

临床意义：周围性面瘫多引起整个一侧面部肌肉瘫痪。表现为同侧眼裂变大、额纹消失、鼻唇沟变浅、病变侧不能做抬眉、皱眉、闭目、示齿、鼓腮等动作，口角歪向健侧。若面神经在鼓索支分出之前受损，可同时伴有同侧舌前2/3味觉障碍。如病变位于面神经支配镫骨肌分支发出之前，还会伴有同侧听觉过敏。周围性面瘫多见于特发性面神经麻痹，也可见于中耳炎、颅底脑膜炎、吉兰-巴雷综合征等。中枢性面神经麻痹者表现为病变对侧下部面肌瘫痪，即鼻唇沟变浅，示齿动作时更为明显。提示病变位于脑实质内，且在脑桥面神经核水平以上。常见于脑血管病、脑炎等。

（六）位听神经（vestibulocochlear nerve）

位听神经由司听觉的耳蜗神经和司平衡的前庭神经组成。

检查方法：听觉和前庭功能应分别检查。

1. 耳蜗神经检查　耳蜗神经传导听觉，损害时出现耳鸣、耳聋。先检查外耳道有无阻塞，鼓膜有无穿孔，然后分别检查单耳听力。常用耳语、手表声或音叉进行检查。测量患者单耳（另侧塞住）能够听到声音的距离，声音由远及近，再与另侧耳比较，并与检查者比较。

耳聋可分为外耳和中耳病变所致的传导性耳聋，以及内耳及耳蜗神经病变所致的神经性耳聋。可通过音叉检查初步鉴别其为传导性或神经性：①Rinne试验：将频率128Hz振动的音叉置于受检者耳后乳突上，至受检者听不到声音后将音叉置于该侧耳旁，如能听到声音，则为Rinne试验阳性。正常为气导大于骨导。神经性耳聋时，气导也大于骨导，但两者时间均缩短。传导性耳聋时骨导大于气导。检查时应两侧分别试验。②Weber试验：将振动的音叉置于患者前额或颅顶正中，比较双侧骨导。正常时两侧感受相同，传导性耳聋时感到病侧较响，神经性耳聋时健侧较响。③Schwabach试验：将振动的音叉交替置于受检者和正常人的耳后乳突部，比较受检者与正常人的骨导听力时间的长短，传导性耳聋骨导延长，神经性耳聋骨导缩短。必要时可通过电测听计进行鉴别。

临床意义：单侧或双侧的传导性耳聋均为神经系统以外的疾病引起。单侧神经性耳聋应注意内耳、脑桥小脑角病变。双侧神经性耳聋多由药物如庆大霉素、卡那霉素等中毒引起。

笔记

2. 前庭神经检查　前庭神经联系广泛，功能牵涉躯体平衡、眼球动作、肌张力、体位、脊髓反射及自主神经系统等，受损出现眩晕、呕吐、眼球震颤和平衡障碍等。

检查内容如下：

（1）平衡障碍：主要表现为步态不稳，向患侧倾倒，Romberg 征和指鼻试验均向患侧偏倚等。

（2）眼球震颤：多为前庭和小脑病变引起。前庭性眼球震颤的方向可因病变部位、性质和病程不同而不同。中枢性前庭损害（如脑干病变）时眼震方向不一，多表现为水平、垂直或旋转性。两侧眼震亦可不一致。

3. 前庭功能检查　临床常用温度刺激试验和转椅试验来判断前庭功能，可请耳鼻喉科协助完成。正常人经外耳道注入冷水（15～20℃）、温水（35℃左右）或轮椅旋转后诱发眼震，前者持续 1.5～2 分钟，后者持续约 30 秒，前庭功能障碍时，反应减弱或消失。

临床意义：脑桥小脑角肿瘤或粘连，链霉素等氨基糖苷类药物中毒等常导致单侧或双侧前庭神经功能丧失，梅尼埃病常出现患侧前庭神经功能减退。

（七）舌咽神经（glossopharyngeal nerve）、迷走神经（vagus nerve）

舌咽神经、迷走神经是感觉、运动混合神经。由于此两对神经在解剖与功能上关系密切，常同时受累，故临床上常合并检查。

检查分下面三个方面进行：

1. 运动功能　检查发音有无声音嘶哑或完全失音，观察悬雍垂在静止或运动时的位置。

软腭在发音时的运动情况。嘱受检者发“啊”音，观察双侧软腭抬举是否一致，悬雍垂是否偏斜；一侧软腭瘫痪时，发“啊”时，健侧软腭上提，病侧腭弓低垂，软腭上提差，悬雍垂偏向健侧；双侧软腭瘫痪时，悬雍垂虽居中，但双侧软腭抬举受限，甚至完全不能抬举。

2. 感觉功能　舌后 1/3 味觉检查方法同面神经的味觉检查法。

3. 反射　①咽反射：嘱患者张口，用压舌板分别轻触两侧咽后壁，正常出现咽肌收缩和舌后缩（作呕反应），舌咽、迷走神经损害时，患侧咽反射减弱或消失；②软腭反射：嘱受检者张口，用压舌板轻触软腭或悬雍垂，正常时引起软腭提高和悬雍垂后缩。

临床意义：临床见有声音嘶哑、吞咽困难、咽反射消失和悬雍垂偏斜者，应考虑为延髓麻痹或球麻痹。常见的病因有小脑后下动脉病变、延髓肿瘤、延髓空洞症、寰枕畸形等。吉兰-巴雷综合征，运动神经元病常累及这两对神经。重症肌无力也常累及此两对神经所支配的肌群。

（八）副神经（accessory nerve）

副神经为单纯的运动神经，支配胸锁乳突肌和斜方肌。

检查者先观察受检者有无胸锁乳突肌、斜方肌萎缩、斜颈及垂肩。然后让受检者转头（胸锁乳突肌）、耸肩（斜方肌），同时给予一定的阻力。一侧副神经损害可出现患侧肩下垂，胸锁乳突肌及斜方肌萎缩，病侧对耸肩、转头的对抗阻力减弱。

临床意义：单独一侧副神经麻痹少见。舌咽神经、迷走神经和副神经三条神经麻痹提示病变在同侧颈静脉孔附近或延髓的疑核附近。双侧胸锁乳突肌无力或萎缩可见于吉兰-巴雷综合征、进行性脊肌萎缩症等。重症肌无力可有双侧斜方肌无力，表现为不能伸直颈部，头易前倾。

（九）舌下神经（hypoglossal nerve）

舌下神经为运动神经，支配舌部肌肉活动。

检查者首先观察舌在口腔内的位置及形态，然后嘱受检者伸舌，观察有无舌肌萎缩和肌纤维震颤，舌在口内或伸出口外时有无偏斜。

临床意义：一侧舌下神经及其核麻痹时舌在口内偏向健侧，伸舌时偏向患侧，多数患者历时2周左右出现舌肌萎缩及舌肌纤维震颤；双侧舌下神经麻痹患者舌不能伸出口外；核上性损害患者伸舌时偏向脑部病灶对侧，不伴舌肌萎缩。

三、运动系统功能检查

运动系统（motor system）功能检查包括肌容积、肌力、肌张力、不自主运动、共济运动、姿势及步态等。

1. 肌容积　肌容积异常有两种形式，一种是肌萎缩，另一种是假性肥大，通过视诊及触诊即可检出。下运动神经元损害和肌肉疾病可见肌萎缩，上运动神经元疾病引起的肌萎缩多属失用性萎缩。假性肥大表现为肌肉外观肥大，触之坚硬，力量减弱。多见于三角肌、臀大肌和腓肠肌，多与其他部位的肌萎缩并存。常见于进行性肌营养不良假肥大型。

2. 肌力（muscle force）　肌力是受试者主动运动时肌肉产生的收缩力。检查肌力主要有两种方式：①嘱患者随意活动各关节，观察活动的速度、幅度和耐久度，并施以阻力与其对抗，测试肌力大小；②让患者维持某种姿势，检查者施力使其改变，判断肌力强弱。检查肌力时应左右对比，两侧对比。在肢体肌力的左右对比时应考虑右利或左利的影响，两侧肢体（特别是上肢）肌力强弱存在正常差异。

（1）检查法：一般以关节为中心检查肌群的伸、屈、外展、内收、旋前和旋后等功能，肌群肌力测定可分别选择下列运动：①肩关节：外展、内收；②肘关节：屈、伸；③腕关节：屈、伸；④指关节：屈、伸；⑤髋关节：屈、伸、外展、内收；⑥膝关节：屈、伸；⑦踝关节：背屈、跖屈；⑧趾关节：背屈、跖屈；⑨颈关节：前屈、后伸；⑩躯干：仰卧位抬头和肩，检查者给予阻力，观察腹肌收缩力，俯卧位抬头和肩，检查脊旁肌收缩力。对于中枢性或广泛周围神经损害的患者，应从四肢远端依次向近端逐个关节进行检查。但对单神经损害和局限性脊髓前角病变（如脊髓前角灰质炎）以及局限性肌肉病变，只需对相应的单块肌肉进行检查并与健侧对比即可。

（2）六级（0～5级）肌力记录法：肌力检查可采用0～5级的分级法，见附篇表1-1。

附篇表1-1　肌力的分级

0级	完全瘫痪，肌肉无收缩
1级	肌肉可收缩，但不能产生动作
2级	肢体能在床面上移动，但不能抵抗自身重力，即不能抬离床面
3级	肢体能抵抗自身重力离开床面做主动运动，但不能抵抗阻力
4级	肢体能对抗阻力动作，但未达到正常
5级	正常肌力

笔记

（3）各主要肌肉的肌力检查方法：如附篇表 1-2 所示。

附篇表 1-2　各主要肌肉的肌力检查方法

肌肉	节段	神经	功能	检查方法
三角肌	$C_5 \sim C_6$	腋神经	上臂外展	上臂取水平外展位，检查者将肘部向下压
肱二头肌	$C_5 \sim C_6$	肌皮神经	前臂屈曲和外旋	维持肘部屈曲、前臂外旋位，检查者使其伸直并加阻力
肱桡肌	$C_5 \sim C_6$	桡神经	前臂屈曲和旋前	前臂旋前，之后屈肘，检查者加阻力
肱三头肌	$C_7 \sim C_8$	桡神经	前臂伸直	肘部做伸直动作，检查者加阻力
腕伸肌	$C_6 \sim C_8$	桡神经	腕部伸直	维持腕部背曲位，检查者自手背下压
腕屈肌	$C_6 \sim T_1$	正中神经、尺神经	腕部屈曲	维持腕部掌屈位，检查者自手掌上抬
指总伸肌	$C_6 \sim C_8$	桡神经	2～5 指掌关节伸直	维持指部伸直，检查者在近端指关节处加压
拇伸肌	$C_7 \sim C_8$	桡神经	拇指关节伸直	伸拇指，检查者加阻力
拇屈肌	$C_7 \sim T_1$	正中神经、尺神经	拇指关节屈曲	屈拇指，检查者加阻力
指屈肌	$C_7 \sim T_1$	正中神经、尺神经	指关节屈曲	屈指，检查者于指关节处上抬
桡侧腕屈肌	$C_6 \sim C_7$	正中神经	腕屈曲和外展	持腕部屈曲，检查者在桡侧掌部加压
尺侧腕屈肌	$C_7 \sim T_1$	尺神经	腕骨屈曲和内收	维持腕部屈曲，检查者在尺侧掌部加压
髂腰肌	$L_2 \sim L_4$	腰丛、股神经	髋部屈曲	仰卧，屈膝，维持髋部屈曲，检查者将大腿往足部推
股四头肌	$L_2 \sim L_4$	股神经	膝部伸直	仰卧，伸膝，检查者屈曲之
股收肌	$L_2 \sim L_5$	闭孔神经、坐骨神经	股部内收	俯卧，下肢伸直，两膝并拢，检查者分开之
股展肌	$L_4 \sim S_1$	臀上神经	股部外展并内旋	仰卧，下肢伸直，两膝外展，检查者并拢之
股二头肌	$L_4 \sim S_2$	坐骨神经	膝部屈曲	俯卧，维持膝部屈曲，检查者加阻力
臀大肌	$L_5 \sim S_2$	臀下神经	髋部伸直并外旋	仰卧，膝部屈曲 90°，将膝部抬起，检查者加阻力
胫前肌	$L_4 \sim L_5$	腓深神经	足部背屈	足部背屈，检查者加阻力
腓肠肌	$L_5 \sim S_2$	胫神经	足部跖屈	膝部伸直，跖屈足部，检查者加阻力
跗伸肌	$L_4 \sim S_1$	腓深神经	跗趾伸直和足部背屈	跗趾背屈，检查者加阻力
跗屈肌	$L_5 \sim S_2$	胫神经	跗趾跖屈	跗趾跖屈，检查者加阻力
趾伸肌	$L_4 \sim S_1$	腓深神经	足 2～5 趾背屈	伸直足趾，检查者加阻力
趾屈肌	$L_5 \sim S_2$	胫神经	足趾跖屈	跖屈足趾，检查者加阻力

笔记

（4）临床常用的轻瘫检查：患者可能存在轻微的瘫痪而不能确定时，可采用以下方法进行检查：①上肢平伸试验：双上肢平举，手心向下，数分钟后可见轻瘫侧上肢逐渐下垂和旋前（掌心向内）；②Barre 分指试验：令受检者分开双手五指并伸直，两手相对，数秒钟后轻瘫侧手指逐渐并拢屈曲；③小指征：双上肢平举，手心向下，轻瘫侧小指常轻度外展；④数指试验：嘱患者手指全部屈曲，然后依次伸直，做计数动作，或反之，手指全部伸直，然后一一屈曲，轻瘫侧动作笨拙或不能；⑤手指肌力试验：令患者大拇指分别与其他各指连成环状，检查者以一个手指快速将其分开，以试手指肌力；⑥杰克逊（Jackson）征：仰卧位双腿伸直，轻瘫侧下肢常呈外展外旋位；⑦下肢轻瘫试验：仰卧位，双膝、髋关节均屈曲成直角，轻瘫侧小腿逐渐下落。

3. 肌张力（muscular tension）　肌张力是指安静状态下肌肉的紧张度。检查时嘱患者放松肌肉，触摸感受肌肉的硬度或紧张程度（静止肌张力），肌张力减低则肌肉柔软弛缓，肌张力增高则肌肉坚硬；被动屈伸肢体感知阻力，肌张力降低时阻力减低或消失、关节活动范围较大，肌张力增高时阻力增加、关节活动范围缩小。肌张力减低，见于下运动神经元病变（如多发性神经病、脊髓前角灰质炎）、小脑病变和肌肉病变等；肌张力增高，见于锥体系和锥体外系病变，前者表现为痉挛性肌张力增高，上肢屈肌和下肢伸肌张力增高明显，被动运动开始时阻力大，终了时变小，称为折刀样肌张力增高；后者表现为强直性肌张力增高，伸肌与屈肌张力均增高，向各方向被动运动时阻力均匀，称为铅管样肌张力增高（不伴震颤），如伴震颤为齿轮样肌张力增高。

4. 不自主运动（involuntary movement）　检查时须注意观察患者有无不能随意控制的舞蹈样动作、手足徐动、肌束颤动、痉挛发作、扭转痉挛、肌阵挛，以及静止性、动作性和姿势性震颤及其部位、范围、程度和规律，与情绪、动作、寒冷、饮酒等的关系，并询问家族史。

5. 共济运动　首先观察患者日常生活的随意动作有无协调障碍，如吃饭、穿衣、系纽扣、取物、书写、讲话、站立及步态等，然后检查以下共济运动试验。

（1）指鼻试验（finger-to-nose test）：嘱受检者将上肢外展并伸直，以其食指指端触其鼻尖，用不同方向、速度，先睁眼后闭眼反复进行，两侧比较。小脑半球病变可见指鼻不准，接近目标时动作迟缓或出现动作（意向）性震颤，常超过目标（过指），称为辨距不良。感觉性共济失调睁眼指鼻时无困难，闭眼时出现明显异常。

（2）跟-膝-胫试验（heel-knee-shin test）：取仰卧位，上举一侧下肢，用足跟触及对侧膝盖，再沿胫骨前缘下移。小脑损害抬腿触膝时出现辨距不良和意向性震颤，下移时摇晃不稳。感觉性共济失调闭眼时足跟难寻到膝盖。

（3）快复轮替试验：嘱患者用前臂快速旋前和旋后，或一手用手掌、手背连续交替拍打对侧手掌，或用足趾反复快速叩击地面等。小脑性共济失调患者动作笨拙，节律慢而不协调，称快复轮替运动不能。

（4）反跳试验：嘱受检者用力屈肘，检查者握其腕部使其伸直，然后突然松手。正常人由于对抗肌的拮抗作用，可立即制止前臂屈曲。小脑病变患者由于缺少这种拮抗作用，屈曲的前臂可反击到自己的身体。

（5）闭目难立（Romberg）征：患者双足并拢站立，双手向前平伸、闭目，共济失调患者出现摇摆不稳或倾跌。①后索病变：出现感觉性共济失调，睁眼站立稳，闭眼时不稳，为 Romberg 征（+）；②小脑病变：睁眼、闭眼均不稳，闭眼更明显，蚓部病变向前、后

笔记

倾倒,小脑半球病变向病侧倾倒;③前庭迷路病变:患者闭眼后并不立即出现身体摇晃或倾倒,经过一段时间后才出现,且摇晃程度逐渐加强,表现为身体向两侧倾倒;④周围性病变:两足并拢站立时出现身体摇晃不稳或向侧方倾倒,闭眼时可较明显。

6. 姿势与步态异常　主要有痉挛性偏瘫步态、痉挛性截瘫步态、慌张步态、肌病步态、跨越步态和小脑性步态等。详见附篇第三章第四节步态异常。

四、感觉系统功能检查

感觉系统(sensory system)功能检查的主观性强,病人理解问题的能力、教育程度、合作程度、年龄等都对结果判定有较大影响,易产生误差。检查应在环境安静,病人情绪稳定的情况下进行,注意左右、近远端对比,自感觉缺失部位查向正常部位,自肢体远端查向近端,必要时可重复检查,避免暗示性提问,并做好记录和图示。

(一)浅感觉

1. 痛觉　用大头针的尖端和钝端交替轻刺皮肤,了解患者有无痛觉,痛觉是否迟钝。

2. 触觉　检查时令受检者闭目,检查者用棉花捻成的细条轻触受检者皮肤,询问碰触部位,或者让其随着检查者的触碰说出"1、2、3……"

3. 温觉　用装冷水和热水的两个玻璃试管交替接触患者皮肤数秒钟,辨别冷、热感。如有感觉障碍应记录部位、范围及是否对称。

(二)深感觉

1. 运动觉　患者闭目,检查者用手指轻夹患者手指或足趾两侧,上下移动5°左右,让患者辨别"向上"、"向下"移动,如感觉不明显可加大活动幅度或测试较大关节。

2. 位置觉　患者闭目,检查者将其肢体摆成某一姿势,请患者描述该姿势或用对侧肢体模仿。

3. 振动觉　将振动的128Hz音叉柄置于骨隆起处,如手指、桡尺骨茎突、鹰嘴、锁骨、足趾、内外踝、胫骨、膝、髂前上棘和肋骨等处,询问有无振动感和持续时间,并两侧对比。

4. 压觉　用手指或钝物如笔杆轻触和用力压患者的皮肤,让患者鉴别压迫的轻重。

(三)复合感觉(皮质感觉)

1. 定位觉　患者闭目,检查者用手指或棉签轻触病人皮肤后,让其指出受触的部位。正常误差在1cm之内。

2. 两点辨别觉　令患者闭目,用分开一定距离的钝双脚规接触皮肤,如患者感觉为两点时再缩小间距,直至感觉为一点为止,两点须同时刺激,用力相等。

3. 图形觉　令患者闭目,用钝针在皮肤上画出简单的图形,如三角形、圆形或1、2、3等数字,让患者辨出,应双侧对照。

4. 实体觉　患者闭目,令其用单手触摸常用物品如钥匙、纽扣、钢笔、硬币等,说出物品的形状和名称,两手比较。

5. 重量觉　以大小相同而重量不同的物体,先后放入患者一侧手中,指出孰轻孰重。

五、反射检查

反射(reflex)检查包括深反射、浅反射和病理反射等。反射的检查比较客观,较少

受意识活动的影响，检查时患者应保持安静和松弛状态。生理反射强弱可用亢进（或阵挛）（++++）、活跃（或增强）（+++）、正常（++）、减弱（+）、消失（-）来描述。

（一）深反射

深反射是肌腱和关节的反射。临床常用的深反射包括：

1. 肱二头肌反射（biceps reflex）　反射中心 $C_5 \sim C_6$，经肌皮神经传导。检查时受检者肘部屈曲成直角，检查者左拇指（坐位）或左中指（卧位）置于患者肘部肱二头肌腱上，用右手持叩诊锤叩击左指甲，反射为肱二头肌收缩，引起屈肘（附篇图 1-1）。

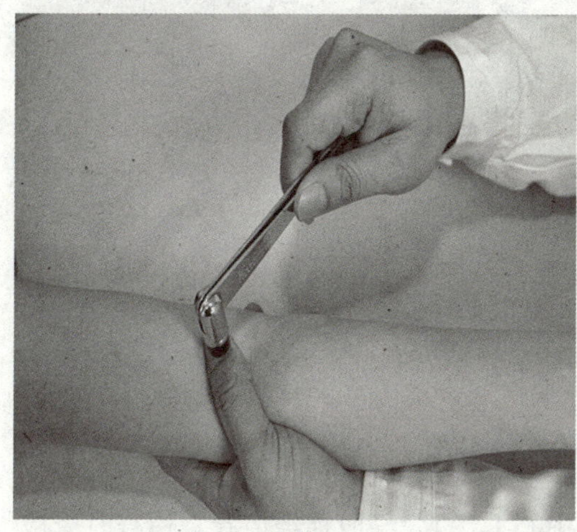

坐位

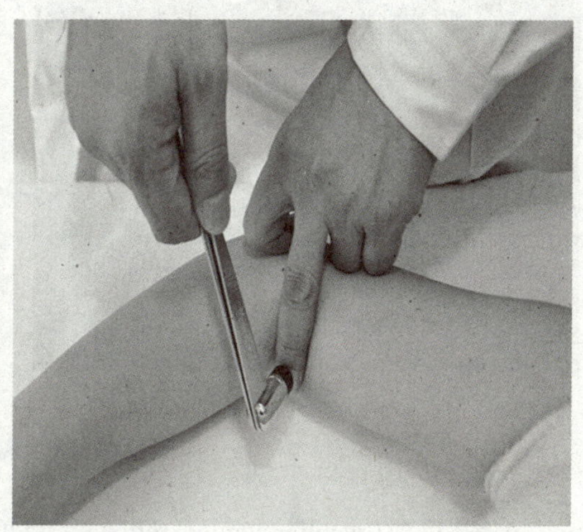

卧位

附篇图 1-1　肱二头肌反射检查

2. 肱三头肌反射（triceps reflex）　反射中心 $C_6 \sim C_7$，经桡神经传导。检查时受检者上臂外展，肘部半屈，检查者托持其上臂，用叩诊锤直接叩击鹰嘴上方的肱三头肌腱，反射为肱三头肌收缩，引起前臂伸直（附篇图 1-2）。

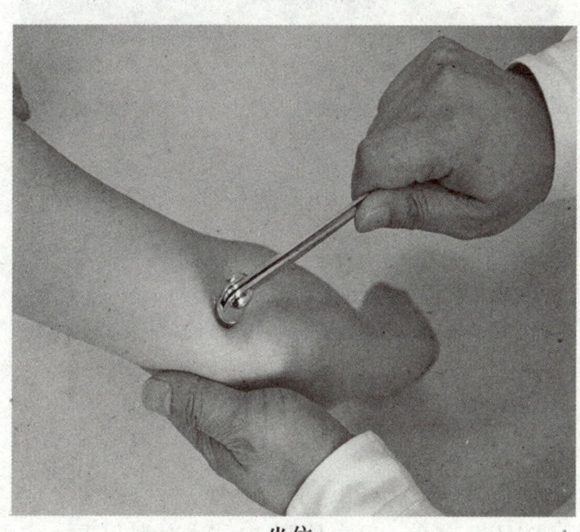

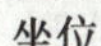

坐位

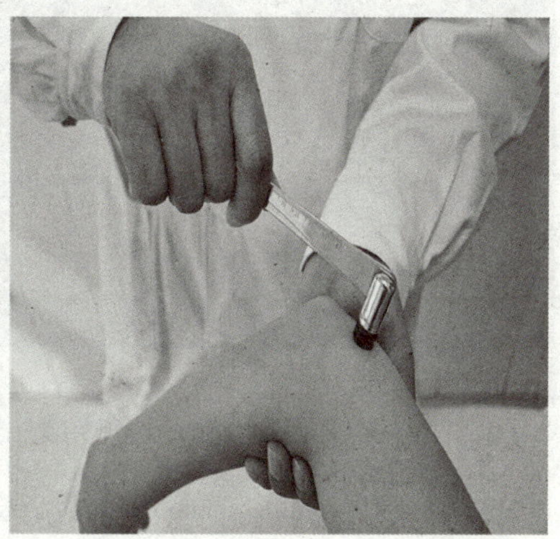

卧位

附篇图 1-2　肱三头肌反射检查

3. 桡反射(radial reflex) 反射中心 $C_5 \sim C_8$,经桡神经传导。检查时受检者前臂呈半屈半旋前位,检查时叩击桡骨下端,反射为肱桡肌收缩,引起肘部屈曲,前臂旋前(附篇图 1-3)。

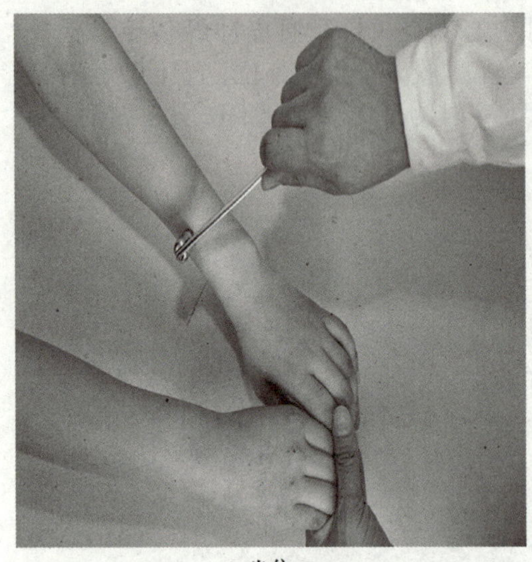

坐位

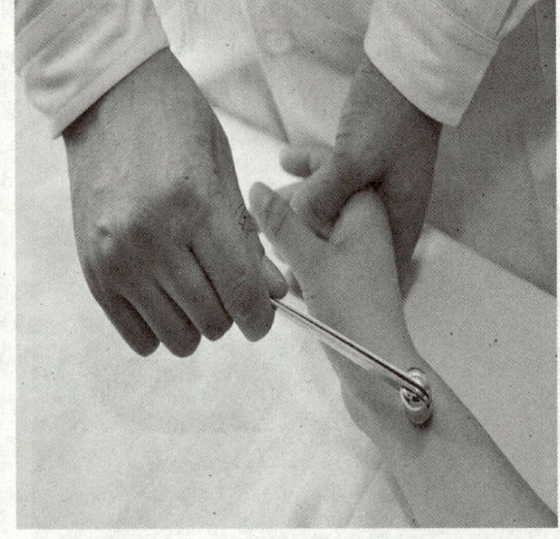

卧位

附篇图 1-3 桡骨膜反射检查

4. 膝反射(patellar tendon reflex) 反射中心 $L_2 \sim L_4$,经股神经传导。检查时受检者取坐位,小腿完全松弛下垂,与大腿成直角;卧位时检查者用左手托起双膝关节,使小腿屈成 120°,右手用叩诊锤叩击髌骨下股四头肌腱,反射为股四头肌收缩,小腿突然伸展(附篇图 1-4)。

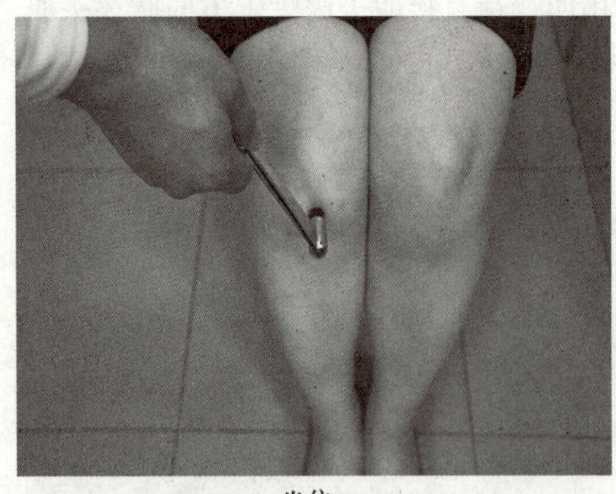

坐位

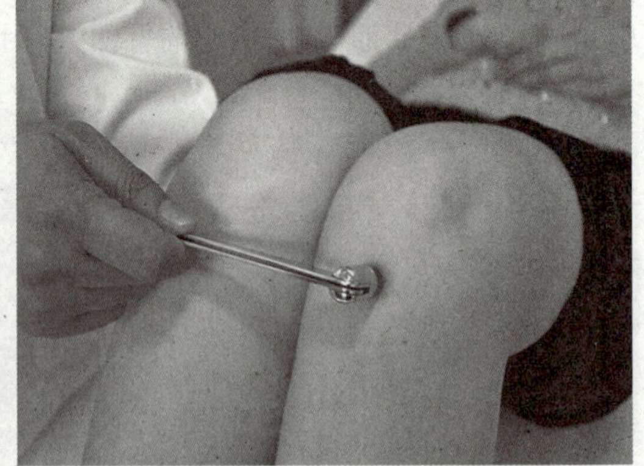

卧位

附篇图 1-4 膝反射检查

5. 踝反射(achilles tendon reflex) 反射中心 $S_1 \sim S_2$,经胫神经传导。检查时受检者取仰卧位,屈膝约 90°,检查者用左手使足背屈成直角,叩击跟腱,反射为足跖屈;或俯卧位,屈膝 90°,检查者用左手按足跖,再叩击跟腱;或患者跪于床边,足悬于床外,叩击跟腱,反射为腓肠肌和比目鱼肌收缩而致足跖屈(附篇图 1-5)。

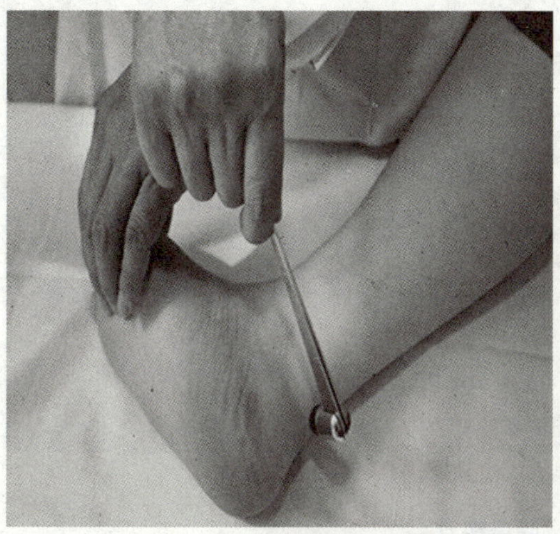

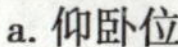

a. 仰卧位

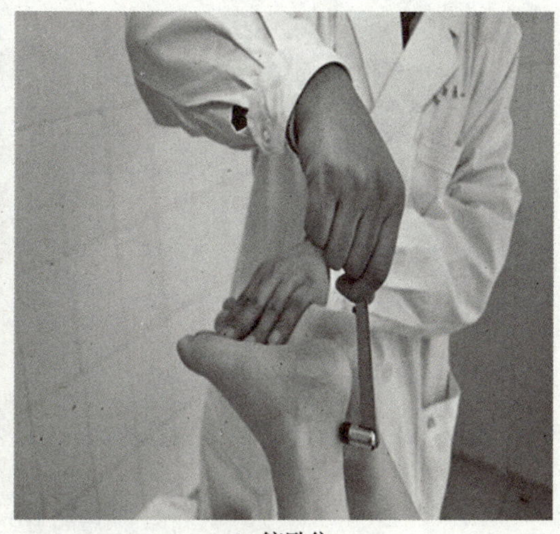

b. 俯卧位

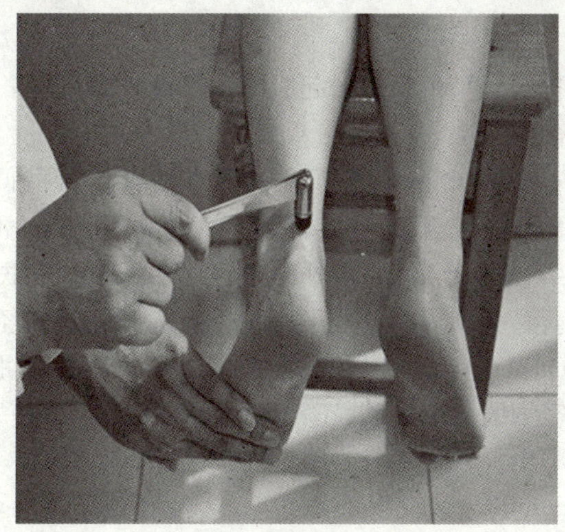

c. 跪位

附篇图 1-5　踝反射检查

6. 阵挛(clonus)　阵挛是腱反射高度亢进的表现，临床常见：①髌阵挛(knee clonus)：患者仰卧，下肢伸直，检查者用拇、食两指捏住髌骨上缘，突然并持续向下方推动，髌骨发生连续节律性上下颤动；②踝阵挛(ankle clonus)：较常见，检查者用左手托患者腘窝，右手握足前部突然推向背屈，并用手维持压于足底，跟腱发生节律性收缩，导致足部交替性屈伸动作(附篇图 1-6)。

7. 霍夫曼(Hoffmann)征　反射中心 $C_7 \sim T_1$，经正中神经传导。以往该征与 Rossolimo 征被认为是病理反射，实际上是牵张反射，可视为腱反射亢进的表现，也见于腱反射活跃的正常人。患者手指微屈，检查者左手握患者腕部，右手食指和中指夹住患者中指并稍向前上方提拉，以拇指快速向下拨动中指指甲，或检查者用中指急速弹其中指掌面，阳性反应为拇指屈曲内收和其他各指屈曲。前者称 Hoffmann 征，后者称为 Trömner 征。

8. Rossolimo 足部征　反射中心 $L_5 \sim S_1$，经胫神经传导。检查时检查者用手指快速向上弹拨受检者足趾跖面或用叩诊锤叩击足趾跖面，足趾向跖面屈曲为阳性。

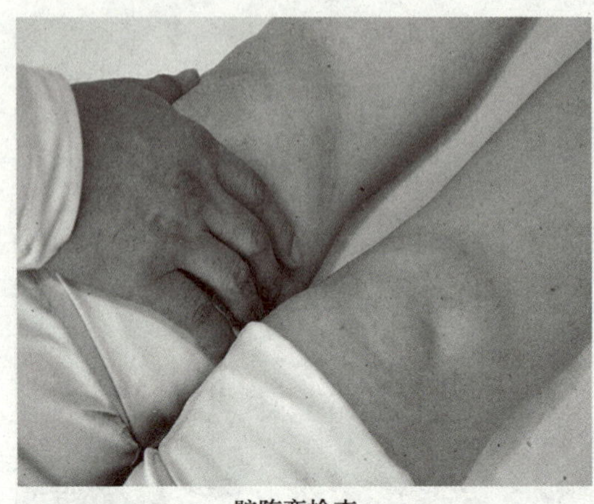
髌阵挛检查

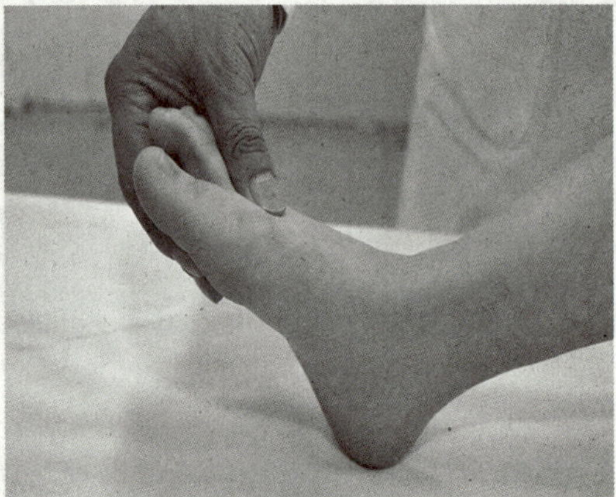
踝阵挛检查

附篇图 1-6　阵挛检查

（二）浅反射

浅反射是刺激皮肤、黏膜、角膜等引起肌肉的快速收缩反应。角膜反射、咽反射和软腭反射见脑神经检查。

1. 腹壁反射（abdominal reflexes）　反射中心 T_7 ~ T_{12}，经肋间神经传导。患者仰卧，双下肢略屈曲使腹肌松弛，用钝针或竹签沿肋弓下缘（T_7 ~ T_8）、脐孔水平（T_9 ~ T_{10}）和腹股沟上（T_{11} ~ T_{12}）平行方向，由外向内轻划两侧腹壁皮肤，反应为该侧腹肌收缩，脐孔向刺激部分偏移，分别为上、中、下腹壁反射。肥胖者和经产妇可引不出。

2. 提睾反射（cremasteric reflex）　反射中心 L_1 ~ L_2，经生殖股神经传导。用钝针自下向上或自上而下轻划股内侧皮肤，正常为该侧提睾肌收缩使睾丸上提。年老体衰患者的提睾反射可引不出。

3. 跖反射（plantar reflex）　反射中心 S_1 ~ S_2，经胫神经传导。用竹签轻划足底外侧，自足跟向前至小趾根部足掌时转向内侧，反射为足趾跖屈（附篇图 1-7）。

4. 肛门反射（anal reflex）　反射中心 S_4 ~ S_5，经肛尾神经传导。用竹签轻划肛门周围皮肤，反射为肛门外括约肌收缩。

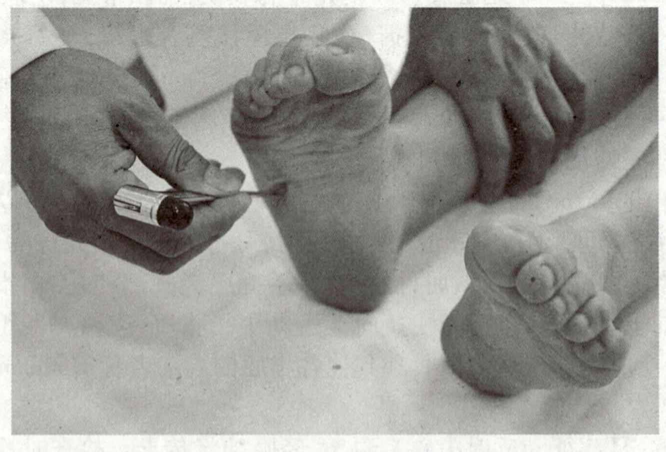
附篇图 1-7　跖反射检查

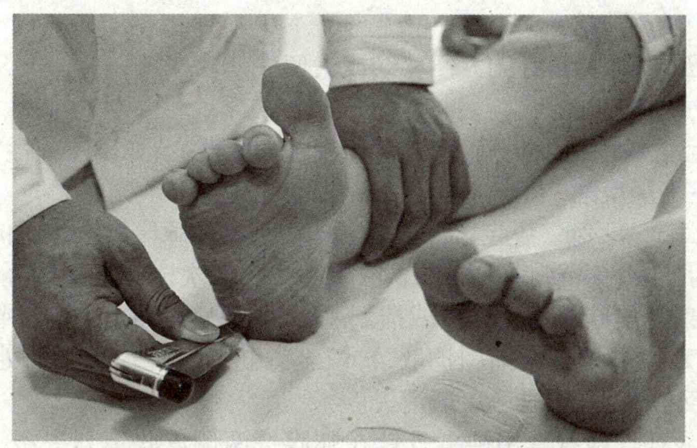

附篇图 1-8　Babinski 征检查

（三）病理反射

巴宾斯基（Babinski）征：是最经典的病理反射，虽然简单，但可确切提示锥体束受损，几乎没有哪个神经体征的分量可与之相比。检查方法同跖反射。踇趾背屈，有时可伴其他足趾扇形展开为阳性反应，也称伸跖反射（附篇图 1-8）。Babinski 等位征包括：①Chaddock 征：由后向前轻划外踝后下方；②Oppenheim 征：用拇指和食指沿胫骨前缘自上向下用力下滑；③Schäeffer 征：用手挤压跟腱；④Gordon 征：用手挤压腓肠肌；⑤Gonda 征：用力下压 4、5 趾，数分钟后突然放松；⑥Pussep 征：轻划足背外侧缘。阳性反应均为踇趾背屈。

六、脑膜刺激征检查

1. 颈强直　患者仰卧，双下肢伸直，检查者轻托受检者枕部并使其头部前屈。如有抵抗，下颏不能触及胸骨柄，则表明存在颈强直。颈强直程度可用下颏与胸骨柄间的距离来表示。

2. 凯尔尼格征（Kernig sign）　患者仰卧，检查者托起受检者一侧大腿，使髋、膝关节各屈曲成约 90°，然后一手固定其膝关节，另一只手握住足跟，将小腿慢慢上抬，使其被动伸展膝关节。如果患者大腿与小腿夹角不到 135°就产生明显阻力，并伴有大腿后侧及腘窝部疼痛，则为阳性。

3. 布鲁津斯基征（Brudzinski）　患者仰卧，双下肢伸直，检查者托起受检者枕部并使其头部前屈，如患者双侧髋、膝关节不自主屈曲，称为布鲁津斯基颈征阳性；一侧下肢膝关节屈曲位，检查者使该侧下肢向腹部屈曲，对侧下肢亦发生屈曲，为布鲁津斯基腿征阳性。

七、自主神经系统检查

（一）一般检查

1. 皮肤黏膜　色泽（苍白、潮红、发绀、红斑、色素沉着、色素脱失等），质地（光滑、变硬、增厚、变薄、脱屑、干燥、潮湿等），温度（发热、发凉），以及水肿、溃疡和压疮等。

2. 毛发和指甲　多毛、少毛、局部脱毛、指和趾甲变形松脆等。

3. 出汗　全身或局部出汗过多、过少和无汗等。

（二）括约肌功能检查

有无尿潴留或尿失禁，有无大便秘结或大便失禁。

（三）性功能检查

当自主神经低级中枢发生病变时，可出现性功能改变，如阳痿或性功能亢进等。

（四）自主神经反射

1. 卧立位试验　平卧姿势起立后，数被检者1分钟的脉搏数，如增加超过10～12次，或直立位置改为卧位1分钟脉搏数减少次数超过10～12次，提示自主神经兴奋性增高。

2. 竖毛反射　皮肤局部受寒冷或搔划刺激，引起竖毛肌（由交感神经支配）收缩，局部出现竖毛反应，并逐渐向周围扩散，扩散至脊髓横贯性损害平面处即停止。刺激后7～10秒时反射最明显，以后逐渐消失。

3. 皮肤划纹征　检查者用钝头骨针在胸腹壁两侧皮肤上划一条线，经8～20秒潜伏期出现一条白线。约半分钟后变为红色条纹为正常反应。如划线后的白线条持久出现，为交感神经兴奋性增高；如红线条明显增宽，甚至隆起，为副交感神经兴奋性增高或交感神经麻痹。

4. 眼心反射　检查者用中指与食指对双侧眼球逐渐施加压力20～30秒，正常人脉搏可减少10～12次/分，如脉搏数减少超过12次/分提示副交感（迷走）神经功能增强，迷走神经麻痹则无反应。如压迫后脉率非但不减慢反而加速，则提示交感神经功能亢进。

学习小结

1. 学习内容

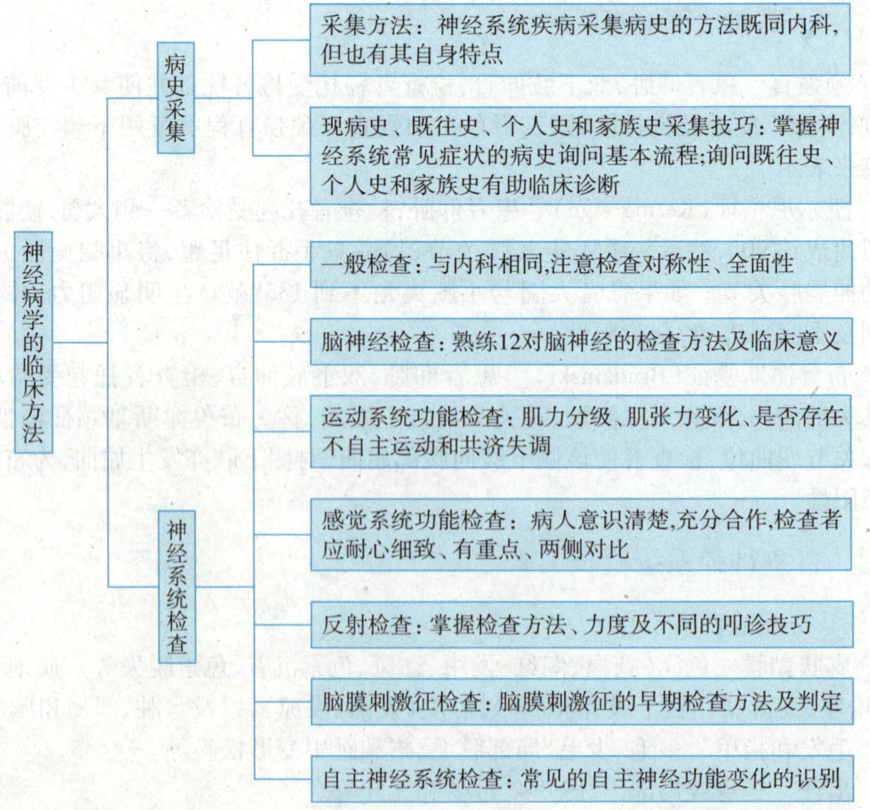

2. 学习方法

复习一般内科病史采集和体格检查相关知识，归纳掌握一般内科与神经科在病史采集和体格检查方面的异同，在充分熟悉一般内科病史采集方法的基础上，根据神经系统病史采集的特殊要求进行重点理解和把握，并结合神经科临床患者来进行病史采集的训练，提高临床神经系统病史采集的能力。复习神经解剖、定位和病理生理等相关知识，了解神经系统体格检查的临床意义，通过实训操作和临床实践，掌握体格检查的方法和技巧，将理论与实践进行有机地结合，分析不同的病史资料和体格检查结果以及它们之间的相关联系，通过推理对具体病人的病位、病性做出准确合理的判断。因此可以说神经系统病史采集和体格检查是神经科医生必须掌握的重要基本功。

（杨文明）

复习思考题

1. 病史采集过程中应注意哪些问题？
2. 试述面神经检查要点。
3. 临床有哪些体格检查方法可以帮助发现轻微瘫痪？
4. 肌张力增高有几种常见的类型？病变部位如何？
5. 试述 Babinski 征的检查方法和临床意义，及其与跖反射之间的关系。

第二章

神经系统疾病的辅助检查方法

学习目的

通过学习神经系统疾病常用辅助检查方法，为神经系统疾病诊治过程选择合适的诊断方法奠定基础。

学习要点

脑脊液检查项目及其临床意义；CT及MRI的适应证和优缺点；脑电图、肌电图、诱发电位、颈动脉超声检查、经颅多普勒超声检查的临床应用。

第一节　腰椎穿刺及脑脊液检查

脑脊液(cerebrospinal fluid，CSF)为无色透明的液体，充满在各脑室、蛛网膜下腔和脊髓中央管内，对脑和脊髓具有保护、支持和营养作用。成人CSF总量平均为130ml，生成速度为0.3～0.5ml/min，每日生成约500ml。脑脊液检查可测定颅内压，并对中枢神经系统感染、蛛网膜下腔出血、脑膜癌症和脱髓鞘等疾病的诊断、鉴别诊断、疗效和预后判断具有重要的价值。

【腰椎穿刺】

1. 操作方法　正确的体位是成功的关键(附篇图2-1)。患者通常取侧卧位，屈颈

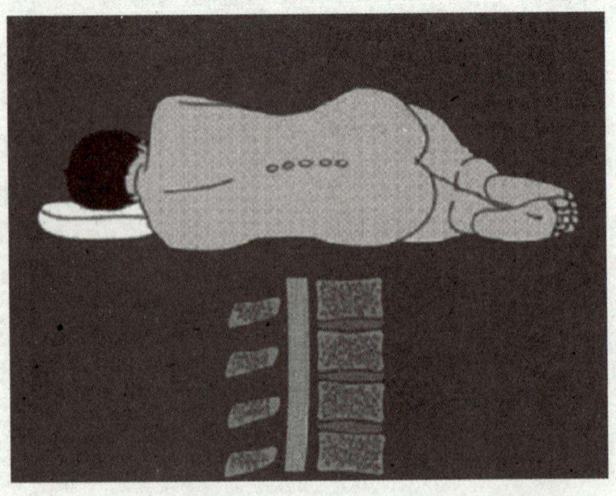

附篇图2-1　腰椎穿刺体位

抱膝，尽量使脊柱前屈，利于拉开椎间隙。背部要与检查床垂直，脊柱与床平行。常规消毒及局部麻醉后，自 $L_3 \sim L_4$ 椎间隙（$L_2 \sim S_1$ 间隙均可）穿刺，穿刺针与床面平行并稍向头侧倾斜。当进入蛛网膜下腔时，会感觉到轻轻的“落空感”。立即测量脑脊液的初压，并收集脑脊液。术后平卧 4～6 小时。

2. 压力测定　采用测压管进行压力测定。成人侧卧位正常压力为 80～180mmH_2O，>200mmH_2O 提示颅内压增高，<80mmH_2O 提示颅内压降低。压力增高常见于颅内占位性病变、脑外伤、颅内感染、蛛网膜下腔出血、静脉窦血栓形成、良性颅内压增高等。压力降低常见于低颅压、脱水、休克、脊髓蛛网膜下腔梗阻和 CSF 漏等。

【脑脊液检查】

（一）常规检查

1. 性状　正常 CSF 无色透明。如 CSF 为血性或粉红色可用三管试验法加以鉴别，连续用 3 个试管接取 CSF，如前后各管为均匀一致的血色提示为蛛网膜下腔出血；前后各管的颜色依次变淡可能为穿刺损伤出血。CSF 呈云雾状，通常是细菌感染引起细胞数增多所致，见于各种化脓性脑膜炎，严重者可呈米汤样，CSF 放置后有纤维蛋白膜形成，见于结核性脑膜炎。

2. 细胞数　正常人 CSF 中，细胞以单核、淋巴细胞为主，总数 $\leq 5\times10^6$/L（5 个/mm^3），$(5\sim10)\times10^6$/L 为极限。中枢神经系统感染时，脑脊液细胞增多。病毒感染者以淋巴细胞增多为主，细胞总数以数十至数百为计；细菌感染时以中性粒细胞增多为主，细胞数以数千为计；脑的寄生虫感染时可见较多的嗜酸性粒细胞。

（二）生化检查

1. 蛋白质　正常成人 CSF 蛋白质含量为 0.15～0.45g/L。升高常见于化脓性脑膜炎、结核性脑膜炎、吉兰-巴雷综合征、中枢神经系统恶性肿瘤、脑出血、蛛网膜下腔出血及椎管梗阻等，尤以椎管阻塞时增高显著。

2. 糖　正常成人 CSF 糖含量为血糖的 1/2～2/3，正常值 2.5～4.4mmol/L，<2.25mmol/L为异常。明显降低见于化脓性脑膜炎，轻至中度降低见于结核性或真菌性脑膜炎以及脑膜癌病。增高见于糖尿病。

3. 氯化物　正常人 CSF 含氯化物 120～130mmol/L。降低见于结核性、细菌性、真菌性脑膜炎及全身性疾病引起的电解质紊乱患者，尤以结核性脑膜炎最为明显。

（三）特殊检查

1. 细胞学检查　细胞学检查对于脑膜癌病、中枢神经系统白血病等的诊断有非常重要的意义。

2. 免疫学检查

（1）脑脊液 IgG 指数：正常脑脊液中免疫球蛋白含量约为血清 IgG 的 1/400，即 IgG 为 10～40mg/L，IgA 为 1～6mg/L，IgM 含量极微，测不到。脑脊液中白蛋白含量约为血清含量的 1/230，正常人含量为 200～300mg/L。中枢神经系统感染时脑脊液 IgG 含量和白蛋白均可升高。脑脊液中 IgG 升高既可由脑内神经组织的免疫反应引起，亦可由血-脑屏障破坏而由血清进入引起。

笔记

$$\text{脑脊液}\, IgG\, \text{指数} = \frac{\text{脑脊液}\, IgG/\text{血清}\, IgG}{\text{脑脊液白蛋白}/\text{血清白蛋白}}$$

该指数是用于判断有否鞘内 IgG 合成的常用方法。凡 IgG 指数>0.7 者提示鞘内蛋白合成，以多发性硬化为最常见。

（2）寡克隆区带（oligoclonal bands，OB）：脑脊液的 OB 测定也是检测鞘内免疫球蛋白合成的重要方法。IgG、OB 是诊断多发性硬化的重要辅助指标。

3. 病原学检测　脑脊液病原学检查是诊断中枢神经系统感染、确定感染类型的重要手段。

（1）病毒学检测：通常使用酶联免疫吸附试验方法检查病毒抗体。例如，单纯疱疹病毒、巨细胞病毒、风疹病毒和 EB 病毒等病毒抗体检测。

（2）新型隐球菌检测：常用涂片墨汁染色法，阳性提示新型隐球菌感染，墨汁染色虽然特异性高，但敏感性不够高，常需多次检查才有阳性结果。可同时采用乳胶凝集试验进行免疫学检查，该方法简单、快速、敏感性高。

（3）结核杆菌检查：CSF 涂片和结核杆菌培养是中枢神经系统结核感染的常规检查方法。涂片抗酸染色简便，但敏感性较差。CSF 结核杆菌培养是诊断中枢神经系统结核感染的金标准，但阳性率低，检查周期长（4～8 周）。

知识拓展

结核感染 T 细胞斑点试验（T SPOT-TB）

酶联免疫斑点法（enzyme-linked immunospot assay，ELISPOT）技术是一种新型的免疫酶技术，由 ELISPOT 发展来的结核感染 T 细胞斑点试验（T SPOT-TB）技术就是通过检测结核感染后 T 淋巴细胞分泌的特异性的细胞因子 IFN-γ 来诊断是否存在结核感染。

对于涂片阴性的疑似患者，T SPOT-TB 有利于结核病的早期诊断与治疗。

（4）寄生虫抗体检测：脑脊液囊虫特异性抗体检查、血吸虫特异性抗体检测对于脑囊虫病、血吸虫病有重要诊断价值。

（5）其他细菌学检查：CSF 细菌培养结合药敏试验不仅能准确地诊断细菌感染类型，而且可以指导抗生素的选用。

第二节　神经影像检查

【头颅平片和脊柱 X 线平片】

1. 头颅 X 线检查（X-rays examination of skull）　头颅平片主要观察颅骨的厚度、密度及各部位结构，颅缝的状态，颅底的裂和孔，蝶鞍及颅内钙化灶等。

2. 脊柱 X 线检查（X-rays examination of spine）　脊柱 X 线检查主要观察脊柱的生理弯曲，椎体有无发育异常、骨质破坏、骨折、脱位、变形或骨质增生，椎弓根的形态及椎弓根间距有无变化，椎间孔有无扩大、椎间隙有无狭窄、椎板及棘突有无破裂或脊柱裂、脊椎横突有无破坏、椎旁有无软组织阴影等。

笔记

【数字减影血管造影】

数字减影血管造影（digital substraction angiography，DSA）是将传统的血管造影与电子计算机相结合而派生的新型技术。通过计算机减影处理，骨骼、脑组织等影像均被减影除去，而充盈造影剂的血管图像保留下来，从而得到清晰的血管图像。

1. 全脑血管造影术　适应证：颅内外血管性病变，例如动脉狭窄、动脉瘤、动静脉畸形、颅内静脉系统血栓形成等；自发性脑内血肿或蛛网膜下腔出血病因检查；观察颅内占位性病变的血供与邻近血管的关系及某些肿瘤的定性。

2. 脊髓血管造影术　适应证：脊髓血管性病变；脊髓富血性肿瘤；脊髓内血肿；可以了解脊髓肿瘤与血管的关系。

【电子计算机断层扫描】

电子计算机断层扫描（computed tomography，CT）是电子计算机数字成像技术与X线断层扫描技术相结合的医学影像技术。CT对中枢神经系统疾病有重要的诊断价值，主要用于脑出血、脑梗死、脑肿瘤、脑积水、脑萎缩以及某些椎管内疾病的诊断。特殊情况下，还可用碘造影剂增强组织显影，以明确诊断。

1. 脑血管疾病　由于其快速和安全性，CT扫描是大部分脑血管病的首选检查手段。然而，对于小脑幕下（小脑和脑干）的病变，由于骨伪影干扰影响其分辨率，诊断效果不理想。

（1）脑出血：CT扫描可诊断早期脑出血（附篇图2-2）。脑内血肿的CT表现和病程有关。新鲜血肿为边缘清楚、密度均匀的高密度病灶，血肿周围可有低密度水肿带；约1周后，高密度灶向心性缩小，周边低密度带增宽；约4周后变成低密度灶。

（2）脑梗死：CT表现为低密度病灶。继发出血时可见高、低密度混杂病灶。值得注意的是，CT扫描对于幕下病变显示效果较差；脑梗死发生后24小时内，由于梗死灶尚未完全形成，CT往往不能发现明显异常。

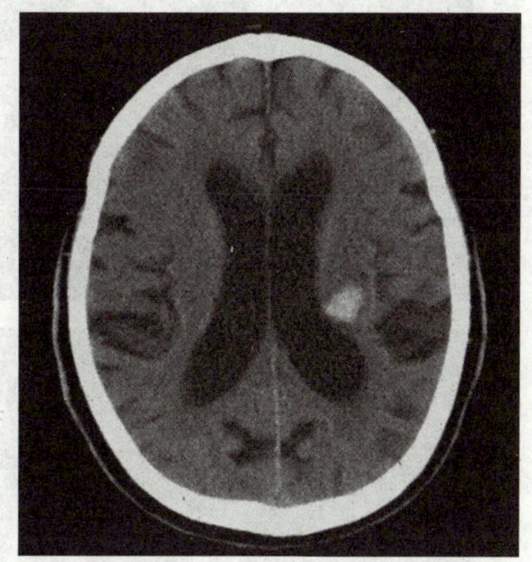

附篇图2-2　脑出血CT表现

2. 颅内肿瘤　CT可见占位病变，伴有灶周水肿、囊变、坏死、钙化等不同表现。增强后的病变形态是重要的诊断依据。

3. 颅脑损伤　CT可发现颅内血肿和脑挫伤，骨窗可发现颅骨骨折。

【磁共振成像】

磁共振成像（magnetic resonance imaging，MRI）是20世纪80年代初用于临床的一种生物磁学核自旋成像技术。与CT比较，MRI有如下优势：对人体无放射性损害，能显示人体任意断面的解剖结构，对软组织的分辨率高，图像清晰，不出现颅骨伪影，可清楚显示脊髓、脑干及后颅窝等病变。不足之处：MRI检查时间较长，体内有金属置入物的患者不能接受MRI检查。对于急性颅脑损伤、颅骨骨折、急性出血病变和钙化灶等的检查，MRI不如CT敏感。

知识链接

磁共振成像技术发展

1946年美国学者Bloch和Purcell发现磁共振成像基本原理,1952年两人因这一贡献而获得诺贝尔物理奖。时隔27年后,英国学者Lauterbur利用这一原理,通过在主磁场中附加一个梯度磁场,并逐点诱发核磁共振无线电波,然后经过复杂的计算机处理与重建,获得一幅二维的磁共振图像。此后,又经过5年的研究,1978年5月英国诺丁汉大学和阿伯丁大学的物理学家们终于获得了第一幅人体头部的磁共振图像。

今天,随着计算机技术、电子技术和超导技术的飞速发展,MRI技术亦日臻成熟与完善,其应用范围也已从头部扩展到全身,从而使我们对许多疑难病变的诊断与鉴别成为可能。

MRI主要用于脑梗死、脑炎、脑肿瘤、颅脑先天发育畸形和颅脑外伤等的诊断;除此之外,MRI图像对脑灰质与脑白质可产生明显的对比度,常用于脱髓鞘疾病、脑白质病变及脑变性疾病的诊断;对脊髓病变如脊髓肿瘤、脊髓空洞症、椎间盘脱出、脊椎转移瘤和脓肿等诊断更有明显的优势。

1. 脑梗死　弥散加权成像(DWI)用于缺血性脑血管病的早期诊断,可发现2小时内的缺血改变,为早期治疗提供了重要信息(附篇图2-3)。

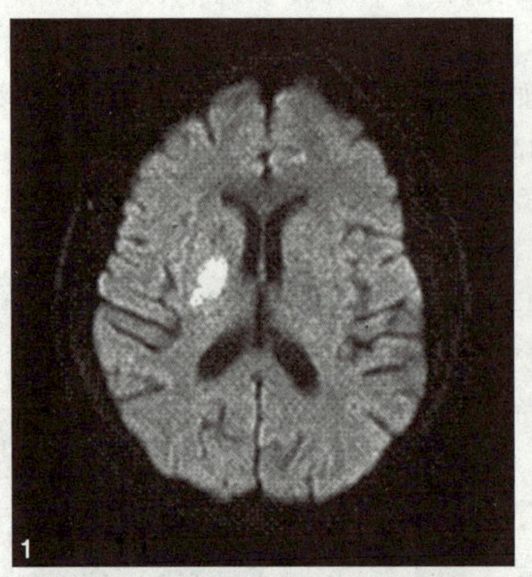

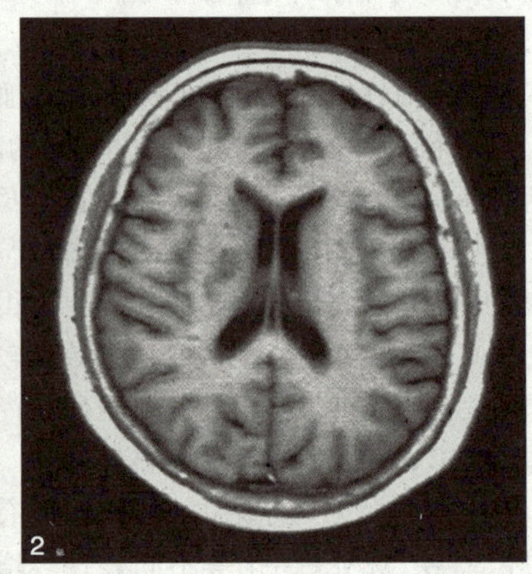

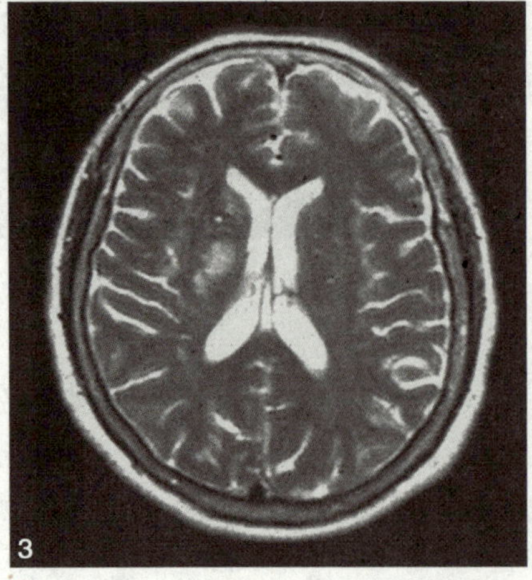

附篇图2-3　急性脑梗死MRI表现

1. DWI示高信号;2. T_1示稍低信号;3. T_2示高信号

笔记

2. 脑出血　脑出血不同时期 MRI 信号不同,取决于含氧血红蛋白、脱氧血红蛋白、正铁血红蛋白和含铁血黄素的变化。出血后 7 天内,MRI 诊断准确性不及 CT。

3. 脑肿瘤　MRI 在发现低分化的、比较小的肿瘤以及转移瘤方面优于 CT。增强扫描有助于肿瘤的诊断,特别是对软脑膜、硬脑膜和脊膜转移瘤的诊断有很大帮助。

4. 椎管和脊髓病变　MRI 是目前检查椎管和脊髓的最佳手段。对椎管狭窄、椎管内肿瘤、炎症以及脊髓空洞症等疾病有重要的诊断价值。

第三节　神经电生理检查

【脑电图】

脑电图(electroencephalography,EEG)是脑生物电活动的检查技术,通过测定自发的、有节律的生物电活动以了解脑功能状态。一般在头皮规定部位放置 15～21 个电极,记录大脑半球电活动。脑电图是评价癫痫和脑病的重要工具。

(一)正常成人 EEG

正常成人在清醒、安静、闭眼状态下,脑电的基本节律为 8～13Hz 的 α 波,波幅为 20～100μV,主要分布在枕部和顶部;β 波频率为 14～25Hz,波幅 5～20μV,主要分布在额叶和颞叶;部分正常人在大脑半球前部可有少量 4～7Hz 的 θ 波;频率在 4Hz 以下为 δ 波,只在睡眠时出现。

频率 8Hz 以下的脑电图称为慢波。如慢波增多或清醒时出现 δ 波为病理现象,慢波表示该电极处的神经元受损或功能受抑制。

(二)儿童 EEG

儿童脑电活动以慢波为主。随着年龄增长,慢波逐渐减少,α 波逐渐增多,14～18 岁时基本上接近成年人的脑电图。

(三)异常 EEG

根据异常脑电波出现是弥漫性的还是局限性的,可以判断病变范围。EEG 虽不能确定病灶的性质,但动态观察可帮助判断进行性病变。目前脑电图检查主要用于:

1. 癫痫的诊断、鉴别诊断和药物治疗评估　癫痫患者的脑电图异常表现有:①棘波;②尖波;③多棘波;④暴发性快节律;⑤3Hz 棘-慢复合波;⑥高度节律失常等。这些癫痫波形的出现统称为痫样放电。50% 以上患者癫痫发作间歇期可有阳性发现。

2. 意识障碍的皮质功能判断　脑外伤、脑缺氧、急性脑血管意外等患者,长期昏迷或植物状态时可做 EEG 检查,观察有 α 波、θ 波或 δ 波的存在。脑电图也可作为判断脑死亡的参考指标。

3. 其他　如 Creutzfeld-Jacob 病、肝昏迷等动态观察亦有助于诊断。

【肌电图】

肌电图(electromyography,EMG)是应用电生理技术记录周围神经支配骨骼肌过程中的电活动变化。广义的肌电图检查除普通肌电图、单纤维肌电图(SFEMG)外,还包括神经传导速度、重复电刺激、H 反射和 F 波等。

1. 肌电图　常规肌电图指用同心圆针电极记录的肌肉安静状态下和不同程度随意收缩状态下各种电活动的一种技术。EMG 主要用于神经源性损害和肌源性损害的诊断及鉴别诊断。四肢、胸锁乳突肌和脊旁肌 EMG 对运动神经元病的诊断有重要价值。

(1) 插入性电活动:过多的插入性电活动见于神经源性损害和肌源性损害,因此

并无特异性。

(2) 自发性电活动:正常肌肉是处于电静息状态,自发性肌纤维收缩(纤颤电位和正向尖波)和自发性运动电位放电(肌束震颤)常常预示着肌肉失神经支配。在急性神经损伤(如神经根受压)后,自发性电活动常常持续2周。肌强直是以运动单位持续放电为特征,为高频率、波幅逐渐增大至最大值后又逐渐降低,产生一种"轰炸机俯冲"的声音。

(3) 运动单位电位(MUP):神经源性损害可见MUP时限增宽、波幅增高及多相波百分比增高。肌源性损害可见MUP时限缩短、波幅降低及多相波百分比增高。

(4) 募集电位:神经源性损害可见单纯相和混合相,肌源性损害可见病理干扰相。

2. 神经传导速度　神经传导速度(NCV)是通过在皮肤上放置电极并应用电脉冲刺激神经来评定周围神经传导功能的一项诊断技术。

NCV异常包括传导速度减慢和波幅降低,前者主要反映髓鞘损害,后者主要反映轴索损害,严重的髓鞘脱失也可继发轴索损害。

F波是超强电刺激神经干在M波(CMAP)后的一个晚成分,由运动神经回返放电引起。F波缺失、延迟或传导速度减慢等,通常提示周围神经近端病变。

H反射是利用较小电量刺激神经,冲动经感觉神经纤维向上传导至脊髓,再经单一突触连接传入运动神经元而引发肌肉电活动。H反射消失表示该神经根或其相关的反射弧病损。

3. 重复神经电刺激　重复神经电刺激(RNS)指超强重复刺激神经干后在相应肌肉记录复合肌肉动作电位,是检测神经肌肉接头功能的重要手段。根据刺激的频率分为低频(≤5Hz)RNS和高频(10~30Hz)RNS。

重症肌无力表现为低频或高频刺激波幅递减;Lambert-Eaton综合征表现为低频刺激波幅递减,而高频刺激波幅递增。

【诱发电位】

诱发电位(evoked potential,EP)是神经系统在感受体内外各种特异性刺激所产生的生物电活动。

1. 视觉诱发电位(VEP)　指通过轮流交替的方格图案或动态的闪光刺激视觉,经头皮记录枕叶皮质产生的电活动。VEP检查是视神经和视束通路中亚临床病变早期诊断的主要手段,用于视神经炎、视神经脊髓炎、多发性硬化的辅助诊断。

2. 脑干听觉诱发电位(BAEP)　指通过耳机产生"咔嚓"声刺激听神经,经头皮记录的电位。根据波形出现的完整性和潜伏期时间的改变,可以有效地为病变损害的部位、听神经或脑干损害提供证据。BAEP可用于脑桥小脑角肿瘤的诊断、手术监视、脑干脱髓鞘及血管性疾病的诊断和动态监视,亦用于昏迷患者的脑功能检查。

3. 躯体感觉诱发电位(SEP)　指刺激肢体末端感觉神经,在躯体感觉上行通路不同部位记录的电位。可用于各种感觉通路受损的诊断和客观评价。

4. 运动诱发电位(MEP)　指经颅磁刺激大脑皮质运动细胞、脊神经根及周围神经运动通路,在相应的肌肉上记录的复合肌肉动作电位。用于运动通路病变的诊断。

5. 事件相关电位(ERP)　指人对某种事件或信息进行认知加工时,通过叠加和平均技术在头颅表面记录的大脑电位,又称"认知电位"。用于各种大脑疾病引起的认知功能障碍的评价。

第四节　血管超声检查

【颈动脉超声检查】

颈动脉超声检查是一项无创性检测手段，可客观检测颈部动脉的结构和动脉硬化斑块形态。对头颈部血管病变，特别是缺血性脑血管疾病的诊断具有重要的意义。

1. 观测指标

（1）二维图像的检测指标：血管的位置，血管壁结构，血管内径的测量等。

（2）彩色多普勒血流显像检测指标：血流方向，彩色血流的显像与血管病变的观察等。

2. 临床应用

（1）颈动脉粥样硬化：表现为内膜不均匀增厚、斑块形成、血管狭窄或闭塞等，根据血管的残余管径及血流动力学参数变化，计算血管狭窄的程度。

（2）颈动脉瘤：根据动脉瘤的病理基础和结构特征可分为真性动脉瘤、假性动脉瘤和夹层动脉瘤。

（3）大动脉炎：表现为血管壁内膜、中膜及外膜结构分界不清，动脉内膜和中膜的结构融合，外膜表面粗糙，管壁均匀性增厚，管腔向心性狭窄。

【经颅多普勒超声检查】

经颅多普勒（TCD）超声检查能够直接测量颅内大动脉近端的血流速度、流量等。

1. 观测指标

（1）血流速度：包括收缩期峰流速、舒张期末峰流速和平均流速等。

（2）动脉参数：包括收缩与舒张比值、阻力指数、动脉指数和动脉传递指数。

血流速度和动脉指数是TCD检测最常用和最有意义的指标。

2. 临床应用

（1）诊断颅内外段脑动脉狭窄或闭塞。

（2）评价蛛网膜下腔出血患者脑血管痉挛情况。

（3）脑血管畸形：有助于脑深部脑动静脉畸形定位，确定供养血管和引流静脉。

（4）脑动脉血流微栓子监测：TCD可以探测到在血流中经过的固体颗粒，通常大脑中动脉是检测微栓子的监测血管。进行微栓子检测的目的是了解缺血性卒中的栓塞机制。

第五节　放射性同位素检查

放射性同位素检查是一类能反映功能和代谢的显像方法，包括单光子发射计算机断层（single photon emission computed tomography，SPECT）和正电子发射计算机断层（position emission tomography，PET）。

【单光子发射计算机断层】

SPECT大多使用能通过血-脑屏障的放射性药物，显示局部脑血流的分布。和CT、MRI等结构性影像相比，SPECT显像可获得前两者无法获得的脑功能资料，对于某些疾病诊断有一定的优越性。

1. 短暂性脑缺血发作　发现相应区域局部脑血流量降低。

笔记

2. 癫痫　发作期病灶区的局部脑血流量增高，而在发作间歇期局部脑血流量降低。

3. 痴呆　阿尔茨海默病患者表现为对称性颞顶叶局部脑血流量降低；血管性痴呆可见散在、多个局部脑血流量减低区。

4. 锥体外系疾病　帕金森病可见纹状体的局部脑血流量降低。

【正电子发射计算机断层】

PET是显示脑代谢和功能的图像，如局部脑葡萄糖代谢、氨基酸代谢、氧代谢和脑血流，还可显示神经受体的位置、密度及分布。PET弥补了单纯解剖形态成像的不足，能反映局部脑功能的变化，在疾病还未引起脑的结构改变时就能发现脑局部代谢的异常，临床上有很重要的用途。

1. 癫痫　难治性癫痫需外科治疗时，PET能帮助确定低代谢活动的癫痫病灶，有助于外科手术切除癫痫病灶的定位。

2. 痴呆　PET可用于痴呆的鉴别诊断，阿尔茨海默病可表现为单侧或双侧颞顶叶代谢减低；血管性痴呆表现为多发性、非对称性代谢减低；额颞叶痴呆则以额叶代谢减低为主。

3. 帕金森病　联合应用多巴胺转运蛋白（DAT）和多巴胺D2受体（D2R）显像能完整地评估帕金森病的黑质-纹状体通路变性程度，对帕金森病的早期诊断、鉴别诊断和病情严重程度评估有一定价值。

4. 肿瘤　主要用于脑肿瘤放射治疗后辐射坏死与肿瘤复发或残存的鉴别诊断。在检测脑部原发性肿瘤方面也很有价值，能敏感地发现早期病灶，帮助判断肿瘤的恶性程度。

第六节　脑、神经和肌肉活组织检查

脑、神经和肌肉活组织检查主要目的是明确病因或做出特异性诊断，或通过病理检查结果进一步解释临床和神经电生理改变。随着病理诊断技术不断发展，组织化学、免疫组化及DNA等技术应用，病理诊断阳性率不断提高。然而，活组织检查也有一定的局限性，如受取材部位和大小的限制，散在病变的病理结果阴性不能排除诊断，当病变较轻或与正常组织难于鉴别时应慎下结论。

【脑活组织检查】

适用于临床病史、神经影像、神经电生理及放射性同位素等检查均不能明确疾病性质的脑部疾病患者。常用方法以立体定向技术取出病灶区小块组织，做病理光镜、电镜检查，亦可做组织分子生物学检查，为脑部变性、寄生虫病、包涵体脑炎、疱疹病毒感染及其他代谢异常性遗传病等提供依据。

【神经活组织检查】

经电生理检查尚不能确诊周围神经病变类型者，可做周围神经活检。常用活检的选择部位为下肢的腓神经末端或上肢的前臂外侧皮神经。根据所取神经可做特殊髓鞘染色、光镜和电镜观察，亦可做各种特异抗原的抗体染色，为周围神经疾病的病因诊断提供依据。

【肌肉活组织检查】

肌肉活检是骨骼肌肉疾病诊断的重要手段之一。取材部位应当是有肌肉萎缩但不完全的部位。取骨骼肌肉时应当纵行切开肌纤维，然后切下0.5cm×1.0cm×0.5cm大小为好。取下肌肉后应立即拉平，防止卷缩。肌肉标本应做组织化学、光镜、免疫组

笔记

化、电镜检查和基因分析等。肌肉活检用于神经源性与肌源性疾病的鉴别，以及不同类型肌肉疾病的诊断。

第七节　基因诊断

神经系统遗传病约占人类遗传病的 60%，具有家族性和终生性的特点。基因诊断可以弥补神经系统遗传性疾病临床（表型）诊断的不足，利于早期诊断，并为遗传病的分类提供新的方法和依据，为遗传病的治疗提供新的出路。常用的基因诊断方法包括：核酸分子杂交技术、聚合酶链反应、基因测序和基因芯片。

根据受累遗传物质的不同分类，神经系统遗传性疾病主要包括单基因遗传病、多基因遗传病、线粒体遗传病和染色体病，目前基因诊断主要用于单基因遗传病。基因诊断在神经系统遗传性疾病中的应用主要包括：①单基因遗传病的诊断、鉴别诊断及病因的确定：如 Duchenne 型进行性肌营养不良、亨廷顿病、遗传性脊髓小脑共济失调、脊髓性肌萎缩、腓骨肌萎缩症、肝豆状核变性、遗传性肌张力障碍、强直性肌营养不良等；②为表型多样性疾病的基因分型提供依据：如脊髓小脑共济失调；③对单基因和多基因遗传性疾病易感人群进行早期诊断和干预：如检测肝豆状核变性基因和阿尔茨海默病的载脂蛋白 E 基因，确定易感人群进行早期干预，阻止或延缓出现临床症状；④神经系统遗传性疾病的产前诊断和咨询。

第八节　神经心理检查

认知障碍和痴呆的神经心理学表现分为认知功能障碍、社会和日常能力减退、精神行为症状三部分，需要通过神经心理检查进行评估、诊断、鉴别诊断。以下介绍几种常用的神经心理检查量表：

1. 简易精神状态检查（mini mental state examination，MMSE）　由美国 Folstein 等人于 1975 年制定，是目前国内外应用最广泛的认知筛查量表。该表由 10 题组成，共 30 项，可以测查定向力（时间和地点）、记忆力（即刻记忆和延迟记忆）、注意计算力、语言能力（命名、复述、听理解、阅读、书写）和视空间能力。正确回答 1 项 1 分，量表总分范围为 0～30 分。国外常将痴呆的划界分定为≤24 分，对高学历的人可提高到 27 分。MMSE 简短，易于操作，具有良好的信度和效度，对痴呆患者敏感度和特异度较高，均达到 80% 以上，其中时间定向和延迟回忆项目对 AD 尤其敏感。缺点：①存在天花板效应，对轻度患者不够敏感，不能发现早期轻度认知障碍患者；②受教育程度的影响大，高教育者可能出现假阴性，低文化程度者可能出现假阳性；③有些条目检查不够（如记忆、语言等），不能反映被试者的真实水平；④对右侧大脑半球损害不敏感；⑤对皮质下认知障碍不敏感。

2. 蒙特利尔认知评估（Montreal cognitive assessment，MoCA）　由 Nasreddine 等人于 2005 年构建的一个简短认知筛查工具，旨在较好地识别 MCI 患者。量表共 14 项，约需 10 分钟。MoCA 涵盖的认知域较 MMSE 广，包括：注意与集中、执行功能、记忆、语言、视空间结构技能、抽象思维、计算力和定向力。总分 30 分，分数越高提示认知能力越好。国外划界分为 26 分。

3. 日常生活活动量表（activity of daily living，ADL）　ADL 是常用的评价老年人日

笔记

常活动能力的工具。该量表共20项,前8项测查基本日常能力(BADL),后12项评估复杂的工具性日常能力(IADL)。每项评分标准为4级,1分=自己完全可以做;2分=有些困难,自己尚能完成;3分=需要帮助;4分=根本没法做。总分20~80分,分数越高能力越差。40~65岁年龄段以21分为划界分,75岁以上为25分;文盲组划界分为23分,大学及以上学历者为21分。

4. 临床痴呆评定量表(clinical dementia rating,CDR) CDR为一半定式量表,对认知功能、日常能力和精神行为等同时进行评估,能够对患者的病情严重程度做整体的界定。由临床医生分别会晤知情者和患者本人,通过获得的信息,对患者以下6个方面进行评估:记忆力、定向能力、判断与解决问题能力、社会事务能力、家务与业余爱好、个人自理能力。

学习小结

1. 学习内容

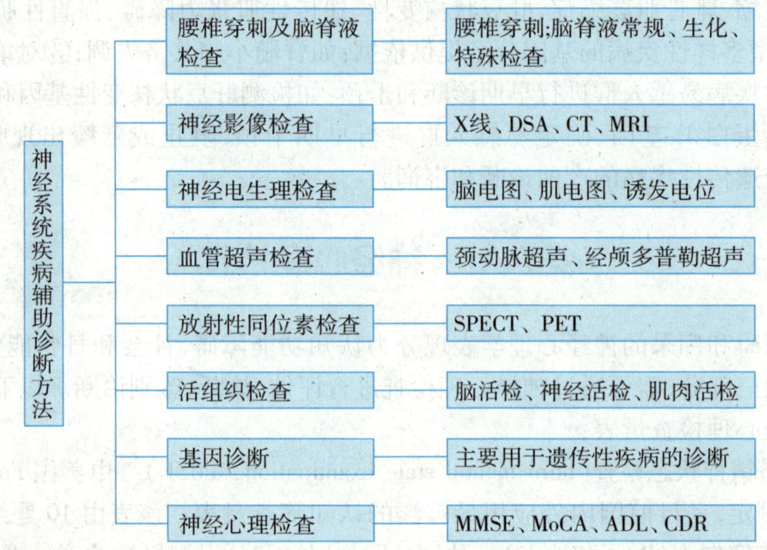

2. 学习方法

复习脑脊液的生成原理,掌握脑脊液检查临床意义。通过归纳方法,掌握每项常规辅助检查的适应证。通过比较方法,掌握CT和MRI的优缺点,了解神经心理检查中不同量表的合理应用。通过分析方法,熟悉脑电图、肌电图、诱发电位、颈动脉超声检查、经颅多普勒超声检查的临床意义及应用。

总之,选择合理恰当的辅助检查有利于神经系统疾病的定位和定性诊断。临床医师必须了解各项辅助检查方法的适应证和优缺点,才能正确选择检查项目,明确检查结果的可靠性及其意义,对检查结果做出合理的解释。

(杜艳军 张凤霞)

复习思考题

1. 临床常用的脑脊液检查有哪些?有什么临床意义?
2. 脑CT及MRI的适应证与优缺点有哪些?

第三章

神经系统疾病的常见症状

学习目的

学习神经系统常见症状的概念、分类、临床表现及鉴别诊断，从症状学角度提高神经系统疾病的临床诊治水平。

学习要点

神经系统疾病常见症状的概念、分类、临床表现，上下运动神经元瘫痪的鉴别诊断。

第一节 躯体觉障碍

躯体感觉(somatic sensation)指作用于躯体感受器的各种刺激在人脑中的反应。一般感觉包括浅感觉、深感觉和复合感觉。

【分类】

(一) 刺激性症状

当感觉传导通路的兴奋性增高或受到刺激时将出现刺激性感觉症状，常见的有以下几种：

1. 感觉过敏(hyperesthesia)　指轻微刺激即引起强烈的反应，多由于感觉阈值降低。

2. 感觉过度(hyperpathia)　感觉刺激阈增高，反应剧烈，时间延长，对刺激的精细辨别及分析力丧失，具有潜伏期长、刺激阈增高、刺激呈暴发性、扩散性和出现"后作用"等特点。常见于丘脑损害。

3. 感觉异常(paresthesia)　在无任何外界刺激时却能出现异常自发性感觉(如麻木感、蚁走感、肿胀感、电击感、冷或热感、刺痛或灼热感等)，客观检查无感觉障碍。常见于自主神经或周围神经病变。

4. 感觉倒错(dysesthesia)　对刺激感受到性质相反或发生错误的感觉(仅限于浅感觉)，如把触觉误认为疼痛；把冷误认为热等，在临床上少见。

5. 疼痛(pain)　疼痛是机体对损伤组织或潜在损伤产生的一种不愉快的反应，是一种复杂的生理心理活动，是临床上最常见的症状之一。根据病变的部位及性质不同，疼痛可分为：①局部疼痛；②放射痛；③扩散性痛；④灼性神经痛；⑤幻肢痛；⑥牵涉

笔记

痛。内脏疾病与发生疼痛的相应节段的关系如附篇表 3-1 所示。

附篇表 3-1 内脏疾病与发生疼痛的相应节段的关系

内脏	能发生疼痛和感觉过敏的节段
心脏	$T_{1\sim3}$
胃	$T_{6\sim9}$
肠	$T_{9\sim12}$
肝脏和胆囊	$T_{7\sim10}$
肾脏和输尿管	$T_{11}\sim L_1$
膀胱	
①膀胱颈	$S_{2\sim4}$
②膀胱壁	$T_{11}\sim L_1$
睾丸、卵巢	T_{10}
子宫	
①体部	$T_{10}\sim L_1$
②颈部	$S_{1\sim4}$

（二）抑制性症状

当感觉传导通路受到破坏或者功能受到限制时将出现抑制性感觉症状，临床上常见的有以下几种：

1. 感觉消失　患者在意识清楚的情况下对任何强度的刺激均不能感知。

2. 感觉减退　患者感觉的敏感度降低，对刺激感觉迟钝，但并未完全消失。

3. 感觉分离　表现为某一区域内的某种感觉单独受侵，而其他感觉存在。如脊髓半切综合征，可表现为同侧病灶节段以下深感觉消失、浅感觉存在。

【分型及临床特点】

1. 末梢型　末梢型感觉障碍多见于末梢神经炎、多发性神经炎、酒精中毒、糖尿病性周围神经损伤等病变(附篇图 3-1)。

临床主要表现有以下几点：①双侧对称性、四肢末梢为主的手套及袜套样感觉障碍；②受损区域内各种感觉皆有障碍，但感觉障碍的程度不同，有的感觉消失，有的感觉减退，或末梢端消失而近端减退；③越末梢端越重，往往下肢重于上肢；④常在感觉障碍区内出现感觉异常、疼痛、自主神经障碍等症状；⑤可出现受损区域不同程度的瘫痪、肌萎缩及腱反射减退或消失等。

2. 神经干型　又称为“单一周围型感觉障碍”，此种感觉障碍的范围与周围神经支配的皮肤区域相吻合，多见于桡神经麻痹、尺神经麻痹、腓总神经麻痹等单神经病。

主要临床表现有：①受损神经干的分布区域内的各种感觉都发生障碍；②感觉障碍的区域内常伴有疼痛或感觉异常；③还可出现运动障碍、反射障碍及自主神经功能障碍。

3. 神经丛型　当任何一个神经丛发生损伤时，该神经丛支配区内可出现各种感觉减弱或消失，还多伴有麻木、疼痛、肌力减弱、肌肉萎缩、肌张力减低、腱反射减弱或消失及自主神经功能障碍等（附篇图 3-2）。

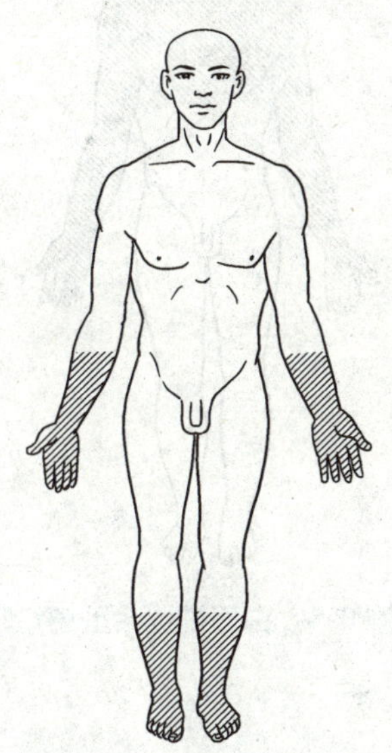

附篇图 3-1　末梢型感觉障碍

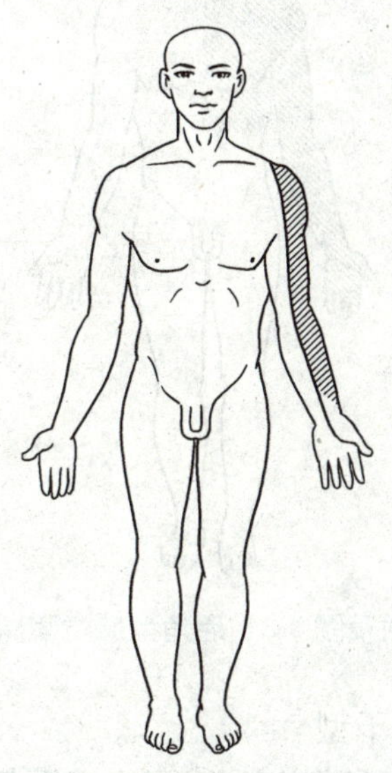

附篇图 3-2　神经丛型感觉障碍

4. 后根型　受损部位于神经后根、脊神经节，主要由炎性病变及压迫性病变导致。单一的后根损伤常不产生感觉障碍，后根损伤时常伴有后根性疼痛。常见于椎间盘脱出、脊髓外肿瘤、脊髓空洞症及外伤等情况。

主要临床表现有：①感觉障碍呈节段分布，可出现感觉减退或感觉消失，但无感觉分离现象；②常伴有根性疼痛，感觉障碍的分布区域不一样，在躯干呈环状，在四肢呈带状；③如果同时有脊髓神经节病毒感染时，则在相应的皮肤节段内发生带状疱疹。

5. 后角型　由脊髓后角病变所引起，因部分触觉纤维及深部感觉纤维绕后角进入脊髓后索，故临床上具有特征性表现。其主要特点是：病灶同侧出现节段性、分离性感觉障碍，其所支配区域内出现痛觉及温度觉障碍，但触觉大致正常，深部感觉仍保存。此型感觉障碍多见于脊髓空洞症（附篇图 3-3）。

6. 白质前连合型　呈双侧对称性、节段性的痛觉及温度觉障碍，而触觉大致正常，深部感觉完全正常（附篇图 3-4）。

7. 传导束型　当传导束发生病变时可产生传导束型感觉障碍。

（1）脊髓后索损害：即薄束及楔束的纤维受损。病变侧病灶水平以下出现深部感觉障碍，也可出现触觉的轻度障碍。

（2）侧索病变：主要侵及脊髓丘脑侧束（痛、温觉传导束），在病灶水平以下对侧发生痛觉及温度觉障碍而触觉正常。

（3）脊髓半切综合征：同侧病灶以下中枢性瘫痪及深部感觉障碍，对侧病灶以下出现痛、温觉障碍；触觉障碍不明显。

（4）脊髓横贯性损害：病灶水平以下一切感觉皆消失，双侧中枢性瘫痪，并伴有大小便功能障碍。

笔记

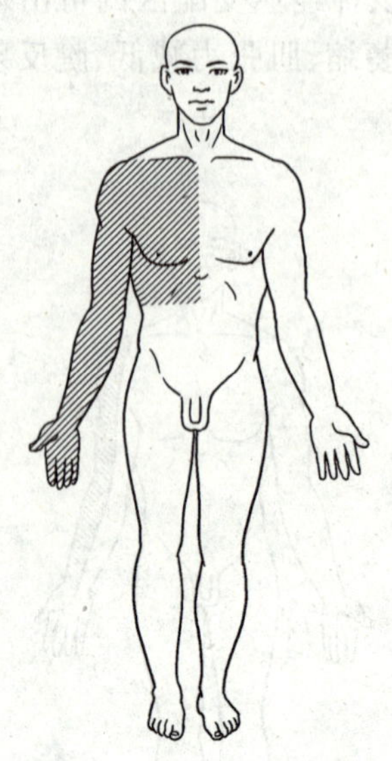

附篇图 3-3　后角型感觉障碍

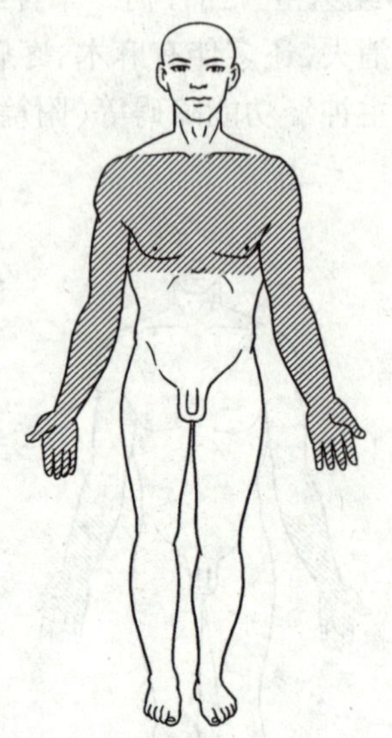

附篇图 3-4　白质前连合型感觉障碍

8. 脑干型

（1）延髓病变：①可出现同侧三叉神经分布区痛、温觉消失与对侧上、下肢及躯干的一切感觉消失；②若延髓一侧的中心部受损，可出现深浅感觉分离障碍（对侧深部感觉障碍）；③若延髓一侧的外侧部受损，可出现交叉性痛、温觉障碍，表现为同侧面部三叉神经支配区与对侧上、下肢及躯干的痛、温觉障碍。

（2）脑桥、中脑病变：内侧丘系与脊髓丘脑侧束在脑桥开始至中脑一段内两者彼此靠近，自内向外排列次序为深部感觉纤维、触觉纤维与痛、温觉纤维。病变位于内侧丘系附近时，可表现为对侧肢体某 1～2 种感觉障碍；若病变位于内侧部，主要表现为对侧半身的深部感觉障碍；若病变位于外侧部，则主要出现痛、温觉障碍。

9. 丘脑型　常见于脑血管病变、肿瘤等情况，其主要感觉障碍表现有：①对侧半身各种感觉都缺失；②病灶对侧半身出现自发性剧痛，呈持续性，常因某些刺激而加重；③对侧半身感觉过度。

10. 内囊型　内囊受损时以病灶对侧半身性感觉减退或消失，以肢体远端最为明显。常伴有偏瘫和偏盲。

11. 皮质型感觉障碍　皮质型感觉障碍主要有刺激性病变与破坏性病变。

（1）刺激性病变：主要引起贾克森（Jackson）感觉性癫痫发作。若向皮质邻近的区域扩散则可引起全面性发作。

（2）破坏性病变：可出现复杂感觉（实体觉，皮肤定位觉等）的障碍。

各种感觉障碍的分布图如附篇图 3-5 示。

笔记

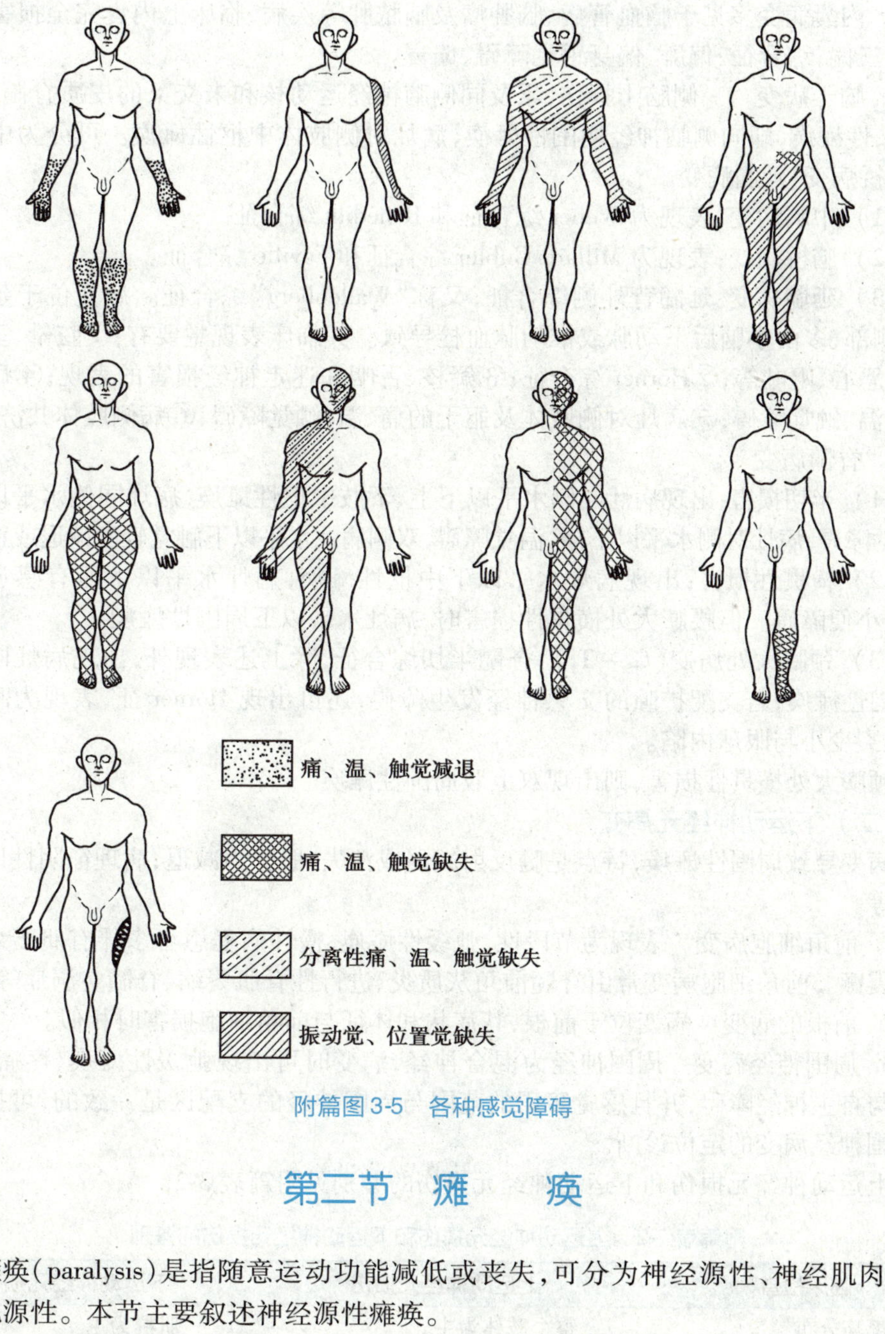

痛、温、触觉减退

痛、温、触觉缺失

分离性痛、温、触觉缺失

振动觉、位置觉缺失

附篇图 3-5　各种感觉障碍

第二节　瘫　痪

瘫痪（paralysis）是指随意运动功能减低或丧失，可分为神经源性、神经肌肉接头性及肌源性。本节主要叙述神经源性瘫痪。

【分类及临床表现】

（一）上运动神经元病变

上运动神经元病变，是指大脑皮质躯体运动中枢及锥体束损伤。为中枢性瘫痪，其特点是腱反射亢进，肌张力增高，出现病理反射。

1. 大脑皮质运动区病变

（1）刺激性病变：临床上主要表现为局限性癫痫。如果局限性癫痫反复多次出现，可以导致发生癫痫的肢体发生暂时性轻瘫，这种情况称为“陶德（Todd）瘫痪”。

（2）破坏性病变：主要表现为单瘫，并常伴有感觉障碍。

2. 内囊病变多见于脑血管病、脑肿瘤及脑脓肿等疾病，临床上内囊完全损害时多出现“三偏”综合征：偏瘫、偏身感觉障碍、偏盲。

3. 脑干病变 一侧脑干损伤，累及同侧脑神经运动核和未交叉的皮质脊髓束，产生交叉性瘫痪，即同侧脑神经周围性瘫痪，病灶对侧肢体中枢性瘫痪。可分为中脑病变、脑桥病变、延髓病变。

（1）中脑病变：表现为Weber综合征和Benedikt综合征。

（2）脑桥病变：表现为Millard-Gubler综合征和Foville综合征。

（3）延髓病变：延髓背外侧综合征，又称“Wallenberg”综合征。病变位于延髓上段外侧部，多由小脑后下动脉或椎动脉血栓导致。其临床表现主要有：①眩晕、垂直性眼震、恶心、呕吐等；②Horner综合征；③疑核、舌咽和迷走神经损害的表现；④病侧面部痛、温、触觉障碍；⑤病灶对侧肢体及躯干的痛、温、触觉障碍；⑥病侧肢体共济失调。

4. 脊髓病变

（1）半切损害：出现病灶同侧水平以下上、下肢中枢性瘫痪，病灶同侧水平以下深部感觉障碍，病灶对侧水平以下痛、温觉障碍，双侧病灶水平以下触觉轻度减退或正常。

（2）横贯性损害：出现病灶水平以下中枢性瘫痪，病灶水平以下所有感觉均消失，大小便障碍。但腰膨大处横贯性损害时，病灶水平以下周围性瘫痪。

（3）颈膨大处病变（$C_5 \sim T_1$）：脊髓半切综合征，除上述表现外，出现病灶同侧上肢周围性瘫痪，若支配扩瞳的交感神经发生障碍，还可出现Horner征，表现为瞳孔缩小，眼裂变小与眼球内陷。

颈膨大处横贯性损害，则出现双上肢周围性瘫痪。

（二）下运动神经元病变

病变导致周围性瘫痪，特点是腱反射减弱或消失，肌张力减退，病理征阴性以及肌萎缩等。

1. 前角细胞病变 表现为节段性、弛缓性瘫痪，慢性病程患者多伴有肌萎缩与肌纤维震颤。前角细胞病变常由脊髓前角灰质炎、进行性脊肌萎缩、脊髓空洞症等引起。

2. 前根的病变 病变位于前根，其症状和体征与前角细胞损害时相似。

3. 周围神经病变 周围神经为混合神经，病变时可出现弛缓性瘫痪、疼痛、感觉障碍与自主神经障碍，并且感觉障碍的范围与周围神经的支配区是一致的，可据此作出周围神经病变的定位诊断。

上运动神经元损伤和下运动神经元损伤的鉴别见附篇表3-2。

附篇表3-2 上运动神经元损伤和下运动神经元损伤的鉴别

临床检查	上运动神经元损伤	下运动神经元损伤
瘫痪分布	整个肢体为主	肌群为主
肌张力	增高，呈痉挛性瘫痪	降低，呈迟缓性瘫痪
浅反射	消失	消失
腱反射	增强	减弱或消失
病理反射	阳性	阴性
肌萎缩	无或有轻度失用性萎缩	明显
皮肤营养障碍	多数无障碍	常有
肌纤维颤动	无	可有

第三节　肌　萎　缩

肌萎缩（muscular atrophy）是肌肉营养不良导致骨骼肌容积缩小、肌纤维数目减少，为下运动神经元疾病或肌肉疾病所致。

【分类及临床表现】

1. 神经源性肌萎缩　是下运动神经元病变所致。

（1）脊髓前角细胞病变：肢体远端节段性肌萎缩，可不对称，伴肌力减低、腱反射减弱或消失、病理征阴性和肌束震颤，无感觉障碍。常见于急性脊髓灰质炎、进行性脊肌萎缩症和肌萎缩侧索硬化症等。

（2）神经根、神经丛、神经干及周围神经病变：肌萎缩常伴支配区腱反射消失，肌电图和神经传导速度有相应改变。常见于吉兰-巴雷综合征、周围神经肿瘤等。

2. 肌源性肌萎缩　是肌肉病变所致。

肌萎缩不按照神经分布，多为身体近端对称性肌萎缩，少数为远端型；伴肌无力，无感觉障碍和肌束震颤。肌电图呈肌源性损害。常见于进行性肌营养不良、强直性肌营养不良和肌炎等。

此外，脑卒中长期瘫痪病人可逐渐出现失用性肌萎缩；肌肉血管病变可导致缺血性肌萎缩。

第四节　步 态 异 常

步态异常（gait disorders）可因运动或感觉障碍引起，其特点与病变部位有关。可见于许多神经系统疾病，对某些特定疾病有提示意义。步态异常可分为以下几种：

1. 偏瘫步态　偏瘫侧上肢屈曲、内旋，下肢伸直，行走时下肢向外侧画圈，见于脑中风后遗症。

2. 剪刀步态　见于轻度截瘫患者，双下肢肌张力高和内收，行走时，双下肢交叉前行，如剪刀。完全性截瘫患者，后期可出现双下肢交叉屈曲性截瘫。

3. 跨越步态　或称垂足步态，见于多发性神经炎或腓总神经麻痹，腓骨肌群瘫痪患者不能用足跟站立，步行时必须高抬其脚，足尖拖曳在地，称跨越步态。

4. 慌张步态　为震颤麻痹之特征步态。上身前倾，步行难起步，一旦开始，小步急行如跑，有向前倾跌倒之势。

5. 醉汉步态　有小脑疾病的患者，步行时，躯干与四肢不协调，左右摇摆不定，状如醉汉，亦称小脑共济失调步态。

6. 脊髓痨性步态　步态不稳，走路时双脚距离大，双目注意双脚，闭目后则倾倒。见于脊髓后索损伤。

7. 鸭步　患肌营养不良症，侵及骨盆带的肌肉时，躯干肌张力大，行走时患者身体左右摇摆前进。

8. 癔病性步态　奇形怪状，但以拖步较多见，虽无瘫痪也不能站立与行走，神经系统检查无阳性体征。

笔记

第五节　不自主运动

不自主运动(involuntary movements)是指患者在意识清醒的状态下，出现的不受主观控制的无目的异常运动。

1. 静止性震颤(static tremor)　是主动肌与拮抗肌交替收缩引起的一种节律性颤动，可出现在四肢、唇和手指等处，手指的震颤状如搓丸样，频率4～6次/秒，静止时出现，紧张时加重，随意运动时减轻，睡眠时消失，是帕金森病(PD)的特征性体征之一。

2. 舞蹈症(chorea)　是肢体及头面部迅速、不规则、无节律、粗大的不能随意控制的动作，表现转颈、耸肩、手指间断性屈伸、摆手和伸臂等舞蹈样动作，上肢较重；随意运动或情绪激动时加重，安静时减轻，睡眠时消失。

常见于小舞蹈病、Huntington舞蹈病及药物诱发的舞蹈症，如神经安定剂(吩噻嗪类、氟哌啶醇)。局限于身体一侧的舞蹈症称偏侧舞蹈症，常见于中风、肿瘤等。

3. 手足徐动症(athetosis)　指肢体远端游走性的肌张力增高或减低的动作，表现缓慢的如蚯蚓爬行样的扭转样蠕动，并伴有肢体远端过度伸张如腕过屈、手指过伸等，且手指缓慢逐个相继屈曲；由于过多的自发动作使受累部位不能维持在某一姿势或位置，随意运动严重扭曲，出现奇怪的姿势和动作，可伴有异常舌运动的怪相、发音不清等。可见于多种神经系统变性疾病，最常见为Huntington舞蹈病、Wilson病、Hallervorden-Spatz病等，也见于肝性脑病、吩噻嗪类及氟哌啶醇等慢性中毒。

4. 偏身投掷(hemiballismus)　因肢体近端受累，其不自主运动更为强烈，而以粗大的无规律的跨越和投掷样运动为特点。是由于对侧丘脑底核及与其联系的苍白球外侧部急性病损引起。

5. 扭转痉挛(torsion spasm)　是异常肌肉收缩引起的缓慢扭转样不自主运动或姿势异常，以围绕躯干或肢体长轴的缓慢扭转性不自主运动为特点，表现为手过伸或过屈、头侧屈或后伸、躯干屈曲扭转等。病变位于基底节，又称为变形性肌张力障碍。可见于Huntington舞蹈病、Wilson病、Hallervorden-Spatz病、帕金森综合征、吩噻嗪等药物中毒等。

6. 抽动-秽语综合征　又称Gilles de la Tourette综合征。多见于儿童，以多部位突发性快速无目的重复性肌肉抽动为特征，常累及面部肌肉，发音肌抽搐可伴有不自主发声，可有秽语等；抽动频繁者一日可达十几次至数百次。症状呈波动性，在数周或数月内症状的程度可有变化。

知识链接

什么是Hallervorden-Spatz病

苍白球黑质红核色素变性也称Hallervorden-Spatz病，为儿童晚期和青少年期遗传代谢性疾病。主要累及锥体外系统，也是罕见的与铁元素代谢障碍有关的神经变性病。本病由Hallervorden和Spatz(1922年)首先报道，以后就以两人的名字命名此病。

本病为常染色体隐性遗传。由于铁盐沉积于双侧苍白球、黑质网状部，甚至红核，导致神经变性，伴有神经元脱失和胶质化。主要临床表现为儿童和青少年中缓慢进展的强直、少动、肌张力障碍、锥体束征、痴呆及色素性视网膜炎，并可有视盘萎缩。

第六节　共 济 失 调

共济失调(ataxia)是小脑、本体感觉及前庭功能障碍所致的运动笨拙和不协调,可累及四肢、躯干及咽喉肌,引起姿势、步态和语言障碍。

【分类及临床表现】

(一)小脑性共济失调(cerebellar ataxia)

表现为随意运动的速度、节律、幅度和力量的不规则,即协调运动障碍,还可伴有肌张力减低、眼球运动障碍及言语障碍。

1. 平衡障碍　平衡障碍为小脑基底部的病变所致,表现为两脚完全并拢站立时患者的身体即摇摆不定,睁眼及闭眼对此种平衡障碍不发生影响。此种平衡障碍多伴有眼球震颤。

2. 意向性震颤　动作时出现震颤是由共济运动失调引起,此症状于静止时消失,动作时出现,动作终了时最明显。

3. 协调运动障碍　在小脑病变时因缺乏协调动作而向后倾倒。协调运动障碍多见于蚓部病变时。

4. 眼球震颤　小脑病变时出现的眼球震颤有水平性、垂直性及旋转性三种,以水平性较多见。此种眼球震颤于向病变侧注视时最为明显。眼球震颤发生的原因是侵及前庭及小脑之间的联系所致。

5. 肌张力减低　多见于小脑半球病变。表现为病灶同侧肌张力减低,被动运动过程中关节伸屈过度。

6. 言语障碍　多由于小脑蚓部病变所致,是小脑性共济运动障碍的表现。患者言语缓慢发音不清,忽高忽低,有时出现吟诗样或暴发性语言。

7. “反击征”　嘱患者用力屈肘,检查者紧握患者的前臂用力牵拉时,在两力互相对抗之下,检查者突然放松,患者前臂立即缩回反击自己的身体。

8. 辨距不良　有以下两个方法检查:①嘱病人仰卧,令其一腿的足跟碰另一腿的膝盖,结果在小脑患者其足跟举过膝盖,甚至碰到大腿;②患者取站或坐位,两手前伸手指分开,手掌向上,然后令其迅速反转使手掌向下,结果在小脑障碍的一侧旋转过度。

9. 低估重量　小脑病变患者往往不能正确估计手中所持物体的重量,亦在病灶同侧出现。

10. 书写障碍　字迹不整齐,直线写成锯齿状,是因为动作性共济失调及动作性震颤的结果。有时出现写字过大症。

11. 肌阵挛　肌阵挛可出现于小脑齿状核、下橄榄核或红核病变时。小脑齿状核病变时可发生肌阵挛,偶尔也可出现肌张力过高。

(二)大脑性共济失调(cerebral ataxia)

1. 额叶性共济失调　出现于额叶或额桥小脑束病变时,表现如同小脑性共济失调,除有对侧肢体共济失调外,常伴有腱反射亢进、肌张力增高、病理反射阳性,以及精神症状、强握反射等额叶损害表现。

2. 顶叶性共济失调　表现为对侧患肢不同程度的共济失调,闭眼时症状明显,深感觉障碍多不重或呈一过性；两侧旁中央小叶后部受损可出现双下肢感觉性共济失调及大小便障碍。

3. 颞叶性共济失调 症状较轻，可表现一过性平衡障碍，不易早期发现。

（三）深感觉性共济失调（deep awareness of ataxia）

深感觉障碍，使病人不能辨别肢体的位置及运动方向，并丧失重要的反射冲动，可产生感觉性共济失调。脊髓后索损害时症状最明显，其特点是：睁眼时共济失调不明显，闭眼时明显，即视觉辅助可使症状减轻；闭目难立（Romberg）征阳性；检查音叉振动觉及关节位置觉缺失。

（四）前庭性共济失调（vestibular ataxia）

以平衡障碍为主，特点是站立或步行时躯体易向病侧倾斜，改变头位可使症状加重，四肢共济运动多正常。前庭功能检查如内耳变温试验或旋转试验反应减退或消失。病变越接近内耳迷路部位，共济失调症状越明显。

第七节 视觉障碍和眼球运动障碍

一、视觉障碍

视觉障碍包括：视力障碍或视野缺损。可由于视觉感受器到枕叶视中枢的传导路径中任何一处损害造成。

（一）视力障碍

1. 单眼视力障碍

（1）突然视力丧失：可见于：①眼动脉或视网膜中央动脉闭塞；②单眼一过性黑矇，见于颈内动脉系统短暂性缺血发作（TIA）及典型偏头痛时脑血管痉挛引起视网膜供血不足。

（2）进行性视力障碍：①视力障碍在数小时或数日达到高峰，多见于球后视神经炎、视神经脊髓炎和多发性硬化等；②先有不规则视野缺损，然后出现视力障碍或失明，常由于视神经压迫性病变引起，如出现视神经萎缩多见于肿瘤、动脉瘤等。

2. 双眼视力障碍

（1）双眼一过性视力障碍：常见于双侧枕叶视中枢短暂性脑缺血发作；双侧视中枢病变所致的视力障碍又称皮质盲（cortical blindness）。

（2）进行性双眼视力障碍：①可见于中毒或营养缺乏性视神经病如异烟肼、酒精和铅等重金属中毒，维生素 B_{12} 缺乏；②原发性视神经萎缩，见于球后视神经炎后遗症、多发性硬化、视神经直接受压等；③慢性视神经乳头水肿，见于颅内占位性病变引起颅内压增高，晚期可继发视神经萎缩。

（二）视野缺损

视野缺损是视神经病变引起的全盲，视交叉及其后视径路病变产生偏盲或象限盲。

二、眼球运动障碍

眼球运动障碍包括：眼肌麻痹和瞳孔调节障碍。支配眼球运动的神经有动眼、滑

笔记

车和展神经。

（一）眼肌麻痹（ophthalmoplegia）

1. 周围性眼肌麻痹（peripheral ophthalmoplegia）

（1）动眼神经麻痹（palsy of oculomotor nerve）：可出现其所支配的全眼肌麻痹。眼外肌麻痹表现为上睑下垂、外斜视、眼球不能向上、向内及向内下运动或受限，并出现复视；眼内肌麻痹表现为瞳孔散大、瞳孔对光反射及调节反射消失。

（2）滑车神经麻痹（palsy of trochlear nerve）：可表现为眼球向外下方运动受限，并有复视。

（3）展神经麻痹（palsy of abducens nerve）：呈内斜视，眼球不能向外方转动，有复视。

2. 中枢性眼肌麻痹（central ophthalmoplegia）　是皮质的额中回后部病变所致，引起病灶对侧凝视麻痹（gaze palsy）。

（二）瞳孔调节障碍（pupil adjustment disorder）

瞳孔的大小是由支配瞳孔括约肌的动眼神经副交感纤维和支配瞳孔散大肌的来自颈上交感神经节的交感纤维共同调节的。在普通光线下瞳孔的正常直径为2～4mm。

1. 瞳孔对光反射（light reflex）　是用光刺激一侧瞳孔后，出现双侧瞳孔同时缩小的反射，被刺激侧瞳孔缩小称为直接对光反射，另一侧称为间接对光反射。

2. 调节反射（accommodation reflex）　也称集合反射，是指注视近物时双眼会聚及瞳孔缩小的反应。会聚不能可见于帕金森病及中脑病变，缩瞳丧失可见于睫状神经损伤或累及中脑的炎症。

3. 瞳孔散大（mydriasis）　单有瞳孔散大而不伴眼外肌麻痹，可出现在钩回疝早期，是由于副交感纤维位于动眼神经表面最先受累；瞳孔散大伴失明见于视神经损害。

第八节　面肌瘫痪

【分型及临床表现】

1. 中枢性面神经麻痹　由上运动神经元损伤所致，病灶在一侧中央前回下部或皮质脑干束。临床表现为病灶对侧下部面肌麻痹、上部面肌（额肌、眼轮匝肌）不受累，即病灶对侧鼻唇沟变浅或消失、口角轻度下垂、额纹不消失（附篇图3-6）。单独出现中枢性面神经麻痹者甚为少见，只在额叶后下部或中央前回下部局限性损害时出现。多与偏瘫同时出现，如内囊血管病变、脑肿瘤、多发性硬化及脑外伤等。

2. 周围性面神经麻痹　由下运动神经元损伤所致，病灶在面神经核或核以下周围神经。临床表现为同侧上、下部面肌麻痹，即病灶侧额纹变浅或消失，不能皱眉、蹙额，眼睑闭合无力，眼裂变大。当用力闭眼时眼球向上外方转动，露出白色巩膜，称为Bell征。病灶侧鼻唇沟变浅，鼓腮、示齿不能，口角下垂，进食时食物留存于牙龈与颊部之间（附篇图3-7）。

笔记

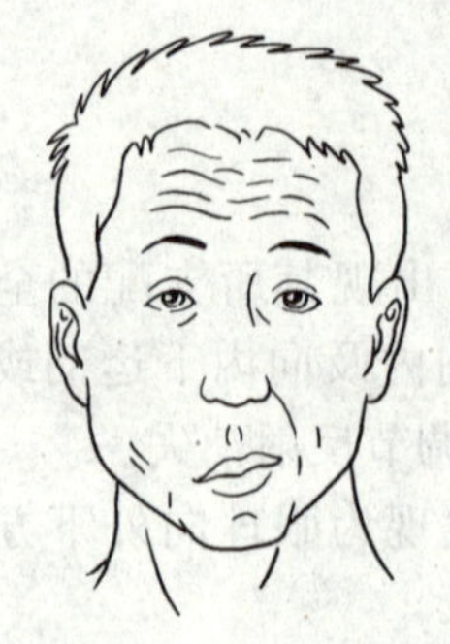

附篇图 3-6 中枢性面瘫

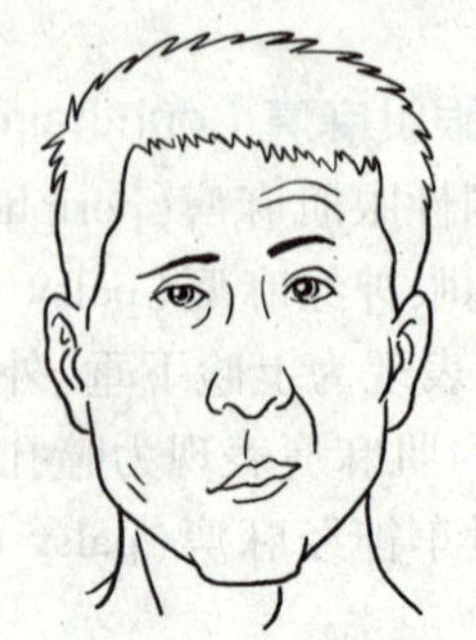

附篇图 3-7 周围性面瘫

第九节 眩 晕

眩晕(vertigo)是一种自身或外界物体的运动性幻觉，是对自身的平衡觉和空间位象觉的自我体会错误。表现为患者主观感觉自身或外界物体呈旋转感或升降、直线运动，倾斜，头重脚轻等感觉。

临床上根据病变部位的不同及眩晕的性质，可将眩晕分类为：系统性眩晕与非系统性眩晕。

一、系统性眩晕

系统性眩晕是由前庭系统病变引起的，是眩晕的主要病因，还可伴有共济失调、眼球震颤及听力障碍。并依病变部位及临床表现不同分为：

1. 周围性眩晕 是前庭器官病变，前庭感受器及前庭神经颅外段病变引起。表现为：①眩晕：突然发生，为剧烈旋转性或上下左右摇晃感，每次持续时间短(数十分钟、数小时、数天)，头位或体位改变可使症状加重，闭目后不减轻；②眼球震颤：为眼球不自主有节律地、短促地来回摆动，幅度小，水平性或伴旋转，绝无垂直性；③平衡障碍：多为旋转性或上下左右摇摆性运动感，站立不稳；④自主神经症状：严重恶心、呕吐、出汗及面色苍白等；⑤常伴有明显的耳鸣、听力减退、耳聋等症状。

2. 中枢性眩晕 由前庭神经颅内段、前庭神经核、核上纤维、内侧纵束、皮质和小脑的前庭代表区病变所致。表现为：①眩晕：程度较周围性轻。性质为旋转性或向一侧运动感，闭目后可减轻，持续时间长(可达数周、数月，甚至数年)，与头部或体位改变无关。②眼球震颤：粗大，持续存在，与眩晕程度不一致。③平衡障碍：表现为旋转性或向一侧运动感，站立不稳。④自主神经症状：不如周围性明显。⑤无明显耳鸣、听力减退、耳聋等症状。眩晕也可作为颞叶癫痫的一种征兆。

二、非系统性眩晕

非系统性眩晕是由前庭系统以外的全身系统疾病引起，如眼部疾病、贫血、血液病、心功能不全、感染、中毒及神经功能失调等。其特点是头晕眼花或轻度站立不稳，无眩晕感，很少伴有恶心、呕吐，亦无眼震。

笔记

第十节　意识障碍

意识(consciousness)是中枢神经系统(CNS)对内、外环境的刺激做出应答反应的能力,该能力减退或消失就意味着不同程度的意识障碍。

意识的内容即为高级神经活动,包括定向力、感知力、注意力、记忆力、思维、情感和行为等。影响意识最重要的结构是脑干上行性网状激活系统,该结构的损害就不可避免地导致意识障碍;其次是中枢整合机构,弥漫性的大脑皮质损害会引起意识水平下降。

【临床分类】

1. 意识水平下降的意识障碍

(1) 嗜睡(somnolence):是意识障碍的早期表现,处于睡眠状态,唤醒后定向力基本完整,但注意力不集中,记忆稍差,如不继续对答,又进入睡眠。常见于颅内压增高病人。

(2) 昏睡(stupor):处于较深睡眠状态,较重的疼痛或言语刺激方可唤醒,可做简单模糊的回答,旋即熟睡。

(3) 昏迷(coma):意识丧失,对言语刺激无应答反应;可分为浅、中、深昏迷,见附篇表3-3。

1) 浅昏迷:随意活动消失,睁眼反应消失或偶见半闭合状态,无自发言语和有目的活动。疼痛刺激时可有回避动作和痛苦表情,脑干反射基本保留,生命体征多无明显变化。

2) 中度昏迷:对外界一般刺激无反应,强烈疼痛刺激时可见防御反射活动,角膜反射减弱或消失,生命体征轻度变化。

3) 深昏迷:对任何刺激均无反应,全身肌肉松弛,腱反射消失,眼球固定,瞳孔散大,脑干反射消失,生命体征发生明显变化。

Glasgow 昏迷量表由格拉斯哥大学神经外科教授 Graham Teasdale 和 Jennett 在1974 年共同发表,用来作为评价头部损伤后意识状态的客观评分标准。

附篇表3-3　Glasgow 昏迷量表

反应	功能状态	得分
睁眼反应	有目的、自发性地	4
	口头命令	3
	疼痛刺激	2
	无反应	1
口语反应	定向正确、可对答	5
	定向不佳	4
	不恰当的词汇	3
	含混的发音	2
	无反应	1

笔记

续表

反应	功能状态	得分
运动反应	服从医嘱	6
	对疼痛刺激、局部感到痛	5
	逃避疼痛刺激	4
	刺激时呈屈曲反应(去皮质强直)	3
	刺激时呈伸展反应(去大脑强直)	2
	无反应	1

(注:正常:15 分;轻度昏迷:14 ~ 12 分;中度昏迷:11 ~ 9 分;重度昏迷:8 分以下)

2. 伴意识内容改变的意识障碍

(1) 意识模糊:或称朦胧状态,意识轻度障碍。表现为意识范围缩小,常有定向力障碍,突出表现是错觉,幻觉较少见,情感反应与错觉相关,可见癔病发作。

(2) 谵妄状态:较意识模糊严重,定向力和自知力均有障碍,注意力涣散,与外界不能正常接触;常有丰富的错觉、幻觉,以错视为主,形象生动而逼真,甚至有恐惧、外逃或伤人行为。急性谵妄状态常见于高热或中毒,如阿托品类中毒;慢性谵妄状态多见于慢性酒精中毒。

第十一节 失语症、失认症和失用症

一、失语症

失语症(aphasia)是由大脑皮质言语中枢病变引起的言语功能障碍,即后天获得性的对各种语言符号(口语、文字等)的表达及认识能力的减弱或丧失。优势半球外侧裂周围病变通常会引起言语及语言障碍。

1. 运动性失语 又称表达性失语或 Broca 失语。表现为能听懂别人的言语,也可理解书面文字,但不能言语或只能讲单字。病变位于优势半球额下回后部。

2. 感觉性失语 又称听觉性失语或称为 Wernicke 失语。表现为发音正常,不能理解别人的言语,常答非所问。病变多位于优势半球颞上回后部。

3. 传导性失语 表现为口语清晰,能自发讲出句子,听理解正常,但不能复述自发讲话时说过的词或句,或以错语复述。病变多位于优势半球缘上回。

二、失认症

失认症(agnosia)是指脑损害患者无视觉、听觉、躯体感觉、智能和意识障碍,不能通过某一种感觉辨认以往熟悉的物体,却能通过其他感觉识别。

三、失用症

失用症(apraxia)是指脑部疾患时患者并无任何运动麻痹、共济失调、肌张力障碍和感觉障碍,也无意识及智能障碍等原因,在企图做出有目的的或细巧的动作时不能准

笔记

确执行其所要做的随意性动作。如不能按要求做伸舌、吞咽、刷牙、划火柴和系扣子等简单动作，但病人在不经意的情况下却能自发地做这些动作。左侧顶叶缘上回病变可产生双侧失用症。

第十二节　晕厥与癫痫发作

一、晕厥

晕厥(syncope)是指因全脑血流量突然减少而致短暂性意识丧失，常伴有姿势性张力丧失而不能维持自主体位。

【临床分类】

1. 反射性晕厥　因血压调节等功能障碍及自主神经功能不全导致血压急骤下降、心输出量突然减少所致。

2. 心源性晕厥　发生迅速，常无预感，患各种心脏病是独有特点。

3. 脑源性晕厥　严重脑血管闭塞疾病、主动脉弓综合征、高血压脑病、基底动脉型偏头痛，以及脑干病变如炎症、肿瘤等中枢病变所致。

4. 其他晕厥　如低血糖性晕厥、严重贫血性晕厥、哭泣性晕厥和过度换气综合征等所致。

二、癫痫发作

癫痫发作(seizure)也可表现为发作性意识障碍，是由于大脑神经元过度异常放电引起的短暂的神经功能异常。癫痫发作的临床表现形式多种多样，可为意识障碍、运动性发作、感觉异常发作，以及情绪、内脏、行为及自主神经功能异常发作等。

最能提示癫痫发作的两个特点是：与局灶性起始癫痫发作有关的征兆和全面性强直-阵挛发作后意识模糊状态。癫痫发作时脑电图有特征性的改变。

癫痫发作与晕厥的临床特点比较见附篇表3-4。

附篇表3-4　癫痫发作与晕厥的临床特点比较

临床特点	癫痫发作	晕厥
先兆症状	短暂(数秒)	可较长(数十秒)
与体位关系	无关	多在站立时发作
发作时间	睡眠时较多	白天多
发作时皮肤颜色	青紫或正常	苍白
伴尿失禁或舌咬伤	常有	少见
发作后意识模糊	常有	无或少见
神经系统定位体征	可有	无

笔记

学习小结

1. 学习内容

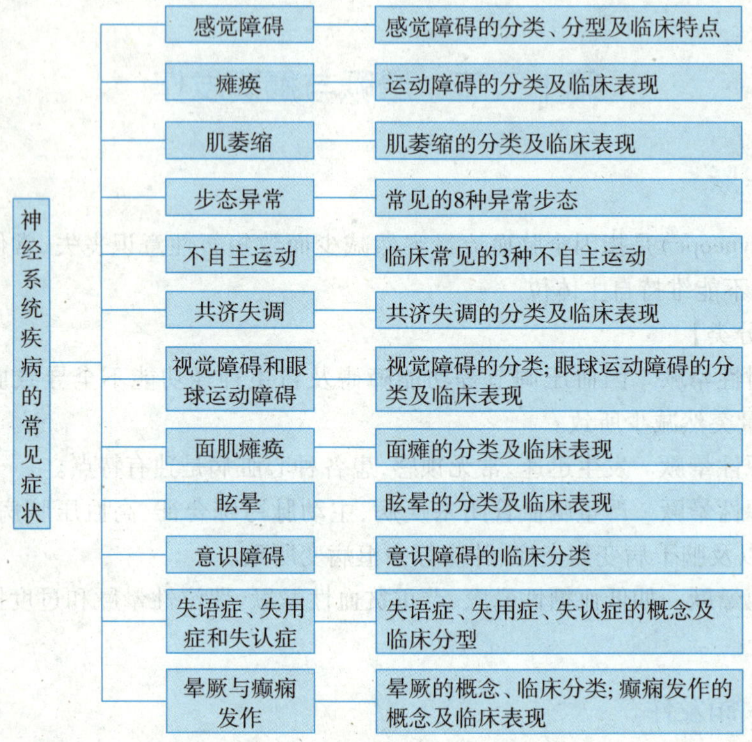

2. 学习方法

通过系统记忆神经系统结构及功能损害的临床症状和临床实际观察上述一系列相应症状、体征或综合征，能够准确地分辨神经系统常见疾病症状，为临床诊断和治疗神经系统疾病提供前提和基础。

（刘玉丽　李巧莹）

复习思考题

1. 失语症如何分类？其主要特点是什么？
2. 试述各型感觉障碍的临床表现。
3. 试述脑干交叉瘫的名称、病变部位及临床表现。
4. 试述上、下运动神经元瘫痪的鉴别诊断。
5. 试述共济失调的概念、分类及临床表现。
6. 试述各类型步态的表现及常见疾病。

笔记

第四章

神经康复学

学习目的

通过学习常见神经系统疾病的康复原则、康复评定、康复治疗、康复护理等，为提高常见神经系统疾病的康复奠定基础。

学习要点

神经康复的基本理论，神经系统常见疾病的相关功能障碍、康复评定、康复治疗。

第一节 概 述

神经系统疾患可导致神经组织损害和相关神经功能障碍，如躯体感觉功能、运动功能、语言和认知功能等障碍，这些障碍可使患者的生活质量降低。神经康复学是研究神经系统疾患所致的功能障碍，并进行相关的康复预防、康复评定和康复治疗的一门学科。神经康复是临床康复的重要分支，是神经系统疾患临床治疗的重要组成部分，它主要研究神经系统因病或因伤，特别是中枢神经系统损伤后，如何恢复或提高已经丧失或减弱的神经系统功能，使患者即使存在着某些损伤状态，仍然可能提高活动能力和社会参与能力。

神经康复的目标是采用以功能训练为主的多种有效措施加快神经功能的恢复进程，减轻神经系统病损后导致的功能残疾或残障程度，使患者回归家庭和社会，以提高患者的生活质量。

20 世纪初，Ramony Cajal 研究发现成年哺乳动物的神经元损伤后不可能再生，从而形成了中枢神经系统是一个不可改变的稳态的理论。这一理论一直持续到 20 世纪 60 ~70 年代。在 1973 年，神经解剖学家 Acf Brodal 提出以下观点："虽然没有确切的证据表明哺乳动物轴索横贯性破坏后的再生，但多数情况下，是未受损的神经纤维代替了受损的部分"。研究人员发现，成年动物中枢神经系统损伤后，神经可生长和重组。早期的研究奠定了中枢神经可塑性的理论基础。

随着基础理论和科学技术的发展，神经康复的理论在神经生理学理论和发育学理论的基础上将脑的可塑性和大脑功能重组理论不断完善。

【理论基础】

神经生理学研究发现，神经系统具有很强的可塑性，损伤后会产生一系列变异和

笔记

适应过程。神经系统可塑性可以简单地定义为神经系统在形态结构与功能活动上的修饰。在概念上可以理解为神经系统对机体内、外环境变化进行适应或应变而发生的结构与功能变动，表现为对特殊环境的学习与适应，生理活动的训练与调制，乃至组织损伤后的代偿、修复与重建。

第二节　脑卒中康复

【康复原则】

1. 康复应尽早进行。在缺血性脑卒中时，只要病人神志清楚、生命体征平稳、病情不再发展，48 小时后即可进行康复。脑出血一般宜在 10～14 天后进行。

2. 康复的实质是“学习、锻炼、再学习、再锻炼”的过程。调动剩余脑组织功能的重组和强化残余功能，增强代偿能力。要求病人理解并积极投入才能取得良好的康复效果。

3. 除运动康复外尚应注意言语、认知、心理、职业与社会康复等。

4. 脑卒中的特点是“障碍与疾病共存”，故康复应与治疗并进。同时进行全面的监护与治疗。

5. 在急性期，康复运动主要是抑制异常的原始反射活动，重建正常运动模式，其次才是加强肌肉力量的训练。卒中康复是一个改变“质”的训练，旨在建立病人的主动运动，要保护病人，防止并发症发生。

6. 要严密观察和关切卒中病人有无抑郁、焦虑等情感障碍，及时干预。因为它们的存在会严重地影响康复的进行和效果。

7. 脑卒中患者再发的几率是正常人的 9 倍，约 40% 脑卒中病人可复发，对此应加强相应预防措施，并做好告知工作。

8. 避免使用一些对脑功能恢复有害的药物。

【康复评定】

康复评定是康复治疗的基础。它类似于临床医学的诊断过程，但又不完全相同。康复评定是客观、准确地检查、判断患者功能障碍的性质、部位、范围、程度；确定尚存的代偿能力情况；估计功能障碍的发展、转归和预后；明确康复目标；制定康复措施；判定康复效果；决定患者去向的过程。患者入院后 5 天内进行初期评价，住院期间根据功能变化情况可进行一次或多次中期评价，出院前进行末期评价。

1. 躯体功能评价　Brunnstrom 评价、Fugl-Meyer 运动功能评价（Fugl-Meyer assessment scale，FMA）、肌痉挛评价、关节活动度（Range of motion，ROM）评价、感觉评价、平衡功能评价、协调评价、肢体形态评价、上肢功能评价、疼痛评价、肌力评价、辅助器具适配性评价，可步行者需进行步态分析。

2. 精神心理评价　存在相关问题者进行认知功能评价（可先用认知筛查、成套认知评价表、知觉障碍筛查表进行评价，然后针对具体情况进行定向、记忆、注意、思维、失认症专项评价）、人格评价、情绪评价，存在行为障碍者进行专门行为障碍评价。

3. 言语、吞咽功能评价　首先进行失语症和构音障碍筛查，对存在或可疑存在失语症或构音障碍者需进一步进行失语症标准检查和构音障碍检查，部分患者需进行吞咽障碍评价、肺活量检查。

4. 日常生活活动量表(Activities of Daily Living,ADL)评价　一般均用国际上公认的 Barthel 指数,也可应用北美地区广泛应用的 FIM(functional independence measure,FIM),其优点是不仅评估躯体功能,还评价了语言、认知、社会功能,比 Barthel 指数更客观全面。

5. 社会方面的评价　要评估患者的家庭及其他赡养者的情况、经济和保险情况、住房或环境状况以及就业状况等社会问题。

6. 残疾的评定　一般应用残疾等级评分表(Rappaport's disability rating scale,DRS)对脑损伤的残疾程度进行评估,本表从意识状态、功能水平、工作能力等几个方面进行了评估,可对病人的病情进展提供连续的信息,是作为预后判断的一个比较公认的量表,具有很高的可信度。

7. 康复效果的评定　疗效的结果判定是指末次评估与初次评估分值之差,标准如下:显效:分值差≥8;有效:分值差在 1~7 分之间;无效:分值差为 0。

【康复治疗】

康复治疗注意循序渐进,要有脑卒中患者的主动参与及其家属的配合,并与日常生活和健康教育相结合。

1. 物理治疗

(1) 运动治疗:早期主要进行床上良肢位摆放、翻身训练、呼吸训练、关节活动度训练(被动活动、牵伸等)、坐位平衡训练、转移训练等。恢复期继续进行关节主、被动运动,牵伸训练,呼吸训练,体位变换训练等,并进行患侧肢体的运动控制训练,以及各种体位间的变换及转移训练,同时进行站立床治疗及坐、跪、站立位的平衡训练和步行训练等。后期在继续加强前期治疗的基础上,根据患者运动控制能力、肌力、平衡功能等情况,循序渐进地进行减重步行、辅助步行、独立步行及步态训练等。

(2) 物理因子治疗:选用电子生物反馈疗法、偏正光照射、中药熏药治疗、超声波治疗、超短波治疗、中频脉冲电治疗等。

2. 作业治疗

(1) 认知训练:对有认知障碍者根据认知评价结果进行定向、记忆、注意、思维、计算等训练,严重病例早期可进行多种感觉刺激和提供丰富的环境以提高认知功能,有条件的单位可使用电脑辅助认知训练。

(2) 知觉障碍治疗:对存在知觉障碍者进行相应的失认症训练和(或)失用症训练,训练内容根据知觉评价结果可选择视扫描、颜色、图形、图像辨认、空间结构、位置关系训练等,提供必要的辅助训练标识或器具,并结合实际生活和工作场景进行训练。

(3) 日常生活活动(ADL)训练:早期可在床边进行平衡、进食、穿衣、转移、步行、如厕、洗澡、个人卫生等方面,实际生活环境中或尽量模拟真实生活环境进行训练。

(4) 上肢功能训练:通过有选择地作业活动来提高运动控制能力、维持和改善上肢关节活动度(ROM)、降低肌张力、减轻疼痛、提高手灵活性和实用功能。

(5) 功能训练指导:包括日常生活活动指导,辅助器具使用训练和指导,并对有需要的患者进行环境改造指导和环境适应训练。

3. 语言治疗　对有构音障碍者进行构音训练、发音训练、交流能力训练等,对存在失语症的患者需进行听、说、读、写、计算、交流能力等内容的语言训练等,部分患者需进行摄食-吞咽训练,存在言语失用者进行针对性训练。

4. 良肢位的摆放

（1）患侧卧位：患侧卧时，使患肩前伸，将患肩拉出，避免受压和后缩，肘关节伸直，前臂外旋，指关节伸展，患侧髋关节伸展，膝关节微屈，健腿屈曲向前置于体前支撑枕上。该体位可以增加患侧感觉输入，牵拉整个偏瘫侧肢体，有助防治痉挛（附篇图4-1）。

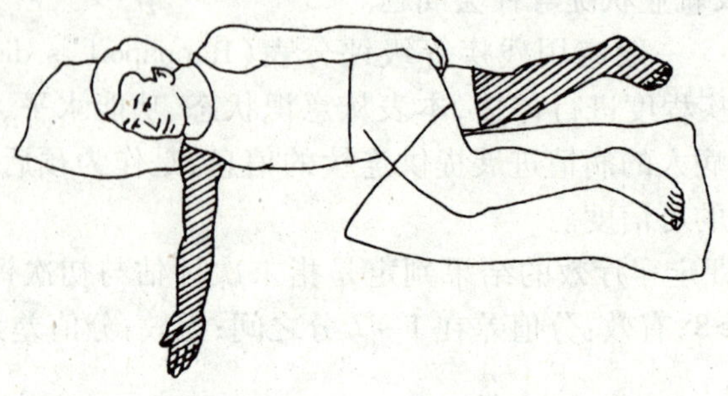

附篇图 4-1 患侧卧位

（2）健侧卧位：健侧卧位是患者最舒适的体位，患肩前伸，肘、腕、指各关节伸展，放在胸前的枕上，上肢向头顶方上举约100°，患腿屈曲向前放在身体前面的另一支撑枕上，髋关节自然屈曲，足不要内翻（附篇图4-2）。

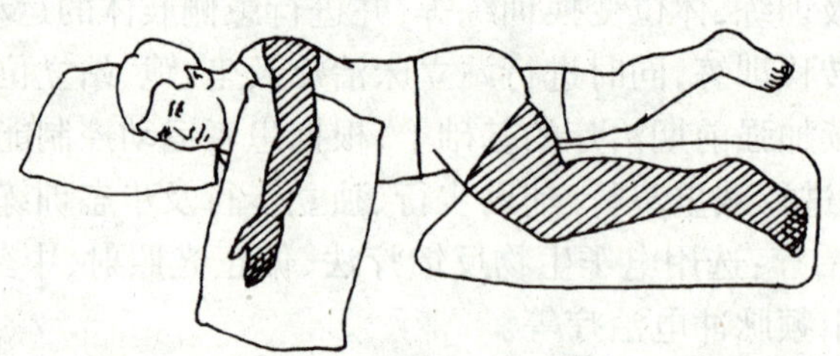

附篇图 4-2 健侧卧位

（3）仰卧位：因受颈紧张反射和迷路反射的影响，异常反射活动较强，也容易引起骶尾部、足跟外侧或外踝部发生压疮，因此，脑卒中病人应以侧卧位为主。必须采取仰卧位时，患臂应放在体旁的枕上，肩关节前伸，保持伸肘，腕背伸，手指伸展，患侧臀部和大腿下放置支撑枕，使骨盆前伸，防止患腿外旋，膝下可置一小枕，使膝关节微屈，足底避免接触任何支撑物，以免足底感受器受刺激，通过阳性支撑反射加重足下垂。应避免半卧位，因该体位的躯干屈曲和下肢伸直姿势直接强化了痉挛模式（附篇图4-3）。

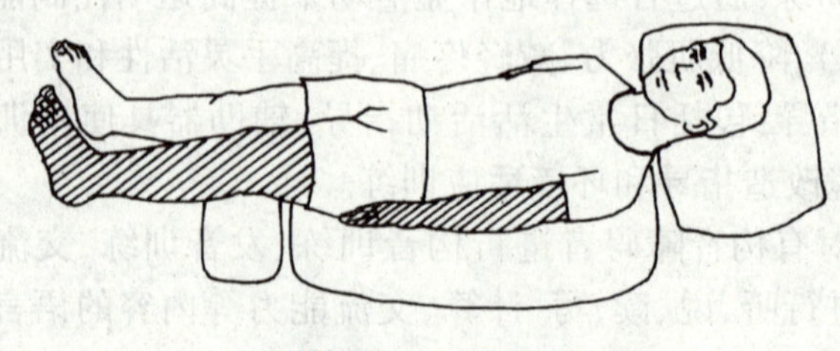

附篇图 4-3 仰卧位

5. 中医康复治疗

(1) 针刺治疗:采取分期治疗与辨证治疗相结合,取头穴配合体穴。

(2) 推拿治疗:一般在中风后两周开始推拿治疗,以益气血、通经络、调补肝肾为原则,选穴参照针刺穴位,手法施以㨰法、按法、揉法、搓法、擦法等。

(3) 其他治疗:电针、头皮针、艾灸、梅花针、穴位注射、穴位贴敷、穴位埋线、火罐、中药治疗等。

6. 辅助技术　早期或严重病例需配置普通轮椅,大部分患者需配备踝足矫形器(Advanced File Organization,AFO),部分患者步行时需借助四脚杖或手杖,部分患者需配置必要的生活自助具(如修饰自助具、进食自助具等)。预防或治疗肩关节半脱位可使用肩托,部分患者需使用手功能位矫形器或抗痉挛矫形器。

【常见并发症的治疗】

1. 感染　包括呼吸系统、泌尿系统等感染的防治。

2. 痉挛　去除诱因;各类抗痉挛口服药、神经阻滞、矫形器应用或手术治疗。

3. 精神障碍　选用精神药物及行为心理治疗等。

4. 压疮　体位处理、换药,必要时手术治疗等。

5. 深静脉血栓　溶栓、抗凝药物应用等。

6. 肩痛、肩关节半脱位、肩手综合征　消炎镇痛药物,矫形器配置等。

7. 其他并发症的防治　如肌萎缩、骨质疏松、关节挛缩、异位骨化、体位性低血压、水肿等的防治。

【康复护理】

1. 康复护理评估　包括皮肤状况、压疮发生危险因素、意外伤害危险因素、二便功能及对伤病知识掌握程度的评价。

2. 康复护理

(1) 体位护理:良肢位摆放、体位变换、体位转移等。

(2) 膀胱与肠道功能训练,二便管理。

(3) 康复延伸治疗:根据康复治疗师的意见,监督和指导患者在病房进行关节活动度(ROM)、日常生活活动(ADL)、吞咽、语言交流等延续性训练。

(4) 并发症的预防及护理:预防继发性损伤的护理(如摔伤、烫伤等),各类感染的预防护理,防压疮护理,预防深静脉血栓、关节挛缩及废用综合征的护理,脑室腹腔流管阻塞的防治护理及癫痫发作的救治与护理。

3. 心理护理、家庭康复及社区康复护理指导。

第三节　脊髓损伤康复

【康复原则】

尽早(伤后6小时内)、预防并发症、有效制动固定、重建稳定(早期手术),尽可能保留残存功能。

【康复评定】

1. 脊髓损伤程度评定

(1) 完全性:脊髓休克结束后骶段感觉、运动功能仍完全消失。

(2) 不完全性:骶段保留部分感觉或(和)运动功能(肛门黏膜皮肤连接处或深部肛门有感觉,或肛门外括约肌有自主收缩)。

2. ASIA 脊髓功能损害分级

(1) 完全损伤:骶段 S_4、S_5 无任何运动、感觉功能保留。

(2) 不完全损伤:脊髓损伤平面以下至骶段 S_4、S_5 无运动功能而有感觉的残留。

(3) 不完全损伤:脊髓损伤平面以下,有运动功能保留,但一半以下关键肌的肌力在 3 级以下。

(4) 不完全损伤:脊髓损伤平面以下,有运动功能保留,且一半以上关键肌的肌力均大于或等于 3 级。

(5) 正常:运动、感觉功能正常。

3. 脊髓休克评定

(1) 脊髓休克:脊髓受到外力作用后短时间内损伤平面以下的脊髓神经功能完全丧失。

(2) 休克期结束:远端骶反射出现或损伤平面以下出现肌张力升高或病理征。

4. SCI 平面评定

(1) 神经平面:身体双侧正常感觉和运动功能的最低脊髓节段(总损伤平面)。

(2) 感觉平面:感觉完全正常的最低脊髓节段。

(3) 运动平面:肌力>3 级且该节段以上节段肌力≥4 级的神经节段。

感觉和运动平面可以不一致,左右两侧也可能不同。神经平面的综合判断以运动平面为主要依据。$T_2 \sim L_1$ 损伤无法评定运动平面,所以主要依赖感觉平面来确定。C_4 损伤可以采用膈肌作为运动平面的主要参考依据。

5. 感觉检查　感觉检查必查项目:感觉检查包括身体两侧各自的 28 个皮区关键点。每个关键点要检查 2 种感觉,即针刺觉和轻触觉,并按 3 个等级分别评定打分。即:①0=缺失;②1=障碍(部分障碍或感觉改变,包括感觉过敏);③2=正常;④NT=无法检查。

针刺觉检查常用一次性安全针。轻触觉检查用棉花。在针刺觉检查时,不能区别钝性和锐性刺激的感觉应评为 0 级。除对两侧关键点的检查外,还要求检查者做肛门指检测试肛门外括约肌。感觉分级为存在或缺失。该检查用于判定损伤是完全性还是不完全性。

6. 运动检查　必查项目为检查身体两侧各自 10 对肌节中的关键肌。检查顺序为从上向下。除此之外,肛门括约肌检查(以肛门指检感觉肛门外括约肌收缩,评定分级为存在或缺失)有助于判断是否为完全性损伤。

【康复治疗】

1. 肌力训练　肌力训练的重点是肌力 3 级的肌肉,可以采用渐进抗阻练习;肌力 2 级时可以采用滑板运动或助力运动;肌力 1 级时只有采用功能性电刺激的方式进行训练。肌力训练的目标是使肌力达到 3 级以上,以恢复实用肌肉功能。脊髓损伤者为了应用轮椅、拐等助行器,在卧位、坐位时均要重视锻炼肩带肌力,包括上肢支撑力训

笔记

练、肱三头肌和肱二头肌训练和握力训练。对于采用低靠背轮椅者，还需要进行腰背肌的训练。步行训练的基础是腹肌、髂腰肌、腰背肌、股四头肌、内收肌等训练。卧位时可采用举重、支撑，坐位时利用倒立架、支撑架等。

2. 坐位训练　正确的独立坐是进行转移、轮椅和步行训练的前提。床上坐位可分为长坐（膝关节伸直）和短坐（膝关节屈曲）。实现长坐才能进行床上转移训练和穿裤、袜及鞋的训练，其前提是腘绳肌必须牵张度良好，髋关节活动超过90°。坐位训练还应包括平衡训练，及躯干向前、后、左、右侧平衡以及旋转活动时的平衡。这种平衡训练与中风和脑外伤时平衡训练相似。

3. 转移训练　包括独立转移和帮助转移。帮助转移指患者在他人的帮助下转移体位。可有两人帮助和一人帮助。独立转移指患者独立完成转移动作，包括从卧位到坐位转移、床上或垫上横向和纵向转移、床至轮椅和轮椅至床的转移、轮椅到凳或凳到轮椅的转移以及轮椅到地和地到轮椅的转移等。在转移时可以借助一些辅助具，例如滑板。

4. 轮椅训练　病人可以选择合适的姿势：可采用身体重心落在坐骨结节上方或后方（后倾坐姿）或相反的前倾坐姿。前倾坐姿的稳定性和平衡性更好，而后倾姿势较省力和灵活。要注意防止骨盆倾斜和脊柱侧弯。轮椅操纵：上肢力量及耐力是良好轮椅操纵的前提。在技术上包括前后轮操纵，左右转进退操纵，前轮翘起行走及旋转操纵，上一级楼梯训练以及下楼梯训练。注意每坐30分钟，必须用上肢撑起躯干，或侧倾躯干，使臀部离开椅面减轻压力，以免坐骨结节发生压疮。

5. 步行训练　步行训练的目标是：①社区功能性行走：终日穿戴矫形器并能耐受，能上下楼，能独立进行日常生活活动，能连续行走900米；②家庭功能性行走：能完成上述活动，但行走距离不能达到900米；③治疗性步行：上述要求均不能达到，但可借助矫形器进行短暂步行。

（1）完全性脊髓损伤患者：行走的基本条件是上肢有足够的支撑力和控制力。如果要具有实用步行能力，则神经平面一般在腰或以下水平。

（2）脊髓不完全性损伤者：要根据残留肌力的情况确定步态的预后。步行训练的基础是坐位和站位平衡训练，重心转移训练和髋、膝、踝关节控制能力训练。关节控制肌的肌力经过训练仍然不能达到3级以上水平者，一般需要使用适当的矫形器以代偿肌肉的功能。达到站位平衡后患者可以开始平行杠内练习站立及行走，包括三点步和四点步、二点步，并逐步过渡到助行器或扶杖行走。耐力增强之后可以练习跨越障碍、上下台阶、摔倒及摔倒后起立等。

6. 作业治疗　根据患者的功能障碍特点，从日常生活活动、生产劳动或闲暇活动中有针对性地选取一些作业活动，对患者进行训练，提高患者身体的综合协调能力和精细动作能力，使患者掌握进食、穿衣、如厕等日常生活动作，并学会一些基本的职业技能，在出院后能适应个人生活、家庭生活、社会生活和劳动的需要。

7. 康复工程　为患者定做一些必要的支具或矫形器，借助双杠、助行器或拐杖，使患者恢复站立能力，并能在小范围内步行。

8. 中医康复治疗　中医学认为，脊髓损伤属中医学痿证的范畴，《素问·痿论》提

笔记

出了“治痿独取阳明”的论点。阳明即足阳明胃经，“治痿独取阳明”是强调脾胃在治疗痿证中的作用。因此，脾胃亏虚，气血不足，则宗筋失养，纵缓不收，而见肌肉、关节痿弱不用。督脉为诸阳经之会，督脉受损则下肢瘫痪，阳经久病必然损及阴经，出现阴阳俱虚。临床上根据病情发展和轻重缓急，进行辨证论治。针法、灸法可起到通经活络、行气血、补肾壮筋骨、通调督任二脉作用。

【常见并发症的治疗】

1. 肺不张和肺炎　应加强预防措施，包括定时翻身、湿化气道，并在保持脊柱稳定的前提下进行体位引流。要鼓励或帮助患者咳嗽排痰。

2. 下肢深静脉血栓

预防措施主要包括：

（1）物理疗法：指用机械压迫装置如弹力袜、气囊等改善下肢静脉血液回流。

（2）抗凝药物：应在伤后72小时内开始应用。具体方案为肝素5000U，每日2次皮下注射，或低分子肝素30mg，每日2次肌内注射。

3. 泌尿系统感染

（1）选择合适的导尿管：避免尿道黏膜损伤，插管时要充分润滑，动作轻柔，见尿后再插入3～5cm再行充水固定，避免对尿道黏膜的损伤，可降低留置导尿细菌逆行引发的感染发生率。

（2）减少细菌黏附：鼓励患者多饮水，每天摄入2000ml以上液体，多排尿，进行生理性膀胱冲洗，以减少细菌黏附作用。避免引流管扭曲、受压而增加细菌停留的机会，保持引流通畅，做好尿道口的清洁，防止感染发生。

（3）腔外环境：预防腔外感染，注意个人卫生，保持外阴及尿道口周围皮肤清洁干燥，用0.25%碘伏消毒尿道口、尿管及周围皮肤。引流管及引流袋应低于膀胱位置。引流管脱开后要严格消毒后再连接，更换导尿管时严格无菌操作，每3天更换引流袋1次。

4. 自主神经系统功能紊乱

（1）临床表现：高血压、头痛、出汗、面红、恶心、皮肤充血和心动过缓等。

（2）治疗：及时检查发现并祛除诱因，将患者移至床上取坐位。轻症者可以口服钙拮抗剂，较严重时可静脉注射交感神经阻滞剂或硝酸甘油类药物，以直接扩张血管，但要注意血压反跳现象。

【康复护理】

1. 床和床垫　对脊椎稳定者可使用减压床、皮垫床或一般床上加气垫。

2. 翻身　强调每2小时翻身一次，防止皮肤压疮。

3. 体位　患者可以采用平卧或侧卧，但要求身体与床接触的部位全部均匀地与床接触，避免局部压力过重，以免发生压疮。病情许可的前提下，逐步让患者由平卧位向半卧位和坐位过渡。

4. 个人卫生活动　协助患者梳洗，注意采用中性肥皂。大小便及会阴护理，注意避免局部潮湿，以减少发生压疮的可能性。大小便后软纸擦拭，避免皮肤擦伤。

5. 保证呼吸　急性高位脊髓损伤后由于呼吸功能障碍，排痰能力下降，可造成肺

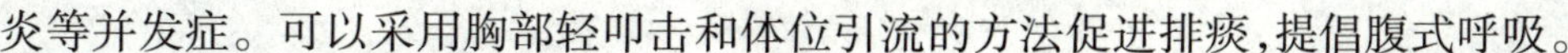

炎等并发症。可以采用胸部轻叩击和体位引流的方法促进排痰，提倡腹式呼吸。

学习小结

1. 学习内容

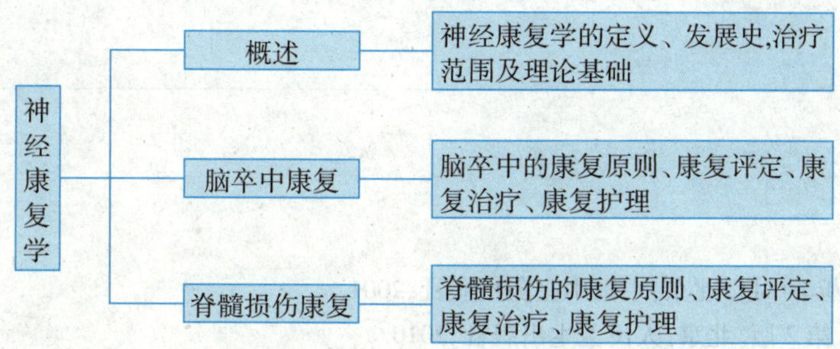

2. 学习方法

本章要结合临床重点理解神经康复学的定义及意义。对于脑卒中、脊髓损伤，在康复评价及治疗方面要注意比较，以及从中学习神经康复的方式方法，学习各种神经疾病的康复原则。并对神经疾病的康复护理要有一定了解。

（刘未艾　胡斌）

复习思考题

1. 浅谈对神经康复学的理解。
2. 脑卒中与脊髓损伤的康复治疗有何异同之处？
3. 谈谈对脑卒中康复的中医康复治疗的认识。

主要参考书目

1. 孙忠人. 神经定位诊断学[M]. 北京:中国中医药出版社,2001.
2. 吴江. 神经病学[M]. 第2版. 北京:人民卫生出版社,2010.
3. Randolph S, Marshall. 神经内科值班医生手册[M]. 第3版. 北京:北京大学医学出版社,2010.
4. 田金洲,梁新政,时晶,等. 阿尔茨海默病的诊断与治疗[M]. 北京:人民卫生出版社,2009.
5. 杨文明,蔡永亮. 神经系统疾病中医临床精要[M]. 合肥:安徽科学技术出版社,2009.
6. 林峰. 临床神经系统疾病诊断与治疗[M]. 北京:人民卫生出版社,2009.
7. Paul W. Brazis. 临床神经病学定位[M]. 第5版. 北京:人民卫生出版社,2009.
8. 贾建平,崔丽英,王伟,等. 神经病学[M]. 第6版. 北京:人民卫生出版社,2008.
9. 中华医学会. 临床诊疗指南——癫痫病分册[M]. 北京:人民卫生出版社,2007.
10. 贝尔,弗罗切尔,区克尔. Duus 神经系统疾病定位诊断学[M]. 刘宗惠,徐霓霓,译. 北京:海洋出版社,2006.
11. 王维治. 神经病学[M]. 第5版. 北京:人民卫生出版社,2005.
12. 史玉泉,周孝达. 实用神经病学[M]. 第3版. 上海:上海科技出版社,2004.
13. 匡培根. 神经系统疾病药物治疗学[M]. 北京:人民卫生出版社,2002.
14. 侯熙德. 神经病学[M]. 第3版. 北京:人民卫生出版社,2001.
15. 朱镛连. 神经康复学[M]. 北京:人民军医出版社,2001.

全国中医药高等教育教学辅导用书推荐书目

一、中医经典白话解系列

黄帝内经素问白话解(第2版)　王洪图　贺娟
黄帝内经灵枢白话解(第2版)　王洪图　贺娟
汤头歌诀白话解(第6版)　李庆业　高琳等
药性歌括四百味白话解(第7版)　高学敏等
药性赋白话解(第4版)　高学敏等
长沙方歌括白话解(第3版)　聂惠民　傅延龄等
医学三字经白话解(第4版)　高学敏等
濒湖脉学白话解(第5版)　刘文龙等
金匮方歌括白话解(第3版)　尉中民等
针灸经络腧穴歌诀白话解(第3版)　谷世喆等
温病条辨白话解　浙江中医药大学
医宗金鉴·外科心法要诀白话解　陈培丰
医宗金鉴·杂病心法要诀白话解　史亦谦
医宗金鉴·妇科心法要诀白话解　钱俊华
医宗金鉴·四诊心法要诀白话解　何任等
医宗金鉴·幼科心法要诀白话解　刘弼臣
医宗金鉴·伤寒心法要诀白话解　郝万山

二、中医基础临床学科图表解丛书

中医基础理论图表解(第3版)　周学胜
中医诊断学图表解(第2版)　陈家旭
中药学图表解(第2版)　钟赣生
方剂学图表解(第2版)　李庆业等
针灸学图表解(第2版)　赵吉平
伤寒论图表解(第2版)　李心机
温病学图表解(第2版)　杨进
内经选读图表解(第2版)　孙桐等
中医儿科学图表解　郁晓微
中医伤科学图表解　周临东
中医妇科学图表解　谈勇
中医内科学图表解　汪悦

三、中医名家名师讲稿系列

张伯讷中医学基础讲稿　李其忠
印会河中医学基础讲稿　印会河
李德新中医基础理论讲稿　李德新
程士德中医基础学讲稿　郭霞珍
刘燕池中医基础理论讲稿　刘燕池
任应秋《内经》研习拓导讲稿　任廷革
王洪图内经讲稿　王洪图
凌耀星内经讲稿　凌耀星
孟景春内经讲稿　吴颢昕
王庆其内经讲稿　王庆其
刘渡舟伤寒论讲稿　王庆国
陈亦人伤寒论讲稿　王兴华等
李培生伤寒论讲稿　李家庚
郝万山伤寒论讲稿　郝万山
张家礼金匮要略讲稿　张家礼
连建伟金匮要略方论讲稿　连建伟
李今庸金匮要略讲稿　李今庸
金寿山温病学讲稿　李其忠
孟澍江温病学讲稿　杨进
张之文温病学讲稿　张之文
王灿晖温病学讲稿　王灿晖
刘景源温病学讲稿　刘景源
颜正华中药学讲稿　颜正华　张济中
张廷模临床中药学讲稿　张廷模
常章富临床中药学讲稿　常章富
邓中甲方剂学讲稿　邓中甲
费兆馥中医诊断学讲稿　费兆馥
杨长森针灸学讲稿　杨长森
罗元恺妇科学讲稿　罗颂平
任应秋中医各家学说讲稿　任廷革

四、中医药学高级丛书

中医药学高级丛书——中药学(上下)(第2版)　高学敏　钟赣生
中医药学高级丛书——中医急诊学　姜良铎
中医药学高级丛书——金匮要略(第2版)　陈纪藩
中医药学高级丛书——医古文(第2版)　段逸山
中医药学高级丛书——针灸治疗学(第2版)　石学敏
中医药学高级丛书——温病学(第2版)　彭胜权等
中医药学高级丛书——中医妇产科学(上下)(第2版)　刘敏如等
中医药学高级丛书——伤寒论(第2版)　熊曼琪
中医药学高级丛书——针灸学(第2版)　孙国杰
中医药学高级丛书——中医外科学(第2版)　谭新华
中医药学高级丛书——内经(第2版)　王洪图
中医药学高级丛书——方剂学(上下)(第2版)　李飞
中医药学高级丛书——中医基础理论(第2版)　李德新　刘燕池
中医药学高级丛书——中医眼科学(第2版)　李传课
中医药学高级丛书——中医诊断学(第2版)　朱文锋等
中医药学高级丛书——中医儿科学(第2版)　汪受传
中医药学高级丛书——中药炮制学(第2版)　叶定江等
中医药学高级丛书——中药药理学(第2版)　沈映君
中医药学高级丛书——中医耳鼻咽喉口腔科学(第2版)　王永钦
中医药学高级丛书——中医内科学(第2版)　王永炎等